大丰叙事

胡春延 高新东 编著

上海社会科学院出版社

图书在版编目（CIP）数据

大丰叙事 / 胡春延，高新东编著 .— 上海 ：上海社会科学院出版社，2023

ISBN 978-7-5520-4276-4

Ⅰ.①大… Ⅱ.①胡…②高… Ⅲ.①风俗习惯—介绍—大丰 Ⅳ.①K892.453.4

中国国家版本馆 CIP 数据核字（2023）第 236133 号

大丰叙事

编　　著	胡春延　高新东
责任编辑	周　萌
封面设计	南京东汉文化传播有限公司
出版发行	上海社会科学院出版社
	上海顺昌路 622 号　邮编 200025
	电话总机 021 - 63315947　销售热线 021 - 53063735
	http://cbs.sass.org.cn　E-mail：sassp@sassp.cn
照　　排	南京东汉文化传播有限公司
印　　刷	南京迅驰彩色印刷有限公司
开　　本	787 毫米×1092 毫米　1/16
印　　张	21
字　　数	420 千
版　　次	2023 年 12 月第 1 版　2023 年 12 月第 1 次印刷

ISBN 978 - 7 - 5520 - 4276 - 4/K・170　　　　　定价　128.00 元

版权所有　翻印必究

代 序

举起潮间带文化的旗帜

马连义

胡春延、高新东先生是我的朋友,《大丰叙事》正式出版,我由衷地表示祝贺。改革开放以来,先后有20多本推介大丰的书籍出版,我以为这一本写得最好。我之所以看好,主要因为这本书首次举起潮间带文化的旗帜,而潮间带文化是我们这个区域文明的母体与灵魂。

一

2019年,也是现在的季节,发生了一个举世瞩目的事件。联合国教科文组织把中国南黄海西岸潮间带确立为世界自然遗产地,而我们的家乡大丰,正处在南黄海自然遗产地的中心区域。因此,世界文明的目光聚焦这里,五湖四海的宾朋纷至沓来。当巨大的荣誉从天而降,当绚烂的彩虹出现在家乡的天空,如何得体而深入地介绍自己,大丰人显然还没有充分的准备。

因为世界自然遗产的四大要素之一便是具有全球价值的地质特征和罕见的自然大美地带。以往,我们习惯了如数家珍地介绍麋鹿、丹顶鹤、勺嘴鹬,但如何介绍大丰具有全球价值的地质特征呢?我们国家的其他世界自然遗产地,如张家界、武夷山、九寨沟,自古闻名天下,美貌一目了然。而我们作为新科"状元",没有名山大川,没有大森林,浑黄的海平面上,天际线一片苍茫。如此境况,全球价值藏在哪里?大美又在何方?

专家说,我们的特色地质叫作潮间带,是世界上罕见的自然大美地带。全球这样的潮间带只有两处,一处是我们的南黄海,另一处就是欧洲的瓦登海。潮间带遗世独立亿万年,是大自然的馈赠。读不懂潮间带,就读不懂南黄海世界自然遗产地;领会不了潮间带的真谛,就领会不了大丰的历史、现状和未来。因此,解读与赞美潮间带,成为我们这个地方思想界和文化界的当下使命。《大丰叙事》由此催生。

二

揭开潮间带的神秘面纱，主要依据在世界自然遗产地定义中的一句关键语：中国陆地从这里走向海洋。中国拥有1.8万千米大陆海岸线，从鸭绿江口到北仑河口，奇丽峥嵘。比如繁华的舟山、美丽的青岛，山海相连，碧波荡漾。可是，陆域与海域是远古地壳运动形成的。而我们的潮间带，经过上万年、上亿年，由江河泥沙推送演变而成。中国陆地从这里走向海洋，核心在一个"走"字。上游象征死亡的黄沙，在"走"的过程中，渐成湿地，成就了生命；在"走"的过程中，形成了独特的潮间带文化。

为此，《大丰叙事》把我们带到一处叫作野鹿荡的地方。这里是古长江北入海口，在不同的地质年代，又是古黄（淮）河南入海口。现在临海公路边缘，多处悬挂着"世界遗产地·大丰野鹿荡"的巨型广告。区域内大片原生境湿地，草长莺飞，鹿奔鹤鸣，仿佛一幅古画，宁静而神秘。我们跨过川东河大桥，眼前呈现两条海岸线，形成一个V形喇叭口，直面大海。入口处可见国家海洋部门竖立的标牌：陆域海域分界线。它告诉来到这里的人们，喇叭口外围是国土，喇叭口内侧是领海。进入野鹿荡，仿佛芝麻开门，潮间带尽入眼帘。《大丰叙事》在这里向人们讲述这片海涂的远古故事。

《淮南子》中写道："天倾西北，故日月星辰移焉；地不满东南，故水潦尘埃归焉。"在青藏高原三江源的西边，有一条沱沱河。冬天河床干涸，冻土层有两米以上。夏季波涛汹涌，宽泛浅处牦牛队泅渡需大半天时间。格拉丹东的冰峰一般在5月初融化，沱沱河水像脱缰的野马，向东折向东南，汇入怒江、澜沧江、金沙江至嘉陵江，入长江东去。另一支直指东北，拓展黄河，仿佛天上之水，汇入东海。中国的两条母亲河，流经许多地区，其中长江北翼与黄（淮）河南翼在野鹿荡汇合。

汇合的不仅仅是江河之水。水挟持着泥沙，泥沙携带着长江上、中游和黄河沿线的种子等生物，一路奔腾入海。它们原本是冲向太平洋的，命运或许更加广阔与多舛，但是被由南向北的东海前进波阻截了。洋流在这里旋转，形成宏阔的潮间带。远方而来的种子等生物就此安营扎寨，在尾闾水和鸳鸯水之间，与大洋彼岸的候鸟，与黄海之滨原住的两栖物种，组成新的庞大生命集群。在这个铺天盖地的生态舞台上，麋鹿、丹顶鹤、勺嘴鹬、泥螺、茵陈、观音柳，均成明星，其余众生万千。

三

《大丰叙事》的作者通过读书、查阅史料、与同道聊天等，历时三年，力图在此基础上构建潮间带文化系列。可是，这谈何容易？

打开网络，翻阅史书，关于高山文化、文学、文献比比皆是；关于草原文化、文学、文献比比皆是；关于湖泊、岛屿、海洋文化、文学、文献比比皆是。而关于潮间带，仅见凤毛麟角。在过往漫长的岁月里，潮间带只是出现在科学家的论著中。

今天,《大丰叙事》告诉我们,南黄海潮间带文化的特征是两栖性、节律性和分带性。两栖性,兼具陆域与海域,集土地(农业)文明与海洋文明为一体,派生新的文明。节律性,潮间带在太阳和月光下伸张起伏,踏着周而复始的舞者节律,却演绎出神色飞扬的华彩乐章。分带性是指湿地呈现出的6级可以辨识的地貌阶梯。由海向陆,分别为潮下带、潮间带、潮上带、草滩、涂田以及陆地。潮间带把大自然的魔力和人类对大自然的调控归纳为沧海桑田的历史纹路。从刘庄、白驹、草堰,到王港闸、竹港闸、川东闸,潮间带东迁100余里,历时600年,从盐业文明、盐垦文明,到工业文明、生态文明,陆域文明融入海域的新境界,花了1000年。

四

我们继续回眸历史的天空,事物既然存在,总有蛛丝马迹。

《山海经·大荒东经》隐隐约约写到这里。而秦始皇东巡,至东海郡,见过海市蜃楼是有确切记载的。但限于当时的地理认知,只能指认此处为瀛洲岛,与蓬莱、方丈并列东海三大仙岛,并认为八仙过海是来过这里的,蓝采和、何仙姑均有踪迹可循。无论如何,瀛洲之名沿袭至今,足见不是空穴来风。

60年前,我们家乡人挖河,在今天双草线沿途,挖出许多白色的像石膏块模样的物体,百姓称之为龙骨。后经考古学家们鉴定为麋鹿亚化石,距今大约7000年。可是史料记载,东汉之前,这里一片汪洋。春秋战国时期,整个华夏大地的政治、经济、文化、军事风起云涌,而这片土地仍安安静静地在黄海母腹中沉睡。历史的谜团像瘴气,长时期笼罩着先人的视野。

2021年岁末,气温骤降至零下10摄氏度,中国科学院南京古生物地质研究所李保华团队在野鹿荡进行地质勘探。学术课题名称为"长江三角北区冰后期古环境研究项目",属于国家重大科技战略项目。该团队在这次勘探中获取了约1万年前的岩芯,出土200多件有孔虫、介形虫、孢子花粉微体化石,在核心期刊发表3篇野鹿荡考古学术论文,从理论上重建6000年古海岸线,揭示曾经沧海、几经沉沦的周期,为沿海综合开发提供依据。

史书初见潮间带在东汉以降,人类活动的痕迹仿佛沙滩上螃蟹的行动路径,纹路逐渐清晰。唐宋至明清,这里的广袤滩涂成为国家天然盐场,为民族发展提供了重要经济支撑。100年前张謇废灶兴垦,实业救国,大丰盐垦公司为江苏沿海102家公司之冠。日本的公司模式、美国的棉花种子、德国的农业机械、荷兰的水利技术,使大丰公司站在20世纪之初世界农业文明的前沿。20世纪下半叶,大丰沿海建起的多家国家农场,"是国家现代农业试验田"。之后,以麋鹿保护为标志的生态文明建设领先全国。清华大学教授武廷海认为,大丰沿海人类文明进程,经历了四次空间环境的重大变革,即盐业文明时期、盐垦文明时期、农场文明时期和生态文明时期。大丰因此数次成为影响全国社会变革的前沿阵地。中国生态学家马世骏认定："中国区域生态文明这篇大文章，是从大丰落笔的。"

2023年春天，环保部专家组来大丰验收"全国美丽海岸案例样本"，视察了112千米海岸线并审核了"中国南黄海潮间带文明故事"的八个篇章，其中包括《星空》（世界暗夜星空保护地）、《时间》（北京时间境内东部观测站）、《化石》（古长江北入海口地质勘探）、《生命》（野草种子基因库）、《美学》（潮间带隐秘风光）、《历史》（潮间带原住民本场人）、《潮间带博物馆》和《大自然讲堂》等。我们初步构建的潮间带文明体系框架，被专家誉为中国黄金海岸的精华案例。

当下，潮间带生态保护和海洋绿色经济成为大丰区域社会、经济、文化发展的主旋律。于是，我们的湿地文学、湿地影像、湿地画派、湿地音乐及舞蹈等应运而生。名家登场，名作频出，百花齐放，群星灿烂。

五

我们让目光回到《大丰叙事》这本书的自身价值。《大丰叙事》的特别之处，首先是纵向延伸。之前说大丰故事一般从东汉起，把盐业作为大丰文化的起点。而《大丰叙事》则把目光引向历史纵深，笔触融入远古地质年代。其次是横向覆盖。之前介绍大丰文化的书籍，内容相对单薄，而《大丰叙事》浑厚如交响乐，涉及历史、经济、政治、军事、人物，以及名胜古迹、人文性格、风俗习惯、民间文学、美食文化等诸多方面，给大丰一个立体的、多视角的投影。最后也是最关键的，是价值提升。《大丰叙事》对历史上的事件与人物既有客观的叙述也有自己的独立思考。评事论人，皆放置在历史的、政治的、文化的大背景之下和国家的大平台之上，视野开阔，立论得当。写景状物，突出作者强烈的主观感受，给读者留下深刻印象。该书的出版告诉我们，潮间带文化的旗帜，正在南黄海朝霞白帆间冉冉升起。我们有理由相信，潮间带文明势必会同高山文明、草原文明、湖泊文明以及岛屿文明一起，丰富中华文明的宝库。

我曾经在边疆草原生活多年，那里的山川大河交界处，都有高高的玛尼堆，上面挂着彩旗。自古以来，路过者会自觉下马，给玛尼堆添加石块，以敬畏神灵并为后来人指点迷津。我突然感到，《大丰叙事》就是一座潮间带文明的玛尼堆，插满风马旗，在中国南黄海西岸的风中招展，以告示将要来到或关注这里的人们。

构建区域文化体系，需要很多人甚至几代人的努力。《大丰叙事》首次举起潮间带文化旗帜，功在启迪，我作拙文亦在此意。近期，相关部门创建了一个叫"橄榄树"的乡贤人才品牌，伸出橄榄枝，相邀天南地北的大丰人，为家乡发展贡献才智。我们呼吁社会各界合力参与这项前无古人的文化工程，兹事体大，须众志成城。

《大丰叙事》内容丰富多彩，本文仅涉及潮间带专题，故为代序。

2023年夏天于野鹿荡九船渡

目录 Contents

第一章 海水让 大丰出

第一节　大丰原来是历史长长的一段空白……003
第二节　东冈出水……008
第三节　感谢黄河700年……011
第四节　没有结尾的篇章……015

第二章 盐场越千年

第一节　团灶锅镢，抹不去的盐场痕迹……023
第二节　唐朝已经遥远……028
第三节　范仲淹与范公堤的传说……031
第四节　苏州阊门——本场人的"大槐树"……035
第五节　明、清盐业的辉煌……042
第六节　文明的基石　苦难的盐丁……047

第三章 "双星"闪耀

第一节　张士诚和施耐庵同是白驹场人……055
第二节　600年后寻找施耐庵……058
第三节　白驹，天生一个水浒世界……065

第四节　张士诚故事是大丰版的《水浒传》…………………… 070

第五节　一甓犹自祀张王………………………………………… 081

第四章　十公小传

第一节　历史贤达…………………………………………………… 091

第二节　旅丰才子…………………………………………………… 110

第五章　张謇与大丰

第一节　从"棉铁主义"到放垦大丰……………………………… 129

第二节　周扶九其人………………………………………………… 133

第三节　特莱克的蓝图……………………………………………… 136

第四节　大丰盐垦股份有限公司实录……………………………… 140

第五节　"废灶兴垦"划亮了大丰的天空………………………… 147

第六节　写在王港河上的诗行……………………………………… 154

第六章　名胜古迹

第一节　滩涂风光…………………………………………………… 161

第二节　乡村园林…………………………………………………… 182

第三节　纪念场馆…………………………………………………… 194

第四节　文物、遗址………………………………………………… 206

  第五节 寺庙殿宇……214

第七章 人文性格及习俗

  第一节 大丰人文性格的畅想……227
  第二节 大丰习俗掠影（一）——节俗……241
  第三节 大丰习俗掠影（二）——礼俗……260

第八章 掌故、传说

  第一节 大丰名人……271
  第二节 爱情婚姻……280
  第三节 风物人情……284
  第四节 人生智慧……292

第九章 美食和土特产

  第一节 东海的"银子"齐腰深……301
  第二节 "六大碗"托起美食文化史……306
  第三节 圆桌宴与美食新天地……310

主要参考文献……322

后记……324

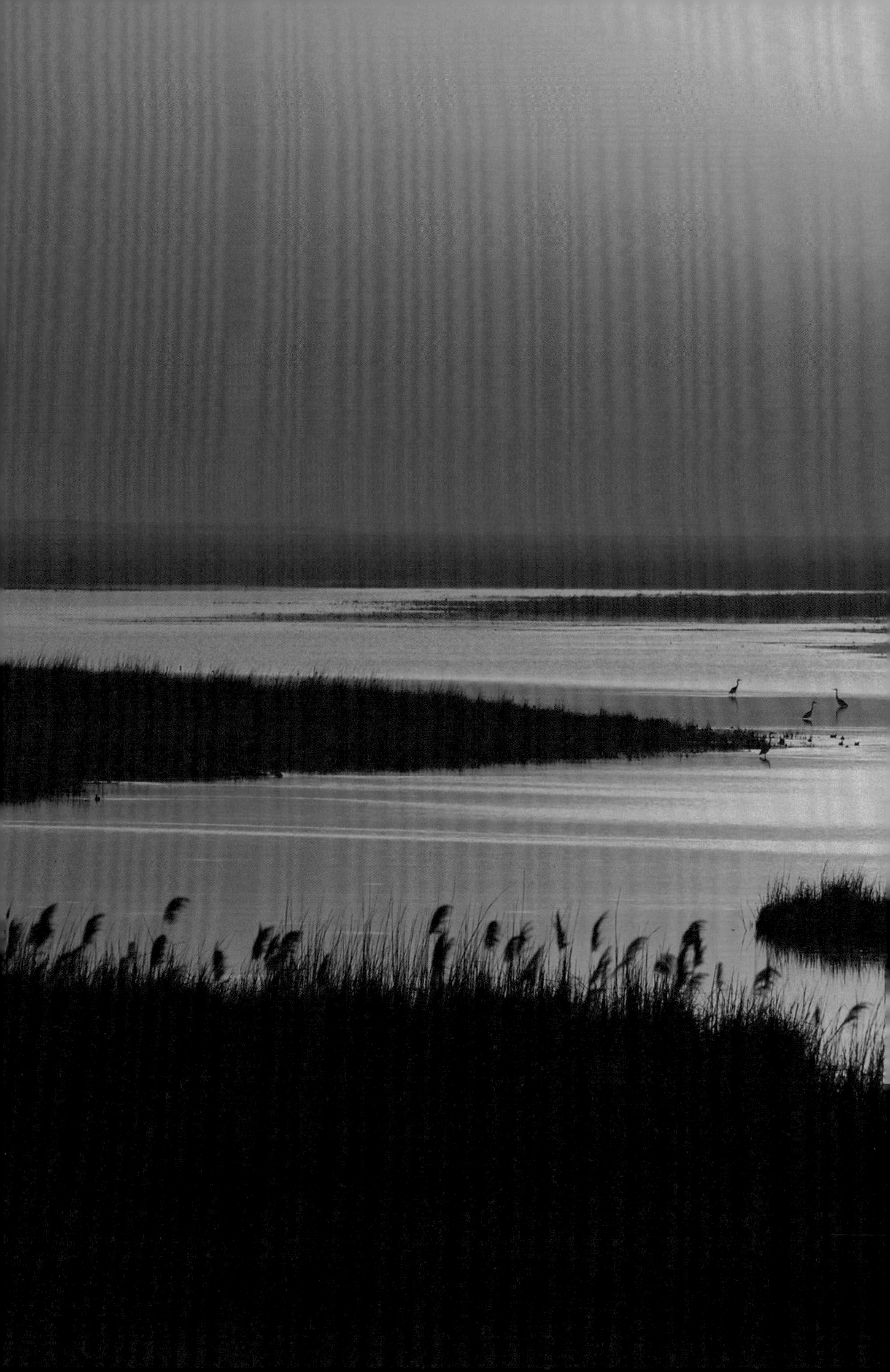

> # 第一章　海水让　大丰出
>
> 大丰，从大海里走来。
>
> 她的故事，亦从大海开始。

这里是中国陆地走向海洋的经典。春秋战国时期，南黄海西沿开始有一条沙冈（学界称之为"东冈"）在波涛中显现。

后在长江、黄河等河流的共同参与下，经过2000多年陆与海的交锋"缠斗"，沙冈汇聚流沙最终与陆地相接并进一步东扩，形成了新的陆地和滩涂。

今天北纬32°56′—33°36′、东经120°13′—120°56′的地方，陆地已经向大海平均挺进了约60千米。这个地方就是大丰。

第一节 大丰原来是历史长长的一段空白

大丰临海,大丰离不开海,大丰的老家就是海。

大海气势磅礴又变幻莫测,在人们印象中,它总是会和神话传说连在一起,是那样神秘和有趣!然而,神话传说往往同时被理解为荒诞不经,常常与大海剥离,这便使大海失去了故事性和想象力,大海从而也变得平淡无趣与无奇。

神话传说果真经不起推敲吗?其实不然。现代研究发现,神话传说中的许多人物故事、飞禽走兽,都找到了现实的印证,神话传说似乎就成了社会历史一种原始的"记录"。比如伏羲、女娲,我们一直以为他们是一种虚无缥缈的存在,但我们错了。20世纪80年代在甘肃天水考古发现的大地湾遗址表明,距今8000—4800年,人类活动的痕迹清晰可见。2006年的进一步发掘研究显示,该遗址中人类活动的历史可前推至6万年前。有关伏羲、女娲的种种传说,在大地湾遗址文明中可以寻找到一些踪迹。传说伏羲发明了渔网,遗址

黄海潮(周古凯/摄)

出土的陶罐上有渔网图案。传说伏羲创八卦，遗址附近的山顶上就有一个八卦台。八卦台下方是蜿蜒的渭河，传说伏羲就是在这里看到S形河流，悟出了阴阳之道，发明了太极八卦。传说女娲制彩陶，大地湾遗址出土了大量的彩陶。伏羲、女娲的传说大约发生在1万年前，大地湾遗址文明在时间上与伏羲、女娲所处的时代依旧是相容的。传说伏羲生于成纪，成纪就是甘肃天水，当地人还为伏羲修建了伏羲庙。可见有关伏羲、女娲的人物故事并非完全虚构。

那么，问题来了，我们常说的"沧海桑田"的神话到底有没有现实依据呢？

"沧海桑田"最早出自葛洪的《神仙传·麻姑》。该书中记载了麻姑与同是仙人的王方平的又一次见面。麻姑说，咱们也分别得太久了吧，你看，自上次会面以来，这期间东海已经3次由海水变成了桑田。据该书中"神仙们"的解释，东海每次由海水变为桑田、再由桑田变回海水大概需要1000年。"沧海桑田"便由此化为成语。人们不禁要问：麻姑如此说是她真的见到过沧海曾经3次变成桑田了吗？这个问题过去无法证实，但今天看来，麻姑说对了。

20世纪八九十年代，以江苏沿海（南黄海）为代表的古海岸线研究，成为地质、地貌、考古诸学科科学工作者们共同关注的课题并取得重要研究成果。这个研究成果的结论是距今约7万年开始，盐城境内经历了3次海陆进退的演变过程，形成了里下河、黄淮、滨海三大平原区的地貌现状。这个结论与麻姑的说法相吻合。

是先民们看到了这种变化而一代代口口相传下来，还是麻姑蒙对了？尽管在这两者之间做出选择难度很大，但并不影响沧海桑田的真实存在。这个研究进一步表明，7000年以前，随着全球气候转凉，海平面逐渐下降，江苏沿海大陆再一次从海中升起，先民们来到这片桑田（滩涂）上开始了探索性开发。

然而很遗憾，这一次的沧海桑田变化，并没有给大丰带来什么机会。可以肯定的是，作为这条古老海岸线上的一个小点，大丰的成陆很晚且进度缓慢。从目前掌握的考古资料看，至少到春秋时代，其中没有记录和大丰相关的故事。当我

7万年以来里下河地区地貌的变迁（李玉生/摄）

们把目光聚焦在黄海之滨时,不难发现,在源远流长的中华文明中,大丰一直是一名缺席者。盐城的旁边,是一片被海水包裹的空白。

天空日出日落,大地春华秋实,黄海潮起潮落,朝代更迭兴亡……漫长的年代里,这一切似乎与大丰无缘。古人将大丰的存在寄托在《精卫填海》与《东游记》式的神话传说里。

为什么会出现这样的状况?大丰的成陆另有缘故。在揭示真相之前,还是让我们先借助一下神话的想象吧,也许这样会减少一些枯燥的叙述从而增加我们探索问题的兴趣。

有个八仙过海的故事大概是这样说的:

一天,八仙参加王母娘娘的蟠桃会。在过东海的时候,按照吕洞宾的提议,八仙们没有驾祥云,而是各显神通,来了一趟"自驾游"。只见韩湘子以花篮当船,轻舟信步;张果老倒骑毛驴,踏波而行;汉钟离手摇凉扇,走在避风的浪谷里;铁拐李坐着葫芦,稳如泰山;曹国舅吹着横笛,漫步水面;何仙姑划着笊篱,快如飞舟;吕洞宾脚踏双剑,劈波斩浪;蓝采和身躺玉板,随波逐流——好一派神仙作法的逍遥景象!

然而,他们的渡海行动却惊动了一尊神仙。此时,老龙王正在水晶宫中寻欢作乐。他一抬头,忽见水面上漂着一物,把大海照得一片通红,立即命虾兵蟹将出宫巡查。这些鱼虾跳出海面一看,原来是一个人悠然自得地躺在一块玉板上。于是出其不意,虾将们翻了个身,掀起一股巨浪,把玉板和蓝采和一起卷入水下,押送龙宫。

众仙渡过大海,才发现丢了蓝采和。大伙儿推吕洞宾回头去找。吕洞宾急忙返回,途中巧遇龙王三太子敖丙,一打听,才知道蓝采和已被押进水晶宫了。吕洞宾便责问道:"你们敖家为何光天化日之下无缘无故抓人呢?"

敖丙向来骄横,经吕洞宾这么一问,浑劲上冲,双目圆睁,张开大口吼道:"天是我敖家的天,水是我敖家的水,抓谁你能管得着吗?"

吕洞宾用手指着敖丙教训起来:"你敖家管海,应以有利于生民为天职,怎么能占天霸海?难怪海田荒废,繁花凋零,民遭涂炭,灾祸四起!"

听罢吕洞宾的数落,敖丙理屈词穷。但见它恼羞成怒,腾起一排浊浪,站在浪尖上,蛮横地狂笑:"风是我敖家兴,浪是我敖家作,顺我者昌逆我者亡,你吕洞宾能奈我何!"

吕洞宾见敖丙如此无赖,知道无理可辩,气愤至极,"唰"的一声抽出宝剑,声色俱厉地喝道:"我么,逢贼必捉,遇妖必擒!"说时迟那时快,一剑当头刺去。

那敖丙岂是吕洞宾的对手?不下几个回合,只听"嗷"的一声惨叫,敖丙中剑溃逃,虾兵蟹将们也一下四散。吕洞宾乘势杀进龙宫,救出了蓝采和。

龙子重伤,人质被抢,老龙王咽不下这口气,决意报复八仙。他集合数万兵马,命金蟹将军为前锋,张牙舞爪,乘风破浪,杀奔八仙而来。

这时，铁拐李见东海龙军来势汹汹，不慌不忙地对大伙儿说："诸位都先找个地方避会儿风雨，我老李先试试法。"说罢，他把那随身葫芦解下，往海里一掷，口中念念有词。顿时，葫芦里蹿出一股火苗，大海像油锅一样，瞬间火光冲天，烟气腾腾。没动一刀一枪，虾兵蟹将就被烫得飞上半空。

老龙王招架不住，逃到天上，欲到玉皇大帝那里去告状。还没见到玉皇大帝，半路上遇到天兵天将。原来天宫的玉皇大帝早被这弥天雾气熏得发晕，即命天兵天将降到人间查询。到这里一看，是铁拐李用火葫芦烧海，龙兵们被烫得望火而逃。天兵天将正想为龙王助战，被张果老发现了，只见他拍拍毛驴一扬蹄子，刮起一片烟尘，一股"沙尘暴"立即卷上天空，天兵天将们无法睁开眼睛，一个个揉着泪眼离去了。

见此情景，托塔天王李靖出面调解，为的是给满海的鱼虾留条后路，请求收回火葫芦。八仙听后，觉得在理，于是何仙姑用笊篱一捞，把大海的鱼虾都捞了上来，放到韩湘子的花篮里养护起来。

海里干净了，龙兵逃走了。八仙们商量，为防止恶龙以后再来作孽，干脆把陆地上的大山都搬到海里来，把海填平，让贼龙无家可归。于是，只见汉钟离把扇子一摇，就听"轰隆隆"声声巨响，三山五岳都被填入大海，一碗茶的工夫，大海就被填平了。曹国舅一高兴，吹起了横笛，笛声婉转悠扬，一时间只见填平的大海上百鸟飞翔，俨然一片祥和的景象。

再说恶龙受到惩治，无家可归，便去求西天佛祖说情。佛祖知道恶龙作孽，闭目不管，只是说道："大海都被填平了，让我有什么办法呢？"这下可把恶龙吓傻了，只好又去求玉皇大帝。幸好，路遇南海观音，便请观音说合。观音觉得天下少了东海确有不妥，便出面斡旋。在南海观音的调停下，龙王认罪，并立下保证，不再作恶。八仙们担心日久天长，龙王食言会再次兴风作浪，残害百姓，便决定把被海夜叉偷去的蓝采和的那块玉板留给龙王，让他挂在宫门，以记其事，以警后代。

黄海日出（周左人/摄）

  这样，八仙把搬至海里的山又搬走了，但也没搬干净，那就是今日大海里零零星星的海岛。大海上的鸟儿，就是当年曹国舅用笛声唤来的。山被搬走了，鸟儿却没有走，还一直在海面翱翔……

  神话自有神话的逻辑。对恶势力就是要敢于斗争，才能还老百姓一个朗朗乾坤。至于八仙有没有真的填海在这里一点也不重要，重要的是大丰的出现，并不是因为气候的变化导致的沿海大陆整体抬升，而是以神话传说里"填海"的方式从大海里"走"出来的。不过用来"填海"的不是神仙搬来的石头而是泥沙，是江河湖海的运动，创造了南黄海的奇迹。关于大丰的出现我们将在后续章节进一步展开叙述。

第二节 东冈出水

大丰的出现，与海底的一条沙冈关系密切。这条沙冈也被称作东冈。

有资料表明，在漫长的历史周期内，长江入海主泓朝东偏北，长江入海的北汊道在今海安境内的李堡附近。因长江、淮河、灌河等河流的影响，长江北岸沙嘴、淮河两岸的沙嘴与滨岸沙堤，构成了从长江口一直到鲁西南山地海岸的一系列堆积沙体，形成了堡岛（barrier island）。堡岛上南北走向的沙脊，在今盐城市境内有东冈、西冈和较短的中冈，它们代表了堡岛不同的发育时期。据碳-14年代测定法，西冈形成时间距今6500—4500年，东冈形成时间距今约4000年。

脉络日渐清晰，原来海底变化的原因是江河的流沙，而且这种流沙并非一般意义上的沙土，否则海潮一推就会散架。这种流沙富含大量动物尸骸和植物的有机质，其中的胶质与海水中的钠分子结合，极易将沉淀的沙体固化，经过海浪层层推送挤压，逐渐形成沙冈并最终露出海面，改变了地貌。长江入海的北汊道2000多年前还在海安的李堡（离大丰不远），今天长江的入海口已到了上海，北汊道被挤到了崇明岛的旁边，相距李堡130多千米。因为有了这种

黄海退潮后沙滩被潮水雕刻出"树"状图案（杨国美/摄）

千百年的自然演变，大丰才缓步从大海中"走"来。

可以这样来描述：在数千年的江河运动中，黄海接纳了长江、淮河等河流的泥沙，在近岸海底蓄起了条条沙堤。这些沙堤，后来又经过泥沙的不断堆积，逐渐形成一个个沙滩，以后又连片形成沙洲。继而在潮汐和泥沙的作用下，沙洲与海岸的距离被一步步拉近，直到最终连接成一片而成为新的陆地。

黄海就是这样经历了近海沙堤—沙滩—沙洲—陆地，打造着属于临海人的平原，也奠基了一个未来的大丰。

关于具体的进程，传统的看法大概是这样：秦汉之际，东冈开始出水，它北起废黄河边的北沙，由今阜宁城过射阳河，经上冈、盐城进入大丰、东台境内。就是在这条沙冈上，出现了大丰最早的土地，从丁溪至大团河北的前溪墩，长40余千米，宽1千米—2千米，面积60—70平方千米。

传说当年秦始皇东巡，指东海为瀛洲，与蓬莱、方丈并称三座仙岛。更有人指出，瀛洲乃成陆后的东冈。此说存疑，但或许秦始皇与东冈的确有过视线的交集，这也契合了东冈在秦代已经出水的判断。

然而，最新的考古发现改写了这一成陆时点。2007年4月的一天，刘庄镇友谊村的小孩在鱼塘里摸到了几个金属块。接着，知道消息的村民也参加进来，先后共摸出了21块。这些黄灿灿的金属块被专家鉴定为战国时期楚国的黄金货币——郢爰。经过进一步考古挖掘，又发现了先秦时代制盐的淋卤池、淋卤槽和一些陶器及其碎片。这个地点在范公堤东1000米。此次发现证实，早在战国时期已经有先民在这里从事盐业生产活动。由此观之，东冈在大丰境内的出水应该更早。

到了南北朝时期，这条沙冈已形成一片沙洲。南朝人阮叙之有过实地考察。他顺着盐城的海边向南行，写下了这样的一行文字："沙洲长百六十里，海中洲上有盐亭百二十三所，每岁煮盐四十五万石。"（《南兖州记》）阮叙之的生平事迹已无文献可考，只留下《南兖州记》一卷。但这唯一也是最宝贵的历史记录，让我们能够穿越时空，看到了沙洲的规模和开发利用的状况。

到了唐代，东冈与西冈已经相接，大丰的人文历史也有了明确的标注。《大丰县志》最早的记载有："唐武德九年（626年）在海陵县（泰州）设置盐官。境内盐政属其管辖。"然而属于大丰的地盘仍然不多，大丰的成陆进入了一个相对静止的时期。这种状况直至北宋也没有多大改变。范仲淹在大丰一带修筑挡潮堤时，基本上还在阮叙之所记录的这条沙洲的边缘做文章。大丰的范围，南北没有变化，东西除北端的三圩外，宽度仍然在1千米—2千米，其东部边缘也就是范公堤一线（现在204国道所过之处）。

北宋以前，大丰的陆域版图处于孕育期。如果没有后来较大的地理事件，也许就不会有现今的大丰。

第三节 感谢黄河700年

　　远古的涛声已经逝去,黄河决堤的野蛮和震撼在现代人的心目中已经定格在影片中一晃即逝的画面上,并不构成真正的威胁。但历史上黄河大堤那不同寻常的轰然一决,对大丰却有着特别的意义。从此,大丰的成陆进入疯长期。

　　大丰的成陆,论功绩当然首推长江。长江是世界上著名的第三大河,大丰的地理位置毗邻长江入海北汊道的李堡。毫无疑问,没有长江就没有大丰的西部或者说起步地带。然而,长江自唐以后主泓走向就悄然发生了改变,由朝东偏北改为朝向西南,长江逐渐断绝了对大丰包括整个内黄海造陆沙源的供应。长此以往,如果没有新的沙源,大丰将有可能永远停留在范公堤一线而得不到继续拓展。大丰的成陆处在艰难的摇摆之中。大丰的完整出现,源自黄河改流的一次"意外"。

　　当时,经过靖康之变,北宋王朝宣告灭亡,河北兵马大元帅康王赵构在商丘称帝,历史上便有了南宋。然而,南宋朝廷对金兵的南侵仍然不敢抵抗,继续实行妥协逃跑的政策,不久就放弃中原逃到扬州。这时抵抗金兵者其实大有人在,除韩世忠、岳飞等一批宋军将领外,黄河南北各地人民自发组织的义军已达到数十万人。然而,朝廷仍然坐视不顾,出

怒涛(周古凯/摄)

馊主意的也不乏其人。为了阻挡金兵继续南下,有人放着现成的武装不用,目光却扫向了黄河,于是便在大堤上开了一道口子……

　　这件事,发生在建炎二年(1128年)。决堤的黄河水像无数头激怒的狮子抢占了泗水水道流入淮河,并经淮河流入南黄海。黄河流经黄土高原,是闻名世界的沙河,每年有大量泥沙顺流而下,为大丰一带的岸线外伸和岸外水下沙脊的淤长成陆提供了巨量的沙土

资源，让大丰成陆的可能变为现实。

　　黄河入淮虽然早在汉代就已有过，但每次总是自然堵塞。北宋时每隔几十年也总要夺淮一次，但时间短暂，影响自然不大，大丰的海岸线也一直稳定在东冈的位置上。然而这一次黄河的偶然入淮情形大不一样，它几乎一溃而不可收，其中虽有间断，但却流淌了700多年，大丰的面积因此扩大了数十倍。

黄河入淮改流，大丰面积扩大了数十倍（佚名/摄）

一个起于阻隔金兵而并无多大实际战略效果的愚蠢行动,却演变成一场实实在在又规模浩大的南黄海造陆运动,这恐怕是发意决堤者所没有料到的。

没有挡住金兵,黄河却已改流。

黄河入淮以后,仍有小部分河水向北流入渤海,甚至数次全部返回北流。然而似乎有一种使命在召唤,南宋绍熙五年(1194年),黄河在武阳决口,大部分河水又由淮入海。以后又相继夺颍入淮、夺涡入淮、夺濉入淮直至夺泗入淮。这期间由于黄河入淮数道并存,泥沙大多沉积于淮河及其支流河床上,入海量不是很多,大丰的成陆速度不是很快。

成陆速度陡然加快是明万历以后。"倒了高家堰,淮扬不见面。"万历六年(1578年),工部尚书潘季驯奉旨治理黄河,经过几年努力,他把黄河由颍水、涡水、濉水等入淮的通道全部堵塞,将南宋以来黄河东出徐州由泗夺淮的主流固定下来,成为下游唯一的河道。这样做,可能是出于方便对黄河下游水患集中监测和治理的考虑,其结果则是泥沙得以集中入海,大丰陆地的淤长由此进入长达300年的高峰期。这时的大丰犹如一位进入青春期的少年,正以急剧的生长速度展示着生命的蓬勃。至明万历后期,大海距离范公堤已达15—20千米之遥。

据明嘉靖年间成书的《筹海图编》记载,这时苏北岸外海中又出现了大量排列不整齐的乱沙冈,主要分布在今大丰中南部和东台北部,中心就在原草堰场附近。这些沙冈快速形成沙洲,与陆地之间隔着宽阔的内海,称本洋,后来形成狭长的水道,称阔港,也叫"虎斑水"。由于陆地的外扩和沙洲的淤长并陆,到康熙年间,逐渐将"虎斑水"挤缩成一条狭窄的水道,后再也无力将它们并拢,这就成了现今大丰境内的斗龙港河。

明万历以后的300年间,大丰的成陆速度达到平均每年向东直线距离70余米,最快的地段每年可达1600米。其中从清康熙到乾隆年间,每年成陆平均可达73.9米,面积约6平方千米,自然淤长速度很快。

第四节 没有结尾的篇章

黄河在夺淮流淌了700多年之后,似乎有些厌倦,于是又做出一次新的选择。咸丰五年(1855年),黄河在铜瓦厢决口,尾闾改由山东利津流入渤海,恢复了它本来的归途,也断绝了输入黄海的沙源。

这时黄河"余热"犹存,废黄河口长期淤积伸入海中的大淤尖三角洲,成了大丰继续造陆的储备沙源。在海潮波浪的作用下,大淤尖由于失去了以往黄河泥沙的补充被剥蚀后退,剥蚀的泥沙部分向北运动,大部分沿海岸向南扩散,与长江口外向北移动的泥沙汇合于射阳新洋港与东台弶港之间。这一带海岸外有群沙作为屏障,海浪冲击较小,有利于泥沙沉积,这也是大丰得天独厚的成陆优势。因此,大丰的沿海陆地仍能以平均每年40多米的速度向大海延伸。这种状况持续了100多年,最终以大淤尖后退了20余千米的代价,换来了现在大丰的全面形成。

黄金海岸(严正东/摄)

大丰这块土地因此具有了鲜明的"土龄"特征，老的过千岁，新的才几百、几十年；大丰这块陆地也因此具有了不同的地域特性：王港河以南，大部分来自长江；王港河以北，更多的源于黄河。

20世纪70年代以后，大丰在中华人民共和国成立初期新筑海堤的基础上又进行了大规模的人工围海，把海堤向东推进了3—5千米。至此海岸线变陡，兼有沙源减少的因素，大丰海岸的淤长除局部地区外，整体上渐趋于平缓。但眺望黄海，一个体量1000多平方千米的东沙沙脊群已在波涛间若隐若现，低潮时可见600多平方千米的沙滩，其上生存着1000多种海洋生物。这个被称为南黄海东沙岛的地方，最近处离大丰海岸只有约10千米。令人叫绝的是，东沙之外、波涛之下，还有小阴沙、亮月沙、北沙、长沙、瑶沙、金字沙、毛竹沙、外毛竹沙、竹根沙、牛角沙、河豚沙、太阳沙以及无数个无名沙脊群，正悄然任性地生长着，构成了黄海大陆架上的万里长滩。无论你是否已经关注到它，它已稳稳地扎根在那儿。

江河不舍昼夜地流淌，黄海仍以其宽广的胸怀，收藏着每一粒砂砾。黄海造陆，长远

看来,这是一个没有结尾的篇章。

现在,我们将目光投向南黄海西边缘的中段到串场河的地方,准确地说,在北纬32°56′—33°36′、东经120°13′—120°56′的范围,即神奇的北纬30°线波动区域,这就是盐城市大丰区。这里沃野千顷,宜农宜桑;滩涂草深,麋鹿成群。陆域面积达3000多平方千米。很多知晓大丰的人惊叹于其体量,常常把大丰比作我国中东部地区市县级兄弟姊妹中的"肥仔"。而喜欢刨根问底的人,更愿意感叹大丰形成的神奇。这里的人会告诉你大丰原来是历史长长的一段空白,大丰的每一处地方、每一寸土地,都是江河湖海的馈赠。这片土地从根上说,来自青藏高原、云贵高原、黄土高原等。"天赐神机出大丰,海吐金泥写传奇",这是一位现代派诗人对大丰这方水土根脉的吟咏。诚如斯言,大丰就是南黄海的一个宠儿。她的出现,又一次印证了沧海桑田的千古传奇。她历经万里奔波,书写着长江与黄河的豪情,沉淀了大海的气息,蕴藏着中华民族赖以生生不息的基因密码。这是一片神奇的息壤,是黄海湿地世界自然遗产地,是江苏东部一颗璀璨的明珠。

大丰区丰华街道一角(李东明/摄)

【链接】大丰的历史沿革

大丰区，隶属江苏省盐城市，位于江苏省东部，盐城市东南。北与盐城市亭湖区交界，南与东台市接壤，西与兴化市毗邻，东濒黄海，总面积3059平方千米。截至2022年3月，常住人口64.56万人。下辖2个街道、11个镇、2个省级开发区。境内有江苏省属农场3家、上海市属农场1家。

大丰是一个从前倭寇横行、潮灾频仍的潟卤之地，后来又被称为人杰地灵的地方。唐代至明清，一直以制盐为主业，境内大小7个盐场都属于"国家队"成员，是名副其实的"央企"。建县的历史只有短短80余年，但先民的活动可以追溯到先秦的战国时期。

今天刘庄至草堰的范公堤一带成陆最早。由于位置特殊，规模偏小，在此后的2000多年间，行政区划上一直作为一块"边角小料"，任人裁剪搭配。汉武帝元狩六年（前117年）设海陵县（今泰州市），西晋武帝太康二年（281年）复置海陵县，大丰皆归属其中。唐代设盐监后，盐政归海陵监。南唐升元元年（937年）以后，北部（今大团以北）隶属盐城监，其余仍属泰州海陵监。北宋境内有紫庄、北八游、南八游、丁溪、竹溪等盐场，隶属泰州监。元代两淮设29所盐场，境内有何垛（北部）、丁溪、小海、草堰、白驹、刘庄、伍佑（东南部）等7所盐场，伍佑属淮安路盐城县，白驹、刘庄隶属扬州府兴化县，余属扬州路泰州海陵县。至明代，除北部的伍佑场（东南部）外，大丰属扬州府泰州东西乡三十五都。明万历年间，白驹场和刘庄场先是划归淮安府盐城县，不久又改划扬州府兴化县。清乾隆三十三年（1768年）置东台县，大丰白驹、刘庄、伍佑（东南部）等场的行政隶属关系保持不变，其余如何垛（北部）、丁溪、小海、草堰等场改属东台县。这种状况延续至民国时期。民国十八年（1929年），何垛场属东台县第一区，丁溪场、小海场、草堰场属东台县第九区，白驹场、刘庄场属兴化县第六区，伍佑场（南部）属盐城县。

1941年5月，第九区分为西渣区、小海区和垦区，属东台县民主政府领导。同年10月置台北行署（县级政权机构的雏形），代替东台县政府行使对3个区的管辖权。1942年春，东台县政府将东（台）潘（钅敝）公路以北的滨海乡、川东乡、九灶乡及横渠乡（部分）划归台北行署，为析县做区划上的准备。

1942年5月，撤销台北行署改置台北县，隶属华中局苏中第二分区。从此，大丰在行政区划上摆脱了依附和摇摆于周围府县的历史，开始自立门户。1944年10月，由于撤销苏中第二分区，台北县又被撤并于东台县，属苏中行政公署第四分区。1943年11月，恢复台北县建制，隶属苏皖边区人民政府第一专署。1949年5月，泰州专员公署成立，台北县属泰州。1950年1月起改属盐城专区。1951年8月，因与台湾省的台北县重名，乃改名大丰县。

为何取名"大丰"？有两种解释：一说源于境内的大中、新丰二镇，各取一字而成；一说

港口作业（李玉生/摄）

直接以大丰废灶兴垦中影响和业绩都居首位的"淮南草堰场大丰盐垦股份有限公司"得名。其实这两种解释并无根本差异，因为大中、新丰二镇都是大丰盐垦公司在废灶兴垦中建立起来的，镇名也是公司名称的分解。区别只在一个是直说，一个是拐了个弯说而已。两种说法都没有抹去大丰盐垦公司在推动大丰经济转型发展中留给人们的那份深刻记忆。

1953年1月，苏北（苏中）、苏南两政区与南京市合并为江苏省，大丰县归属江苏省。

单独置县以后，1943年刘庄、白驹从兴化划入，1954年6月方强从射阳划入，1956年3月冈南区的民主、圩西、圩东、圩南和圩北5个乡从盐城划入，至此，大丰的各组成部分均已到齐。

1996年8月，经国务院批准大丰撤县建市。

2015年8月，经国务院批准撤销县级大丰市，设立盐城市大丰区。

（本链接内容根据《大丰县志》等编写）

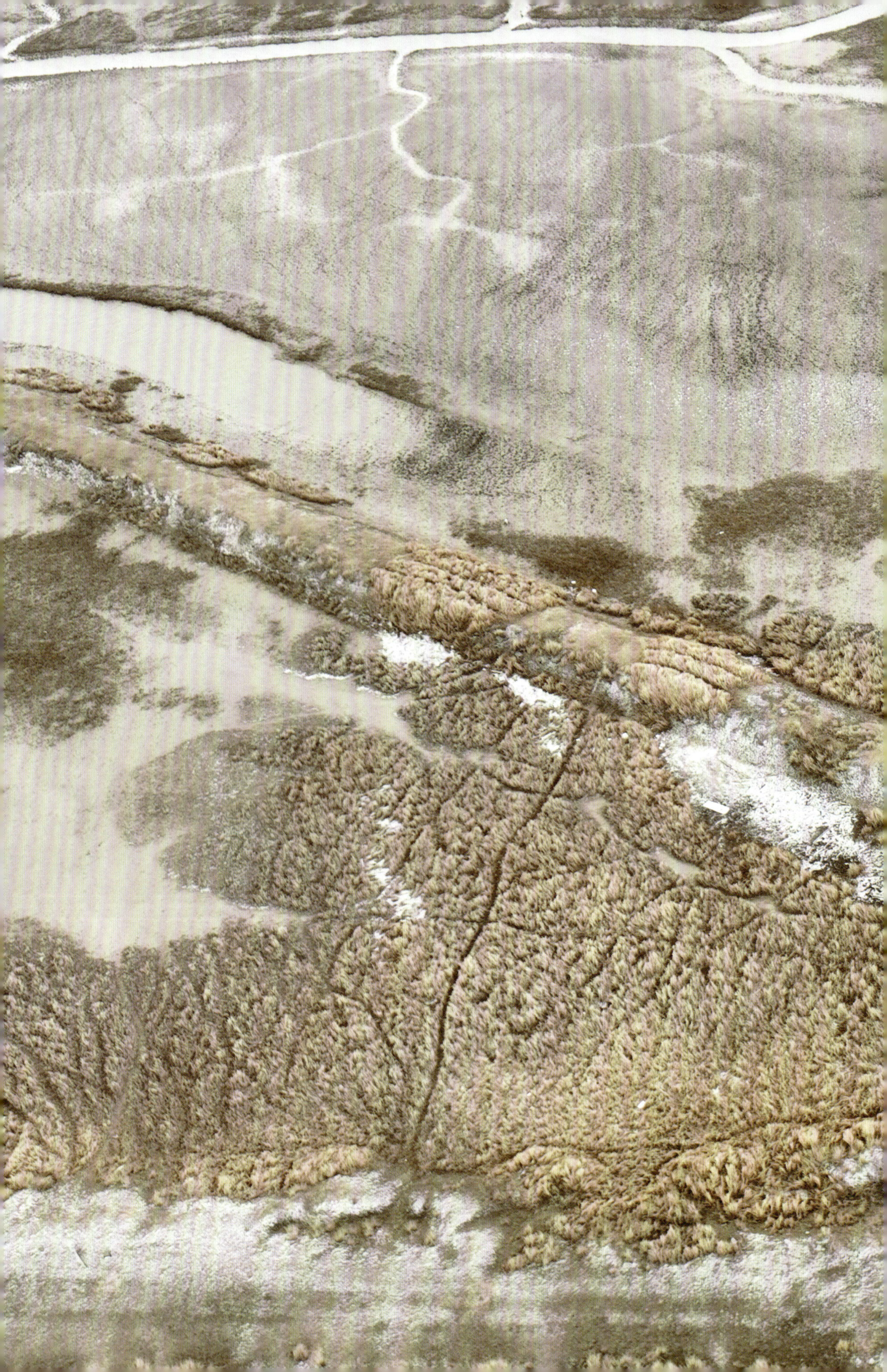

第二章 盐场越千年

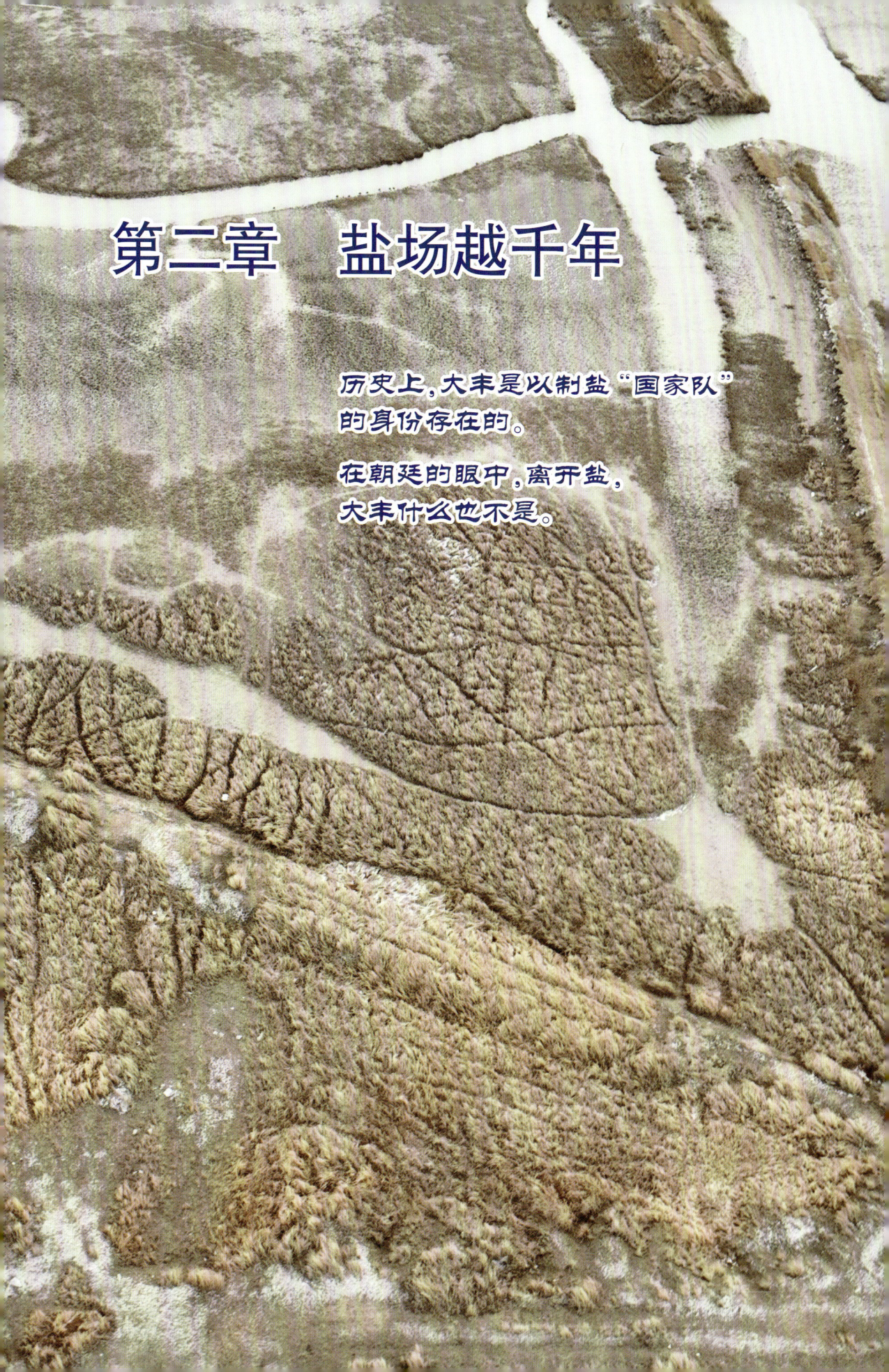

历史上,大丰是以制盐"国家队"的身份存在的。

在朝廷的眼中,离开盐,大丰什么也不是。

海滨新生陆地平坦富含盐卤,稍加整理便是天然的盐场。

恰巧,盐在封建社会不单是不可或缺的生活资源,盐赋更是国家财政的重要支撑。

唐、宋直至清末,大丰的盐场作为"央企",在两淮(淮南、淮北)盐业的地位举足轻重。

因此,李承与范仲淹相继筑堰,抵挡海潮保护盐场;以"苏迁"为显著标志补充盐丁的人口迁徙,持续不断。

盐民们在做出很多牺牲的同时,书写了辉煌的盐业文明。

如此威武雄壮又悲欢离合的一个个故事,在大丰历史上演绎了千余年。

第一节 团灶锅镦,抹不去的盐场痕迹

一片片盐田早已盖上了厚厚的沃土,最后一口锅镦也于20世纪50年代被熔进了炉子。一切关于盐的故事都被海风吹散,只有散落的地名——团、灶、锅、镦,斑斑点点,成为刻在大地上的盐场标记。今人读到它,并不作过多的联想,只有稍作停顿并咬文嚼字的时候,才有可能翻开那段尘封的历史。

大丰的很多地方,连镇、村,抑或村民小组也算不上,名称往往带上"团""灶""锅""镦"等字。像大团村、小团村、新团村、北团村、南团村、东团村、西团镇、朱家团、戚家团、东瓜蒌团、小海团;像沈灶、刘灶、下灶、洋岸灶、关北灶、七灶、八灶、南灶、北灶、中灶;像朱家锅、叶家锅、陈伯锅,还有潘家镦、金家镦、江家镦等。团、灶、锅、镦,不是烧盐的所在地便是煎盐的工具,它们所承载的是当地的一部烧盐史。

从这些地名的来头看,"团"是烧盐的组织,体现了一定的规模。"灶"是烧盐的基本单元。史料记载,明代产盐采用"聚团公煎"法,即一个盐场分设几个团,每个团分若干灶户轮流煎办。各盐场实行总催制,设立总催一职,负责监督食盐的生产和缴库。一名总催督煎几副灶,一副灶配10户灶民,"团"就是灶民聚集居住轮流煎盐的地方。如此说,团、灶就成了盐场最基本的盐业生产单位。

明万历年间,张居正厉行变法,盐课由征收本色(实物)改为征收"折价"(现银)。此后煎盐的器具由盘铁改为锅、䥽,组织形式也由团煎改为分散煎熬,烧盐的组织规模变小,从此地名中也就出现了灶、锅、䥽。所以,读着地名,也就知道了其烧盐的规模及历史。

煎盐,亦称"煮盐、烧盐、熬波",具有一定的技术含量,因为直接用海水煮效率是十分低下的。作为一种古老的制盐工艺,从21世纪初刘庄镇友谊村发现的淋卤设施看,煎盐在大丰至少风行了2000多年,直到20世纪50年代初才告结束。

大丰与黄海为邻,有丰富的滩涂及草荡资源,日照充足,是天然的优良盐场。鼎盛时期,境内有7座国家级盐场,其中5座整场,2座半场,是正宗的"央企"。盐产量在两淮(淮南、淮北)29座盐场中名列前茅,盐品上乘,为国家做出过重要贡献。

煎盐在完成了它的使命之后,已融进了被封存的古盐文化史。现在谈起它,更多的是满足一种文化认同感。

沿用明代烧盐组织名称的西团镇(李玉生/摄)

宿沙氏发明制盐技术(李玉生/摄)

中国的制盐历史悠久,先民在原始社会末期可能就已经掌握了海水制盐的技术。据《吕氏春秋》和《说文解字》记载,制盐是由海边的一个叫夙沙氏(宿沙氏)的部落发明的,这个部落后来归顺了神农氏。据考古发现,山东寿光市区以北约30千米处的双王城水库古盐场,就是商朝的制盐中心,制盐的高手叫夙沙瞿子。这一发现与文献记载十分吻合。

先民把自然生成的卤水称为卤,人工制造的结晶叫盐,所谓"天生曰卤,人生曰盐"(许慎《说文解字》)。遗憾的是,记录人工制盐工艺的文献太少,直到南宋初陈华著《通州鬻海录》,才补上了这一空白。该书记载了"削灰、刺溜、沃卤、试莲、煎盐、采薪之大略"的全过程,包含了六道工序。后来翟守义和陈椿的《熬波图》,通过绘著的52幅图画及文字、诗歌说明,详尽并形象地描绘了制盐业态的十个环节,工艺也有了改进。盐业在缓慢的技术进步中提高了生产力。

明人宋应星参考《熬波图》,把这种工艺要领扼要地记在《天工开物》中:"无雨日广布稻、麦稿灰及芦矛灰寸许于地上,压使平匀。明朝露气升腾,则其下盐茅勃发,日中晴霁,灰、盐一并扫起淋煎。"这种制盐方法与今天的引海水晒盐不同,是利用亭场盐土取卤制盐。因为亭场之土都是从大海里淤长起来的,从表层到深层含卤量极高,这就是《天工开物》所说的"地上"。煎盐的过程就是把"地上"的卤汁提取出来再结晶的过程。

大丰的煎盐工艺,在很长时期内与《通州鬻海录》记载的相同,称为"刺土成盐"法。现将其包括的三个主要步骤整理出来,以飨读者。

第一步:吊(制)卤。在雨后天晴、亭地干爽时,用牛耕开表面咸土,然后依次铺上茅草(不让咸气蒸发)。隔宿以后掀开茅草备用,再用爬车把耕过的松土收集起来层层覆于草上作溜。溜

陈椿撰著熬波图(李玉生/摄)

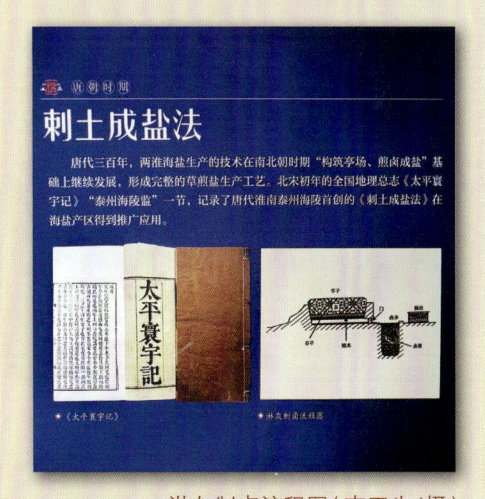

淋灰制卤流程图(李玉生/摄)

试卤(李玉生/摄)

盐场越千年 | **025**

准备烧盐的燃料（李玉生/摄）

明代煮盐盘铁（李玉生/摄）

盐镦（李玉生/摄）

一般高2尺、方1丈左右。在溜侧挖出卤井，随后取海水在溜上浇灌，使卤水注入井中。

第二步：试卤。将卤水集中舀进卤池，经过几次曝晒，蒸发水汽，加大卤水浓度。用石莲子投入卤内测试，如能浮起，说明此卤即可进行煎熬。

第三步：制盐。将可煎之卤水舀入盘铁内。盘铁是一种铁制的煎盐器具，汉代称为"牢盆"，唐宋时改称"盘铁"，一般有五六角，多的七八角（盐城市区曾出土过十角的），拼凑起来才能成为一个整体使用。平时每个灶户各执一块，便于相互牵制，以防国家专营的盐业私烧。许多角中，中间的叫主铁，旁边的叫月铁，其余的叫群铁。南宋洪适《隶续》中收有两件东汉牢盆铭文，一件注明"三百五十斤"，另一件注明"二十五石"，可见容积之大。用卤水装满后起火煎熬，达到一定程度时投入皂角，促使卤水浓缩结晶。这时的卤水，颜色已由褐转淡，结晶也就在一瞬间。至于火头，何时要猛，何时要弱，都有不同要求，一切凭经验掌握。盐煎成后须趁热收取，添卤再煎，如此反复，一昼

煎卤成盐（李玉生/摄）　　　　　　出扒生灰（李玉生/摄）

夜可煎5盘。

明清时煎盐的生产工艺又有了改进。此时的灶民在"刺土成盐"的基础上又创造了"晒灰采卤法"。采用此法不仅出盐率更高，而且盐质更优。《熬波图》与《天工开物》对此工艺都做了介绍。

首先，准备亭场。选择地势低平、盐分重、土质板结（硬土毛细管多，地下盐分上升快，便于晒灰吸卤）的地方修筑晒灰亭场，并在四周开挖场沟，保持沟内爽水。制灰，将煎盐的火灰趁红推出炉外，以咸水浇灭，使之碳化，易于吸收卤气。

其次，晒灰取卤。日出前将灰挑于亭场摊平准备曝晒，日落前堆灰完毕，如见灰上有白色盐花便可挑灰入坑。坑底低洼的一头为淋池，另一头底垫柴把，下有竹管，灰在其上经咸水冲淋后，卤水通过竹管流入卤池。

最后，煎熬。卤水经石莲子或鸡蛋浮沉法测试后倒入锅镬煎煮，一昼夜为"一伏火"，全年可烧火100伏上下。

煎盐的工艺凝聚了古人的勤劳与智慧，流传了几千年，但毕竟操作艰辛且效率低下，浪费资源，随着技术的进步，其逐渐被淘汰。

盐场越千年 | 027

第二节 唐朝已经遥远

盐，作为食之急者，是极其广泛和重要的消费品，具有不可替代的特性。盐课更是各朝政府的核心财源，所谓"天下之赋，盐利居半"。明人马文升曾言："盐课者，国家之重事，民生一日而不可缺者。以之备紧急之军饷，以之救凶荒之民命，诚有国者之大利、济时之急务也。"把盐和盐税的特殊性、重要性讲得明明白白。历代统治者谁能看到这一点，并把它牢牢抓在手里，谁就可以富国兴邦。当年吕尚封于穷僻的齐地，翻身靠的是"盐"；管仲相齐桓公称霸，靠的也是"官山海"，把盐铁经营权收归国有；西汉刘濞煮海为盐，国无赋而饶；汉武帝实行食盐的政府专卖制度。以后各代，重盐之利者，比比皆是，而唐朝则是中国盐政发展史上的一个重要节点。

唐朝出了个盐铁铸钱使第五琦，他一改前期不设盐监、盐税过轻（斗盐征10钱）的做法，推出了"榷盐法"。规定凡产盐之地均设盐官，盐户制盐立户籍，称亭户，所产之盐只能卖给官府，不准私卖，官府再加价专运专卖。也就是说，盐的收购和销售由朝廷垄断。此外，对违法私营者也有严格处罚：偷卖盐一石（十五公斤为一石）者死，一斗以上杖背。甚至连偷刮

隋代是盐政史上的一个例外（李玉生/摄）

> 公元581年，隋文帝即位，统一中国。文帝为安定黎民，躬行节俭，轻徭薄赋，与民休息。开皇三年（583），除禁榷，通盐池、盐井之利与百姓共之，既不行官卖，又免征盐税，实行无税制。自隋开皇三年起至唐开元初年止，前后130余年相沿未改，是中国食盐无专税时期。
>
> **隋文帝行无税制**
> 隋两晋南北朝税财期

028 | 大丰叙事

一斗盐碱土，也要比照偷卖一升盐治罪。从此，盐税成了朝廷的重要税收收入。

到了第五琦的接任者刘晏，理财手段更高明。他广兴盐利，全国设13巡院，在南方增设了4个盐场10个盐监（主要在江淮地区），同时改革"榷盐法"，打破原来池盐、海盐固定州县供应的规定，取消各州县盐官，只在盐产地设盐官，收亭户生产的盐转卖给商人，任其贩运买卖。这样一来，盐税大增。刘晏接任时盐税每年不过40万缗，后来每年增至600余万缗，占到天下赋税收入总额的一半。盐产量也翻了几番，达600余万石。

第五琦和刘晏都是唐朝中期名震一时的理财家，两人均选择盐政改革作为国家经济制度变革的突破口。第五琦的魄力实实在在地证明了"食盐专营"往往能成为官府挽救财政危机的重要手段，而刘晏则用他的智慧为唐朝寻找到了一条更合适的官商专营食盐的道路。他们的改革方案切实可行，行之有效，因而成为抚平战争创伤、延续唐朝生命活力的一剂良药。

四场十监与十三巡院（小草随风/摄）　　刘晏塑像（李玉生/摄）

其时，产盐的中心也有了变化，由北转而南移。唐有池盐、井盐和海盐之分，池盐盐场主要在河东安邑，井盐则在巴蜀川陕一带。相比之下，三类盐产中，海盐产量最大，成本也比池盐井盐低，具有价格优势。本来海盐生产的中心一直在北方，沧、瀛、幽、青四州的海盐在全国占有相当份额。这是因为北方开发较早，经济中心尚未南移。现在情形有了根本改变，南方盐场有了增加，产量已压过北方，加上江淮间水运发达，淮盐在全国的地位已举足轻重。

淮盐曾有过一次出色的"表演"。《新唐书·刘晏传》记载，某年京城食盐奇缺，盐价暴涨，朝廷命从淮南调盐三万斛以救关中之急。估计需要两三个月时间，结果只用了40天，淮盐就到了京城，"人以为神"，由此可见淮盐的生产规模和调运效率。此后淮盐开始行销中原。对财政的贡献,淮盐开始占据整个盐税的"半壁江山"。《旧唐书·第五琦传》记载,第五琦向唐玄宗请示工作,谈到"方今之急在兵,兵之强弱在赋,赋之所出,江淮居多"。由此可见江淮之地已成唐朝的经济命脉所系。

这一时期,诗人李白、杜甫滞留过两淮地区,写下"吴盐如花皎白雪"(李白)、"万斛之舟行若风"(杜甫)这样的诗句,盛赞淮盐的品质和繁忙的运输景象。从中我们也可以感受到,江淮事实上已取代山东、河北成为海盐生产的重要地区。因为盐利、茶税和漕米,扬州一时成为全国最富饶的城市。终唐之世,这种状况未曾改变。

后人评价"榷盐法",说它救了唐朝一命,让"安史之乱"后的大唐王朝又喘息了140年。

"榷盐法"的推行将大丰推向了前台,大丰的盐业从此得到更多关注与培育。朝廷在大丰开始设置盐官,加强对盐政的管理;朝廷加大投资,责成李承修筑大丰境内向北的捍海堰,以保障盐场的稳定生产。宏观背景结合一系列具体措施,有力地推动了大丰盐业的发展,开启了大丰绵延千年的盐业辉煌。

唐朝之于大丰,可以说是确立了盐业发展的新起点、新标杆。

梦幻天地(杨国美/摄)

第三节 范仲淹与范公堤的传说

古代制盐中,盐场和海水是一对矛盾。盐场离不开海水,离远了,海水不至,无卤可取;靠近了,海潮泛滥,场毁人亡。那怎么办呢?古人在长期与海纠缠的斗争中找到了一个办法,就是筑堰挡潮。

历史上,黄海之滨最负盛名、规模和影响最大的筑堰工程,当属北宋范仲淹领导修筑的捍海堰,后人称之为范公堤。其实,据史籍记载,还有几次更早也颇具影响的筑堰。《太平寰宇记》所载,连云港市云台山脚下有东西两条捍海堰,西堰为隋开皇九年(589年)张孝澂领命筑造,长31.5千米;东堰为隋开皇十五年(595年)元暖负责筑造,长19.5千米。与大丰有直接关联的是唐代李承所筑的"常丰堰"。

唐代宗大历二年(767年),刘晏在户部侍郎、盐铁铸钱使的位子上已经干了7年。他在积极推进盐制改革的同时,大力整治并开拓盐场,淮南成了盐场建设的重点。这时,朝廷交给淮南西道黜陟使李承一项任务,由他领命修筑大丰向北的一段捍海堰。李承是一位好官,他极其关注民生福祉和一方平安,把筑堰作为治政的一个重要举措。这条堰,北起楚州沟墩(今阜宁沟墩),南至海陵(今大丰刘庄镇北),大体依沙堤一线沿东冈而筑,四年始成。"东距大海,北接盐城,延袤一百四十二里""遮护民田,屏蔽盐灶,其功甚大。"捍海堰筑成后,百姓称之为"常丰堰",祈祷盐场农田常年丰收。因为筑堰使用了皇家拨款,亦称"皇堤、皇岸";后人赞美李承的筑堰功绩,又把这条堤称为"李堤"。《旧唐书·李承传》没有详细记载当时筑堰的经过,但评价颇高,称常丰堰,"屯田瘠卤,岁收十倍,至今受其利"。

这条捍海堰筑好之后，后世多有修缮增筑。南唐皇帝李昪下旨加修过常丰堰，并延伸到东台市安丰镇。

到了宋代，大丰的海岸线仍沿东冈一线，"去海不过一里"，那滔滔的黄海，汹涌澎湃，喧啸不息。每逢海潮泛滥，加上台风，"远听若天崩，横来如斧戕"，灾难不断，民不聊生。这期间又迎来了一位书写历史的人物，他就是范仲淹。天禧五年（1021年），范仲淹任西溪盐仓监。他目睹"泰州有捍海堰，延袤百五十里，久废不治，岁患海涛冒民田"的现状，想着作为盐官收不到盐，那是失职，筑堰挡潮，也是分内之事，遂动议重新修筑捍海堰。

范仲淹（989—1052），字希文，祖籍邠州（今陕西彬州市），后移居吴县（今苏州）。他出身贫寒，两岁丧父，随母改嫁。从小上不起学，常常一个人跑到古庙里去读书。为了充饥，他晚上先煮好一盆粥，等到第二天早晨凝固了，就用刀子把粥划成四块，早晚各吃两块。这个胸怀远大抱负的少年，长大后成为北宋著名的政治家、军事家和文学家。

范仲淹素有"北宋第一完人"之誉，因为性格倔强，又被戏称为"北宋第一犟驴"。他在政治上是改革派，曾提出十项改革措施在全国推行，史称"庆历新政"。不久改革失败，他也从枢密副使、参知政事的高位上跌了下来，先后被贬去邠州、邓州当了地方小官。当时，他的好友和同年进士滕子京被贬到岳州。滕子京勤政为民，政绩卓著，但为人恃才自负，听不得别人意见，被人嫉妒。到了巴陵后，他又常常表现出对高层人士和个人遭际的极大不满。范仲淹担心他继续惹祸，总想找机会劝劝他。正好这时滕子京来书，请他为重修的岳阳楼作记。就这样，出于劝友与抒怀，一篇千古流芳的名作《岳阳楼记》诞生了。文中"先天下之忧而忧，后天下之乐而乐"所表达的勇于担当精神和"天下为先"的情怀，成为儒家民本思想的一个新标杆。千百年来，这一情怀滋润并影响了中华民族一代又一代人。这是功成名就后又处于人生低潮时的范仲淹。其实，他在主持地方工作修筑捍海堰时，这种操守和情怀，已经充分展现。

修堤不是小事，也不是一个小小盐官所能决定的。北宋天圣元年（1023年），范仲淹按程序向上司江淮制置发运副使张纶上书建议重修捍海堰。不久，朝廷批准了张纶的奏呈并任命范仲淹为兴化知县，负责修堤工程。第二年秋，范仲淹征集通、泰、楚、海四州民夫4万余人，在以大丰为中心的90千米的海岸线上摆开了筑堰的战场。范仲淹全身心地投入筑堰工程中，此时任泰州从事的滕子京也来协助他工作。开工之前，范仲淹派工程技术人员去海边实地丈量、放样（拉线后插上芦苇或小木棍等作施工标记），还坐着轿子到海边现场查看。他见堤基线样放得挺直，感到很满意，就号令开工。哪知堤坝才筑了约1米高，潮水一涨，堤

范仲淹塑像（李玉生/摄）

坝连根儿都被冲走了。

这是怎么回事呢？范仲淹很纳闷。等潮水退却后，他边认真查看，边找寻溃堤的原因。这回他不坐轿子，情况很快就摸清了。原来潮水退却后，岸边留下海水的泡沫和漂浮物，弯弯曲曲的，像根粗大的带子直通远方，在阳光下还忽闪忽闪地发着光。范仲淹一下明白了，地势有高有低，潮头的冲击力有大有小，笔直的堤坝怎能抵挡海潮呢？他与手下商量按照某条潮头线筑堰是否可行。征求大家意见后，第二次筑堤就紧锣密鼓地行动起来了。

这年冬天，眼看大堤就要筑成了，可天有不测风云，怪潮涌着暴雪，一股脑儿袭来，不仅冲垮了多处大堤，还淹死民夫200余人，造成了堤毁人亡的大事故！

再次筑堤失败，搅得范仲淹吃不下饭、睡不着觉。他一面安排抚恤事务，并把自己的官俸拿出来补贴，一面处在深深的自责之中。他指挥失误，造成了巨大损失不说，"一堰不治，而况治国乎！"这才是问题的要害。他开始怀疑自己经世致用的能力。他很清楚，一个空有理想抱负而无务实本领的人是成不了大器，做不了大事的。他反复琢磨，自幼苦学，熟读三坟五典，博览经史子集，但大海的脾气书上是没有的，自己的知识是不全面的，似懂非懂应是犯错的根本原因。想到此，他心里一亮，先圣不是教我们"不耻下问"吗，我何不到民夫中走一走，或许会取到真经呢！于是他又一次来到海滩上。

这天，他看见一位老渔夫，便上前问道："老人家，我是知县范某，请教一下，我按照涨潮的水位定堤线，为什么堤坝还是被冲掉呢？"渔夫打量了一下眼前这位官员，说："范大人是按小潮的水位定的堤线，所以只能挡小潮，怎能挡几十年一遇的大潮怪潮呢？"一语惊醒梦中人，范仲淹恍然大悟，决心第三次筑堤。

范仲淹筑堤失败的事惊动了朝廷，诋毁之声不绝于耳。宋仁宗派钦差两淮都运使胡令仪前来实地察访。范仲淹如实汇报了失败的原因并表示了一定要把堤筑好的决心。张纶也积极支持，滕子京为范仲淹讲了许多公正话。胡钦差曾任过海陵知县，对海边情况有所了解，调查后认为范仲淹筑堤与潮水斗法，虽败犹胜；为国为民，其心可鉴，并上书皇上请求继续施工。

天圣五年（1027年）秋开始第三次筑堤。这一回，范仲淹汲取了

范仲淹带领盐民修筑捍海堰（李玉生/摄）

60年前的范公堤（李玉生/摄）

前两次的教训，预先趁着大潮，派人运来一船又一船稻糠倒在海面上，潮水把稻糠一直推到岸边，形成了一条新的潮头线。这就是范仲淹第三次筑堤的参照线。史籍称："仲淹移堤避其冲（从唐以来旧堤位置西移约0.5千米），叠石以固堤外，迂斜迤逦如坡形，不与海争。"这道堤从秋天开始筑，到天圣六年（1028年）春天结束，堤高1.5丈，底宽3丈，顶宽1丈，加上他在通州和楚州主持修筑的捍海堰，绵延400千米。海天之间巍巍一堤，犹如一道"东方长城"。

有了这样一条捍海堰，"自是潮不侵犯，流移复业者三千余户"，海边的盐业、渔业、农业、商业和交通等都又发展起来。人们为了世世代代记住他们的功绩，在沿海各场为范仲淹、胡令仪和张纶修建了"三贤祠"或"范公祠"，并把这条捍海堰称为"范公堤"。

当初筑堰之时，范公官微位卑，虽做了好事但名声不彰。待他后来当了副宰相，写了一篇《张侯祠堂颂》的文章叙述筑堰之事，并说明自己在丁忧期间，张纶一肩挑起了整个筑堰的重担而不贪其功云云，范公堤才和岳阳楼一样名扬全国。这，就是堤以人传吧！

第四节
——本场人的『大槐树』
苏州阊门

"问我祖先在何处，山西洪洞大槐树……"这是一首广为流传的民谣。山西临汾洪洞县那棵植于汉代的大槐树，成了很多人的根祖地，维系着迁徙者一代又一代的寻根情结。而生在大丰的本场人，大多把苏州阊门当成自己的"大槐树"，说先祖是"洪武赶散"时从苏州阊门迁来大丰的。这就是代代相传的"苏迁说"。

本场人，指的是大丰的原住民。"本"指自己，或指代"此"，"场"是盐场，意为"我是盐场的人"或"此盐场的人"。"本"也可理解为本来、原来，本来是盐场的人。区别是有的，因为盐场没了，现在的本场人大多是生活在老盐场区域的人，抑或是盐场先辈的后代，与盐场已经没有任何关系，所以只剩下后一种解释了。

历史上，历朝历代规定盐场"亭户""灶户"不得转籍改行，必须"永世为业，代代相传"（《大丰盐政志》），久而久之，在长期的封闭环境中，

来自各方的移民形成了共同又富有特色的方言、语汇、生活习惯及风俗,"本场人"就成了可以与外界区别开来的社会群体。今天,有学者干脆把这一群体称为中国的亚民族。这样,本场人就变成了一个特指的专属概念。奇怪的是,全国的盐场那么多,千百年来从事海盐生产的就有河北、山东的盐场,两淮、两浙、两广以及福建的盐场,为什么独有大丰一带的原住民至今仍称本场人?有人说是大丰100多年前来了启东、海门人,为了区别才如此称呼的。这一说似乎不成立。因为清代出任过小海场大使的林正青,在乾隆元年(1736年)出版自撰的《小海场新志》中就有了"本场人"的概念。如《人物志》中说"殷从俭,嘉靖丙午举人,丁未进士,历升福建巡抚,本场人"。看来这个问题只能留给社会学家去探讨了。

大丰历来是移民聚居地。早自汉代开始,随着国家对盐业的重视和对盐场投入的增加,一批批移民来到大丰煮海烧盐。刘濞当年发展盐业是"招致亡命,煮海为盐",盐丁都是"亡命"者。"亡命者"在西汉是没有户籍的游民,这是除罪囚和奴隶外社会底层的人。后来统治者为了加强对盐场的控制管理,干脆用罪犯充当盐丁。宋、明都有充军刑,明代的充军刑分为极边、烟瘴、边远、边卫、沿海附近军五等。大丰地属沿海,正是充军的一个必去之处。明《弘治两淮运司志》以及清《嘉庆两淮盐法志》记载,境内丁溪、小海、草堰等场,明初有一次较大规模的人口补充,共迁入2294户灶丁,分别来自扬州府泰州、兴化、高邮、泰兴、江都等地。至今大丰本场话里还保留"充军"或"充八军"一词,意思是埋怨到不该去或不想去的地方为充军或充八军(贬义);把上厕所说成"解手"、把睡觉说成"上苏州"等,这些都应看作有关居民来源的有力印证。

但是,有一个现象值得重视。"本场人"为什么大多不把扬州府和淮安府各县看作祖籍地,反而统一把苏州阊门说成自己的祖籍地呢?难道是本场人有地域选择而把祖辈们的籍贯改了吗?随着地方史研究的深入,谱牒史料和口述历史的不断丰富,历史的尘埃正在散去,"洪武赶散"和"苏迁"的脉络越来越清晰了。

苏州阊门寻根纪念地碑(李玉生/摄)

"洪武赶散"(亦称"洪武迁徙""红蝇赶散"等),是明朝初年大规模的人口迁徙活动,但官方记载十分简略。据《明实录》,吴元年(1367年)九月"克平江(苏州),执张士诚。十月乙巳,徙苏州富民实濠州"。濠州(临濠,今安徽凤阳)是朱元璋的家乡。洪武三年(1370年)六月,又迁苏(州)、松(江)、嘉(兴)、湖(州)、杭(州)五府"无田产者"4000余户于临濠。朱元璋将故乡建为中都后,又于洪武七年(1374年)从江南迁去14万户。朱元璋还从直隶(今江苏、安徽、上海)和浙江迁了2万户至京师(今南京)。很显然,这些迁徙都与苏北无关。

苏迁苏北尽管官方未予载录,但真相是抹不去的。在苏北地方志、地名志和族谱中保留有大量苏迁的记载。《续修盐城县志》载:"元末张士诚据有吴门,明主百计不能下,及士诚败至身虏,明主积怒,遂驱逐苏民实淮扬两郡。"《阜宁县新志》说:"境内氏族土著而外,迁自姑苏者多。"《泰县志》所载"明初迁泰"的氏族有姑苏刘氏、苏州葛氏、徐氏。《泗阳县志》称该县有翁氏、胡氏、倪氏、毛氏、蒋氏、席氏、唐氏、吴氏、朱氏是明初由苏州东洞庭山、昆山、吴县枫桥和句容等地迁去的。以上县志皆为民国时期修订。清乾隆四十四年(1779年)灌南县《新安镇志》的记载则更为具体:"大明洪武登极之初,虑大族相聚为逆,使各道武员,率游骑击散,谓'洪武赶散',子孙相沿,传世为例。传至嘉靖,适奉旨击散,而苏之阊门周姓、常之无锡惠姓,以及刘、管、段、金皆被赶散,来至朐南(原海州以南地区),芦苇荒滩,遂各插草为标,占为民地,以作避兵之计。后人烟渐繁,乃诣州请为州民,州牧载入版图,是为里人。"据《昭阳(兴化)郑氏族谱》记载,郑板桥的始祖也是自明洪武年间迁自苏州阊门。《盐城地名志》载,北龙港本名张朱庄,因明初有张、朱二姓由苏州迁此而得名。江都《双沟乡志·人口志》说,该乡人口的主要来源是元末明初的苏州阊门移民。

中央文史研究馆馆员、复旦大学资深教授葛剑雄认为,苏北明初移民的北界大致在今连云港市、邳州市、徐州市一线,但南部的南通市、通州区、海门区、仪征市却没有发现"苏州阊门"移民的踪影,移民的定居地就在这中间的苏北平原。北京大学教授吴必虎的研究更具体指明,在今扬州、江都、泰州、泰县(姜堰区)、海安、东台、兴化、高邮、宝应、盐城、建湖、阜宁、淮安、淮阴、泗阳、涟水、灌云、响水、滨海、东海及连云港等地都有明初移民分布,今射阳、大丰、东台的沿海部分也有移民后代再次迁入。

说到大丰,我们也可以从本场人的家谱、祠堂中找到依据。据已故文史专家姚恩荣先生的研究,他所见到的大丰31种民间家谱,有25个姓是直接或间接从苏州迁来金补灶籍的,其中除一姓为南宋末、一姓为明朝中期外,其余都是在明初洪武年间。著名文史专家仓显先生,更是搜罗了43种家谱,发现其中29个姓来自苏州。这些苏迁家谱主要有:

白驹咸丰年间《施氏族谱》在《序言》中称:"我兴(化)氏族,苏迁为多。白驹场施氏耐庵先生,于洪武初由苏州迁兴化。复由兴化徙居白驹场。"

龙堤《韦氏残谱》以明洪武初年苏迁始祖韦宗海为迁刘庄场之始祖,下迄13世止。

龙堤《智氏三修家谱》以明初苏州迁刘庄场之智万一为始祖。智万一生于元泰定二年(1325年),殁于明永乐十五年(1417年),该谱下迄14世止。

龙堤八灶团《朱氏家谱》以明洪武初自苏迁刘庄场之朱伯良为始祖,下迄16世止。

龙堤中闸村《奚家墩支谱楚善堂本》以明初迁刘庄场之奚千余为始祖，下迄13世止。

新团《卢氏残谱》《卢氏长门支谱》以苏迁卢恩明为刘庄卢氏始祖，下迄13世止。

刘庄《三槐堂家谱》以明初苏州王大恒迁刘庄场为始祖，下迄20世定字辈止。

白驹《古盐卞氏宗谱·白驹支谱》以南宋末年自苏州迁盐城伍佑场便仓之卞济之为始祖。其白驹支谱以元末自伍佑场迁白驹场之卞祥九为一世祖。

白驹《杨氏世系表》以明初苏州阊门杨清武为迁白驹始祖，下迄21世止。

白驹七里桥村《陈氏宗谱》(《陈氏老四门支谱》)以明初苏迁之白驹场的陈佑之为始祖。

大龙三墩村《卢氏支谱》以苏迁卢氏第11世新团卢士杰迁至卢家墩子定居为始祖。

草堰《淮南周氏家谱》以元末明初苏州阊门迁草堰之周良辅为始祖，下迄21世。

西团东团村《葛氏简谱》以明崇祯年间苏迁葛龙泉为始祖，下迄11世止。

明家墩子《明氏支谱》记其先人明初洪武时由苏州迁兴化县明家舍。明崇祯年间，因水灾迁东团。该支谱以明世楼为第一世，现已传14世。

南团《吴氏族谱》，为乾隆二十六年(1761年)西团吴氏与苏州吴氏联宗后所修之总谱。西团吴氏以总谱87世的吴国远为迁南团之始祖，传至107世，其在南团已21世。在《吴国远传》中，称其明永乐年间由苏州迁至江都县，再转迁高邮州，后由高邮迁至草堰场之南团。

小海《淮南袁氏家谱》以明初迁兴化县袁以简为始祖，下迄20世止。

洋心洼《唐家舍小海场唐氏族谱》以元末苏州阊门人唐九思为迁小海之始祖，下迄15世止。其谱在《序言》中写道："夫吾族唐氏，原籍苏州阊门人也。盖自我大明太祖皇帝灭元兴隆之时，与张士诚争衡于苏州。其兵戈扰攘，百姓逃移。我祖宗兄弟3人，徙于东海之滨，至扬州遁于秦邮(即高邮)。三曰九畴而立泰州；次曰九经，而立北草堰口；惟我祖九思公而插小海。"

三龙镇前进村、富强村《大丰中川子陈氏支谱》载清光绪二十九年(1903年)本(活字印刷版)《伍佑宗祠谱序·军籍缘由》中，指明迁盐始祖陈天锡(九四公)，乃苏州阊门人，下迄26世止。

方强引水沟村《陈氏支谱》为手抄本，内容比较简单。中舍地区《陈氏家谱》以苏迁陈捷丙为始姐。引水沟地区陈氏，以中舍陈氏第11世陈凤岱为迁引水沟之始祖，下迄23世止。

小海海北村《朱氏家谱》以明成化年间苏迁小海场之朱君礼为始祖，下迄19世止。

小海《康氏家谱》以苏迁茶商康双池为始祖，现传至19世。

洋心洼肖坳村《肖氏家谱》以明初苏迁之肖重一为始祖。

小海《李氏族谱》(《小海场李氏第二世长门永兴公派》)以明初由苏州阊门迁泰州之李福德为始祖，下迄17世止。李福德迁泰州后，"复补小海场灶籍"而迁至小海。

小海《夏氏族谱长门支谱》以明代由苏州迁泰州东乡夏家庄夏政（字文定）为始祖，下迄16世止。至正德年间夏监自泰州迁至小海。

沈灶《丁氏简谱》以苏州迁至丁溪场的丁朝桂为始祖，下迄15世泽字辈止。

汤家舍《宗氏族谱》以南宋抗金名将宗泽为始祖，而以明初迁小海场之8世孙宗阡二为小海宗氏始祖。

除谱牒之外，大丰地区还有许多宗祠。在40余姓80座宗祠中，以苏迁为始祖的有23家。

胡氏宗祠（小草随风/摄）

上述家谱和祠堂，大多明确记载了直接苏迁的祖先，也有从淮扬二府拐了个弯转迁而来的，但最初的迁出地都是苏州。

由此观之，所有历史档案都指向一点：本场人与"苏迁"是有内在逻辑联系的，苏州阊门就是他们的"大槐树"。之所以不把淮、扬二府看作祖籍地，是因为那是他们祖先暂时落脚的地方。

元至正二十三年（1363年）张士诚在苏州建立东吴政权，自称吴王，与元朝分庭抗礼。1367年徐达围城10个月后，张士诚兵败被俘，惨死金陵。1368年朱元璋在南京称帝，改元洪武，建立明朝。为巩固政权，加强集权，朱元璋下令将苏州城内原来支持和拥戴过张士诚的士绅商贾家产没收，责令其全家迁徙到外地垦荒屯田。像沈万三这样的巨富，取租簿定额，格外加赋税。朱元璋还制造了胡、蓝党案等一系列大案，诛杀功臣，排斥异己；建立锦衣卫等特务组织，制造血腥惨案；大兴文字狱，乱杀无辜知识分子。这样的政治恐怖，特别是文字狱，一直延续到清代。对于"洪武赶散"这种民怨极深又很敏感的政治事件，史家"为君者讳"，这也可能是正史不见记载或只留寥寥数语的真实原因。

还有一个有力的佐证，便是朱元璋公开宣告与红巾军决裂后，千方百计要彻底清除与小明王的关系。他派大将廖永忠迎接小明王，于瓜州江中把船凿沉，灭了小明王，此后就不再提龙凤的事。连当年镇江西城打败张士诚的纪功碑也被砸毁灭迹，因为那上面有龙凤的年号。文书档案上凡与龙凤有关的，更是消除得干干净净。《明太祖实录》也一字不提朱元璋与龙凤政权的臣属关系。所谓"实录"，并非全录，有利的就录，不想录的就罔顾事实，甚至颠倒黑白。这一段历史被湮灭歪曲了几百年。明王朝写历史连起家的恩人都可以抹掉，何况"洪武赶散"这种丢面子的事情？

当年苏州人自然是不情愿背井离乡去苏北的,于是强硬的武装"赶散"就不可避免。可以想象,所有被送往苏北各地的人都是从阊门码头启程的,巍峨雄壮的阊门城楼就成了苏州留给这些被赶散者最后的印象。这种印象会代代相传,后人在编修家谱、族谱时,把他们的始祖定为苏州阊门人也就不足为奇了。

夜大丰(周左人/摄)

【链接】大丰境内移民的三个高峰

纵观2000多年的开发史,大丰的人口迁入,在清代之前都是紧扣着国家经济发展、自然灾害和盐丁逃亡引起的劳动力减少而断续进行的,可谓一部交错着血泪与抗争的迁徙史。大丰历史上明确可考的有三个移民高峰。

第一个移民高峰发生在西汉。西汉涉及大丰人口扩容的大事件有两个:一个是刘濞为强国及叛乱做准备,聚集财富,需要大规模发展海盐生产,因而广招天下游民和亡命者。刘濞建都广陵,统辖东南"三郡五十三城",盐业生产持续了40余年,"煮海为盐"的范围覆盖到两淮的沿海滩涂。当时到底招募了多少盐丁虽无具体数据,但从刘濞开运盐河(邗沟支道)、建"海陵仓"储盐以及海陵县东境"四望皆鹾卤亭煎"的描写看,移民之众是可以想象的。另一个是东欧国的内迁江淮。汉惠帝册封欧候摇光为东海王，建都东欧（浙江永嘉）。东海王为回报中央政权的支持，曾组织4万多人内迁江淮间。汉武帝时，东欧国迫于闽越的压力，向中央纳地，"请举国徙中国，乃悉举众来处江淮之间"（《史记·东越列传》）。刘濞的"煮海为盐"和东欧国的内迁，必然会引起大丰人口的激增。

第二个移民高峰在明代至清代中叶。明初的"洪武赶散"，为大丰带来了一次人口增长的高潮。《嘉庆两淮盐法志》记载，仅丁溪、小海、草堰等场就一下迁来灶丁2294户。而这个时期据《弘治两淮运司志》的统计，大丰境内的何垛（北半部）、丁溪、小海、草堰、白驹、刘庄、伍佑（南半部）7场，共有灶户3421户，丁口7679人。大规模地增补盐丁，固然与加快盐场的发展有关，但也应该看到元末张士诚盐民起义对人口变动带来的影响。

人口的变动不只是增长一种。除了战争和逃亡外，潮灾、台风、洪水、干旱等自然灾害是人口减少甚至是急剧下降的主要因素。《大丰市志》记载的明、清两代大的自然灾害竟达130余起。其中，明洪武二十二年（1389年）七月，海潮冲倒捍海堰，淹死包括大丰在内的各场灶民3万余人。明正德七年（1512年）八月，台风、海潮浸溢，淮南各场淹死3000多人。紧接着，两年之后，即明正德九年（1514年），海潮浸溢，沿海人民淹死十分之七。明嘉靖十八年（1539年），大海啸，两淮淹死灶丁15439人，灾后救济安抚仅存灶丁44933人。清雍正二年（1724年）七月十八、十九日，风雨海潮冲毁范公堤，两淮29场溺死灶丁49588人，其中丁溪、小海、草堰、何垛等10场，淹死灶丁33435人。

明万历初期，潘季驯治河成功，泰州知州开丁溪海口、兴化知县开白驹海口，使得困扰里下河地区多年的水患得以逐步解除，盐业生产有了恢复性发展。从现存的谱牒资料看，大丰又有了一次明末的苏迁浪潮。

清初由于统一南方、削平三藩和收复台湾的需要，财政对两淮盐税的依赖进一步加大。盐政上也相应进行改革，场大使的待遇得到提高，取消灶籍并推行"垣商"制。垣商是盐商的一种，因享有组织盐业生产和购盐的权利，可自建盐仓（俗称"盐包场"）。盐仓四周的土围墙称"垣"，为区别一般的运销商，故称"垣商"。垣商可以拿到大片土地，有权征招盐丁。嘉庆、道光年间，仅西团一地的垣商，就从各自的家乡和四方招募灶民、船民和忙工1万多人。这期间，大丰的灶民已发展到90271人。

第三个移民高峰出现在民国时期的"废灶兴垦"中。大丰拿出600多平方千米土地，组建了多家盐垦公司。在张謇先生的倡导下，南通、启东、海门、如皋、东台、盐城、兴化等地的农民，为谋生计自愿来大丰安家。至1944年，大丰六大盐垦公司断断续续接收移民近8万人，占当时大丰总人口261733人的30%多。

本链接内容主要来自《大丰县志》

第五节　明、清盐业的辉煌

大丰因海而生，向海而长。2000多年中，盐一直是这块土地上的拳头产品。妥妥的古盐乡，随地抓把泥也能调成一锅汤，多滋多味得很。

刘庄镇友谊村古遗址中淋卤设施的发现，以及红陶敛口罐（钵）、夹砂红陶片、黑胎红陶片及细绳纹、细弦纹灰陶片的出土，证明早在春秋晚期至战国早期，大丰的西部地区已开始有煎盐活动。及至汉高祖十二年（前195年），吴王刘濞在封国"招致天下亡命者盗铸钱，煮海水为盐"；又开邗沟支道，"自扬州茱萸湾通海陵仓及如皋磻溪"（顾炎武《天下郡国利病书》），大丰境内盐业生产已经有了明确的文字可考。汉武帝即位后，为加强中央集权，将盐铁产运销之权统一收归朝廷，实现国家垄断。煎盐开始成为一项关乎国家经济命脉的重要产业。这一时期的盐业，生产工具较为笨重，生产技术较为落后。但随着盐丁的增多，规模的扩大，大丰沿海的煎盐业逐渐兴旺起来。

到了南北朝时期，大丰盐业发展迅速。据史料记载，盐城向南的海中沙洲上有100多座盐亭，每年产

> 刘濞（前215—前154），汉高祖兄刘仲之子。高祖十二年（前195）封为吴王，建都于广陵（今扬州），辖三郡五十三城。极盛时拥有地方三千里，胜兵五十万，实力雄居当时各诸侯王国之首。吴王刘濞治吴四十余年，以煮盐之利，使民无赋而国用足。后来刘濞依仗雄厚财力，领头发动吴楚七国反对中央朝廷的叛乱，兵败被杀。
>
> 他在位期间发展农业、盐业，兴修水利、开凿河道，为后来江淮地区发展成为领先全国的经济发达地区奠定重要基础。刘濞煮盐兴吴，对于淮盐走向兴盛、江淮走向繁荣，影响深远。

◉ 刘濞像

刘濞像，吴王刘濞开创了淮盐的天下
（李玉生/摄）

盐45万石。尽管不能把沙洲上的盐亭全部看作在大丰境内,但从唐宋以后盐场的发展和分布看,绝大部分为大丰所有应无问题。

唐代海盐生产规模不断扩大,人们在黄海岸线的南北地带相继建立了盐区。唐玄宗开元元年(713年),全国产盐区设五区十监管理,大丰归属海陵县海陵监(监署设于今泰州)。刘晏任两淮转运使以后,改革盐法,废官营专卖制为官商专卖制。既调动了盐民产盐的积极性,又引来了一批四方游民,在一定程度上刺激了盐业生产的发展。从此,淮南盐在全国异军突起,大丰的盐业管理和生产规模都上了一个台阶。

公元937年,南唐主李璟于海陵建立泰州,管辖扬州以东的大片土地,并就近设海陵监于东台场,专司盐政。广大灶民开沟引潮,铺设亭场(亭户之名始此),创造了"刺土成盐法"。此法不仅成盐快,而且出盐率高。

宋代的盐业生产大体承唐、五代旧制,在盐区内设场。宋代的盐业管理机构有三级:大者为监,中者为场,小者为务。然而并无定制,或有监无场,或有场无监,或甲县监管辖乙县场,大多因地制宜,随时增减。北宋时大丰境内已有紫庄、南八游、北八游、丁溪、竹溪等单独冠名的盐场,后又设小海场。开宝七年(974年),海陵监移撤后在西溪设盐仓监管辖大丰各盐场。当时全国有一半以上人口食用海盐,盐场从最北端的沧州场(天津东南)到最南端的琼崖场(海南岛),唯有泰州和通州的产量最丰,达到5000多万公斤,占全国盐产的三分之一强。《宋史·食货志》载:淮南有楚州盐城监(辖7场),年产盐41.7万石;通州丰利监(辖7场),年产盐48.9万石;泰州海陵监(辖8场),年产盐65.6万余石。由此可见,宋时以大丰境内各盐场为主的海陵监,已成为淮南产盐之冠。而且盐品上乘,具有形散(海盐亦称散盐或末盐)、色亮、味咸、质鲜的特点,名噪当时。

元代,大丰境内的何垛、丁溪、小海、草堰、白驹、刘庄、伍佑等场均已建成,各场沿范公堤设立场公署。其辖地由范公堤逐渐向东,直线辐射至10多千米之外的近海海滩。

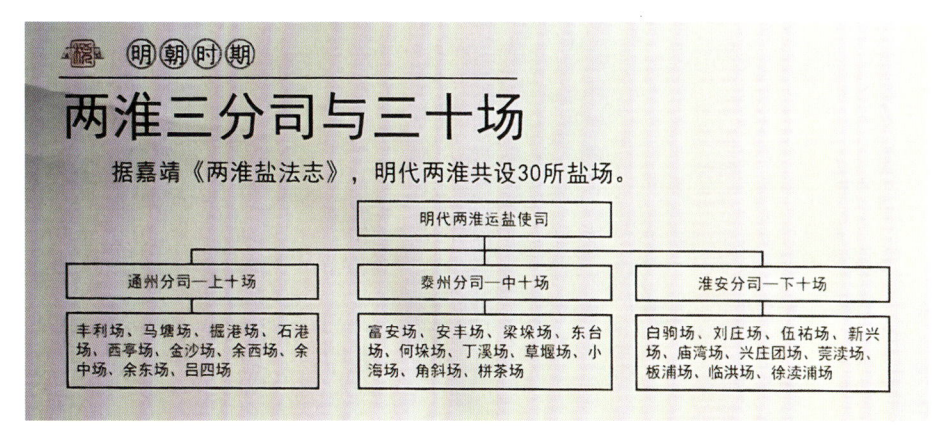

明代三十场大丰占有5个整场和2个半场(李玉生/摄)

似山盐仓（李玉生/摄）

小海场石权（李玉生/摄）

清代银锭（李玉生/摄）

明清时期，由于陆地的快速淤长，大丰面积已达2000多平方千米，盐场和荡草的规模有了相应扩大。加上明初大量金补灶民，大丰的盐业迎来了高光时刻，成为两淮重要的盐业生产基地和中国最大的海盐集散地。

洪武元年（1368年）设泰州盐运分司，驻东台场，管辖拼茶、角斜、富安、安丰、梁垛、东台、何垛、丁溪、小海、草堰等10场，史称"淮南中十场"。大丰境内的白驹、刘庄、伍佑与新兴、庙湾等10场归属淮安分司，称为"下十场"。大丰的盐业生产开始进入鼎盛时期。据有关资料显示，万历年间，何垛、丁溪、小海、草堰4场年产盐量达57236引（每引200公斤，约合1.14万吨）。在此后相当长的时间内，大丰境内各场多数年份盐产量均保持在2万吨以上。盐业的兴旺，吸引了四方游民，纷纷来到各场煎盐为生。一时间，出现了"烟火三百里，灶煎满天星"的盛况。

清朝禁垦，实行"摊丁入亩"，推行"商亭所有制"，征收折价银，并提高场大使的地位和待遇，取消灶民的灶籍等，这些措施保护和促进了盐业的发展。以清初为例，丁溪场原额办灶丁1077丁，以后增至3951户，计17156丁；原额灰亭（晒灰场）270面，后增建506面；卤池原额定270口，后增至561口。草堰场原额办灶丁1051丁，白驹场原额办灶丁4417丁，后两场合并重编灶丁烟户3374户，计9031丁；原额灰亭136面，后增至224面，卤池至224口。小海场原额灶丁441丁，后编灶丁烟户2199户，计12925丁；原额灰亭85面，后增至196面，卤池由85口增至196口。刘庄场有灶丁23000余丁，煎灶1800多座。经过明末动乱和私垦的影响，清初各场能有如此的发展速度和发展规模，在两淮盐业发展史上是空前的。到康熙年间，何垛、丁溪、小海、草堰4场年产盐量最高达104886引（每引200公斤，约合2.1万吨），占两淮盐产量的22%。到嘉庆年间，大丰各场产盐量的最高纪录为337805引（每引200公斤，约合6.8万吨），占两淮产盐总量的17%。大丰成为闻名全国的产盐重镇。

清朝中叶以后，新生陆地泥沙含盐量开始减少，而海岸线东移的速度仍然较快，范公堤东的广大灶区潮汐不至，土卤日淡。随着清王朝的逐渐衰败，整个淮盐都走向衰落。大丰从唐至清跨越5个朝代兴旺发达的盐业生产,至此也由巅峰跌落下来。

咸丰十一年(1861年),以草堰场盐课司署(盐场管理机关)东移50里迁至西团为标志,大丰的煎盐业走过了近100年的尾声期。这100年中,一开始由于西部地区成陆已久,老盐场离海日远,土质变淡,转盐为垦已成事实;继而国家广开禁令,废灶兴垦。实业家张謇先生在大丰兴办盐垦公司,大规模开垦植棉,加剧了盐业生产的衰落,边盐边垦成为主流;最终由于煎盐工艺落后,植棉种粮的优势凸显,煎盐终被淘汰。

早在乾隆年间,各盐场已开始收缩调整。乾隆元年(1736年)白驹场并于草堰场,刘庄、伍佑二场从淮安分司转归泰州分司管辖;乾隆十一年(1746年),丁溪场盐课司署东移50里,由丁溪迁至沈灶;乾隆三十一年(1766年),小海场盐课司署东移50里,由草堰迁至小海团,3年后又并于丁溪场。民国元年(1912年)刘庄场合并于草堰场。至此,范公堤上的5个盐课司署全部迁出,照耀范公堤千余年的盐业余晖渐渐褪去。

民国二十年(1931年),丁溪场又撤并于草堰场,境内的盐务管理机关只剩下最后一家"草堰场公署"。1940年,新四军、八路军会师白驹后成立了淮北淮南盐务管理局,境内只设一个台北盐场,隶属东台分局,场署机关设在大桥,灶区仅剩下沿海及东南一隅。1953年,大丰县成立了盐民转业开垦委员会,至1957年,盐务机关全部被撤销。至此,煎盐一道成为凝固的历史。

第六节 苦难的盐丁 文明的基石

当代社会的纳税大户中早已不见了盐税的身影,但古代,盐业一直是国家财政大厦的重要支柱。唐宋以来,国家的食盐专卖收入和盐税收入占据了整个国库收入的半壁江山。其中两淮的通州和泰州盐场,因为高额的产量和优等的品质,对财政收入的贡献份额占整个盐业收入的三分之一。以宋代为例,北宋的盐业从业人员六七千户、十余万丁。每年产盐量为1.25亿—1.5亿公斤。南宋比北宋版图小,丧失了北方的几个盐场,但由于淮南盐场的技术革新,生产能力倍增,南宋的食盐产量比北宋不降反升,年产量达1.75亿公斤上下。由此可见淮盐在国家经济命脉中的重要地位。两淮盐丁们的历史性贡献,彪炳史册。

盐丁们不仅为国家贡献着财富,为民生需求提供必备商品,而且创造着灿烂的古盐文化。他们是社会物质文明发展的基石,是中国古盐文化史的主人翁和书写者。

然而,盐丁是底层的劳动者,劳动强度大,整日积薪、晒灰、淋卤、烧煎,以致蓬头垢面、胼手胝足。盐丁们行动不自由,若出灶区需经批准,且不能持械或多人同行。他们把所有劳动成果交给国家,换取的报酬勉强维持生存。他们受着官府、垣商、灶头等的多重剥削,政治上亦失去了自由,过着奴隶般的生活。

唐宋以来的历朝历代,都用特殊的户籍控制盐民,一旦入了亭户,世世代代都为盐丁,永远不能改变。盐民们还受着风暴海潮和洪水的威胁,不知何日就会遭灭顶之灾。盐民的苦难生活,盐业专业史书记载得很少,我们只能通过民间文化走进他们悲苦的世界。

制盐的工序有很多道,每道都需艰辛的付出。最后一道是烧煎,让卤水结晶成盐。烧煎必须连轴转，不分日夜，一昼夜为一伏火。白天烧煎的情景在诗人吴嘉纪的《煎盐绝句》中是这样的："白头灶户低草房，六月煎盐烈火旁。走出门前炎日里，偷闲一刻是乘凉。"

这首诗描写了一个白发苍苍的老人，在低矮局促的茅草房里围着土灶烧火煎盐，要知道这是烈日炎炎似火烧的盛夏啊！他汗流浃背，酷暑难熬，难得偷空走出门外，在火辣辣的太阳下稍站一会儿，这便算是乘凉了。

泰州安丰场（今东台市安丰镇）盐民诗人吴嘉纪生活在明末清初，出身清贫，年轻时烧过盐，喜读书作诗，好学不倦。曾应过府试，但因亲见明王朝覆灭，清兵南下，人民惨遭屠杀，遂绝意仕途，隐居家乡。诗人本是灶户，穷得衣食不周，朝不谋夕。住所仅草屋一楹，名其为"陋轩"。因为长期生活在灶民中间，亲身体验了官吏、盐商对灶民的剥削和频仍的水灾等对灶民的侵害，写出了大量反映社会黑暗民不聊生的诗篇。他的诗风格沉郁，语言苍劲，多以盐民疾苦为题材，以其真实而深刻的内容和高度概括的手法，反映了当时劳苦大众苦不堪言的生活困境，抒发了诗人的悲愤情怀。

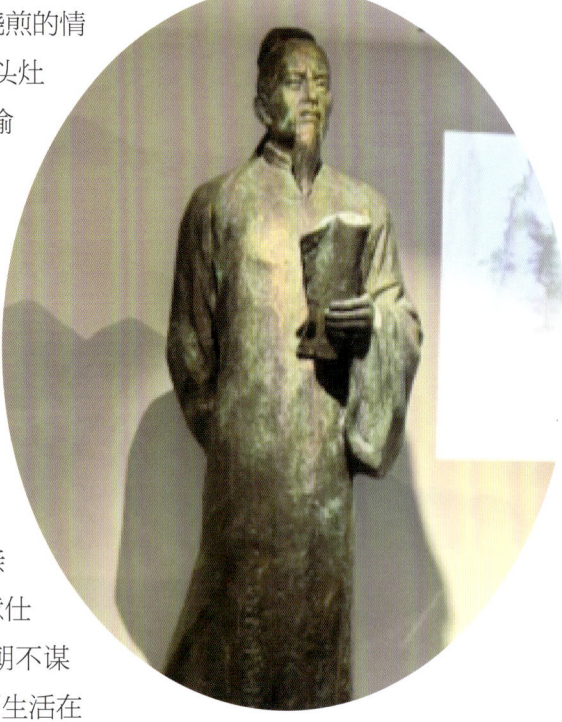

盐民诗人吴嘉纪塑像（李玉生/摄）

到了夜晚，烧盐的人通宵不眠，瞌睡和劳作对其进行着双重折磨。大丰民间流传下来的《叹五更》唱出了盐丁们辛辛苦苦烧了一夜火无法休息，天亮了还得继续干的境况。

一更鼓儿上，烧火火正旺，晚饭送到锅门旁。没筷子，撅上两根芦柴棒。一手端粥碗，一手掏锅塘，一顿"牢饭"都不能吃逸当。粥碗里茅草屑子实在脏，没法子，闭着眼睛喝光光。

二更鼓儿敲，老小全睡了，一人孤单把火烧。独对灶门好无聊，瞌睡打盹真难熬。哈欠连天伸懒腰，没办法，哼个小调解解焦。

三更鼓儿连，瞌睡虫来缠，两个眼皮往起连。拍拍头，捎捎腿，强作精神把瞌睡虫来锤。突然往后仰，忽又磕向前，颈项脖子软如绵。战兢兢又怕火头往外舔。

四更鼓儿排，海风阵阵来，寒冷彻骨好难挨。坐不住身子东倒又西歪。腰酸骨头疼，头昏眼难开。两个膀子麻木手难抬，巴不得火又一撂倒下来。

五更鼓儿催，莫谈有多累。没得哪个来换我，又要扒清锅塘灰。腿子拉不动，身子往下坠，昏沉沉哪里还有觉来睡？天亮了又要上场去晒灰。

除了高强度的体力劳动，自然灾害对盐民更是致命的摧残。明代以来，《大丰市志》记载的潮灾有上百次。其中：明成化三年（1467年），海潮漫溢，捍海堰溃决69处，淹死盐民247人；正德九年（1514年）潮灾，沿海人民淹死十分之七；嘉靖十八年（1539年），海潮暴涨，平地水深三四米，溺死者数千人……

潮灾之外，还有猛于虎的苛政。吴嘉纪的《海潮叹》写出了天灾与人祸：

飓风激潮潮怒来，高如云山声似雷。
沿海人家数千里，鸡犬草木同时死。
南场尸漂北场路，一半先随落潮去。
产业荡尽水烟深，阴雨飒飒鬼号呼。
堤边几人魂乍醒，只愁征课促残生。
敛钱堕泪送总催，代往运司陈此情。
总催醉饱入官舍，身作难民泣阶下。
述异告灾谁见怜？体肥反遭官长骂。

《康熙重修中十场志》记载："康熙四年（1665年）七月三日，飓风大作，折木拔树，涌起海潮，高数丈，漂没亭场庐舍，淹死灶丁男妇老幼几万人。凡三昼夜风始息，草木咸枯死。盖百余年来未有之灾也。"诗人目睹了这场特大灾难，遂提笔赋诗，不仅对实情作了真实记录，而且同时揭露了清政府的残酷剥削，以及基层官吏的丑恶嘴脸，使作品主题更加深刻。

除海潮灾害外，海盐产区亦存在洪水、干旱等其他灾害。隆庆三年（1569年）黄淮大水灾，洪泽湖、宝应湖、高邮湖和里下河地区连成一片汪洋，洪水久留不去，造成"田沉水底13年"的惨状，沿海居民遭受灭顶之灾。

严重的旱灾也影响盐河运道的畅通，严重阻滞盐区食盐的外运。成化六年（1470年）"大旱，扬州官河并迤通泰一路，舟楫不行，盐河俱涸，履成平地，车辆伊哑之声，昼夜不绝焉"（《弘治两淮运司志》）。有时多种灾害叠加在一起，如万历二年（1574年）两淮30个盐场"大旱之后，加以恶风暴雨，江海骤涨"（《明神宗实录》）。这些灾害对海盐产区的影响都十分致命，灶户的生活雪上加霜。

明代诗人季寅在其《盐丁苦》诗的末尾描述了盐丁期盼过上农民生活的愿望："五谷丰登真快乐，半年辛苦半年闲。"农民生活本已很苦，此愿更显盐丁生存之艰难。恶劣的环境、沉重的盐课、微薄的收入、频发的灾荒，致使明中后期灶民大量逃亡。嘉靖年间，朱廷立曾指出："照得两淮运司所属三十盐场，近年以来水旱大疫相继，灶丁逃亡大半"（〔明〕朱廷立等《嘉靖盐政志》）。嘉靖九年（1530年），御史李士翱也奏称："臣今查理见在灶丁，仅二万三千一百有奇，比视先年是去三之一矣。""逃亡大半""去三之一"这些虽是虚数，但灶丁因灾严重减损却是不争的史实。因此"佥补灶丁"就成了盐区灾害应对亟待解决的问题。嘉靖年间不断有官员提出佥补灶丁的要求。然佥补灶丁只是缓解盐场生产力短缺的应急之策，并不能解决根本问题。鉴于灶丁艰难的生存环境，对被佥者而言无疑是被拖入苦海，故而佥了逃、逃了再佥，恶性循环。实际上，海盐区灾后佥补灶丁之举，不仅是应对灾荒之策，更是明代维持户役制的重要手段。如果逃丁不补，不仅灾后盐业生产无法恢复，户役制也无法维持。

灶民逃离是反抗的一种，只会导致盐场无法生产；而"聚而为盗"、揭竿而起则严重威胁社会稳定。明末陈仁锡描述了两淮盐民灾年聚盗劫掠之状："……三十盐场，屡因旱涝不常，民多为盗，不事耕煎，哨聚亡命，千百为群，白昼劫掠，富户奔窜，总催逋亡，以致盐课羁縻。即如梁垛场大寇王虎子，杀人焚劫，倡乱年余，在有司不敢请蠲剿除。"（明陈仁锡《两淮盐政》）盐民被逼造反，不仅盐业生产无法维持，盐区秩序亦遭严重破坏。这是封建统治者无法解决的根本痼疾。

灶民生存状态（李玉生/摄）

【链接】

盐丁苦

明　季寅

盐丁苦,盐丁苦,终日熬波煎淋卤。胼手胝足度朝昏,食不充饥衣不补。
不知文,不知武,不知讲论今和古。每日侵晨只晒灰,赤脚蓬头翻弄土。
实勤苦,实愚鲁,催征不让阴天阻。总催未去灶头来,公差迫捉如狼虎。
若见官,活地府,血比连连打不数。年年三月出通关,灶丁个个遭棰楚。
盐完后,始放还,仔细思量难又难。当初地广人稀少,今日人多地少闲。
无计策,缺三餐,众开河道上沙滩。地土不毛容易浅,程途百里担难担。
蚊狼毒,没遮拦,手脚通宵岂得闲。饶君遍体泥涂密,到晓浑身是血斑。
喜夏去,怕秋交,愁遇风潮晓夜焦。昼向海边为活计,勤防月汐避潮高。
天色静,日光敲,顷刻云生雾搭桥。播土扬尘风太急,翻江搅海浪头高。
魂吓散,魄惊消,驰担回头且退跑。快走之人犹得脱,迟行些子命难逃。
潮退望,白遥遥,积尸累累任风飘。呼兄唤弟漫天哭,觅子寻爷遍地号。
冬日到,少衣穿,东海西风分外寒。日食不周无依赖,公私逋负又勾牵。
风凛凛,雾团团,琼瑶片片下云端。灰坑池井如银砌,南北东西去路难。
情切切,意悬悬,颙望官司发赈钱。赈来犹缓须臾死,万里君门谁见怜!
磨折事,万千千,曾似庄农学种田:五谷收成真快乐,半年辛苦半年闲。

(本链接转引自《淮南中十场志》卷十)

湿地交响(李玉生/摄)

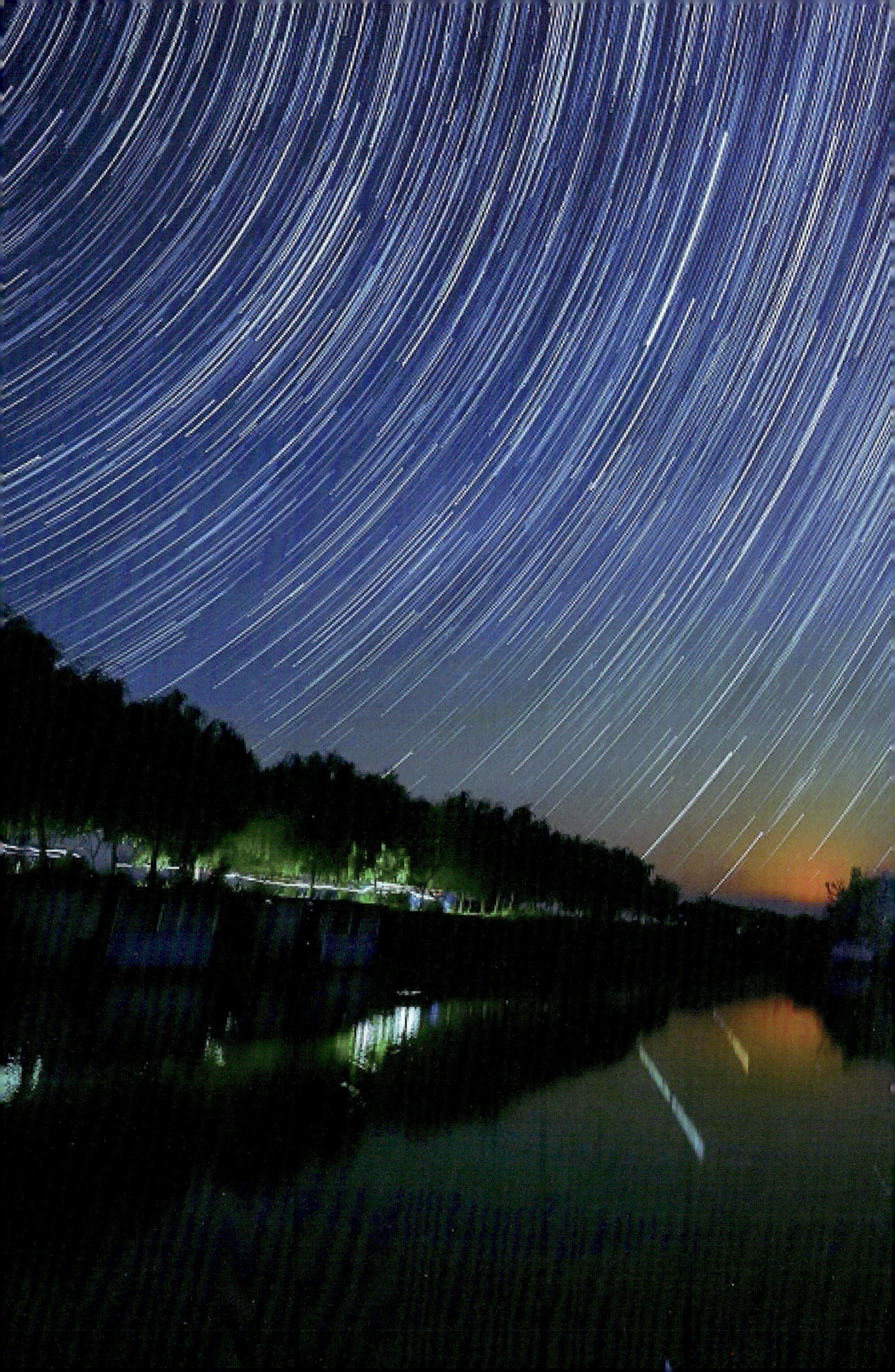

第三章 "双星"闪耀

张士诚如果换一个格局，
明代的历史可能会被改写；
施耐庵和《水浒传》的后续也许就有
了另一番景象。

施耐庵和张士诚是大丰人文历史的两座高峰,"双星"灿烂,光耀五洲。

然而,历史跟施耐庵开了一个玩笑,把他弄丢了几个世纪,直到他身后600多年,其籍贯及《水浒传》的著作权问题才得以确认。施耐庵参加过张士诚起义,《水浒传》明写宋江等梁山英雄起义,实写元末张士诚盐民起义。

张士诚高邮之战的胜利,不仅挫败了元军的主力,使元统治者元气大丧,而且促使整个农民起义从低谷中雄起,掀起了第二次高潮,农民革命局势得到根本扭转。张士诚坐拥苏州后兵精粮足,与朱元璋、陈友谅形成三大割据集团,谁都有资格问鼎中原。但张士诚不思进取,在政治、军事上只取守势,充分暴露出个人思想性格和盐民阶层的局限性,最终被朱元璋所灭,给历史留下一声长叹!

第一节 张士诚和施耐庵同是白驹场人

一个小小的海边盐场,在元末同时升起两颗"巨星",这是白驹前无古人的奇迹。这也不得不令人对白驹这个地名产生好奇。

白驹,一个诗情画意的名字,在大丰所有以盐、垦文化标记的地名中算一个另类的存在。它与湖南的凤凰古城一样,名字总是给人以感动和联想。因为提起白驹,眼前就会闪出一匹纯色的小白马,就有了一种激越奔腾、生气勃勃的感觉,也就会感受到一种拜白驹所赐的抗争与负重前行的龙马精神。然而,一个曾经的海边盐场,既非产马之地又非放马之所,怎么会以小白马来命名?传说也许是一种答案,让我们姑且走进白驹的传说。

相传很久以前,白驹这地方已从大海里冒了出来,长成一片草滩。有个牧童经常到这儿来放牧。这儿的水草丰茂,他的那些牛啊、羊啊、马啊个个养得膘肥体壮。牧童骑在小白马上,短笛吹得婉转悠扬。好一幅"牧童归去横牛背,短笛无腔信口吹"的村郊牧野图。

不料好时光突然被打断,一天,小牧童遇到了一件意想不到的事。原来草场东边就是一望无际的大海,龙王的五太子敖孪是条凶暴的小黑龙。小黑龙一直不满意自己的一身黑皮肤,它常常跟母亲闹别扭,想把黑的换成白的。一天,母亲悄悄告诉它,吃掉5匹小白马、5头小白牛、5只小白羊,就能变白。小黑龙一想,这有何难,草滩上马牛羊多着呢!于是它径直来到草地上,气势汹汹地对牧童说:"你选白马、白牛、白羊各5只送到我庙里去,如果不答应,我就把你的马牛羊全部赶入大海!"小牧童听了非常生气,说:"不可能,因为我答应要给主人照看好它们,一只也不能少啊!"牧童果敢的回答使小黑龙恼羞成怒,它大口大口地喷着水,天空下起了倾盆大雨;又使劲地甩着尾巴,刮起了龙卷风。眼看一会儿不见了牛,一会儿又不见了羊,小牧童也被刮下马在地上打转。就在这时,牧童的坐骑小白马一跃而起,对着小黑龙勇敢地冲了上去。小黑龙做梦也没有想到小白马居然敢冲撞它,心中一慌,被小白马狠狠地当胸踢了一脚,一阵剧痛,仓皇逃走了。小白马穷追不舍,就在快要赶上的时候,大海到了,小黑龙怪叫一声,钻进了波涛之中。小白马心力交瘁,在地上滚了几下,死去了。

这时,观音菩萨正好经过这里,淌下了慈悲的眼泪。她算到小黑龙还会来报复,于是唤来一只凤凰和一对猛狮,凤凰化作一座桥,一对猛狮蹲在桥头,挡住了小黑龙的道路。小白马死去的地方因为有了凤凰和猛狮的保护,小黑龙再也不敢来侵犯了。没过多久,这里就成了一座繁华的集镇。人们为了纪念不畏强暴、英勇献身的小白马,就把这个镇叫作白驹镇,那座桥就叫狮子口桥……

美好的传说寄托了白驹人的真挚情感,也揭示出白驹场盐民不畏强暴、敢于抗争的性格。现在我们跳出传说的世界,对白驹名称的由来做一点考证。读过《诗经》的人都知道,《小雅》中有"皎皎白驹,食我场藿"的句子。"藿"是香草,说的是雪白的小马,吃了我田园里的香草。白驹场别名叫藿场,可见白驹正是从《诗经》中取的名。这种命名,起初估计是哪位教书先生的即兴之作。

《大丰市志》中认定,白驹一名出现于元代。这应该是依据《续通考》得出的结论,因为该书中首次出现了白驹场,是官方文献中最早的记载。《元史》《明史》讲张士诚也都是"泰州白驹场人"。但元之前范仲淹撰写过《白驹关帝庙碑记》(《兴化县志》),已经明确提到了白驹,可见白驹一名在宋代已经存在了。然而,那时刘庄场与草堰场之间有南八游、北八游盐场,其中还没有一个盐场以"白驹"冠名。元之后,白驹作为盐场及其地域政区概念,沿袭至今。

元代的白驹出现了中国文坛上的一颗巨星——施耐庵。施公家住白驹场茅家园,是当

施耐庵塑像(李玉生/摄)　　　　　　张士诚像(图片转引自《吴王张士诚载记》)

地有名的大才子。他在家乡坐过馆,搞过创作,参加过一些重大社会活动,扶危济困的事做得不少,口碑很不错。

还是在元代,白驹场同时出现了另一位翻天覆地的大人物,他就是元末中国盐民起义领袖张士诚。张士诚(1321—1367),原名九四,出身盐民。至正十三年(1353年)春与弟弟张士义、张士德、张士信及李伯升等率盐丁起兵反元,克兴化、高邮。次年正月,在高邮建国,称诚王,国号大周,年号天祐。至正十五年(1355年),由通州(今江苏南通)渡江,攻下常熟。至正十六年(1356年)二月,定都平江(今苏州),改平江为隆平府,称吴王,割据一方,保土安民。

张士诚是白驹场戚家团(今西团镇黄浦村二组)人。张家与施家相距7千米,张家在东,施家在西。白驹的水土十分有幸,区区一场之内同时涌现出两颗"巨星":一个千秋雄篇文震环宇,一个占地称王武撼九州,"双星"闪耀在元末历史的天空。

"双星"闪耀 | 057

第二节　600年后寻找施耐庵

有学者评价说,如果只选两位最能代表中国文化的人物,那么一位是孔子,另一位就是施耐庵。施耐庵是中国长篇小说之父,然而,就是这样一位伟大的作家,关于他的身世籍贯以及《水浒传》的著作权却成为文坛几百年来的一桩公案。

在此,我们要为隔世老乡喊一声冤:生在白驹几十年为何不把我说成白驹人?《水浒传》为我亲手所撰,为何还搞不清作者,把我冷落了600年?然而,施耐庵不朽的创作成就和人格精神像芦荻一样深深扎根在家乡的土地上,永远受到人们的爱戴和推崇。

《水浒传》是一部描写农民革命战争的书,宋江等36人的梁山泊起义,深刻揭示了官逼民反的社会根源,成功塑造了起义英雄的群体形象。它描绘的反抗精神,对后世的李自成起义、太平天国运动、义和团运动及天地会等组织都产生过积极影响,充分显示了文学作品的价值和力量。

因此,历代封建统治者视《水浒传》和施耐庵为眼中钉、肉中刺,竭尽诬蔑、删除之能事。他们把《水浒传》称为"诲盗"之书,甚至诅咒作者"子孙三代皆哑",崇祯还下过严禁《水浒传》的诏令。为诋毁《水浒传》,俞万春编造了《荡寇志》,金圣叹甚至腰斩《水浒传》。凡此种种,几百年的打压,历史竟模糊了施耐庵与白驹,甚至他与《水浒传》的联系。

谜团的核心是《水浒传》的作者到底是不是施耐庵。如果是,这个施耐庵又是不是大丰白驹一带施氏的祖先施耐庵?

囿于史料之缺失,近代以来的学术界乱象纷呈。有说作者不是施耐庵的,有说根本就没有施耐庵其人的。直至1920年胡适出版《〈水浒传〉考证》，仍然提出"托名"说，认为施耐庵是"乌有先生""亡是公"。甚至连鲁迅在《中国小说史略》中也怀疑施耐庵是托名。至于籍贯，则说钱塘者有之，苏州、吴兴、东都、淮安、中州、太原者亦有之，还有的干脆说籍贯不可考。

然而历史的尘埃终于开始剥落，有人把目光投向苏北的白驹。1928年，胡瑞亭先生在掌握文物史料的基础上，将白驹施耐庵认定为《水浒传》作者，并将这一史实第一次披诸报端。可以想象当时在"水"学界所引起的是一种怎样的震荡。但几百年来形成的阻隔，并不是凭一两篇文章就可以打通的。

1944年《兴化县续志》刊行，一些学者如喻蘅先生等又著文推波，有关施耐庵的一些文物史料得以进一步播扬。当时尽管国难当头，中国共产党领导的抗日民主政府仍为施耐庵墓（在原白驹场西隅，今兴化市境内）竖坊立碑，进行保护。

20世纪50年代初期，文化部派员会同人民日报社记者到大丰、兴化一带进行了大规模的施氏文物调查，并在《文艺报》公布了有关资料。至此，虽然"水"学界的共识还未达成，但至少又往前迈进了一大步。

然而，事情的进展并没有继续下去。直至20世纪80年代，问题才被再度提起。

这时的白驹，展开了一场史无前例的全民文物普查，当时海内外几乎所有的"水"学顶级专家和学者的目光都汇聚到这里。这次普查，大丰人民投入了满腔的热情。县和公社成立了专门机构，抽调了大批专业人员，群众也积极参与。中国社会科学院明史专家王春瑜先生撰文评价说："这种盛况，不仅是施耐庵死后五百（应是600——编者注）多年来所未曾有过的，即使在整个中华民族的文化史上，也是罕见的。"

源于这次普查和广泛的研究活动，大丰县于1986年成立了"施耐庵研究会"，并定期出版发行《耐庵学刊》。至此，大丰已真正成为世界范围内"水"学界关注的中心。如果从1908年《新世界小说社报》发表《中国小说大家施耐庵传》算起，以施耐庵著作权和籍贯为核心的争论持续了几乎整个20世纪。

令人欣慰的是共识终于达成，早期最直接的几处证据，都明确指向写《水浒传》的施耐庵就是大丰白驹人施耐庵。

明景泰四年（1453年），淮南杨新撰《故处士施公墓志铭》（即施耐庵之子施让墓志铭）载："处士施公，讳让，字以谦。鼻祖世居扬之兴化，后徙海陵白驹，本望族也。先公耐庵，元至顺辛未进士，高尚不仕。国初，征书下至，坚辞不出。隐居著《水浒》自遣。积德累行，乡邻以贤德称。生以谦，少有操志……景泰四年岁次癸酉二月乙卯十有五日壬寅立。淮南一鹤道人杨新撰，里人顾蘩书，陈景哲篆盖。"

这就把文艺界多年来争论的核心问题交代得明明白白。杨新与施耐庵的儿子施让是

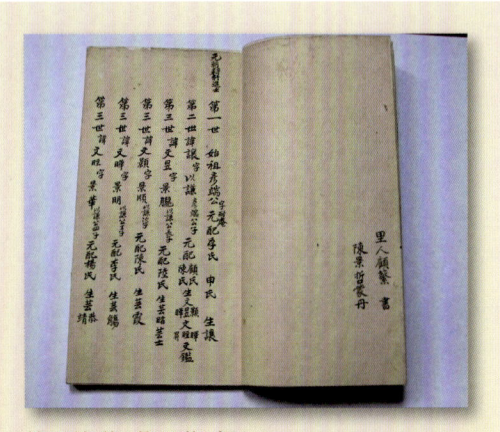

施氏族谱（蒋玉萍/摄）

施让地照砖（李玉生/摄）

施廷佐墓志铭（李玉生/摄）

同时代人，写此《墓志铭》的时间距施耐庵去世仅80余年。这篇《故处士施公墓志铭》载于较早版本的《施氏族谱》，该《施氏族谱》发现于1952年。

1962年6月，中共兴化县委宣传部副部长赵振宣，在施家桥农民陈大祥家发现用于垫箩底的方砖上刻有文字。经辨认，乃是施让地照砖。旧时习俗，人死后由其家属立地照，为向土地神合法购得墓冢所在土地的权利证明，以求逝者平安。地照一般刻在砖头或石头上，与死者灵柩一起下葬。此地照砖是1958年该村农民为了建猪圈，掘取墓砖时所得。后据文物部门发掘考证，这块地照砖上的施让，正是施耐庵的次子施让。

20年后，在施让墓附近，又出土了一件轰动海内外的文物，这就是"处士施廷佐墓志铭"砖。据考，墓主施廷佐乃施耐庵之曾孙，施让之孙，葬于明嘉靖三年（1524年）。尤其可贵者，墓志铭中提到施廷佐的高祖叫施元德，曾祖彦端（即施耐庵）："会元季兵起，播浙，（遂）家之。及世平，怀故居兴化，（还）白驹，生祖以谦……"施廷佐曾祖、祖父的名字、地望、年代均与前两次公布、发现的史料、文物符合。这篇墓志铭连同前引施让墓志铭、地照，清晰地提供了施家五代世系，并首次透露施耐庵之父名施元德，也居住在兴化（黄俶成《施氏祖籍辨正》）。

施耐庵是幸运的。尽管曾被历史掩埋声名，但在政府和广大人民群众的参与下，凭着充分的史料和确凿的证据，学术界终于为他找回了《水浒传》，为白驹找回了施耐庵，还了历史一个公道。这一天尽管来得有些迟，但毕竟庄严地来到了。1998年10月4日《人民日报》向全世界报道，经国家文物局批准，白驹已建成施耐庵纪馆,标志着学术界的争论已告段落。《耐庵学刊》为此专门刊载了刘冬研究员和张国光教授长期以来作为施耐庵研究中旗帜鲜明的肯定与否定的两派代表人物握手言欢的照片,读后让人感慨万千。

至此,施耐庵的身世和行状清晰地摆在世人面前。

施耐庵(1296—1370),名耳,又名肇瑞、彦端,字子安,号耐庵,孔子弟子施之常的后裔,出生于兴化县白驹场。其父名元德,操舟为业,母亲卞氏。施耐庵19岁时中秀才,28岁时中举人,36岁与刘伯温同榜中进士。他有两个弟弟,二弟彦明,三弟彦才。

白驹场地处牛湾河与运盐河的交汇处,这里交通发达、盐产丰饶、市井繁荣、人文荟萃,优裕的环境和良好的教育滋润和熏陶着青少年时代的施耐庵。施耐庵聪颖超群,兴趣广泛,勤奋好学,没几年工夫,便成长为一名满腹经纶的礼义之士。

施耐庵与同时代的读书人一样,走上了追求功名之路。中举之后,接着又来到大都(北京)参加进士科考试。

元代的科举是最不规范、最不公平的。自延祐开科至国亡的50多年中,仅举行过7次科考。每次取士最多100人,少的只有50人,而且其中蒙古人、色目人必须占一半,称右榜;汉人、南人也占一半,称左榜。所以汉人和南人特别是南人想从科举中得到一官半职是非常困难的。尽管如此,施耐庵仍然踌躇满志。传说他在会试中考得很顺利,入选殿试后应试更是得心应手,一气呵成。施耐庵春风得意,心想这次即使中不了状元,榜眼肯定非他莫属了。可就在他要落笔完考之际,一滴饱满的墨汁滴在卷面上,造成了污卷事件。这下可不得了,卷子是要给皇帝看的,按规矩污卷一律作废,十年寒窗只能功亏一篑。施耐庵惊出一身冷汗,情急之下只能进行补救。他将墨点改绘成一只贡橘,寓意拜献吉祥。技法虽高,但终因画蛇添足之嫌而金榜无名。

施耐庵大有无面目再见江东父老之憾。就在走投无路之时,由于主考官刘本善惜才,举荐他去山东郓城县替补训导(职掌教育的小官)之职,施耐庵无奈,只得赴任。

施耐庵怀才不遇,但在郓城期间他忠于职守,督办教育,同情百姓,劝导农桑。至今黄堆集乡尚存施耐庵发起种植的桑林遗址,百姓呼为"施桑林"。他为官清廉,为人正直。当时阳谷县有一绅士吴林要安插亲戚,被他拒绝。吴林怀恨在心,后来就以莫须有的罪名告施耐庵,加上上司和其他一些官员妒才,平时对他也每每进行刁难,施耐庵举步维艰,于是愤然辞官。

1331年,施耐庵35岁,元廷又举办了一次特殊的考试。他求仕之心未泯,再次来到大都,获赐进士出身,结果被委派到钱塘(杭州)担任县尹。

施耐庵在钱塘为官2年,在建阳为官1年。3年中,他满怀济世济民之志,勤政笃守,倡导农桑,轻徭薄赋,抑制豪强,颇有政声,受到下属和百姓的拥护。但元朝官制中,无论路、

施耐庵钱塘结交艺人图（李玉生/摄）

府、州、县，除总管、知府、知州和县尹县令外，又各设达鲁花赤（断事官或掌印官）一员掌监视，位居主官之上。达鲁花赤必须由蒙古人或色目人担任，又无一人不贪暴。因而，施耐庵的正直行为时时受上司达鲁花赤的干预和指责。施耐庵有志难酬，在黑暗的社会和腐败的官场面前，他又一次选择了放弃。

这次辞职，施耐庵已绝意于仕途。他浪迹天涯已近10载，已很长时间未获家中音讯了。

他归心似箭，一路兼程，到家后才知家中变故很大。妻子季氏早已于前年病故，老父也卧病在床，不久与世长辞。仕途遭阻与家庭不幸搅在一起，怎不叫施耐庵悲痛愤然？三弟彦才理解哥哥的心境，在白驹集市北隅的茅家园为他盖了3间草庐，不久又续弦申氏，从此，施耐庵过上了平静的乡间生活。

他曾亲撰对联一副贴在大门上："吴兴绵世泽，楚水封明烟"，表达盼望世道太平兴盛和乐于隐居乡野的心情。又赋诗一首："清风明月照晨空，雪冷霜寒守柴篷。精忠节孝非为贵，爱学昔时尧舜容。正义豪雄名千古，善贤道德挽世风。有朝一日真红照，天翻地覆转大同。"诗中可以看出他生活的清贫，但理想之光在胸中升腾。这期间，他白天坐馆教书，夜来阅读写作，《江湖豪客传》(即后来的《水浒传》)的脉络已在胸中悄然酝酿。

不久，山西太原有位罗姓大盐商到白驹场做生意，听说施耐庵博学厚德，通晓古今，便让其子罗贯中拜他为师。罗贯中智慧过人，很快成为施耐庵门生中的佼佼者。功课之余，罗贯中还协助施耐庵校对文字，后来帮他修改《水浒传》。

日子过得平静，但自有烽烟起笔端。施耐庵把他对社会、官场的一腔激愤倾注于《水浒传》的创作之中。

然而，生活终究不是一成不变。元至正十三年（1353年）正月，同场人张士诚因不堪盐官场吏的压榨和欺凌，与3个兄弟及李伯升等18人兴兵反元，不久队伍有了几千人。其时，卞仓（又名便仓）武举卞元亨杀了盐城巡检，也投奔了张士诚。卞元亨是施耐庵的表弟，深知施耐庵胸怀韬略、腹藏甲兵，就极力向张士诚推荐。在张、卞二人登门邀请下，施耐庵最终携罗贯中一起加入了起义军的行列。

施耐庵比张士诚长25岁，在起义军中是军师，善用谋略。传说刚起兵攻打丁溪镇时，由于义旗初举，兵微械少，为了炫耀兵力，施耐庵让将士们准备了2000多条大海鱼穿于竹竿之上，在月光下就像雪亮的大刀，把敌军吓得落荒而逃。施耐庵一心辅佐张士诚，起义军打了许多大胜仗，地盘也越来越大。但是张士诚称王苏州之后，被胜利冲昏了头脑，苟且偷安，亲小人远贤良，许多忠义之士先后离他而去。其时，方国珍兵强马壮，朱元璋虎视眈眈，陈友谅坐拥一方，官军还在伺机反扑，各地战事不息，危机四伏。施耐庵深感形势严峻，向张士诚陈明天下大势，指明兴革之道，屡谏张士诚挥戈北上，直捣元统治者的老巢大都，再谋天下。朱元璋占据金陵后，施公又建议回师草堰，巩固苏北根据地，并比喻"獐（张）不能上树（苏州），回到'草'（草堰）上才有生路"。可惜张士诚我行我素，都听不进去了。施耐庵预感大势难以逆转，张士诚的失败只在早晚之间，于是也悄然隐去。

离开义军后，施耐庵并没有立即回白驹，而是被人引荐去了江阴的祝塘，成了大绅士徐麒家的西席。因此，祝塘至今还流传着他在徐家坐馆时的许多故事。传说他曾给徐家看过两块风水宝地，一块是香山，另一块是砂山。香山出才子，后来果然出了个徐霞客。砂山出人丁，所以徐家人丁兴旺。徐家过去清明祭祖往往都碰到雨天，很不方便，施耐庵得知后为他家重择了上坟吉日为农历三月初十日，后来果然百年中再无遭雨之忧。有一年稻子刚抽穗，他叫大家把稻子割下晒干，名曰"早肚稻"，说是医治马瘟病的良药。这年秋天，朱元璋兵败常州牛角塘，马瘟流行，结果高价收购"早肚稻"，祝塘人因此发了笔小财。

元至正二十六年（1366年）前后，70岁的施耐庵又回到了白驹。当时苏南成了朱元璋与张士诚决战的主战场，施耐庵可能是为了回避，也可能是考虑到《水浒传》的完稿，总之，他是落叶归根了，想与家人定居白驹安度晚年。有一首佚诗当为此时施耐庵所作："金风吼吼暮景凉，吹落桂花满地香。一生南北东西走，迈衰故里白驹场。"

为谋生计，他在北宝寺庙里坐馆，一边教授学生，一边编著《水浒传》。他又过起了边教书边写作的生活。为了集中精力，他在门前挂起了"耐庵"的牌子，勉励自己要像僧尼耐心庵堂那样，守得寂寞，专心著述。乡民不解其意，便称他

祝塘古镇记忆公园里对施耐庵的介绍（小草随风/摄）

耐庵先生。他也不介意，以至于后来施家编写家谱时亦在他的名字"彦端"之侧添上"号耐庵"三字。

施耐庵耐得住寂寞，潜心创作。他对文稿精益求精，每写出一个章回，都要和学生罗贯中一块研究，揣摩人物性格，酝酿故事情节，提炼语言词汇，数易其稿，使作品尽善尽美。眼看全书即将写完，他又觉得《江湖豪客传》书名不够含蓄收敛，最终改定书名为《水浒传》。

《水浒传》成书后，很快被传抄，反响极大。当时已是大明的天下，引起了朝廷的恐慌。于是，明朝官府秘密派人将施耐庵捉来，关进了刑部大牢。刘伯温知道这件事后，以同年身份，到大牢里探望他。施耐庵要刘伯温想个办法救他出去。刘伯温说："你是怎么进来的，还是怎么出去吧。"施耐庵反复琢磨，终于"省悟"。《水浒传》写的是宋江一伙人在梁山泊举义旗造反，如把宋江一伙人写成像张士诚那样，接受朝廷招安，应该符合统治者的意思。于是他就在大牢里以张士诚降元为背景，把《水浒传》续写下去。施耐庵用了近一年时间才完成，之后终于出狱。

经此磨难，施耐庵心有余悸，白驹是不能再回了。他不得已来到淮安，经友人帮助在西城门里租房住下。经过这次折腾，加上年老体衰，贫病交迫，属于他的日子不多了。不久病情加重，施耐庵最终在淮安结束了颠沛流离的一生。一颗巨星，就这样悄然陨落。

施耐庵去世后，其子施让因家道贫寒，无力迁葬，直至其孙文昱时，才了却了这桩心愿，将施耐庵的遗骨运回白驹场，安葬在他先前亲自选择的茔地——西落湖（今兴化市新垛乡施家桥村），并请王道生写了墓志。

今天，施耐庵已走出了历史的寂寞，得到了应有的尊重与荣光。

第三节 白驹，天生一个水浒世界

造化神奇，大丰境内的范公堤一线唯白驹地势南北稍高，中间偏凹，夏秋雨季，稍有不慎，外乡沟河未平，白驹已是一片汪洋。再看白驹街市，虽是高楼林立，大路通天，但204国道两侧就可见到水泊涟涟。沿"水浒街"向西直至尽头，一条大河挡住去路，回顾岸边，小镇成了水泊边的一片大寨；举目远望，港汊纵横，烟波浩渺，芦苇荡深不可测，直通兴化那梦里水乡。小镇西北角又有一孤岛（现已有"水泊桥"与岸相连），名"花家垛"，岛上绿树森森，水边蓼花点点……此情此景，眼前不觉跳出几行文字：

"看看走到鸭嘴滩头，只一望时，都见满目芦花，茫茫烟水。"（《水浒传》第六十一回）

"林冲问道：'此间去梁山泊还有多少路？'酒保答道：'此间要去梁山泊，虽只数里，却是水路，全无旱路。若要去时，须用船去，方渡得到那里。'"（《水浒传》第十一回）

白驹，天生一个水浒世界（李玉生/摄）

"朱贵见说了,迎接众人都相见了,便叫放翻两头黄牛,散了分例酒食。讨书札看了。先向水亭上放一枝响箭,射过对岸,芦苇中早摇过一只快船来。"(《水浒传》第三十五回)

其实,从地理环境看,水泊梁山与其说在山东,不如说就在白驹。山东没有那么多水,而从白驹再到兴化,河港纵横,密如蛛网;湖荡水泊,星罗棋布。正应了那句"纵横河港一千条,四方周围八百里"。

遥想施耐庵当年在茅家园写《水浒传》,站在这长满芦花的岸边,自然会看到800里"水泊梁山","宛子城""蓼儿洼"的场景也会一一飘过。书中的许多人物故事在这里生成与演绎,是水到渠成的事。

白驹除了有水,更有故事。张士诚盐民起义的火把正是在这里点燃,这场破天荒的盐民运动对施耐庵的影响是非常深刻的。施耐庵既是起义的参与者、局内人,离开队伍后又成为旁观者、局外人,这是他能够冷静、理性地看待这场革命的地方。为了记下这段历史血泪,让后人去评价得失,施耐庵把张士诚起义巧妙地安插在水浒故事中,明写宋江起义,实写张士诚革命。比如,起义军大本营的地理环境,写的是山东梁山泊,但怎么读都更像是张士诚起事时苏北白驹一带的水乡;《水浒传》有造反英雄占据山寨15处,元末起义群雄也是15支;张士诚起义历经14年,历史上的宋江起事只有1年多,但书中故事的发展也是14年。其他如具体的故事取材、情节等,都可以在张士诚起义的人物和故事中找到原型。

有人说,梁山泊故事流传了那么多年,施耐庵不写,也会有张耐安、李耐安来写的。此话有一定道理。就时代而言,封建社会历经近2000年的发展,各种矛盾皆已凸显,特别是元代,阶级矛盾和民族矛盾十分尖锐,官逼民反的主题已孕育成熟。从文学样式说,小说经过唐代传奇、宋元话本和杂剧的发展已面临突破,而水浒故事和宋江等人的形象自南宋以来已流传了100年,有的情节已较完整,这些都是促成《水浒传》问世的必然性条件。然而,天降大任于斯人,白驹这方水土养育了施耐庵,得天独厚的海盐文化环境造就了施耐庵,终将施耐庵推上了"四大古典名著"作者之列。

施耐庵博学多才,具有深厚的文化素养,对中国雅、俗两条文化系统都很熟悉,而且具有深厚的生活积累,对创作素材有广泛的体察、收集和研究。早在郓城做官期间,他留心地方掌故,从杭州辞职后又专程游览过鲁中名胜。郓城是水浒故事的发祥地,有"梁山一百单八将,七十二名在郓城"之说。他访问过宋江、晁盖的老家水堡乡和东溪村,在黄泥冈考察过劫纲遗址,在梁山寨、东平湖和景阳冈等地都曾经留下过足迹。所以他笔下的水浒故事许多都发生在郓城,而且人名地名、风土人情、方言口语等都十分接近现实。

他在杭州做官之时,正逢元杂剧中心南移杭州,杂剧中的水浒戏已多达数十种,他都作过精心研究。此后他又参加了张士诚起义,成为重要军师,对用兵打仗、起义军的人物性格等都有感性认识,这使得他在人物塑造上更能做到惟妙惟肖,入木三分。因此,独特的人生经历成就了他的鸿篇巨制。

以《水浒传》中的水战为例,没有水乡的生活环境和水上的生活经验,是写不出那些战斗场面和人物形象的。施耐庵父亲是弄船的,施耐庵从小在船上生活过,对水上活动真是太了解了,所以他写起水上战斗能够得心应手,游刃有余。如第一场水战,在石碣村阮氏三雄与巡捕官兵之间展开。故事紧紧围绕"水"来铺垫情节。阮氏弟兄钻入水、撞下水、打入水、蹿出水等,凭借与水有关的河埠、港汊、芦苇以及划揪、橙叉、摇橹等"道具",再缀以粗犷的渔歌、飞溅的水花、响亮的唿哨、飞窜的小舟,把一场残酷的你死我活的战斗写成既充满清新纯朴的渔家生活情调,又显得艺高胆大的一场有趣的水上"技能表演"。阮氏弟兄与官兵仿佛在捉迷藏,牢牢掌握了交战的主动权,对官兵竭尽蔑视、戏弄之能事。但激烈的水战又不失紧张和刺激,如见其人,如闻其声。

《水浒传》成功塑造了李俊及张、阮、童氏兄弟等8位水军头领的形象,特别是张顺,居然能"水底下伏得七日七夜,水里行似一根白条"。夸张是免不了的,但其超越常人的水上水下功夫是肯定的。因为他们身为渔民、艄公,生在"碧波深处",长在"雪浪堆中",长期的磨炼使他们掌握了水的规律,所以进入了水的自由王国。"撑舟、摇橹、串港、搪舟",不但"伏得水"而且"驾得船"。

第三十八回"黑旋风斗浪里白跳",写张顺激得李逵登舟,立刻"把竹篙往岸边一点,双脚一蹬,那渔船一似狂风飘败叶,箭也似投江心里去了"。那等轻快,何其爽! 船至江心,张顺"两只脚把船只一晃,船底朝天","翻筋斗撞下江","把李逵提将起来,又淹将下去",把个铁牛直变成水牛。张顺"冲波如水怪,跃浪似飞鲸"的功夫由此可见一斑。黑旋风毕竟不是官军,所以这段文字分寸把握得恰到好处,精妙入神,富含幽默风趣的喜剧笔调,非大手笔是写不出的。

施耐庵创作意识敏锐、写作态度严谨。据说写武松打虎时写来写去不满意,这时门前狗声大作,他跑出一看,原来是一醉汉在与狂犬相斗。只见醉汉左右腾挪,乘狂犬转身的当儿,飞步蹿上前去,按住狗头,举起右拳猛击十几下,接着往地上一摔,狂犬滚了几下就躺着不动了。施耐庵看得入了迷,连喊打得好。回到屋内,他又搬来板凳模仿练习,细心揣摩醉汉的心理和动作,终于把武松

施耐庵芦荡著《水浒》图(李玉生/摄)

"打虎"的一幕写得精彩纷呈,出神入化。

海边盐场和行船的人一般都有个好体格,施耐庵更是武功超群,深藏不露。一天,施耐庵坐馆之余在一座茶山上游玩,正遇见一个恶霸妄图强夺农夫的茶园。他十分气愤地上前去阻止。恶霸见来人理直气壮,只好偷偷地溜了。可是事后恶霸打听到来人的住处后,便花钱雇了一帮打手,围住施耐庵的居所欲行报复。施耐庵见此情景,只是微微冷笑,便坦然自若地迈出了大门。打手们见他赤手空拳,便一哄而上。其中一个黑脸大汉,手举铁棒挟着风声朝施耐庵的头顶挥来。说时迟那时快,施耐庵侧身摆头躲过,一个"顺风扯旗"夺过了铁棒,同时飞起一脚,正好踢在大汉的小腹上,那家伙便滚出一丈多远。施耐庵舞起铁棒,一阵旋风般横扫,吓得那帮家伙四处逃窜。

相传,有一年元宵节,施耐庵上街观花灯,忽然看见一个恶少在街尾猥亵一名少女,那女孩挣脱不开。施耐庵怒火顿起,只用右手将那恶少提起,然后将他摔在地上。恶少吓得连连磕头求饶,施耐庵这才放了他。谁知第二天,那恶少纠集了七八个泼皮无赖前来找事。施耐庵不慌不忙地找来一根粗绳,让无赖们用绳子拴住他的双腿,然后叫他们用力拉。可是,尽管他们一个个累得脸红脖子粗,施耐庵的双脚像生了根,纹丝不动。接着,他取出铁棒,一记"乌龙摆尾",便将身旁的一棵大杨树"咔嚓"一声打断。无赖们见他如此功力,才知道是遇上了高手,个个磕头认输。后来,施耐庵在写《水浒传》时,还将这两次的亲身经历融进鲁智深在大相国寺降伏众泼皮的情节之中。

施耐庵坐馆教学时还经常教学生画画。他要求严格,每次只画一幅肖像,直到学生学会后再临摹另外一幅。他前后教学生画了108幅,其中有男有女,有官有民。这些画,张张面孔不一,个个动作不同,神态各异。这为他在《水浒传》里刻画108将的形象做好了准备。

施耐庵写水浒,除山东郓城方言外,更多的是把大丰本场方言带入《水浒传》中,为人物刻画、景物描写、故事发展,增添了无限精彩。

请听第四回中五台山寺庙门子与鲁智深的对话:"你是佛家弟子,如何噇得烂醉了上山来"。"噇",读chuáng,是本场方言中带贬义的吃喝。比如"噇斋饭""快点噇"。一个"噇"字,情绪色彩十分丰富,写尽了文殊院门子的愤怒与不屑。大丰人读来十分亲切、痛快!第十四回,晁盖冒认刘唐做外甥,骂道:"畜生!你却不径来见我,且在路上贪噇这口黄汤。"第三十回中,武松听两个丫鬟在汤罐边埋怨:"那两个客人也知羞耻,噇得这样醉了。"这个"噇"字在《水浒传》中多次出现,增强了人物情绪的表现力。

"掇"(duō),作单音词用,读阴平声,解释为拾取或搬。但在大丰本场话中读入声,有特殊含义与用法,是指身体借助他物或将物体慢慢移动的意思,一般不离地,动作幅度很小。《水浒传》里正是后一种用法。

外国游客参观施耐庵纪念馆碑刻（周左人/摄）

第二十四回，武松雪天归来，潘金莲道："叔叔向火。"武松"便脱了油靴，换了一双袜子，穿了暖鞋，掇个杌子，自近火边坐地"。那妇人把前后门都关上，"却搬些案酒、果品、菜蔬，入武松房里来"……后来"那妇人也掇个杌子，近火边坐了"。

第十回，林冲栖身山神庙后，旁边有一块大石头，"掇将过来，靠了门"。陆谦三人放火后也想进庙来，用手推门，却被石头挡住推不开。待到林冲隔着庙门听到他们不打自招的交谈后，"轻轻把石头掇开，拽开庙门，大声一喝冲了出去"。

这里的"掇"，都不是搬的意思，而是慢慢移动位置。凳子就是轻拉一下，石头是搬不动的，只能一点一点移动。掇，对动作、神态以及心理的描写极其精练、准确。

其他的方言词汇还有很多，举不胜举。如"活泛"，是灵活自如之意。第七回，鲁智深倒拔垂杨柳后，耍禅杖给众泼皮看，"智深正使得活泛"。再如"展布"，指抹布，第七十五回活阎罗倒船偷御酒，阮小七叫上水手来，"舀了舱里来，把展布都拭抹了"。大丰人把用干布或湿布的"抹""擦"，都叫"展"。又如"省得"，知道的意思，"省"读"醒"。第十回中李小二道："你不省得，林教头是个性急的人。"其他如"家来"（回来）、"眼睛头"（显眼的地方）、"不曾"（没有）等口头用语，在《水浒传》中也时常出现。

说到这里，我们可以得出一个基本的结论：白驹的水荡地貌、白驹的人物故事、白驹的文化生境、白驹的方言土语，是《水浒传》重要的原生土壤。

第四节 张士诚故事是大丰版的《水浒传》

张士诚留给大丰的不单是一页历史,更是历史的一座高峰。他集普通盐民、起义军领袖和吴王三个身份于一身,以他的轰轰烈烈和荡气回肠书写了中国盐民革命史上出彩的一章。

张士诚造反在元末,这是个很值得一说的朝代。

元朝统治者将全国人分为四等:第一等是蒙古人,最高贵;第二等是先期征服的西域各族,称为色目人;第三等是黄河以北的汉、契丹、女真各族,通称汉人;第四等是黄河以南及南宋的遗民,称南人。各级官吏多用蒙古人和色目人,汉人和南人政治地位低下,即便做官也只能当副职。如果副职分左右,汉人位右(蒙古贵右),南人位左。当兵亦分等级,汉人、南人只能当中原以外的地方军。法律更是极不公平,蒙古人重罪轻治,甚至殴打汉人、南人,汉人、南人不得还手,只许告官处理,否则从重治罪。统治者对南人还实行宵禁,一更三点至五更三点,不许出门行走,做买卖、点灯读书、出门劳作等都算犯禁,按律治罪。后来,当我们看到《马可·波罗游记》中的元大都似乎也实行宵禁时,更觉得这是一个极不正常的朝代。元统治者还禁藏武器,汉人、南人不能私藏弓箭铁器,连菜刀也不准独家私有。不得打猎,不得学武艺。还有更荒唐的是百姓不准取名,只许用排行及父母年龄合计数命名,故朱元璋曾祖名四九;明将常遇春曾祖名四三,祖名重五,父名六六;汤和曾祖名五一,祖名六一,父名七一。

元朝末年,朝政腐败,财政入不敷出。统治者为了填补不断扩大的政府开销和军费支出,大量增发盐引,不断提高盐价,盐业成为国家财政最主要的收入来源。虽然盐价不断提高,但东南沿海的盐民依然生活艰难。泰州的几个盐场地处东南沿海,每到盛夏,都会遭遇台风侵袭。海潮倒灌,盐场无法生产;海水退去,受侵蚀的良田变成盐碱地,当地农民苦不堪言。盐民和沿海农民处在水深火热之中。

元朝统治者极端的种族压迫、沉重的经济剥削和政治腐败,逼迫各族人民不断地反抗和起义。至元末,农民起义风起云涌。其时,韩山童、刘福通的红巾军起于颍州,芝麻李起于徐州,郭子兴、孙德崖起于濠州,徐寿辉起于蕲州,布王三起于邓州,方国珍起于浙江,等等。在起义浪潮的涌动下,普通盐民张士诚判明大势,揭竿而起,从白驹场走上了中国农民起义的前台。

一路兴化村,直捣高邮城

张士诚,小名九四,3个弟弟分别叫九五、九六、九七,起义后取名士义、士德、士信。士诚自幼喜习武艺,膂力过人,全家以运盐为生。为了养家糊口,张士诚从10岁开始就跟乡亲们一起,在白驹场的官盐船上"操舟运盐"。少年时的张士诚不仅身体健壮,而且为人仗义疏财,虽然自己家里常常穷得揭不开锅,可每当乡亲们遇到困难的时候,他总是慷慨解囊,有求必应。渐渐地,张士诚在当地盐民中树立起很高的威信。

由于给官家运盐收入微薄,张士诚和几个胆大的同乡一起做起了贩卖私盐的营生。他们在给官府运盐的同时,夹带一部分私盐,卖给当地的富户。白驹场的富户们常常以举报官府相要挟,不仅少给甚至不给张士诚盐钱,而且有时还侮辱谩骂。因为身份低微,贩私盐又是违法行为,张士诚等人只得忍气吞声。白驹场有一个弓兵(巡检司派驻盐场的武装人员,职责相当于现在的警察)名叫丘义,此人依仗手中权力,常常占盐民的便宜,还时不时向张士诚他们索要"好处"。稍不满意,就对盐民非打即骂。张士诚和盐民们早就恨透了他,慑于淫威,只能一忍再忍。

张士诚毕竟是跑码头的,经常运盐到泰州、扬州,属于消息灵通人士。外面红巾军起义的消息不断传来,他便有意将这些动向在好友和部分盐民中传播。张氏弟兄心有大志,不甘为人牛马,也在等待出头的机会。

这一天,元至正十三年(1353年)春节刚过,张士诚等人的几条盐船沿着五十里河上行,快到十五里庙附近时正好碰到巡查的丘义。丘义要强行登船"检查"(其实又是索贿),与盐民发生争执。丘义动手打伤了船工,并扬言要带

北极殿遗址纪念碑(李玉生/摄)

他们到巡检司处理，接受处罚。真是欺人太甚，"士诚忿，即帅诸弟及壮士李伯升等十八人杀义"。他们杀了丘义及其同僚，把尸体抛到五十里河里，接着到白驹街上，把平常为非作歹的富豪灶霸一锅端了。这就是《明史》上写的"并灭诸富家，纵火焚其居"。

火山既然喷发，就要按照它的气势喷下去。张士诚率十八弟兄烧了白驹的豪强富户后沿范公堤南行，在草堰场北极殿歃血为盟，到小海场招兵买马。不几天工夫，旗下已聚集了数千人马。张士诚眼看着这么多素不相识的热血男儿，把一切无私地交给自己安排，异常感动。他占了苏州以后，把草堰看作发祥地，将父亲和姐姐都葬在这里，还在北极殿建了祭父的享堂，可能就是因为这个情结。当然这是后话。

高邮古驿站——盂城驿遗址（李玉生/摄）

起义军开始攻城略地，决定沿车路河向西发展，锁定的第一个战役目标就是丁溪场大富豪刘子仁。刘子仁派重兵把守庆丰桥，企图遏阻起义军西进。交战中起义军伤亡较重，张士义不幸中箭身亡。张士诚激怒之下率众血战庆丰桥，大败刘子仁，一把火烧了刘子仁的老巢。起义军首战告捷。

接着，齐上戴家窑，一路向兴化村（兴化城）去了。

起义军势如破竹，所向披靡，不到3个月，一举攻克泰州和兴化，杀了行省参政、泰州知州赵琏，队伍一下增加到1万多人。张士诚的胜利轰动全国，也引起元朝统治者的恐慌。四月，元朝许以"万户"的官职招降，被张士诚拒绝。五月，张士诚攻陷高邮。元廷再度派遣高邮知府李齐和淮南行省照磨盛昭等来说降，都被张士诚杀掉。

元至正十四年（1354年）正月，起义军攻占扬州。这时，张士诚在得胜湖和大纵湖之间集结和训练队伍，起义军发展到10多万人。

胜利之下，张士诚锋芒毕露，敢做敢当。他不怕当"出头鸟"，便以高邮为中心，建大周政权，年号天佑，称诚王，设置官吏，分兵把守，与元王朝分庭抗礼。

高邮为江浙漕运之咽喉，张士诚在此建都，无异于扼断了元王朝的输血动脉，元廷大为震惊。在招降利诱无效的情况下，元廷诏令苟儿为淮南行省平章政事率兵攻高邮，又令江浙行省参知政事佛家闾会同丞相达识帖睦迩进兵，皆先后张被士诚打败。

元廷气急败坏，再次集中绝对优势兵力，企图一举拔掉大周这颗"钉子"，再逐个吃掉各路红巾军。九月，脱脱以太师中书右丞相的身份，总制诸王诸省军出兵高邮，令西域、苗军也发兵参加，号称大军百万。这支队伍"旌旗累千里，金鼓声震原野，出师之盛，未有过之者"。这的确是当时任何一路起义军都未碰到过的劲旅！同年十一月脱脱军到，攻破外城，大败周军，并分兵破六合、兴化、盐城等地。一时兵锋所指，锐不可当。各路红巾军皆作壁上观，周军孤立无援。元军大兵压城，力量悬殊，高邮大周政权危在旦夕……

天无绝"张"之路，恰在这时，元顺帝听信权臣哈麻的谗言，一纸诏书将脱脱就地解职押往吐蕃，半路用毒酒将他赐死。临阵换帅，元军心大乱，战场形势急转直下。张士诚果断抓住这个天赐良机倾城出击，大败元军，解了高邮之围，周军反败为胜。胜利来得这么意外又突然，成为中国古代军事史上以少胜多的又一个不可思议的奇迹！

张士诚的胜利，意义十分重大。正当全国第一阶段反元大起义进入低潮的时候，百万元军已经打破了红巾军的长江防线，恢复了南北元军的联系。此时，作为非红巾军系统的周军顽强抵抗，不仅牵制了元朝的主要军力，而且直接导致脱脱率领的百万元军主力崩溃，呼应并壮大了红巾军的声势，从此开始了各路义军反元的第二次高潮。

史学家范文澜先生评价说："高邮之战，不仅是张士诚周军败而复胜的关键，而且也是农民起义的一个重大转折点，原处于低潮的农民革命复形成了高潮。"张士诚对元末农民起义的贡献，彪炳史册。

元至正十五年（1355年）四月，元朝统治者又遣翰林待制乌马儿、集贤待制孙伪招安张士诚，均被杀。

出兵江南，张士诚称王苏州

这时，据说张士诚听到了两种不同意见。刘基劝他跨江抢占平江路，与朱元璋等呈割据之势，以图王业；而施耐庵则认为宜暂缓南下，巩固好江北、淮南根据地，步步为营，稳扎稳打。两种意见到底有哪些本质区别，现在无须评论。关于进军的动因，《嘉靖两淮盐法志》说是应江阴义军首领朱英求救，《明史》上说是因江北、淮东一带饥荒。我们无法判断张士诚当时是基于何种考虑，总之他出兵了。

元至正十六年（1356年）正月，张士德率大军由通州渡江入福山港，取常熟，二月克平江，不久又连克湖州、松江、常州等地。七月克杭州。周军所向披靡，矛头所向当然是官僚和豪强大地主，口号是扶弱抑强。攻取福山港时，有个全县闻名的曹氏大富豪，周军散其家财，"一夕而尽"。"凡吴中寺观庙院，豪门巨室，将士分占而居"；"散元库财帛，赈贷贫乏"。如此为老百姓的军队，所到之处自然会受到人民群众的热烈欢迎和拥护，就连官军也人心动摇。攻打平江（苏州）时，元军统帅王与敬率官军同张士德在城外交战，元军不堪一击，死伤过半，残部千余人返城被拒城门外，只得退守嘉兴。张士德挥师挺进，城中元军早成惊弓之鸟，逃的逃，降的降，张士德兵不血刃，弓不发箭，轻易地拿下了平江城，"市民秉香跪道，以迎大

张士诚周军铸造的大炮
（图片转引自《吴王张士诚载记》）

大周铸五两钱（图片转引自《吴王张士诚载记》）

军"。接着,不费周军一兵一卒,昆山、嘉定、崇明等州相继投降。

攻城略地竟是如此轻松。元至正十六年(1356年)三月癸巳,距出兵江南只2个月时间,张士诚就急急忙忙自高邮迁都平江。他改平江路为隆平府,改至正十六年为天佑三年,国号仍称大周,号称吴王。以承天寺为府第(政权首脑机关),推堕佛像,踞大殿,射三矢于栋上以示武功。整顿政务,立省院、六部、百司,任术士李行素为丞相;弟张士德为平章,提调各郡兵马;蒋辉为右丞,省理府内庶务;潘元绍为左丞镇吴兴(湖州);史文炳为枢密院周知镇松江;以周仁为隆平府太守。至此,代表广大下层人民利益的大周政权初具规模。

张士诚十分了解下层百姓生活的艰辛,因此,执政前期,他励精图治,致力于革除元朝的弊政。

元朝末年,土地兼并现象严重。江南地区的农民除了要向官府缴纳名目繁多的赋税之外,每年还要向田主缴纳额外的附加粮和丝绸,甚至要代替田主服徭役。在蒙汉地主的层层盘剥之下,下层百姓贫者愈贫,生活窘迫。在大周政权初创之时,张士诚就下令废除元朝施加在农民和盐民头上的苛捐杂税。为了促进农业发展,元至正十四年(1354年)三月,张士诚颁布《州县务农桑令》。诏令上说:"元氏之乱多在民穷,夫独其君之不仁哉!良以有司,不宣德意,妄立科条,志在肥家,不恤民隐。百姓求生无路,引义不能,遂至崩解。余起兵之意,诚欲出生民于涂炭。予所在,以安全食为民之天,农桑为民事之本,有土有财只在利导,既富且教尤要提撕。令下之日,务曲体余衷,相机度宜,俾处处有生养之具,毋徒以文具相涂饰也。用命慎择长吏,嗣后以民生登耗为殿最。"

到苏州后,张士诚派军队与当地农民一起,开垦隆平府城外的南园和北园两片荒地,全部种植粮食作物,并减免当地农民一年的赋税。大周政权取消了农民拖欠元廷的所有赋税,又把当年四成赋税返还给农民,把地主和富户的粮食衣物赐给贫民,特别是老年人。在郡和县两级行政区分别设立劝农使和劝农尉,带领当地百姓兴修水利,发展农桑。

在隆平府,张士诚命人把承天寺的铜佛熔化,铸造"天佑通宝",取代元顺帝发行的至正钞,在江浙地区流通,有效地稳定了江浙地区的物价和市场。

张士诚的一系列鼓励农桑、稳定金融的措施,使江浙地区的经济得到了恢复和发展,各地流民纷纷返乡,重建家园。

为了发展教育,整饬民风,张士诚颁布了《州县兴学校令》。"风化之本系人伦,贤才之兴关学校。今者豪杰并起,相与背叛,良由父子、夫妇、兄弟之道失序,故君臣之义不明,廉耻道丧,王纲解纽,实在于斯。凡属州县,聿稽前典,务选明博好礼之士,朝夕讽诵以修明伦序,以兴起贤能。"在隆平府设立学士员,开办弘文馆,招纳"将吏子弟、民间俊秀",入学者的日常饮食和津贴都由大周政权提供,实行免费教育。

元至正二十二年(1362年)、至正二十五年(1365年),张士诚在江浙地区先后两次举行乡试,遴选了一批优秀的读书人入仕。设立礼贤馆,广招四方文士,江浙一带的知识分子纷纷前来投靠,陈基、陈维先等元末名士都曾在张士诚帐下任职,为其出谋划策。

当此之时,张士诚"大周"版图南接绍兴府,北过徐州到达山东济宁的金沟,西至汝、颖、濠、泗四州,东临大海,纵横1000余千米,带甲兵数十万,财富甲天下。同时期,其他任何一股起义割据势力,包括朱元璋、陈友谅之流都不可与之抗衡。

这一年二月,朱元璋也攻下集庆(今南京),改名应天府,派遣杨宪向张士诚"示好"。在给张士诚的信中,朱元璋表示:过去隗嚣称雄,现在足下也在姑苏称王,事势相等,我十分为足下高兴。与邻邦保持友好,各自安守辖境,这是古人崇尚的美德,我心里十分仰慕。希望今后我们能够互通信使,不要被逸言所迷惑,致使产生边界纠纷。

朱元璋出言不逊,张士诚收到朱元璋的信,知道其用意,扣住杨宪,也不回信。后来竟然仓促派遣水军进攻镇江,结果被徐达在龙潭击败。朱元璋随即派徐达和汤和攻常州。张士诚派兵来援救,大败,损失了张、汤两员战将,这才写信求和,请求每年送给朱军粮食20万石,黄金500两,白银300斤。朱元璋回信,限令他放回杨宪,每年只要送50万石粮食就行了。张士诚又不理他了。

得失尽在格局中

张士诚坐拥平江风光了一个时期,接着便开始走下坡路,转折点是张士德的战败被擒。

早先张士诚攻下平江,随即就派兵攻嘉兴,结果被元朝守将、苗族大帅杨完者多次打败。于是他派张士德绕道攻破杭州。杨完者回兵救援,张士德又吃了败仗,逃了回来。次年,朱元璋派耿炳文攻取长兴,徐达攻取常州,吴良等攻取江阴,张士诚的军队西面、南面都被堵住,势力逐渐衰落。不久,徐达率兵攻下宜兴,然后进攻常熟。张士德迎战失败,被前锋赵德胜活捉。

张士德,小名九六,善于打仗,有谋略,深得将士的拥戴,浙西地区都是他打下来的。张士德重视知识分子,一些文化人如陈基、饶介、王逢、高启、杨基、杨维桢等人都和他有来往,有的在他幕府工作。国事的决策,张士德更是起了很大作用。张士德被押送到金陵以后,绝食而死。

张士德被俘后,张士诚非常郁闷。朱元璋想留着张士德来招降张士诚。张士德派人偷偷地给张士诚送信,叫他投降元朝。张士诚贩过私盐做过买卖,眼光总喜欢停留在秤杆的高低上,忽视了革命的大原则,投机心理一时占了上风,于是便听信了兄弟的话,决定向元朝投降。

江浙行省右丞相达识帖睦迩做了多年的招安工作，没有效果，现在见张士诚派周仁找上门来，喜出望外，立即将此事报告给朝廷。元朝廷封张士诚为太尉，他手下的文武官员都按级别封了官。张士诚虽然不再称吴王，但仍然和以前一样拥有武装和土地。元顺帝派人向张士诚要粮，赐给他龙衣和御酒。张士诚从海上往大都运送粮食11万石，连续几年都是如此。

达识帖睦迩在杭州与杨完者有矛盾，私下里召来了张士诚的军队。张士诚派史文炳偷袭杀掉杨完者，占据了杭州。

这时，张士诚有恃无恐，开始变得骄横起来，让他的部下歌功颂德，并要求元朝廷封他为王，元朝廷没有答应。

元至正二十三年（1363年）九月，张士诚又自立为吴王，尊他的母亲曹氏为王太妃，按照王的身份地位设置属官，在城里另外建造了府第。他让弟弟张士信担任浙江行省左丞相，架空、软禁达识帖睦迩，不久，达识帖睦迩自杀。从此，元朝廷再来要粮食，张士诚就不给了。

这时天下局势是，大抵以黄河为界，北方基本为元朝统治者控制，南方以几股割据的起义军为主。在割据势力中，以张士诚、朱元璋、陈友谅势力为最大，朱元璋坐中，张、陈在左右。元朝统治力量也可作一股势力看待，它既无力逐个消灭起义军，也无法抵御起义军的联合进攻。但这时的起义军性质已经起了变化，谁也不想联合起来北伐，而是考虑或者偏安一隅，或者怎样先吃掉对方然后再独享抗元果实。

朱元璋采纳刘基的用兵策略和朱升的建议，先稳张灭陈再灭张，高筑墙、广积粮、缓称王，结果他成功了。而张士诚只要联合陈友谅，不等朱元璋坐大各个击破之前就可消灭朱元璋。但张士诚没有这样做，他虽能识破朱元璋言和的阴谋并加以拒绝，然而当陈友谅主动来使约他联合抗朱时，他却观望自守，始终不表态。这是他战略上致败的一个关键，也是后人无法读懂的一个谜。

张士诚不仅没有与陈友谅合围朱元璋，而且在朱元璋消灭陈友谅的进程中也未施以援手，反而在这段宝贵的空隙期养尊处优，懈于治理，最终导致了东吴政权的灭亡。

张士诚占据的地方盛产粮食，所谓"苏湖熟、天下足"，又有桑麻鱼盐之利，人口众多，最为富庶。但张士诚生性迟重，不大说话，待人宽厚却缺乏主见，只想守住这块基业，怕冒险吃亏出差错。大将大臣们都是当年走私的江湖兄弟，如今成了局面，有福同享。这是"盐场大哥"的思维套路与眼界，格局大不起来。

李伯升的父亲李行素是个术士，看风水可以，却当了丞相。周仁对百姓敲骨吸髓，又无功劳可言，张士诚竟升他为"上卿"，后投降时反被朱元璋所杀，百姓呼为"开天眼"。将军大臣们修府邸，建园池，养女优，玩古董，和诗人文士们宴会、歌舞。他的弟弟张士信、女婿潘元绍更是贪婪敛财，金玉珍宝和古代的书法名画，堆满了屋子，天天歌舞升平。

张士德被擒后,张士诚任用"愚妄不识大体"的张士信做丞相。张士信贪污有术,行事无能,疏远旧将,上下隔绝。黄敬夫、蔡彦文、叶德新是阿谀逢迎的书生,张士信任用他们参赞军事,掌管机密大权,落得民谣讽刺为"丞相做事业,专凭黄菜(蔡)叶,一朝西风起,干瘪"。

将帅们稀稀拉拉,不肯服从命令。每当有战斗任务,都在那儿装病,或讲条件,索要大量的田宅、封赏高官,然后才肯出兵打仗。刚到军中,就拉来大量的丫鬟、小妾,在前线吹拉弹唱;或者就招揽那些能说会道的空谈之士,赌博、踢球,都不把战事放在心上。打了败仗、失去了地盘,张士诚也不处罚,不久之后,还是让他们领兵打仗。

张士诚自己也养尊处优,不想过问政务,搜寻各地美女,成天在"香桐""芳惠"楼(今苏州桐芳巷由此取名)里逍遥。

朱元璋搜集到这些情报,对人说:"我诸事无不经心,法不轻恕,尚且有人瞒我。张九四终岁不出门,不理政事,岂不着人瞒?"

果不其然,一帮蝇营狗苟之徒,并不因张士诚对他们只赏不罚高官厚禄而为东吴政权效力,反而到最后姑苏"城破无一人死难者","平章李行素、徐义……凡二十余万",束手卖降而已。

无言的结局

张士诚与元朝决裂复称吴王的第二年,朱元璋也称吴王。两个吴王,史家称张士诚为东吴王或张吴王,朱元璋为西吴王或朱吴王。

此时,朱元璋攻下武昌,消灭了陈友谅,率领军队回到应天,就命令徐达等人谋划攻取淮东地区。不久先后打下泰州、通州,包围了高邮。张士诚派水军从长江逆流而上,救援高邮。朱元璋率领军队击退了张士诚的水军。徐达等人于是拿下高邮,夺取淮安,淮北一带都落入西吴军的手中。

元至正二十六年(1366年)九月,朱元璋以徐达为大将军,常遇春为副将军,率20万精兵,集中主力水陆并进,并传檄姑苏,历数张士诚八大罪状,表明师出有"名"。朱元璋多计,命二将不要先攻苏州,反而直击湖州,"使其疲于奔命,羽翼既疲,然后移兵姑苏,取之必矣"。二将依计,徐达等率诸将发龙江,别遣李文忠趋杭州,华云龙赴嘉兴,以牵制张士诚兵力。诸将苦战,在湖州周围,东吴兵大败,大将吕珍及外号"五太子"的张士诚养子等骁勇大将皆兵败投降,其属下6万精兵皆降。湖州城中的东吴司空李伯升本想自杀"殉国",为左右抱持不死,"不得已"也投降。到了年底,在朱亮祖大军逼迫下,杭州守将谢五(叛将谢再兴之弟)也被迫开城门投降。

至此,东吴左右膀臂皆失,平江成为孤城。徐达筑长围把平江城紧紧困住,又架起与城

姑苏城破，英雄末路（小草随风/摄）

内宝塔齐高的敌楼观察城内动静，支起襄阳炮轰城。但城中军民一心死守，炮毁之处，城随坏随修，徐达数月攻城不下，一时竟也无办法。

朱元璋派人送信招降，信中写道："古之豪杰，都以敬畏上天、顺从民意为贤能，以保全自身及家族为明智。汉代窦融、宋代钱俶就是如此。你应当三思，不要自取灭亡，为天下人耻笑。"张士诚不予回信，屡次突围决战，都被打败。又派降将李伯升前来劝降。李跟随张起事，是"十八元老"之一，话说得很有意思："就像赌博，这城本来就是人家的，又被别人赢走，你又损失什么呢？"张士诚只说了一句话"让我想想"，就下了逐客令。张士诚就是不投降。

其时，城内粮尽，老百姓掘鼠为食，仍与张士诚共同死守，未生内变。第二年六月，士诚瞅住机会，率绰号"十条龙"的上万亲军冒险突围。出城后，望见城左西吴兵队阵严整，心虚不敢犯，便转向常遇春营垒杀来。这下可是遇到了煞星，常遇春有勇有谋，被人称为"杀人魔王"，挥兵直前，与东吴兵激烈厮杀。同时，他又指挥善舞双刀的猛将王弼从另路绕出，夹击东吴兵，把张士诚万余扈卫精兵皆挤逼于沙盆潭中，杀掉十分之三，溺死十分之七。张士诚本人马惊堕水，几乎被淹死。亲兵冒死把他救起，以肩舆扛上，复逃回城中。

过了十来天，缓过劲来，张士诚咬咬牙，又率兵从胥门突出。出于玩命心理，张士诚军勇锐不可当，打得正面拦击的常遇春部招架不住。如此天赐良机，但就在能够突围的当口，站在城头上的张士信却大呼"军士打累了，可以歇兵"，马上鸣金收兵。张士诚等人迟疑之余，常遇春复振，掉头进击，把东吴兵打得大败。

形势危急如此，张士信还像没事人一样在大城楼上与亲信左右饮美酒，食佳肴。仆从向他进献一个大水蜜桃，张士信欣赏久之，刚张嘴要吃，忽然城下发巨炮，恰恰打中张士信，这位爷脑袋被击烂。

兵败弟死，张士诚仍旧很顽强，烧毁文书档案，打开国库将金银财宝、绫罗绸缎分给百姓，指挥城中兵民抵抗，杀伤不少西吴兵马。

九月间，徐达展开总攻，东吴军终于不支，城陷。

张士诚决心以死谢吴民，避开左右，对其妻刘氏动情地说："我兵败且死，你怎么办？"

刘氏冷静答道："君勿忧，妾必不负君。"

言毕，刘氏怀抱两个幼子，命人在齐云楼下积柴薪，与张士诚诸妾登楼，自缢前令纵火焚楼。

时值日暮，大英雄张士诚见时势已去，日暮途穷，独自呆坐室中良久，望着齐云楼的大火若有所思。突然，他转身投带上梁，上吊自杀。

张士诚旧将赵世雄急忙冲进内室，上前解救下来，号哭劝道："九四英雄，还怕不保一命吗！"

此时，西吴兵已控制了整个内府，徐达再次派李伯升、潘元绍等劝降，张士诚一概闭目不答。他们便请张士诚上船，由水路送往应天。

在船上，张士诚一直闭眼不说话，也不进饮食。至应天后，朱元璋问话他不理，李善长问话，挨了他一顿骂。朱元璋气极，一顿乱棍把他打死，连尸骨都烧了（取吴晗说），终年四十七岁。

昔日拥众雄踞时，张士诚内怀懦弱，坐失良机；当其被俘为虏时，宁为玉碎，至死不屈，也不失为一大丈夫。

至此，一场轰轰烈烈的盐民大起义，历时14年，先后建立起大周和东吴两个革命割据政权，最后以这样的方式落下了帷幕。

据说城破之时，张士诚的小儿子6岁，由旧将周国俊化装自阊门逃出，后安家通州，改姓周。还有说两个儿子藏于民间，一个辗转来到江西；一个在今姜堰。姜堰城北有吴氏家族自称为张士诚后裔，几百年来"生姓吴，死姓张"。

第五节 一龛犹自祀张王

时间过去了600多年。

回望那段岁月，总会有一个历史之问：在张士诚、朱元璋、陈友谅三方割据势力中，陈友谅土地最广，拥有饶、信、荆、襄，几乎半壁江山；而张士诚本身是个私盐贩子，有经济头脑，又占据了江南大部分富庶的地区，财力最强，武装力量一度也不输朱元璋。这两人为什么都会败给朱元璋呢？

当年朱元璋征询统一南方的战略，刘伯温说道："士诚自守虏，不足虑。友谅劫主胁下，名号不正，地据上流，其心无日忘我，宜先图之。陈氏灭，张氏势孤，一举可定。"

刘伯温的这段话道出了3个关键词：其一是张士诚保守，格局小。张反元又降元，心性不定，没有明确的政治方向，战略上只会取守势，不用担心。其二是陈友谅缺乏道义支持。陈劫持主公，威胁下属，得来的名号不正，名不正则言不顺，言不顺则事不成。其三是各个击破，先陈后张。灭了陈友谅，张士诚势单力薄，自然不再是朱元璋对手。历史证明刘伯温分析得很到位，提出的战略方针符合实际局势。

称帝后的朱元璋说过一句话。《明史·太祖本纪》记载："朕以友谅志骄、士诚器小，志骄则好生事，器小则无远图。"显然，朱元璋把这两个对手的个性弱点看得很透彻，也道出了胜负的根本原因。

陈友谅1351年加入红巾军，1359年称汉王，用了8年时间，次年杀其主徐寿辉称帝。急剧膨胀的野心为"骄"字作了注解，直到1363年战死，主政仅4年。张士诚"自守虏"也好,"器小"也罢,说的是一个意思:没有朱元璋的大一统的政治抱负和气魄,缺乏"远图",缺乏大格局。陈友谅约张士诚一起夹击朱元璋,张士诚却只想坐山观虎斗。张士诚、陈友谅并不缺乏人才,也不缺乏将才,但是有人不代表会用人;而朱元璋的胜利除了有人会用人,重点还是识人,不但能认识到自己人的长处,还能认识到敌人的短处。这种不同,从根本上说是文化背景的不同。由此产生了不同的思维格局、不同的政治纲领以及不同的军事路线。

苏州张士诚墓碑(李玉生/摄)

西团镇天边湖公园（李玉生/摄）

    至正十七年（1357年）张士诚降元更是一着臭棋（朱元璋受困时也曾想降元，后采纳了叶兑的建议作罢）。尽管当时主要是出于军事战略上的权衡，前有朱元璋，后有元军杨完者，逼得士诚"步骑不敢出广德，舟师不敢溯大江"，降元既可以减轻腹背受敌的压力，又可"以明保民之意"，客观上"十年间休养生息，吴民视为乐园，谓：非王无以出水火"，但政治上造成的被动是无法弥补的。"元以为太尉，赐龙衣玉酒"，士诚"虽假元爵，实不用命"，只是每年进贡11万石粮食而已。可是，既然认敌为友，那就丧失了政治目标和立场，又在各路起义军中孤立了自己，这个账最终还是算错了。这成了败局的真正起点。

    张士诚占有苏州以后，只想割据一方，在动乱的局势下保境安民，守住已有的"一亩三分地"，这其实是无法实现的一厢情愿，也是问题的总根源。其他所有的问题，包括用人不当、法制不张、治军不严、赏罚不明、作风腐败等，都由此派生。作为一个政治家，他是不够格的，被历史淘汰是其必然。后来的李自成也一样。李自成打到北京，还想与崇祯谈判，封个诸侯王就算了。纵观中国5000年历史，大一统代表政治文化发展的方向。朱元璋的成功，首先就是顺应了这一历史大势，他具有一统江山的大气魄、大格局。

西团镇天边湖公园内张士诚塑像（李玉生/摄）

　　张士诚尽管没有统一中国，东吴的历史也没有续写下去，但其历史功绩是不可抹杀的。他打败了脱脱的百万大军，削弱了元朝统治者对付整个红巾军的有生力量，使处于低潮的红巾军掀起了第二次高潮，直到最后赶跑元朝统治者。他领导的起义军纵横江浙一带，建立了革命政权，控制了中国东南最富庶的地区，切断了元朝漕粮和财政收入的主要来源，从经济上沉重地打击了元朝统治者。他在大周和东吴的地盘上废除元朝的苛捐杂税，抑制豪强，劝导农桑，兴修水利，推行教育改革，促进了生产力的发展，使人民安居乐业。

20世纪20年代,曾任江苏省省长的海安人韩国钧,因不满钱虞山在《国初群雄事略》中将张士诚定性为"寇逆"的评价,认为是"轩轾失实",于是搜集整理"故书雅记、随笔笔记"及碑帖等史料遗迹,旁征博引,去伪存真,以张士诚为列国之主,仿《晋书·载记》之体,委托江苏省立第一图书馆主任支伟成先生编辑成《吴王张士诚载记》。该书还原了那段金戈铁马、保境安民的历史,给了张士诚应有的历史评价。该书《附录》中还收录历代诗人的题咏百余首,足见文人士大夫对张士诚的怀念之情。

张士诚死后葬于金陵,但民间传说有吴民寻得张王骨归葬于苏州。民国十八年(1929年),韩国钧委托苏州王鸿翱寻找张王墓,后竟在苏州斜塘不远处金鸡湖畔寻得。墓广20亩,无碑碣,其右有一祀城隍神庙,当地人云,神即张王九四。韩国钧立"张吴王墓"碣,并嘱费树蔚撰《张吴王墓碑》碑文,刻石立于墓前。墓西建有张王庙。

数百年来,老百姓不以成败论英雄,他们没有忘记张士诚,总是以自己的方式感念他的恩德,怀念他的精神。正像俞国鉴在《谒张王庙》诗中写的那样:"十庙钟山黯夕阳,一龛犹自祀张王。吴中花草怜焦土,海上风云忆故乡。"在民间,张士诚似乎并没有走远。

民间把对张王的怀念融于习俗中,比如寒食节吃酒酿饼。苏州一带清明节前开始上市

西团镇天边湖公园内神道石像生(李玉生/摄)

"酒酿饼",起因来自张士诚。据说,当年张士诚身负命案受官府通缉,只得带着老母亲逃到苏州。身上钱粮用尽后,张士诚的母亲又饿又累,奄奄一息。幸亏一位老人将家中仅剩的酒糟做成饼,救回张母一命。张士诚感念这份恩情,他在苏州称王后,就下令每到寒食节,各家都要吃这种酒糟饼,民间又称"救娘饼"。待张士诚死后,老百姓慑于朱元璋的威压,不敢再提"救娘饼",遂改称"酒酿饼"。张士诚创立的感恩方式反而成了老百姓对张王的最好纪念。

　　还有一个习俗是烧久思香。苏州至今保留着一个奇特的风俗,每年农历七月三十日晚,古城的大街小巷里就会有星星点点的香烛插在地上,俗称"烧久思香"。据说那天是地藏王生日,张士诚起兵时自称是地藏王转世,而"久思"正是其小名"九四"的谐音,这香便是苏州百姓烧给他的,明祭"藏王",暗祭"张王"。此俗从明初开始,是吴地百姓对张士诚的怀念,报答他的功德。据说,朱元璋曾因此生疑,命地方官查询,民间谓之为祭祀"地藏王菩

日落沙洲（周左人/摄）

萨"，搪塞过去了。

挂天灯也是当地民俗。当年张士诚从常州败退，沿途百姓怕"子弟兵"迷路，便在路边树立起一根根木棒，挂上灯笼，形似现在的路灯，取名"天灯"。后来"挂天灯"作为一种节庆习俗一直延续到20世纪中叶，可见影响之久远。

民间还把对张王的怀念化成具有特定含义的词汇——"讲张"。吴语"讲张"一词亦始于明初，引申意为不要忘人好处。朱元璋消灭张士诚建立了大明王朝后，苏州百姓仍思念并谈论着张士诚的恩泽，逐渐衍生出"讲张"一词。明代太仓人陆容的《菽园杂记》记载了一件事："高皇（朱元璋）尝微行至三山街，见老妪门有坐榻，假坐移时，问妪为何许人？妪以苏人对。又问：'张士诚在苏何如？'妪云：'大明皇帝起手时，张王自知非真命天子，全城归附。苏人不受兵戈之苦，至今感德。'"这就是苏州人民对张士诚的记忆，也是对"讲张"一词本意最直接的诠释。

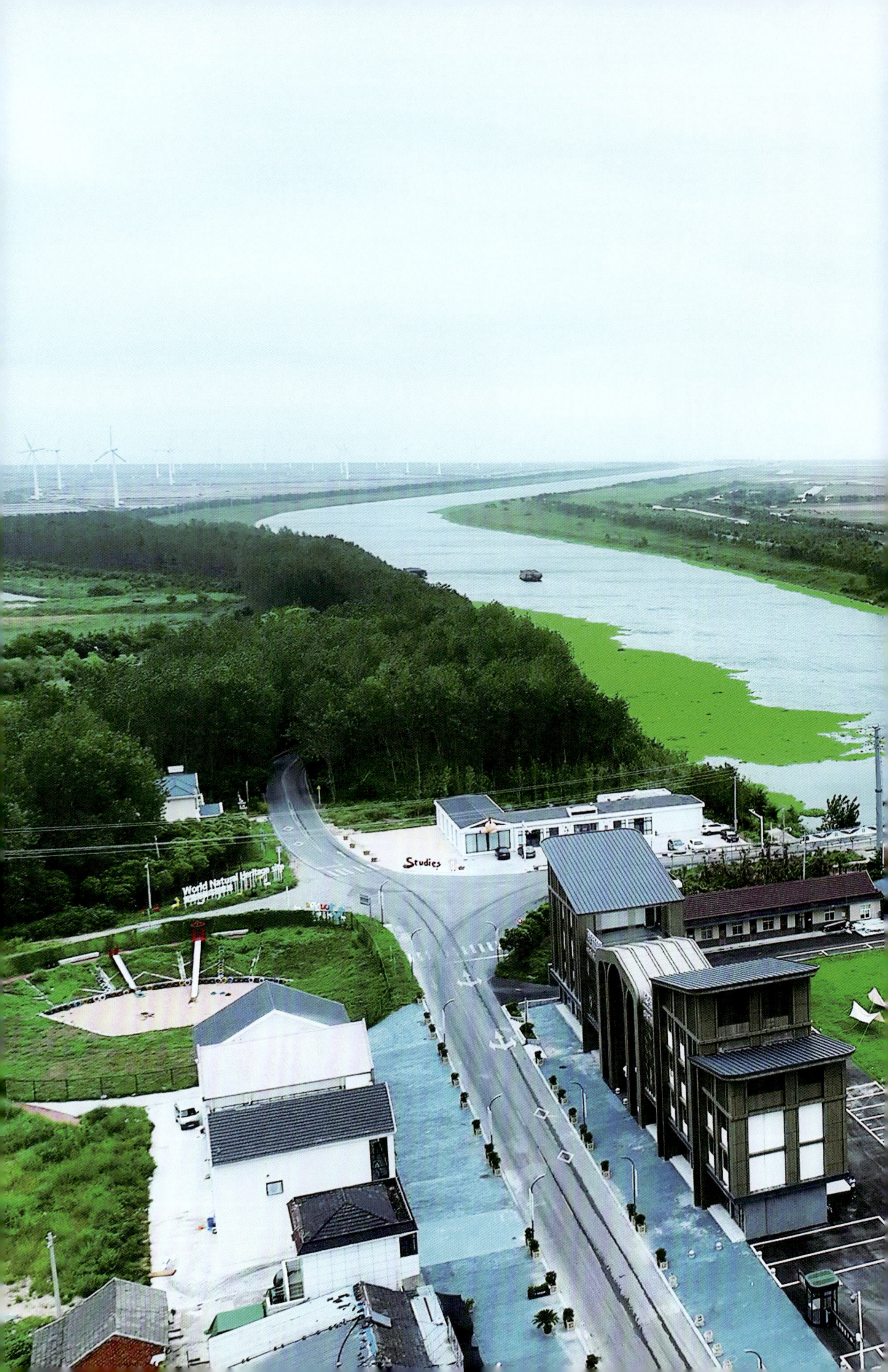
Studies

第四章　十公小传

出不了人杰，是一方水土的遗憾；
忘记人杰，是后来者的悲哀。

大丰文脉深厚、人文荟萃，为古老的盐业文明增厚了文化底色。

明代丁溪场的冯谅、高谷、杨果等位列公卿，为国分忧，为民请命。草堰场的朱恕是泰州学派的重要代表人物之一，盐民哲学家，时人称之为"东海贤人"。朱恕还酷爱绘画，独创手指绘画技法，实为中国指画的鼻祖。刘庄场的顾元播官至元朝山东行省左丞，正二品。儿子顾常与周庄富商沈万三结为姻亲，可惜孙子不争气，最后被满门抄斩。居士高鹤年是近代以来的大慈善家，慈善活动覆盖大半个中国。

清代才子孔尚任、郑板桥、李汝珍、宣瘦梅等都在大丰留下过足迹，他们的作品直接或间接地反映了大丰的人物风情，值得怀念。

兴化城内的"省阁名公"坊（周古凯/摄）

第一节 历史贤达

明初刑部尚书冯谅

这是一个有趣的现象。元、明时期,大丰虽仅刘庄、白驹、草堰一席之地,却是人才井喷的时期。彼时群星灿烂,冠盖千古。

除了施耐庵和张士诚弟兄等一众英雄,冯谅也是其一。冯谅是大丰历史上的第一个尚书、正三品大员,是明初丁溪场的一个骄傲。

冯谅,字永福,生卒年不详。关于他的事迹典籍记载不多。年幼时随父冯整(行号九一)、母杨氏及弟兄从苏州阊门迁来丁溪,时间大概在元末。那时的苏州可能已经是张士诚的天下,苏州人的日子应该比其他地方人好过,他们一家为什么要逆行到张吴王的家乡来?这已成为难解之谜。

冯谅天资聪颖,勤奋苦读,最终走出丁溪,踏上仕途。洪武二年(1369年)拔贡,洪武十一年(1378年)、洪武十二年(1379年)官至刑部尚书。他"俭于治家,廉以守己",被人攻讦,引起朱元璋疑忌,遂派员查抄其家,发现仅有旧橱几张、藏书百卷而已,一时清白之名远播。

十公小传 | **091**

冯谅胞弟冯端，字永寿，特授提督白马将军，诰封中宪大夫；弟冯胜，字永昌，敕封宋国公。弟兄三皆有贤名。

咸丰《重修兴化县志》载，冯谅"居丁溪场。洪武九年贡士，由人材辟举，以才能累官至刑部尚书"。"洪武九年"疑为有误，贡士两年怎么能做到尚书？要知道状元授官最多也就正六品，贡士正七品，尚书当时可是正三品。洪武十三年（1380年）朱元璋废丞相制度和中书省后，六部尚书已经升为正二品。

冯谅后来累被抄家，原因不详。洪武十三年（1380年）胡惟庸案发，未见有牵连。

兴化城中"省阁名公"坊为"少保高谷、尚书冯谅、成玭、侍郎杨果"4人而立，可见冯谅在家乡的威望。嘉靖三十八年（1559年），县令胡顺华主持修撰的《兴化县志》卷3"名贤列传"中对冯谅有所记述。

冯谅为栟茶康氏祖作传（图片来自"栟茶角斜古代文史宣传"公众号）

据南通市地方文史专家沈小洪先生研究，冯谅与栟茶（今如东栟茶）康氏族人康其阳、康彦恭、康彦实等人有过交集。曾参与编修康氏宗谱，为南宋高宗赵构时期栟茶康氏家族二世祖康九五、康九六写过小传。兹录该小传于下（标点为编者所加），可见冯谅笔力之一斑：

"九五者，寿龄公第五子，行九五，宋高宗时人。少有膂力，大将军杨沂中善遇之。时朝廷持和议亟，虏使者日过其营，公射之毙，冀无成。金人将仇之，以不得主名而止。公弟九六，寿龄公六子也，性敏胆，习谋略。公与之计，各募其党数千人。会金兵南下，诸将列兵御之，公兄弟亦间道守险。兀术不得前，遂拔营去。后忠武守泰州，公兄弟欲事之，以疾未果。时已著籍栟茶矣。如二公者，不谓之卓卓欤！"

以上是写康氏弟兄的小传，对康氏弟兄的堂堂一生，只通过射杀敌使者以阻止朝廷求和、募集抗金队伍抵抗金兀术和投奔忠武将军岳飞未成几件事，寥寥数笔，三言两语，就把抗金义士的英勇形象刻画得栩栩如生。最后一笔更是画龙点睛，感叹像康九五、康九六兄弟俩这样的人，难道不能称为人杰吗？文章有叙有议，堪称字字如金，深得太史公笔法。

冯氏宗祠位于丁溪场，始建于明代，房屋16间，田产800多亩。宗祠于1938年被日军焚毁。

明代五朝元老高谷

高谷（1391—1460），亦称高穀，字世用，又字育斋，丁溪场人。高氏祖籍为河南怀庆（今泌阳）人，世代业儒，乃名门望族。宋建炎南渡，侨居江淮间，既而中原沦于金，乃卜居泰州之丁溪场，始为泰州人。至高谷降生，高家已南迁了260多年，应该称为"老丁溪"了。高谷同样走的是读书做官的路子，而且官运亨通、一路青云。这与他的政治悟性和人格魅力不无关系。

据清《嘉庆两淮盐法志》载，明永乐十三年（1415年）高谷中进士，由中书舍人、翰林侍讲、侍读学士累官工部侍郎入阁。英宗北狩，景帝立，晋尚书，兼翰林学士。明景泰二年（1451年）陟兵部尚书，晋少保东阁大学士，加太子太傅。明天顺元年（1457年）初，以谨身殿大学士兼少保东阁大学士辞职返乡。其间43年，历经永乐、洪熙、宣德、正统、景泰五朝，辅佑成祖、仁宗、宣宗、英宗、代宗五帝六代，特别是集英宗帝的内阁机务于一身，可谓权势显赫。但他尽管处在权力中心，却始终清廉公正，谨勉从事，不谄不渎，深得皇帝信赖及朝野的赞誉，修得善终。这在阉党横行、政治生态十分恶劣的大明王朝，堪称奇迹。

高谷是一个富有情怀的政治家，为人真诚，处事得体有原则。翰林院学士陈询，因为人耿直，得罪权贵，被外放安陆任知州。行前同僚设宴饯行。席中为活跃气氛，大家行酒令凑趣，并议定酒令要求：各用两字分合，以韵相协，以诗书一句作结。学士陈循稍作思索，起身念道："轰（轟）字三个车，余斗字成斜，车车车，远上寒山石径斜。"陈循的酒令切合送别的主题，并把大家引入一个"霜叶红于二月花"的美好境界，立意清幽成趣。

陈询接着说："矗字三个直，黑出字成黜，直直直，焉往而不三黜。"陈询感怀伤情，情绪

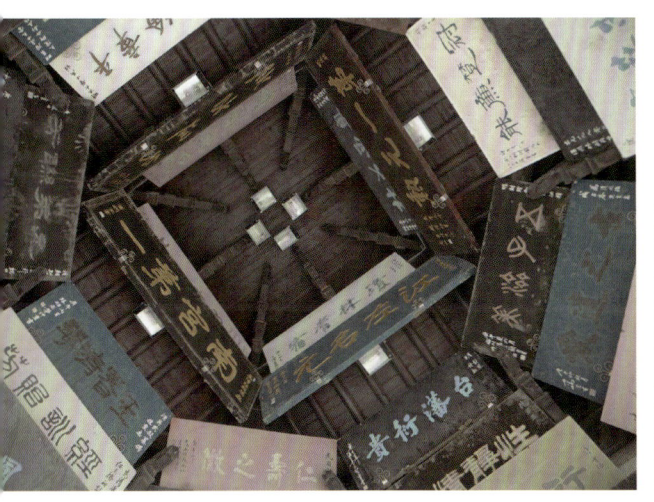

四牌楼上的功德匾（周古凯/摄）　　　　四牌楼"五朝元老"匾（周古凯/摄）

低落,让场面有些尴尬起来。

高谷立马打起了圆场,说:"品字三个口,水酉字成酒,口口口,劝君更饮一杯酒。"高谷在酒令中充满了对朋友的殷殷惜别之情,体现了洒脱的人生态度,回避了政治纷争。

明景泰七年(1456年),给事中(官名)林聪因故得罪了权贵,将被处以极刑。高谷深感不平,竭力营救,使其得以免死。

同年顺天乡试,华盖殿大学士陈循因子乡试未中诬陷考官刘俨、黄谏。代宗帝命高谷会同礼部复阅试卷。他秉公办事,结果陈循之子依旧落选。高谷仗义执言:有权有势的官员竟与贫民争着做官,已经不对,现在又陷害考官,这怎么行呢?并向代宗奏明考官没有私心,批卷没有偏差。英宗复位后,陈循被杖笞一百,发往铁岭戍边(充军)。

高谷这种不阿权贵、秉公办事的操守,在官官相护的官僚集团中是难能可贵的。当时内阁7人,往往意见不合,常生龃龉,而高谷清直公正,持论恰当,常由他摆平争端,因而威信很高,人们尊称他为"高阁老"。

高谷又是一个充满智慧和胆识的政治家。明正统十四年(1449年),蒙古瓦剌部入侵,英宗听信太监王振之言,御驾亲征,以20万大明军迎战8万瓦剌骑兵。结果在土木堡(今河北怀来县)被敌追击,全军溃败,英宗被俘。

皇帝被俘,朝野震惊,人心涣散。国不可一日无君。在此民族危急存亡之际,高谷作为内阁大臣,挺身而出,坚决支持兵部尚书于谦,拥立英宗的弟弟朱祁钰登帝位,是为代宗,并力排众议,反对南迁,稳定了政局。因此,于谦有了充裕的时间调集重兵,在北京城外击退瓦剌军,迫使瓦剌军首领也先一年后无条件释放英宗。

英宗回归是好事,但无疑对现任皇帝的皇位是一个很大的威胁。出于不同的站队,在欢迎英宗的规格上朝中意见很难统一。表面上看,这是皇权内部的斗争,而实际关系到国家的声誉甚至局势的稳定。其时高谷执掌阁务,力援"唐肃宗迎上皇(唐玄宗)故事",结果其主张被采纳,朝廷隆重迎接英宗回归。在伴君如伴虎的政治气氛下,高谷此举无疑是冒着很大风险的。

高谷的智慧还在于他头脑清醒知进退,而且是急流勇退。

明景泰七年(1456年)初,景帝病重,不能临朝。被景帝拘禁了7年之久的英宗得宦官曹吉祥、将领石亨的支持,乘此机会夺取宫门,废景帝,于奉天殿复位。英宗卷土重来,年号"天顺"。不久,高谷以年事已高,乞病归里。英宗对群臣说:"高谷在内阁议迎驾及南内事,尝左右朕。高谷是长者,赐金帛、袭衣、驿舟以归。"复"赐敕奖谕"。这在明王朝无疑是最高奖赏和荣誉。但接着发生的事便证明了高谷的政治正确。明天顺元年(1457年),英宗展开了一场政治大清洗,将王文、陈循一班大臣杀的杀、关的关、充军的充军,连股肱重臣兵部尚书于谦亦被石亨诬陷遇害。于谦践行了自己在《石灰吟》中的著名诗句"粉骨碎身浑不怕,要留清白在人间",然实属遗憾。对比之下,高谷在民族斗争、皇权斗争中能理顺各方面关系,这是很不容易的事。全身而退,得以善终,更让人称奇。

同朝吏部尚书姚夔后来这样评价高谷:"谷鲠直不回,端亮有守。始以翰林学士侍英宗经筵,入内阁辅政,孜孜为国,恪持公论。景泰间,力主遣使迎銮之议。及其还驾,独建备礼、郊迎策。天顺初,以老疾乞归田里,遂卒于家。进退有道,始终不渝。"

高谷回故里后杜门绝宾,过起了隐居生活。有人问景泰天顺之事,他笑而不答。生活上,高谷鄙视浮华、乐俭素。为中书时,尝奉旨往海印寺抄写佛经,遇雨辄褪靴卷裤,提袍赤足归,同僚大为惊讶。官任侍读学士时,每赴公宴,总是用布头剪成新花样补缀在破锦袍上,以至有人嘲笑为"高学士锦上添花",高谷不以为然。位至台阁,也仅"敝庐瘠田而已"。辞官后,衣食住行悉如常人。

高谷学问渊博,经纶满腹,工诗善书,著述颇丰。有《育斋文集》10卷入《明史·艺文志》,另有《诗集》17卷、《归田》3卷、《拾遗》1卷行世。其诗歌温厚和平,明白简易,有长者风度。书法文弱秀润,王世贞《艺苑卮言》谓其书"秀俊可爱"。其行书横批一轴今珍藏于兴化市博物馆。

高谷晚年移居兴化,但每年都来丁溪场祭祖。《康熙淮南中十场志》载有其《丁溪拜墓》诗一首:"百里丁溪路,聊为半日延。市喧多客货,地僻有人烟。细雨才将霁,斜风又作颠。先茔供祀毕,归去片帆悬。"诗中说由兴化县城到丁溪场拜祭先祖有百里之遥,船行半天都到达不了,沿途市面繁荣、客稠货多。清明时节,细雨绵绵,寒风飒飒。祭祖完毕,郁闷之情变得开朗,归途中尽可坐在船头,轻松地领略眼前的自然风光了。

隐居兴化期间另有《昭阳十二景》组诗传世。现辑录二首如下:

胜湖秋月

小湖摇碧接孤城,月色澄秋分外明。

光澈玉壶栖鸟定,影沉金镜蛰龙惊。

渔舟未许张灯卧,吟客惟宜载酒行。

何处一声吹短笛,误疑身世在蓬瀛。

得胜湖位于兴化县垛田乡,为明时兴化境内的名胜之一。湖荡之间,千岛林立,传说南宋岳飞曾在岛上驻扎兵马,指挥打仗,所以又叫"八卦阵""旗杆荡"。

沧浪亭馆

沧浪亭馆枕幽溪,溪上行人入望迷。

钓艇尽依青草岸,酒帘高控绿杨堤。

尘缨可许当时濯,胜迹重烦此日题。

风景满前看不足,野花如绣水禽啼。

高谷逗留过盐城,留下《盐城观海》一首:

瓢城东望水漫漫,暇日登临眼界宽。
万马挟兵开地脉,六鳌擎日上云端。
涛声吹雨沧溟湿,雾气横空白昼寒。
尘世不须伤往事,桑田更变几回看。

明天顺四年(1460年),高谷走完了跌宕起伏又平静安然的一生,那年他七十岁。成化初年,追赠太保,谥号"文懿"。兴化城中的四牌楼上,为他悬起了"五朝元老"匾。晚年故居宅前跨街立有"益恭坊",与四牌楼遥相对应。"益恭",语出《左传》,瞻之弥高,仰之益恭。这是对他一生人品和德行的最好概括。

"四退四进"的侍郎杨果

明正德六年(1511年)六月初三,武宗皇帝颁布了一道敕命,表彰杨果的父母。封赠其父杨缙为承德郎、南京刑部广东清吏司主事;加封其母周氏为太安人。杨果是谁?皇帝为什么要褒彰他的父母呢?

杨果(1473—1529),字实夫,一字鸥溪,明代丁溪场人。系张士诚帐下统兵元帅杨启宗的5世孙。少时博闻强记,可日记数千言,在当地是有名的"神童"和孝子。与同里胡献、陆弥望合称为"三杰"。明弘治十一年(1498年),杨果考中举人,从偏僻的海滨盐场一跃进入当时的全国最高学府——国子监读书。他刻苦勤勉,利用一切机会向当时著名的学者蔡虚斋孜孜求教。4年后,杨果一鸣惊人,稳步走在了凤毛麟角的殿试精英队伍中。这次殿试,杨果凭道德文章,选入一甲(殿试前3名),但有考官发现他考卷中有触及时弊之言论,因此,杨果被踢出一甲预选名单,最终取为二甲赐进士出身。

杨果的先祖参加过元末盐民起义,父亲也读过书,但并没有家族崇文的传统。杨果通过自我努力踏上仕途,是丁溪杨氏读书兴家的第一人。

十年寒窗苦,未忘养育恩。得第后的杨果忘不了家中多病的父亲,旋即告假省亲,回丁溪与妻儿一同侍奉二老。不久,杨果的父亲遽然辞世,杨果在父亲坟丘边搭盖茅屋守孝,3年后才依依不舍告别妻儿老母,进京赴任户部主事一职。在户部,"凡经国文章多出其手",杨果拟了多道有关治理国家的章奏,但朝廷昏暗难明,太监刘瑾弄权误国,正直男儿徒有一腔热血。愤慨之下,杨果以母老"乞养"为名,再次请求停职归乡。当时南京作为明朝的陪都仍保留着六部机构,杨果的归乡之请未被批准,皇上让他到离家较近的南京户部上任,也算隆恩降身。

在南京户部,杨果保持着一向的刚正形象,后任南京刑部广东清吏司署员外郎。他执法如山、不避权贵，最厌恶通关节、走门路之事。公事之余，杨果唯有读书明理，对照古代圣贤进行自我反省。他的同事杨廉说，杨果为官宠辱不惊，其所在无趋从之辈，门可罗雀。杨果的为政操守和孝道不仅感动了同僚，也渐渐传到了武宗的耳朵里。有其子必有其父，家风的传承有关社稷教化。武宗决定嘉奖杨果的父母，因此就有了本文开头提到的那道敕命。

敕命中说，父有善行，为人子的务必要加以显扬；臣子贤良有功于国的，主持国政者一定要优先推恩赏赐。杨果的父亲杨缙，是民间未被发现的人才，地方上有善行的人士。做学问不为做官，吟诗捉句为的是陶冶情操；倾注全部爱心培养了一个好儿子，使之有大用于朝廷，实在是教子有方。今特封赠为承德郎、南京刑部广东清吏司主事。杨果的母亲养育之辛中又有教育之劳，勤劳和节俭的品质兼备，对下慈爱对上孝敬的美德齐全，重礼且能辅佐丈夫，无论远近的人，知道的都无不羡慕佩服。今特加封为太安人。

明正德十四年（1519年），宁王朱宸濠在南昌发动了叛乱，朝廷乱成一锅粥。杨果在对朝廷建言"九事"后，以奉养老母为由又一次请归。这次皇帝批准了他的请求。

明嘉靖元年（1522年），杨果再一次被任用为南京太仆寺少卿、南京工部右侍郎。之后，虽然朝廷不断给杨果升职，但他始终放心不下风烛残年的慈母，又数次请归。最后一次，朝廷任命杨果为南京户部右侍郎，摄理尚书之职。杨果不得已又一次赴任。嘉靖八年（1529年），由于身染疾病，杨果辞官回家，谁料竟此长逝，永眠于兴化海沟河畔之鹳沟（今兴化市钓鱼镇新发村）。

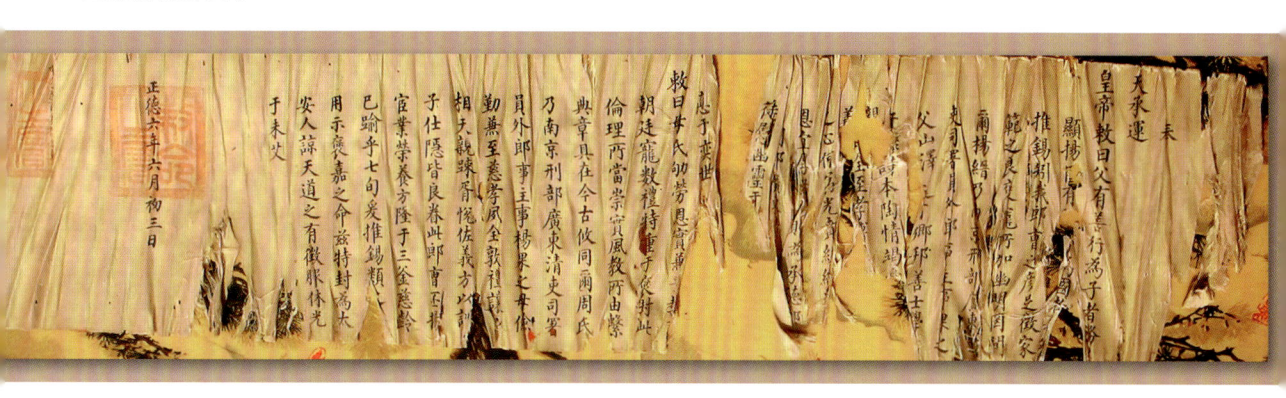

杨广余家珍藏的祖传诏书（周古凯/摄）

兴化北城外杨家巷曾有杨果古宅，是杨果入仕进城后置办的一份家业。过去杨家巷一带按里坊制度称作"司徒里"，立有"司徒坊"。"司徒"即指杨果。城中"省阁名公"坊亦有杨果的位置。这支杨氏在书香的浸润与严正家风的熏陶下，成为兴化明清时期的"八大家族"之一。长门一支仍居于丁溪场，他们视武宗皇帝的敕命诏书为传家宝，数百年风雨无撼。直到21世纪初，收藏并持有敕命诏书的杨氏后人三渣乡（现草堰镇）三元村村民杨广余，才献出此珍贵文物。

十公小传 | 097

庶民理学家、指画大师朱恕

朱恕（1501—1583），字光信，草堰场人。他是明朝中期一位很有作为的樵夫理学家，被称为"东海贤人"，与陶工韩贞、农夫夏廷美作为泰州学派中的庶民学派，被记载在《明儒学案》中。

朱恕年少丧父，家境贫穷，采樵养母。一天，他去安丰场，经过王艮书院，留步听讲，深受启发，信口作歌："离山十里，薪在家里；离山一里，薪在山里。"王艮听了大为惊叹，认为他的歌很有哲理，忙招入院中，向学生们说道："你们都应知道生活中处处有'理'，问题在于你去不去追求。这就好比采薪，你努力去做了，离山再远，薪柴也会到家；你不去实行，虽然离山很近，但薪柴不会主动送给你，它仍然在山里。"从此，朱恕成了王艮的门生。

王艮后来拜师王阳明，成为影响明清两代的泰州学派创始人，是杰出的平民教育家。他的"淮南格物"和"百姓日用即道"的学说构成了不同于前人也不同于老师王阳明的独特思想体系，引领了明朝后期思想解放潮流。其影响超过了"王学"后的各个学派，门人上自师保公卿，下逮士庶樵陶农吏，成为晚明显学。何心隐、李贽、汤显祖、徐光启、袁宏道都是其传人。

除了泰州学派身份，朱恕还是一位首开指画艺术门类的大师。指墨画也称指头画，是中国画中极具特色的一种绘画方式。朱恕仅存于世的指画作品《麻姑》，纸本立轴，作于1563年，比公认的指画大家高其佩早100多年。

麻姑是传说中的长寿之神，被誉为寿仙娘娘，曾为王母献寿。她相貌并不难看，而是始终年轻美丽如天仙。朱恕的指画将传统的麻姑献寿主题寓于平实的生活画面之中。画面上，一头麋鹿趴坐在地上，一名女子坐在麋鹿身上，手中拿着一枝灵芝，两眼凝视，神情是那么专注。温顺的麋鹿，娴静的女子，令人遐想的灵芝，构成一幅人与动物友好相处、人与自然和谐共生的美好画面。灵芝是长寿的象征，身旁的鹿谐音禄，整幅画寓意长寿有禄。朱恕把鹿画成麋鹿，把麻姑描绘成平常乡间田畔小憩的邻家女孩，摆脱了雍容华贵不食人间烟火的神仙气，充满了浓郁的现实生活情趣。画面气息淡雅，意境深远，人物和鹿的造型朴素自然，别开生面。构图技法上乘，线条不徐不疾，气势贯通，堪为艺术珍品。由此亦可见朱恕的创作态度和审美原则。

指画《麻姑》题款为"癸亥秋仲松樵朱恕指画"，钤印：一为"朱恕之印"，一为"心如"。该画作于20世纪被邓拓收藏，故左下方有鉴藏印"邓拓偶得"。邓拓得之甚喜，专门题诗作文。"画师学者本樵夫，四百年来道不孤。自是泰州流派左，指头村女变麻姑。"高度评价"此画写麻姑不失村女本色，指墨之间别开生面，尤为难得"。2016年，在指墨画市场低迷的情况下，朱恕的指画《麻姑》以115万元落锤成交，创下了当年指墨画成拍的最高价格，可见

朱恕指画《麻姑》
（图片转引自《大丰日报》）

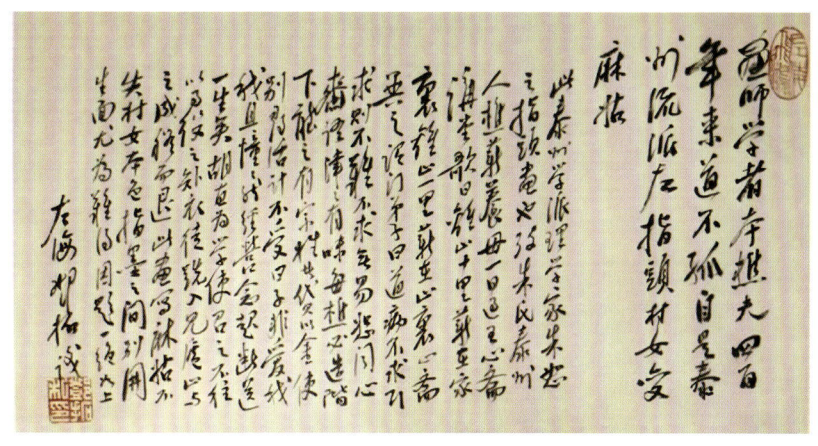

邓拓的题诗及注（图片转引自《大丰日报》）

指画《麻姑》的艺术成就和收藏价值。

朱恕不爱官场，终身隐居不仕，以采樵行吟为乐。本有名无字，里人鉴于他诚实有德，以"光信"为其取字。尚书耿定向为其作《陶樵传》，配享泰州崇儒祠。朱恕墓在草堰，墓前曾有一享堂，内有石碑，上书"朱光信先生之墓"，残碑至今尚存。

元代山东行省左丞顾元播

元代刘庄场出了一位大名人，他就是官至山东行省左丞、死后安葬在紫云山下的顾元播。

顾元播（1316—1369），名稷，字元播，祖居刘庄。一生为元廷服务，官至资善大夫、山东行省左丞，正二品官员。《元史》无传，关于他的信息见于《弘治两淮运司志》和《嘉靖两淮盐法志》："顾左丞墓，场北""由人材，官山东行省左丞"。寥寥数语，让人有些失望。

刘庄中学校园（李玉生/摄）

1978年，刘庄中学的师生挖土平操场，在紫云山旧址的一角发现了两块带字的方砖，后经鉴定为顾元播的《墓志》。由此，遮盖顾左丞达600多年的"面纱"才得以揭开。

"公讳稷，字元播，系太（泰）州刘庄场人氏。于延祐三年丙辰岁二月初八日建生，于至正二十九年守卫辉路，十月初九日因疾卒。"《墓志》叙述了顾元播的生平和祖父母、父母受朝廷封赠的事情。祖父讳润，字伯源，赠嘉议大夫、兵部尚书（正三品），追封武陵郡候；祖母王氏追封武陵郡夫人。父亲讳睿，字明卿，赠中奉大夫、河南行省参政（从二品），追奉武陵郡公；母徐氏，封武陵郡夫人。

顾元播做官很在行，从底层的小官做起，一路高歌猛进。《墓志》给出了一条升官路线图：初任国公府掾（从九品），次任广储仓大使（正九品），三任将仕佐郎（从八品）。然后都是跳级而上，四任淮东道宣慰使司都元帅府都事（从七品），五任义兵都元帅府经历（从六品）。接着连跳6级，六任陞本府同知（从三品），七任中奉大夫、山东行省枢密院副使（从二品），八任中奉大夫、山东行省参政（从二品），九任资善大夫、山东行省左丞（正二品）。

顾元播经历中越级提拔的阶段值得注意。这里有两个关键词：淮东道和义兵。淮东道属扬州，是元末农民起义最集中的地区之一，东有张士诚，北有芝麻李，西北有刘福通、杜遵道，西有郭子兴。义兵、民兵是镇压农民起义的地主武装，因朝廷规定统一着装是青衣青帽，所以也称青军。元至正十五年（1355年）二月，为加强对付起义军的力量，元廷设置淮东等地宣慰使司都元帅府，统帅义兵武装。顾元播第四任供职于淮东道宣慰司，第五任为义兵都元帅府经历，很明显是凭与农民起义军作战的"战绩"，坐上升迁的"直升机"，平步青云就任本府同知，再升职山东，最终博得祖、父两辈受赠外，自然少不了封妻荫子。顾娶妻张氏、李氏，生两子一女，一女适金氏，长子顾常，次子顾彝。正妻张氏被封武陵郡夫人；长子"讳常，字克常，历任武陵将军、枢密院同金"。

《墓志》称他"至正二十九年守卫辉路"，与事实有些出入。因为当时明朝已经建立，全国的战事并未结束，徐达、常遇春的25万北伐军扫平山东后，于洪武元年（1368年）三四月份已基本平定了河南全境。卫辉路当年即改置为明朝的卫辉府，哪来至正二十九年（1369年）顾再"守卫辉路"之事？即使站在元朝的角度说，也已物是人非了。

顾元播入仕并非通过科举，按《嘉靖两淮盐法志》说是"由人材"，说明他做官前是很优秀的。

顾元播在动乱的时代度过了飞黄腾达的一生，但他却无法避免子孙遭遇的厄运。据兴化学者浪少、顾海华先生研究，顾氏后人被大明王朝满门抄斩。幸亏主人预先得知消息，托莫氏管家带上幼主逃至兴化海沟河南的荒野之地，留下一脉，繁衍至今，是为"莫顾庄"。

当年顾家的社会关系颇为耀眼。顾元播虽已亡故，但属于旧官僚，娶妻张氏，与张士诚又是亲戚。长子顾常在元朝为枢密院同金,正四品官员,入明后成为苏州周庄的粮长,与沈万三是亲公。张士诚和沈万三都是令朱元璋头疼的人。后来,顾常之子即顾元播的孙子顾学文,继任周庄粮长。这时,尽管沈万三被发配云南已死,家族财产损失大半,但仍然人丁兴旺,日子照样过得潇洒。但就是因为太潇洒了,出了灭门之灾。

综合《弘治吴江志》《周庄镇志》和清嘉庆《同里志》的记述,事情的发展是这样的:同里镇有陈某者,生有一个智力障碍的儿子。这个智力障碍的儿子娶妻梁氏,倒是个才貌双全的女子。周庄沈万三的招赘女婿,即顾常之子顾学文,听说后十分倾慕,常借故雇船往来周庄与同里之间。船到同里,就停泊于梁氏居室的窗下。梁氏懈于妇道,一来二往,互相都有了意思,只是缺少机会。顾学文于是买通当地恶少,引诱梁夫出门饮酒赌博;又买通梁的邻居老妪,带了新奇的首饰送给梁氏,并用言语挑逗。梁氏本已对顾有好感,于是一拍即合。从此两人频频书信来往。这个智力障碍的儿子懵然不知。其父因在外当差,难得回家,也被蒙在鼓里。这些情节,仿佛《水浒传》中西门庆和潘金莲的又一个版本!

然而,陈某的兄长也就是这个智力障碍的儿子的伯父、绰号"陈缩头"的,隐约听到一些风声,但苦于没有证据。后来梁氏有失谨慎,竟把顾学文的书信裁开后卷成纸捻放在灯罩下。陈缩头买通梁氏身边的僮儿,把纸捻偷出,补缀成幅后,寄给在外当差的陈某。陈某看后,真相大白,况且顾学文的信末都盖有松月图章,更是铁证如山了。

陈某寻思,仅凭这样一封书信,告到官府,不见得会有什么结果,弄不好反而败坏了陈家的声誉。这时正好蓝玉案发。蓝玉是开平王常遇春的妻弟,为朱元璋打天下立下汗马功劳,被封为凉国公。但蓝玉恃功骄傲,广蓄庄奴,欺凌百姓,又不听朱元璋命令,暴横自专,被锦衣卫告发。朱元璋怕尾大不掉,狠狠地定了他个谋反大罪,连坐被族诛的达15000多人。陈某正愁怎样为儿子报仇,见此案发,不免喜从中来。如果告顾学文与蓝玉通谋,那就不再是什么私仇,而成了大案要案了吗?

陈某四下收集线索,发现有一位叫王行的先生,曾两次在沈家坐馆,同沈家至少有30年的交情。此人又两次在蓝玉家坐馆,前后也有10多年之久。通过王行的关系,想在新朝找到靠山的沈家同蓝家也就有了交往。"蓝党"案发后,有人劝王行逃遁,这位迂腐先生却说"临难无苟免",结果以同谋罪被诛。掌握了这些信息,陈某便以王行以及沈家同蓝家的关系为证据,诬告顾学文"通蓝谋逆"。

严刑逼供下,顾学文招认曾收到蓝玉"钞一万五千贯",为他购置粮米、绸缎等物,用来准备起事和赏人。这样,不单顾学文,连同他的父亲顾常、弟弟顾安保以及妻族沈家的3个儿子全部下狱,并株连了沈家的亲朋好友上百家,近千人被杀。顾家和沈万三留在江南的亲属从此遭到毁灭性打击。梁氏亦被其父逼令自缢。这件事从洪武二十六年(1393年)起到洪武三十一年(1398年)才平息。

大居士高鹤年

刘庄镇小街西南隅，温情的串场河畔，有一片属于高鹤年的世界。那是"妇女净土安老院"，习惯称为贞节院，为高鹤年居士舍家业创办的贫困女众道场。院里至今还保留着一栋老式小黑瓦平房，便是高居士的旧居——大觉精舍，屋内收藏着他的遗物。

高鹤年是中国近现代著名的佛教居士，集旅行家、慈善家、社会活动家于一身。他大半生处在国家遭受内忧外患、人民饱受苦难的时代，慈悲为怀普度众生的佛教感情，被他演绎成一种自觉的、重在行动的、毫无保留的众生之爱，所以他就摆脱了一个纯正居士的寂寞，成为社会公众人物，一个真正的慈善使者。

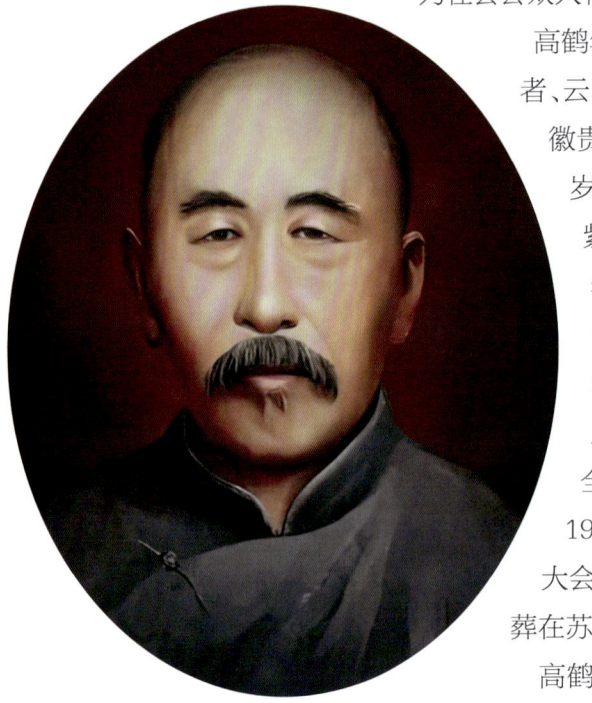

高鹤年（1872—1962），名恒松，字鹤年，别号终南侍者、云山道人、云溪道人。父讳正刚，母王氏。祖籍安徽贵池，后世迁刘庄。他幼年聪颖，7岁入私塾。9岁时，因同学陈氏夭折，痛感良伴骤失，遁入刘庄紫云山寺中3天，寻求解脱。不久，少年的高鹤年便开始接触佛经，钻研佛理，29岁在金山寺受戒。以后曾协同他人在上海组织过佛教会和世界宗教会，也协助办过《佛学丛报》。中华人民共和国成立后参加中国佛教协会，当选为全国佛协理事，在佛教界是个颇有分量的人物。1955年，83岁的高居士当选为江苏省人民代表大会代表。91岁病卒于泰州王心海宅内，灵骨后被葬在苏州穹窿山西南方山中。

高鹤年的一生闪耀着智者的光辉，处处超越了作为一个居士的平凡。

高鹤年像（小草随风/摄）

半生行脚，比肩徐霞客

佛教徒的生活，当然不单是诵经一项，其中还包括恪守清规戒律和磨炼功夫。行脚（僧徒徒步周游各地）便是一种功夫。19岁的高鹤年芒鞋竹杖，开始出游名山道场，这一游便是35年，从青葱岁月走到双鬓斑白。其后在忙于赈灾做慈善之余，亦不忘行脚参学，直至77岁还登攀苏州尧峰山等诸山，82岁仍住山苦修，跨度达60余年，累时近40载。他先后朝礼了五台山、九华山、普陀山、峨眉山四大佛教圣地，游历了泰山、华山、衡山、恒山、嵩山五岳，以及浙江天目山、天台山、雁荡山，安徽黄山、白岳山、天柱山，陕西终南山、太白山等名山，他自己做了详细记载的达120座之多。行脚期间，他参访了天台敏曦、镜融二法师，金山来果、大定与融通上人，虚云老和尚、印光法师等高僧大德，或得开示，或得受戒，或共参法要，或同住共修。行脚生涯饱含太多的酸甜苦辣，居士用优美的语言写下《名山游访记》，洋洋洒洒20万言，并亲绘名山形势图20余幅。书中对所到之处的名胜古迹、历史兴废、珍禽异兽、风土民情记载颇多，还写下了心得感悟等。他还对水利和山川的治理表现出极大的关注，主张植树造林，主张对资源的合理开发和保护。该书重在体现"磨炼身心，参访知识"的行脚宗旨，表达对祖国河山的热爱与人民疾苦的关切，是一份走进近代佛教的珍贵史料。少亭有诗云"攀登钦得穷通理，更有烟霞纸上留"，是对居士40年行脚生涯的最好概括和对《名山游访记》的由衷赞叹。

高鹤年居士著作《名山游访记》
（小草随风/摄）

有人称高鹤年为徐霞客第二，实不为过。徐霞客专注地理考察，自明万历丁未（1607年）至崇祯庚辰（1640年），用了34年时光。56岁去世后，他留下的一部游记写尽山川风物。而高居士行脚重在参访、住山苦修，他自己说是"闲寻野菜和云煮，聊拎枯松带雪烧"，少则旬日多则经年。从21岁起居士就茹素不吃腥，旅途中又少不得"冲风冒雨，露宿风餐，受寒暑，忍饥饿"（虚云大师语），在艰辛清苦之中竟能留下一段长长的人生轨迹，这需要多大毅力，又需要何等执着！高鹤年与徐霞客同是旅行家，但又有着不同的用心和意义。

"宁舍我一命"的赈灾、慈善精神

高鹤年之所以成为历史的高鹤年，之所以成为民众永远怀念的高鹤年，是因为他在恪遵居士之道之外，把目光始终投向社会，投向民众，在民众受苦受难的关键时刻，挺身而出，一往无前。从民国十五年（1926年）起，老年的高鹤年抛开行脚，开始了奔走四方、专意赈灾救难的慈善生涯。他的救灾足迹北至陕甘，南至湖南，几乎遍及全国。他的救灾事迹，除早年行脚期间参加的救灾外，重要的还有：应熊希龄之邀，赴湖南办赈；1929年因兴化粮食失收与石金声、王虚白至上海募赈款；1931年在刘庄、白驹场、安丰、永丰圩等处办粥厂救灾；1932年江淮、里下河发生水灾，与赵一褱、石金声等设救命团救灾；1936年因水灾，受委托至苏北了解灾情；1937年因川、陕、豫、甘等省旱灾，为上海慈善联合救济会奔走劝募赈款；1939年刘庄百余家遭敌机轰炸，与石金声办理善后事宜，安置灾民，后兴化发生水灾，开办粥厂20余处；1940年办刘庄贫民借贷所，等等。每次救灾，高居士都尽心竭力，甚至不惜搭上性命。

让我们把镜头拉近，仔细看一看高居士在几次救灾中的身影。

民国六年（1917年），北京、天津一带发生大水灾，千百万亩农田被淹，百万人民流离失所。在终南山参学修道的高居士，得知灾情后第一时间从终南山赶往京津。在《由终南山往京津勘灾放赈略记》一文中，居士详细记述了这次救灾过程：

"初九日出东门，沿黄河南下，重山叠嶂多有匪警，惟救济在急亦不怖畏，午后风雪严寒，颇觉难受。十一日，朔风怒号雪大如掌，余一不顾。廿五里宿观音堂，始通火车。十二日，乘潼洛火车即洛阳城。十三日，搭京汉车北上。十四日，往东西二乡，探访灾情，仍有许多地方水尚未退，乡人谈及饥寒交逼苦无生路，令人不忍见闻。十五日，往天津沿途水灾情形奇重。十六日，往乡察看房屋冲坍，无家可归者极多。"

冒着怒号的朔风、如掌的大雪，越过崇山峻岭，经过5天的艰苦行程，高居士终于赶到了灾区。看到灾民的辛酸境况，居士急欲救众生出离苦海。可是要解决饥民的吃住，就得用钱

买粮安民,于是他又不顾一切南下募款。

从17日出发,经过两天的行程,19日到达上海。与上海佛教界知名居士狄楚青、王一亭、程雪楼等一起商谈救灾事宜。此后,高居士受上海佛教居士之托,从上海至普陀山法雨寺,再到宁波观宗寺,拜谒印光、谛闲二法师,请他们参与赈灾事宜。二法师大发慈心、全力匡助。高居士返回上海之后,立即召集各大居士和诸山长老在上海玉佛寺开会,成立"佛教慈悲会"。经商定,由狄楚青综理一切会务,高鹤年任总务之职,负责分赴各地劝募赈款。高居士接受任务后分别前往苏州、杭州、常州、镇江、扬州等地,与佛教界人士洽谈,并请得冶开、济南二位上人以及苏州西园寺、杭州灵隐寺等寺院住持的大力协助,共同劝募赈款,劝办赈济会。终于在半年左右的时间里,募得大量的赈款。1918年3月,在冶开法师领导下,高居士等一行十余人携带赈款,到京津一带灾区进行查灾放赈事宜。由于受灾各县都来领取赈款,放款多少很难确定,最后按照同行曹乐钧先生提出的意见:"查灾放赈是最难办之事,其手续以查灾民户口为第一关键。查户真切,则事事有济;查户含糊,则项项虚糜。以救命不救贫为主旨,达到救人须救彻之目的。"高居士等又忍苦耐劳,亲自到各县认真视察,严格把关,对受灾严重、无家可归者,一一予以救济。至此,高居士终因心力交瘁而病倒,不得已回终南山休养。

高居士言:"名山修道,终南为冠"(李玉生/摄)

民国十九年（1930年），苏北闹春荒，灾民朝不保夕。高居士先抵押贷款，设置刘庄粥厂以救饥民；后又不分昼夜到处借款，增设白驹、安丰、戴窑三处粥厂。尽管如此，由于当时战乱，明抢暗劫者多，使得灾情雪上加霜。江苏省义赈会因筹款困难不能按期发粮，如果坐待义赈会的筹款，无数灾民命在旦夕、亡可奈何。考虑再三，高居士决定向上海居士简玉阶等人借款，同时在永丰圩、合塔圩、下圩、中圩、老圩等十四处设立粥厂。然而粥厂虽设，上海借款却杳无动静，而此时饥民日增，粥厂实在难以支撑，奔走各方筹款的高居士也已经是精疲力竭了。

看到灾民奄奄一息，借款久未到位，高居士彻夜难眠。无奈之下，他想到一个抓"鳖"的激将法，叮嘱等钱放粮的各粮船船长稍后听信，就写下遗书，决心"舍命保命"。心想如果到莲池庵投水自尽，消息传开，上海诸居士就会急速汇款来，这样就可以救无数饥民的性命了。《山中归来略记》中他这样写道："天明赶到城中，时有七艘粮船，停泊码头，待命发粮。余嘱各船稍迟听信，心则默持救苦救难观世音圣号，直向莲池庵走去，拟入莲池舍命，舍我一命才能救数十万人生命，只有瓮中搏鳖之法……"

就在高居士决心舍命向莲池庵走去时，赈务分工差役匆忙赶来，告诉他上海居士汇来六千元助办粥厂。这笔善款，不仅缓解了他的燃眉之急，更是救了高居士一命。

1931年的抗灾是高居士对苏北地区一次最大的贡献。这年8月底，因天降暴雨，苏北各县河流久失疏浚，发生了史上罕见的大水灾，造成苏北各县尽成泽国。据高居士在《辛未水灾临时救命团日记》中描述："江北大水，三坝齐开，不数日，运堤崩决二十七处，湖水横溢，漫天而下，内河各县，尽成泽国……旦夕间，河水陡涨数尺，村庄淹没，男女老弱，哀号乞命于洪涛巨浪中。即所住刘庄净土庵老院外大觉精舍，水不及檐仅尺寸耳！"

当时高居士因病尚在莫干山修养，接到上海王一亭居士来电告知大水后，立即赶回苏北，参加加筑运堤。因水势过大，运堤很快崩决。高居士与潘春霆、朱勉之、赵一褒等商议，设立临时救命团，组织刘、白水灾救生会。先购买船只作为救生船，并分救生船为6组出发。对少壮者，救生船将之送往高地，并施以烧饼、生姜、红糖、火柴、药品等作为临时赈品；对老弱妇孺者，救生船载回刘庄送往收容所。此后，高居士与周梦白等办收容所6处，在刘庄、白驹组织耕牛寄养所。至9月4日，救生船救出了六七百名灾民。但是水无退势，反因降雨而上涨，导致难民不减反增，而救命团款粮已所剩无几。无奈之下，高居士扶病沿途察看灾情，发觉只有将洪水排泄归海才可以从根本上救灾减灾。9月15日至20日，高居士抱病奔走于刘庄与大丰之间，调解了大丰垦区的泄水纠纷，使水位大大下降。此后在各地诸友和苏北救济会、国际救济会、中外慈善团、义赈会的大力支持下，到1932年5月苏北水灾才得以解决。

高居士忘了自己是一位"居家"的居士，在大灾面前，在百姓遭遇生死存亡的危急关头，他总是选择逆行，主动担当，并利用自己的社会资源，扛起一份沉重的社会责任。他不是政府官员，但他做了政府的事；他不是菩萨，但百姓称他为现世的"活菩萨"。他的功德永远留在人民的心中！

高鹤年的意义还在于，因为他的精神影响，不少佛教界高僧大德和居士主动参加救灾等慈善活动，使佛教界在近现代慈善事业中作为一支强大的力量而被社会关注和称道。高鹤年在国际上也有一定的影响，曾配合过国际红十字会的工作，给国际友人留下深刻印象。

救灾之外，高居士热衷地方慈善公益事业。他50岁时散家财予贫苦百姓，51岁舍住宅田地办贞节院，62岁主修刘庄进谷桥，63岁任上海义赈会理事，办贞节院手工厂，在乡间办农林试验场。68岁开南洼河、办贫民贷款所、修大刘路，70岁办刘庄贫民小工厂，71岁办刘庄贫女纺织所、图书馆，居士做慈善公益的脚步一直停不下来。

高居士作为一个有血性的中国人，心始终是热的。1939年日机轰炸刘庄，街市几为焦土，他并未选择逃避。日寇盘踞在紫云山上，多次"邀请"他上山，他决然"辞谢"。他说我是中国人，岂与虎狼为伍！

对佛教事业的贡献

近代以来至民国时期，中国佛教的发展屡遭战乱，寺庙大多残垣断壁，寺产捉襟见肘。多年的行脚，让高居士与国内许多高僧大德，由相识而相知，由心系解脱众生而建立起深厚友谊。这从诸高僧大德写给高居士的书信中可见一斑。这些书信中还有一项重要内容，就是当寺院建设、僧众生活以及讲经弘法等方面碰到困难，高僧们就会对高居士倾诉，希望得到他的帮助。面对高僧大德们的这些诉求，高居士也都能不失所望，尽己所能，及时出手，故被佛教界称为大护法。

虚云和尚为中国近代著名禅宗尊宿，民国"四大高僧"之一。民国十七年（1928年），虚云以耄耋高龄赴香港为华亭寺募集重塑佛像急需的款项，但由于人地生疏，困难重重。他写信给高居士："愿公不遗故人，助我一帆。俗云：'不看僧面看佛面'，正是此也。"后来高鹤年不仅从中疏通，使虚云和尚如愿以偿，还帮虚云在江浙一带择请塑匠，并亲自赴云南指导塑造彩画圣像。

来果禅师为扬州高旻寺住持，是近代著名禅僧。民国十二年（1923年），因粮食歉收，食用欠缺，高旻寺僧俗300余人生活陷入困境。鉴于此，来果禅师给高居士写信："哀恳迅解义囊，接济数百僧人食用，并请转向各同道诸公，尽力陈清敝寺万分困难苦衷。"高居士见信后立即回复并组织义粮，解了来果禅师的断炊之急。后来，时局动荡、荒时暴月，高旻寺的塔殿建设工程受阻，高居士又帮助来果禅师募款助修塔殿。

印光法师是近代著名的净土宗高僧，被称为净土宗第十三代祖师，弘一法师的老师，师徒俩都在民国"四大高僧"之列。但印光法师开始并不为佛教界所关注。民国元年（1912

年),高居士于普陀携印光文稿数篇至上海,并将其刊于《佛学丛报》,印光由此在佛教界引起轰动。后来又帮助印光法师在其人地生疏的江沪一带刻印佛经,弘扬净土法门。民国十九年(1930年),印光法师到苏州报恩寺弘扬念佛法门,也是高居士事先接洽安排。印光法师给高居士的书信共有19封,足见二者关系之深厚。为表达对高居士的谢意和友情,印光法师在写给高居士的信中除多处可见"蒙君照应,不胜感愧"的言辞,还有一封真诚为高居士所作的像赞。为表示敬仰与怀念,

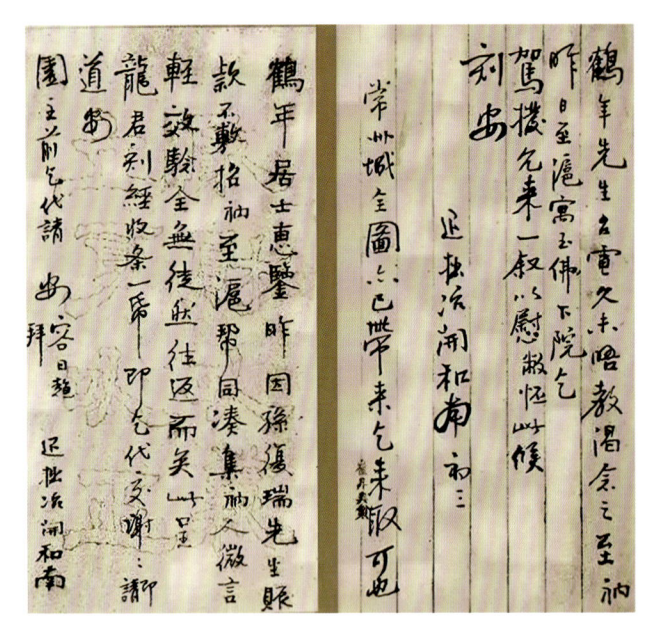

常州天宁寺冶开老和尚与高鹤年居士书(小草随风/摄)

印光法师圆寂后,高居士编撰了《印光大师六十年苦行记》出版。

高居士是佛教界居士的典范,他把自己的一切都献给了佛教慈善事业,除捐资修建紫云山,最典型的是创办刘庄妇女净土安老院(亦称贞节院)。

民国十年(1921年),高居士从滇粤回到故乡,正逢水旱交替。

虽尽散家财救济贫苦乡亲,但只是救一时之急,还不能解决许多贫苦嫠妇老有所养、终有所归的问题。此时,念佛茹素的妻子智氏年事已高,膝下没有儿女,先祖先父的坟墓荒芜无人祭扫,高居士百感交集,遂决定以自己的16亩地和部分房屋为基础,创建妇女净土安老院,倡办各种慈善事业。他的决定意外得到了李柏农(陕西人,民国初期曾任广东中山县县长)的大力支持。巧的是,李柏农主动来找高居士,就是想要在苏浙一带设立道场,以忏悔业障挽回世道人心。就这样,在李柏农、简照南、简玉介、沈惺叔、王一亭等居士出资相助下,安老院建设工程于民国十一年(1922年)正式启动。中途因经费不续而面临告竭,又因缘巧合,忽得黄涵之、聂云台、赵去韶、关炯之、魏梅荪集款来助。结果历时3年,耗资3万余大洋,终于大功告成。安老院建成斋堂、客堂、延寿堂、祖堂、如意寮、涅槃堂、讲堂和厢楼等房屋共110间。曾任江苏都督的程德全题写正面匾额"贞节院",印光法师写《江苏兴化刘庄场贞节净土院碑记》,谛闲法师写《江苏兴化县刘庄镇净土贞节院碑铭》,高居士撰写《贞节院记》,备述其事。

贞节院建成之后,高居士与印光法师商议修订章程。规定来此住者必须是贞女节妇,长斋念佛,决志往生,性情柔和,无诸乖戾,不事妆饰,不茹荤酒,断绝俗亲,不妄游行。正因贞

高鹤年居士旧居——大觉精舍（李玉生/摄）

节院的这种特点，起初来此修道的就有百余人，常住五六十人，她们按章程规约在贞节院过着佛教徒的修持养老生活。

高居士把贞节院设计成一个能基本自给自足的小社会，院里办起了手工厂和农林试验场等实业，具备了经济实体的某些功能。院众们修道之余，参加生产劳动，种粮种菜、纺纱织布，为安心修道打下物质基础。

在灾难频繁的民国时期，贞节院在高居士的带领下，本着慈悲济世的精神，积极参加赈济、收容难民、修桥办工厂等慈善活动。1937年捐出20石粮食救济江南灾民，1939年又拿出97石粮食赈灾。更有甚者，救灾中的许多亏空，有时竟达上万元，皆由贞节院负责支付偿还。贞节院名副其实地成为既是出世远离苦难的安养院，更是入世积极救济苦难众生的根据地、收容所。

1946年，高居士在处理好一切之后，两手空空离开刘庄，只身来到苏州山寺中。他后来说："余早欲入山，未能如愿。近数年来……还我本来面目，仍是野鹤闲云。"

一代居士，深深影响着刘庄。他留给刘庄的不单是一座寺庵，还有永世流芳的一段传说。

第二节　旅丰才子

孔尚任在大丰写下《西团记》

清代剧坛有两个重量级人物,一个是写《长生殿》的洪昇,一个是写《桃花扇》的孔尚任,时称"南洪北孔"。孔尚任创作这部戏剧从年轻时隐居石门开始,前后用了大约20年时间。其中曾在大丰深入生活,积累素材,写出了《桃花扇》的第二稿。不过,孔尚任到大丰的初衷并不是创作,而是以朝廷钦差的身份来疏通海口指导盐场治水的。

孔尚任(1648—1718),字聘之,又字季重,号东塘,别号岸堂,自称云亭山人,曲阜人,孔子第64代孙。他博学多才,既爱好诗文,又精通乐律。康熙二十三年(1684年),朝廷祭孔时他为康熙御前讲《论语》,得到赏识。第二年春被破格授国子监博士,由此进入仕途。但他搞学问和艺术在行,在官场中却不善迎合,受到排挤。康熙二十五年(1686年),淮阴、盐城、兴化等县河流四溢,灾情严重,朝廷派工部左侍郎孙在丰到苏北里下河流域疏浚海口。孔尚任想利用这个机会施展才能,报国安民,便作为孙的助手一同前往。

泰州陈庵中的孔尚任画像(小草随风/摄)

当时西团海口淤塞,水患严重,他的目的地便首选西团。官船只能航行到白驹,下得船来,四野苍茫,海风弄人,孔尚任既感陌生又觉新鲜,即兴赋写《夜宿白驹场》绝句一首,"海雾暮皆连,海风春更急。维舟在白驹,聊以永今夕",记下了他的最初感受。

此后的10多天，他赴西团微服私访，体察民情，并深入了解水利情况。这里的港口淤塞严重，灾害频繁，而场大使、百户长、灶董等地方官横行乡里，对百姓疾苦漠不关心，灶民渔民处在水深火热之中。"东港天边水，西团海上村。百夫皆有长，小吏亦能尊。两脚平垂柳，潮头直到门。乡关无向定，怅然立黄昏。"孔尚任用诗对所见所闻做了真实的描述，作者的忧民之心跃然纸上。

孔尚任《桃花扇》传奇（小草随风/摄）

这时，草堰场大使知道孔尚任已到工地，诚惶诚恐，慌忙前来拜见，"执礼甚卑"。老百姓一见十分惊奇，他们从来没有想到还有比场大使更大的官。身份既已暴露，孔尚任于是率领下属召集民工，组织疏浚工程。每天参加施工的达到八九千人。他亲自指挥，与民工一起"坐立泥涂中，饮咸水，餐腥馔"，"医药糇粮，事事堪愁"，生病了也不休息，直到工期完成。老百姓从未看到这样的好官！

西团的工期结束了，里下河水系的治理工程仍在进行。孙在丰也是一个体察民情的好官，他从里下河的水情出发，与于成龙一起制定了利用原有水道疏浚开拓，引洪入海的施工方案。施工期间，严禁州县枉派劳工，天寒则供衣，天暑则备药，民工人心踊跃，不久即完成里下河治水任务。然而，由于统治集团内部的派系作梗，河道总督靳辅对整个治理方案持不同意见，竟使整个排洪系统工程中断。"下河前功，付之东流"，孙在丰被削职，孔尚任留守泰州。

康熙二十七年（1688年），孔尚任被迫离任。行前，他怀着有志难酬的无奈和恋恋不舍的遗憾写诗一首告别西团人民："一来计三年，冒雨施凿疏。西决东不流，何以救黎庶。"

在西团治水期间，孔尚任深入下层，与灶民渔民打成一片，建立了感情，因而对西团人民的生产生活情况和生存智慧了如指掌。他对烧盐的全过程，从晒灰、制卤、试卤、烧煮、结晶到烧盐的锅镢，包括其中的操作要领等都做了细心观察；对渔船的结构和形状、捕鱼的方式、渔民的祭神仪式等都有认真的调查，这些都被写在他的《西团记》中，流传至今。

西团的回馈其实也是无价的。未做官之前，孔尚任就在构思《桃花扇》，然而他担心"闻见未广，有乖信史"，来西团治水，正好有了一个补充生活阅历的机会。这里有一段血泪激荡的历史值得追溯。

公元1644年，李自成的农民起义军攻下了北京城，崇祯皇帝自缢，吴三桂又引清兵入关，中国北部陷入极大的混乱之中。这年五月，凤阳总督马士英等拥立南京福王朱由崧为弘光皇帝，建立了南明王朝。当时南方各省都还完好，南京又是明朝的发祥地和最初的都城，很有号召力量，而清人入关之初兵力不过10万，占地也不过关外一带和河北、山东的部分州县。对比之下，南明王朝即使不能立即收复北方，也有可能分疆而治，以图长远。然而，南明小朝廷建立之后不思进取，以马士英、阮大铖为首的阉党余孽买妾选优，卖官鬻爵，腐化堕落。为了私人派系利益，统治者内部又自相残杀，"宁可叩北兵之马，不可试南贼之刀"，认定投降比向内部的反对派让步要好。这样的朝廷，既使有史可法那样的民族英雄坚守孤城又有何用？多铎率10万清兵攻下扬州后屠城10日，扬州成为一座空城。这样的朝廷，亡就让它去亡吧。

《桃花扇》反映的正是南明王朝的这段历史。作者以侯方域、李香君的爱情故事为线索，集中描写了腐朽、动荡的社会现实和统治者内部的矛盾及其斗争，企图找出明朝300年基业覆亡的历史教训，为后人作鉴。可见要完成这样一部作品，任务是极其艰巨的。

走进餐厅的"李香君"（任嵘/摄）

治水期间，孔尚任通过西团这个窗口，接触到了黑暗的社会现实和底层劳动人民的生活，对腐败的吏治有了更深的认识。同时，他又去扬州登梅花岭，拜谒史可法衣冠冢；去南京登燕子矶、游秦淮河、过明故宫、拜明孝陵。还有更重要的，在泰州他结识了冒辟疆、邓孝威、杜濬、许承钦等一批复社人物和明末遗老，与他们结成忘年交。所有这一切，不仅使他掌握了大量的旧朝史料和遗闻逸事，丰富了创作素材，而且更进一步激发了他的民族感情，坚定了他现实主义的创作态度和方法，深化了他的审美取向，对《桃花扇》的创作起到了决定性的影响。正因为如此，可以说大丰不仅是《桃花扇》得以诞生的土壤之一，而且孔尚任的这趟西团之行，更是将《桃花扇》最终推向古典名剧高峰的一个重要支点。

康熙二十八年（1689年），孔尚任完成了这一系列准备后离苏北上，而西团人民永远把孔尚任写入了自己的历史。

【链接】

西团记

〔清〕孔尚任

海上之村，大曰场，次曰团，小曰灶，荒寂旷邈曰草荡。比之郡治，场则府也，团与灶则州若县，而草荡则其田畴耳。

西团在泰州东北百四十里,西隶于草堰场,所属之灶及所有之草荡,东滨于海。居民煮盐捕鱼为业,然轻生嗜斗,善逋国税。其势独尊而最能制之者,盖无如场大使云。

予督浚海口,食息其地者旬余,居民不以为官。及大使来谒,执礼甚卑,民始骇然,以为天下人尚有尊于大使者。予既申一日之尊于大使上,遂率属吏,建旗以聚民事。子来之众,日八九千。给食程工,坐立泥涂中,饮咸水,餐腥馔,不胜劳且苦。己劳而慰人之劳,己苦而询人之苦,乃悉得其煮盐捕鱼之状。

煮盐者,常于深秋,杂刈草荡之薪,委以供釜。釜者,煮盐具也。庳底而丰缘,则火力齐;火力齐,则候速,结盐白,惟釜有功、爨下之灰,卤母也。取卤者,先布灰于场,以摄海气。场有呆活,呆者塞,活为贵。数灰一日夜,暴而润之,而卤花腾于灰。然后沃以海水,淋以深池。既澄,投试石莲子。莲子易沉,不沉而浮,卤乃上等。乃倾于釜,猛火煮,釜内加皂荚,性能去腻,腻去斯凝。旋煎旋沸,旋沸旋凝,而皑皑如雪矣。

捕鱼者,刳舟如葫芦,周旁胶无隙,穴其背,仅容出入。有螺户焉,虽冒浪不灌。内贮半水,两胁缒以长木,与内水平,若飓起,无虑侧覆。将入海,先衅罟,打鼓、刑牲赛鱼神。置舟潮头,潮退,随潮以去。舟之尾,罟系焉,诱鱼自投。既得鱼,纳于内水。纳满,又从潮来,赛如初。

居民之婚丧粟布,皆赖盐鱼。而税课之多寡,讼斗之起灭,亦皆根盐鱼,此场大使所有事也。海口之役既兴,将观厥成。海水不漫灶,则盐有余;可通舟,则鱼有余。富者鬻盐鱼,贫者募为夫,得份外之利以治盐鱼具,则盐鱼益有余。有余者税课易,讼斗稀,婚丧举,粟布无缺,民俗斯乐,民乐矣,场大使复何忧?予处于同乐无忧之乡,虽斥卤荒凉,手胼足胝,与之欢呼鼓舞。盖不知劳之为劳,苦之为苦已。

(本链接转引自《大丰县志》)

郑板桥的大丰情结

郑板桥先生与大丰有太多的联系,留下过许多足迹。其父郑立庵曾在西团坐馆,他从小就跟随在父亲身边,在大丰也有了许多发小。小海康家、朱家都是他家的亲戚,小海是他常来的地方。

郑板桥(1693—1766),原名郑燮,字克柔,号理庵,又号板桥,人称板桥先生,江苏兴化人,祖籍苏州。清代书画家、文学家。康熙年间秀才,雍正年间举人,乾隆元年(1736年)进士。在山东范县、潍县都做过县令,政绩显著,辞官后客居扬州,再度以卖画为生,为"扬州八怪"重要代表人物。

为什么称"怪"?作为一个封建时代的县官,能够喊出"天地间第一等人只有农夫,而士为四民之末"的是他;一生只画兰、竹、石,自称"四时不谢之兰,百节长青之竹,万古不败之石，千秋不变之人"的是他；字如乱石铺街，自创一体的是他；诗风平实，"自写性情，不拘一格"的还是他。他的诗、书、画，世称"三绝"。其所展示的"糊涂"人生，更是一般人无法达到的大境界。如此这般，岂不为逆传统之"怪"？

郑板桥出生时家道已经中落，生活拮据。3岁时，生母汪夫人去世。少时随父读书，至八九岁已在父亲的指导下作文联对。14岁又失去继母郝夫人。乳母费氏是一位善良、勤劳、朴真的劳动妇女，给了郑板桥悉心周到的照顾和无微不至的关怀，成了郑板桥生活和感情上的支柱。

郑板桥塑像（李玉生/摄）

郑板桥16岁从先辈陆种园先生学填词。康熙五十五年（1716年），娶妻徐夫人。雍正元年（1723年），父亲去世，此时郑板桥已有二女一子，生活更加困苦。30岁以后即弃馆至扬州卖画为生，托名"风雅"，实救困贫。在扬州卖画10年期间，多次出游，并结识了许多画友。金农、黄慎等都与他过往甚密，对他的创作思想乃至性格都有极大的影响。

雍正十年（1732年），郑板桥40岁，是年秋，赴南京参加乡试，中举人。为求深造，赴镇江焦山读书。现焦山别峰庵仍挂有郑板桥手书木刻对联"室雅何须大，花香不在多"。乾隆元年（1736年）参加礼部会试，中贡士。五月，于太和殿前丹墀参加殿试，中二甲第88名进士，为赐进士出身。特作《秋葵石笋图》并题诗曰"我亦终葵称进士，相随丹桂状元郎"，喜悦之情溢于言表。乾隆二年（1737年），滞留北京以图仕进，未果，南归扬州。

小海至今流传着他的故事。雍正十一年（1733年），也就是板桥中举后的一年，朱子功先生八十有二。时年41岁的郑板桥以"小侄"身份，到小海为子功先生祝寿，并"顿首拜撰"寿序12条幅，共604字，言两家世交之情，赞颂子功先生的高风亮节。同时，郑板桥还请扬州八怪之一的李鱓绘12幅花鸟屏，锦上添花，一起赠送给朱家。因为当时小海就有"索画者，必曰复堂（复堂是李鱓的号），索诗文者，

李鱓花鸟图（李玉生/摄）

必曰板桥"的说法,所以朱家把郑、李的24幅字画屏条视为珍宝。200多年来只有每年祭祖时,才给儿孙见一面。

郑家与小海康家也有姻亲关系。郑板桥中年因病落魄小海,就住在"一枝东海忠臣后,千古黄山板石村"(康家祠堂楹联,祖籍安徽黄山)的康家。康熙末年,小海镇"甘鞠潭"浴室开张,照壁石刻"银河射影"即板桥先生所题。老人们说,其字非古非今,非隶非楷,是标准的"六分半书"。

郑板桥在小海时,对白驹场诗坛名流顾秋水甚为推崇。顾秋水"偷临画稿奴藏笔,贪看斜阳婢倚楼"的诗句,郑板桥十分欣赏,将其抄录悬挂在茅斋之中,并附诗一首,其中有句云:"秋风白粉新泥墙,细贴前贤断句诗。"

《郑板桥戏官府》的故事,让板桥以幽默和智慧的形象留在小海人心中;而"打得好"的评"架"方式,更能体现他独特的"郑氏幽默"。故事短小精悍,余味隽永。

一天,小海街上有小夫妻打架。旁边来了一人,见小媳妇有几分姿色,心就有些不安分了,借着拉架,手在人家媳妇身上摸上摸下,甚至还扯硬劝,抓住男将(丈夫)的手,让女将(妻子)打。这个媳妇见他不老实,就反手去打;男的呢,见他扯硬劝,也反手去打。结果二对一,这个拉劝的吃了大亏。此时板桥先生正好路过,双方都请板桥先生评理。拉劝的指着自己身上青一块紫一块的地方说:"您看看,我一个拉劝的被打成这样子,要给我说法!"

板桥问明了情况,一笑,对拉架的说:"瓜州的剪子镇江的刀,海安的锄头如皋的锹。"说完掉头就走。拉架的人会不过意来,旁边有看客赶忙叫起来:"打得好!打得好!"拉架的一听,急忙灰溜溜地跑了。因为乡民们都知道剪子是瓜州的好,刀是镇江的有名,而质量好是因为锻打到位。所以郑板桥提到这几样东西,人们立刻想到的是"打得好",这是郑板桥给拉劝者含蓄的说法(批评)。

李鱓与郑板桥既是同乡又是密友,在"两革科名一贬官"之后,也同在扬州卖画为生。因为他们当时名气已经很大,书画被视为"能品""神品",小海的富户大贾也往往想借助他们的字画来装点门面。《郑板桥李鱓合笔》的故事,就在一次为夏姓富商作画时发生了。一幅宣纸上,李鱓先是画了一丛雍容华贵的牡丹,之后故意在画面上落下一摊浓墨,主人甚为惊诧。这时郑板桥接过画笔,三下两下,变成一枝梅花(主人名中带一"枚"字),并题诗一首:

> 牡丹花下一枝梅,富贵穷酸作一堆。
> 莫道牡丹真富贵,他年梅占百花魁。

郑板桥和李鱓就是这么知心和默契,捉弄、调侃于无形。主人浑然不知其中所指,还喜不自禁。

乾隆六年(1741年),板桥入京候补官缺,受到慎郡王允禧的礼诚款待。第二年春天,郑

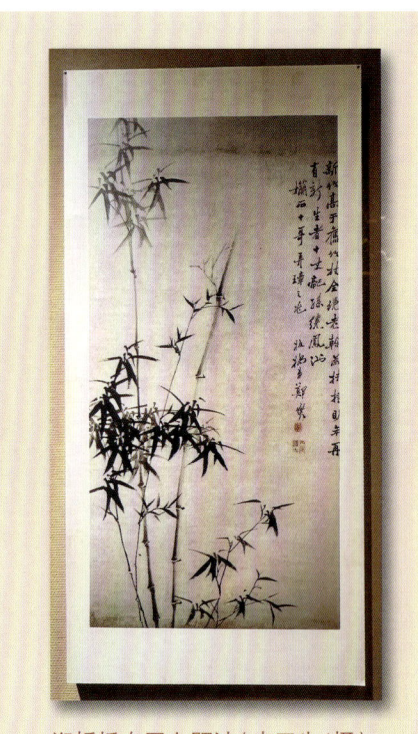

郑板桥在画上题诗（李玉生/摄）

独步天下的板桥体（李玉生/摄）

板桥为范县令。其间，他重视农桑，体察民情、与民休息，百姓安居乐业。4年后自范县调署潍县。其时，山东发生大饥荒。潍县原本繁华大邑，因灾荒连年，救灾便成了郑板桥主持潍县政事的一项重要内容。他开仓赈灾，令民具领券供给，又大兴工役，修城筑池，招远近饥民就食赴工，籍邑中大户开厂煮粥轮食之。尽封积粟之家，活万余人。秋以歉收，捐廉代轮，尽毁借条，活民无数。为防水浸寇扰，捐资倡众大修潍县城墙，书写《修潍县城记》。乾隆出巡山东，郑板桥为"书画史"，参与筹备，布置天子登泰山诸事，卧泰山绝顶40余日，常以此自豪，镌一印章"乾隆柬封书画史"。

郑板桥做官意在"得志则泽加于民"，因而他理政时能体恤平民和小商贩，改革弊政，并从法令上、措施上维护他们的利益。郑板桥宰潍期间勤政廉政，无留积，亦无冤民，深得百姓拥戴。潍县富商云集，人们以奢靡相容，郑板桥力倡文事，培育崇文风气，留下了许多佳话。乾隆十七年（1752年），主持修潍县城隍庙，撰《城隍庙碑记》。在《文昌祠记》和《城隍庙碑记》里，板桥力劝潍县绅民"修文洁行"，在百姓间产生了相当大的影响。同年，与潍县童生韩镐论文，并作行书七言联"删繁就简三秋树，领异标新二月花"相赠。郑板桥在潍县任上著述颇多，其《潍县竹枝词》四十首尤为脍炙人口，金句频出。他坚信"民于顺处皆成子，官到闲时更读书"。为《风竹图》题诗"衙斋卧听萧萧竹，疑是民间疾苦声；些小吾曹州县吏，一枝一叶总关情"，千古传唱。官潍7年，郑板桥无论是在吏治还是诗文书画方面都达到了新的高峰，"吏治文名，为时所重"。郑板桥居官10年，洞察了官场的种种黑暗，"立功天地，字养生民"的抱负难以实现，他的人生也到达了一个新的境界，特作"难得糊涂"横幅，归田之意与日俱增。

乾隆十八年（1753年），郑板桥60岁，以"为民请赈"忤大吏而去官。去潍之时，百姓遮道挽留，家家画像以祀，并自发地在潍城海岛寺为郑板桥建立了生祠。

辞官以后，郑板桥卖画为生，往来于扬州、兴化之间，与同道书画往来，诗酒唱和。这段时期，郑板桥所作书画作品极多，流传极广。乾隆二十七年（1762年），画了一幅《竹石图》，一块巨石顶天立地，数竿瘦竹几乎撑破画面。右上角空白处题诗一首："七十老人画竹石，石更凌嶒竹更直。乃知此老笔非凡，挺挺千寻之壁立。乾隆癸未，板桥郑燮。"下揿两方名号印。画幅右下方空白处又押上"歌吹古扬州"闲章一方。郑板桥颠沛了一生，不向各种恶势力低头，仍如磐石般坚强，如清竹般劲挺，如兰花般高洁。诗题得整整斜斜，大大小小，或在峰峦之上，代之以皴法；或在竹竿之间，使画连成一片；或在兰花丛中，衬托出花更繁、叶更茂。画上题诗，并非郑燮始创，但如郑燮之妙，实不多见。

板桥道情（李玉生/摄）

乾隆三十年十二月十二日（1766年1月22日）郑板桥卒，被葬于兴化城东管阮庄，享年73岁。

小海人喜欢说唱《道情》，这不能不说是受郑板桥《道情十首》的影响。20世纪40年代，小海有名的道情艺人王金生谈及道情，称郑板桥是祖师爷。小海至今还流传着《道情·拜祖师》的唱段，这大概是表达对板桥先生的怀念吧。

郑板桥先生留下的精神遗产很多：

"难得糊涂"是人生的大智慧；

"吃亏是福"是人生的大胸襟；

"一枝一叶总关情"是人生的大情怀。

李汝珍客居草堰场撰写《镜花缘》

《镜花缘》作者李汝珍（约1763—1830），顺天府大兴（今北京市大兴区）人，因其兄李汝璜任草堰场大使，随兄在草堰断断续续生活了近10年时间。

那时两淮的盐官，大兴人不在少数。仅清朝初年及康、雍、乾三朝，在淮北海州（今连云港）任板浦场盐课司大使的就有四位。李汝璜，乾隆四十年（1775年）任板浦场大使，李汝珍于是随兄来到板浦。场大使官位不算高（从七品），但盐官是肥缺。在板浦，其兄为李汝珍请来了当地人凌廷堪教授经学、音韵以及诗词歌赋。凌廷堪是清代著名的经学家、音韵学家，乾隆年间进士，对中国古代礼制、乐律等均有深入研究。李家本来就有着深厚的家学渊源，家中常常"谈笑有鸿儒"，学者名士济济一堂，研讨学术，切磋技艺，集一时之盛。

李汝珍初来海州只有10多岁，这个操着一口京腔的花季少年风度翩翩。后来与板浦中正盐场的许乔林、桂林兄弟过从甚密，不久，成为许家的女婿。板浦场的生活环境和文化氛围，促使李汝珍萌发了创作《镜花缘》的欲望。他四处收集素材，边构思、边进入写作。

嘉庆六年（1801年），李汝璜调任草堰场盐课司大使，李汝珍也携妻小客居草堰。草堰是个历史悠久的古镇。六朝时便有宋武帝刘裕避兵卧龙桥下的记载。元末，白驹场人张士诚在此聚义，举起反元大旗，由此奏响了一曲群雄逐鹿的铁血悲歌。明清以降，草堰场成为两淮产盐重地，最盛时街上依次排着丁溪、小海、草堰3个场的盐课司署，宋代的产盐量已近20万石，且"久赋鱼米之利"。南距东台15里，北距《水浒传》作者施耐庵故里白驹场30里。这里拥有明初刑部尚书冯谅、五朝元老高谷、侍郎杨果、理学家朱恕等一大批历史名人。

李汝珍来到一个新的环境，对这里的一草一木都感觉新鲜。流经小镇的夹河是永远不败的风景。夹河两岸多为青砖黛瓦建筑，呈现一派"长街三里，典当七户，东西大市百货云集"的胜景。夹河西侧的钱氏卷瓦楼，面阔3间，上下两层，屋脊峭拔，简约整饬。这座建于明末的徽式小楼，想必引起过李汝珍的注意。他也许曾登临其上，观赏过夹河两岸的胜景和那樯橹相接的盐船。北河口有横跨夹河，建于明万历三十六年（1608年）的永宁桥。这座单拱石桥极具曲桥的丰韵，如夕照双月，似长虹卧波，为小镇的风水和色彩加分不少。草堰场盐课司衙门在夹河之东、玉带河之北。嘉庆十一年（1806年），李汝珍的音韵学著作《李氏音鉴》就是在此定稿，并由李汝璜作序。盐课司衙门之东是文庙，文庙东去200米是建于北宋天禧二年（1018年）的玉真观。李汝珍就住在玉真观第二进的三官楼上。院内有一口凿于宋代的义井，井水甘甜清冽。玉真观占地80多亩，日夜流淌的玉带河环抱着道观，一路向大海奔去。

李汝珍乡试不举，捐了个候补县丞，两度选官都未能授实缺，一度曾做幕宾。于是他把全部精力投向了交游和写作。他自号"松石道人"，在《镜花缘》后记中说"有个老子的后裔，略略有点文名——官无催科之扰，家无徭役之劳，玉烛长调，金瓯永奠，读了些四库奇书，享了些半生清福。心有余闲，涉笔成趣，每于长夏余冬，灯前月夕，以文为戏，年复一年，编出这《镜花缘》一百回——消磨了三十多年层层心血"。他自认是老子李耳的后裔。如今"李道人"寻找到一家道观去写书，倒也是名副其实。

在草堰，他曾给老师凌廷堪写过一首诗："一片孤帆海上吹，此身惟与白鸥随；满滩冰雪天方冻，未是渔人下网时。"描绘了草堰场的风光景物，抒发了孤独的心境和等待机会大展宏图的志向。

李汝珍在草堰场结识了伍佑场一位自号蔬庵老人的卞鏊，卞鏊是乾隆戊辰年（1748年）

中的进士。他是施耐庵表弟盐民卞元亨的后人。卞元亨跟随张士诚领导盐民起义的故事、施耐庵写作《水浒传》的掌故等,他都了然于胸。这对李汝珍写作《镜花缘》给予了很大的帮助。《镜花缘》第八十七回文末有卞崟即疏庵老人的评语:"施耐庵著《水浒传》,先将一百八人图其形象,然后揣其性情,故一言一动,无不效其口吻神情。先生写百名才女,必效此法,细细白描,定是龙眼粉本。"由此可见一斑。

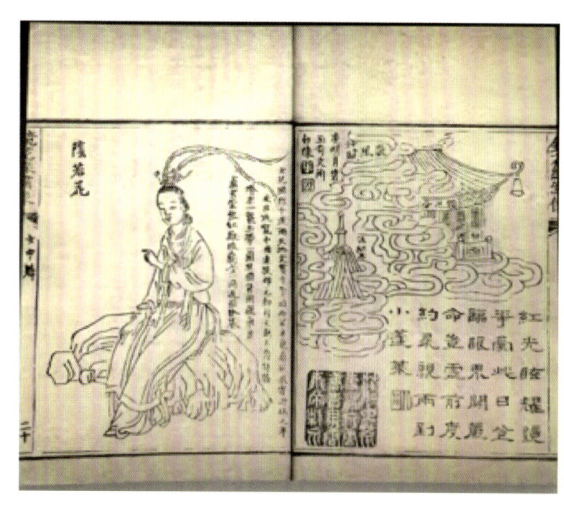

《镜花缘·阴若花》道光十二年(1832年)绣像本(小草随风/摄)

文学创作源于生活。李汝珍从草堰场一带的社会现实、风土人情中汲取了大量素材,把它们写到《镜花缘》的相关章节中。

《镜花缘》第六十七回《小才女卞府谒师》中,写武则天"钦取"了100名才女,其中卞氏才女竟然一下子列出了7名,即第14名卞宝云、第51名卞彩云、第55名卞绿云、第62名卞锦云、第67名卞紫云、第76名卞香云、第81名卞素云。这7名卞氏才女都是"云"字上起名,显然是同宗同族。她们是不是现实中的卞家女?是不是草堰场谁家的姑娘?书中还写道,百名才女"谢了公主,才得闲来拜老师","都向卞府而来",而卞宝云"听见众人要到她家,忙命仆人回府通知"。这卞老师也不难想象是谁了吧?

伍佑场的卞府有牡丹园,称作"淮南便仓牡丹园"。花是很名贵的品种"枯枝牡丹",即主杆枯焦,只有开花的分枝处有青枝和绿叶。这品种是卞崟的祖辈,南宋时的卞济之在洛阳做官时从洛阳移栽来的。

连环画《女儿国招亲》(李玉生/摄)

李汝珍在《镜花缘》第五回《武太后怒贬牡丹花》中也写了枯枝牡丹,说是牡丹园中的2000株牡丹对抗武则天的圣旨,拒不开花。武后令太监用炭火炙烤牡丹催促开花,李汝珍就此调侃道:

"上官婉儿向公主轻轻笑道:'此时只觉四处焦香扑鼻倒也别有风味'";"连那炭火炙枯的,也都照常开花"。李汝珍特别强调:"如今世上所传的枯枝牡丹,淮南卞仓最多。""淮南卞仓",卞是卞家,仓就是盐仓。

这明明白白地亮出了《镜花缘》故事的重要来源地——淮南草堰、伍佑一带的盐场。

据说玉真观义井的水质是淮南地区最好的，草堰人取水以糯米发酵制成"浆酒"。这是一种低度甜酒，当年曾给李汝珍留下过深刻印象。《镜花缘》第九十六回酉水阵所列的55种名酒，其中就有盐城草堰浆酒。这是李汝珍现存作品中唯一明确提及草堰的地方。李汝珍的草堰情结，由此可见其深。

《镜花缘》内容庞杂，涉猎的知识面广阔。作品颂扬女性的智慧和才能，充分肯定女子的社会地位，批判男尊女卑、女子无才便是德的封建观念。像黑齿国的亭亭和红红，小小年纪竟把天朝大贤、满腹才学的多九公问得"汗如雨下""抓耳搔腮""满面青红，恨无地缝可钻"；骆红蕖神箭射虎的本领，远远超过男猎户；颜紫绡女中剑侠，飞檐走壁，神出鬼没；枝兰音、林婉如精通音韵，米兰芬俨然是位数学家。另外像宫娥上官婉儿"学问非凡""才情敏捷""胸罗锦绣，口吐珠玑"，作诗又快又好，朝臣无不拜服。作者理想中以女性为中心的"女儿国"，"男子反穿衣裙，作为妇人，以治内事；女子反穿靴帽，作为男人，以治外事"。女子的智慧、才能都不弱于男子，从皇帝到辅臣都是女子。这里反映出作者对男女平等、女子和男人具有同样社会地位的良好愿望。虽然自明中叶以来，不乏歌颂妇女才能的作品，但是"女儿国"却是李汝珍的独创。

李汝珍借想象中的"君子国"，表现他的社会理想。"君子国"是个"好让不争"的"礼乐之邦"。城门上写着"惟善为宝"四个大字。"国主向有严谕，臣民如将珠宝进献，除将本物烧毁，并问典刑"，不准行贿受贿。这里的宰相，"谦恭和蔼"，平易近人，"脱尽仕途习气"，政治清朗，使人感到可亲可敬。这里的人民互谦互让，"士庶人等，无论富贵贫贱，举止言谈，莫不恭而有礼"，"耕者让畔，行者让路"。卖主力争少要钱，售出上等货；买主力争付高价，取次等货，彼此相让不下。小说以此夸张和极端的描写来否定专横跋扈、贪赃枉法的封建官场和尔虞我诈、苞苴公行的现实社会。

李汝珍以辛辣而幽默的文笔，嘲讽那些金玉其外、败絮其中的冒牌儒生。在"白民国"，装腔作势的学究先生，居然将《孟子》上的"幼吾幼，以及人之幼"读作"切吾切，以反人之切"。这样的不学无术之辈，又是视"一钱如命"，尽想占便宜的唯利是图者。"淑士国"到处竖着"贤良方正""德行耆儒""聪明正直"等金匾，各色人等的衣着都是儒巾素服。他们举止斯文，满口"之乎者也"，然而却斤斤计较，十分吝啬，酒足饭饱后连吃剩下的几个盐豆都揣到怀里，即使一根用过的秃牙杖也要放到袖子里。作品揭露这些假斯文的酸腐气，淋漓尽致地讽刺了儒林的丑态。

李汝珍还以漫画的手法，嘲讽和批判种种品质恶劣和行为不端的人们。"两面国"的人天生两面脸，对着人一张脸，背着人又是一张脸。即使对着人的那张脸也是变化无常，对"儒巾绸衫"者，便"和颜悦色，满面谦恭光景"，对破旧衣衫者，冷冷淡淡，话无半句。一旦人们揭开他的浩然巾，就露出一副狰狞的本相。"无肠国"里富翁刻薄肮脏，用粪做饭供应奴仆。"穿胸国"的人心又歪又恶。"翼民国"的人头长五尺，都因好听奉承而致。"结胸国"的人胸前高出一块，只缘好吃懒做。"犬封国"的人长着狗头，"豕喙国"的人长着一张猪嘴。此皆极尽讽刺挖苦之能事。

《镜花缘》是李汝珍晚年完成的作品，原拟写200回，结果只写了100回。它继承了《山海经》中的《海外西经》《大荒西经》的一些材料，经过作者的再创造，凭借丰富的想象、幽默的笔调，运用夸张、隐喻、反衬等手法，最终创造出了一部结构独特、思想新颖的长篇小说。

李汝珍自嘉庆二十三年（1818年）赴苏州监刻《镜花缘》后，其事迹就再无明确记载了。一代文学家、音韵学家李汝珍约在道光十年（1830年）前后辞世。这样一位才情卓越的学者，诗文飘零，墨迹仅存，然而达观的他恐未必会计较，正像他说的："人生在世，千谋万虑，赌胜称强，奇奇幻幻，死死生生，无非是一局围棋。"

宣瘦梅与"发绣佛"

清中叶以来，大丰诸盐场，唯草堰场规模为最大，汇聚的人才也最多。同治、光绪年间，草堰场盐课司署的幕僚宣瘦梅，是留给大丰人印象深刻的一位。

宣瘦梅（1832—1880），名鼎，字子九，又字素梅，号瘦梅，又号邋遢书生、金石书画丐，安徽天长人。他在文化艺术上有多方面建树，是晚清著名的小说家、戏剧家、诗人、画家，书法、篆刻、词赋等也很有造诣，是不可多得的文学艺术天才。

宣瘦梅出身在贫寒之家，但从小被过继给一个大户，为少年的他带来了很好的成长环境，加上他天资过人，勤奋好学，青年时就崭露头角。20岁那年，宣瘦梅继父母相继去世，荒灾又接二连三，家道开始衰落。为了养活八口之家，他从过军，当过幕僚，教书、卖字、售画什么都干，真可谓穷困潦倒，四海飘零。

贫困并没有拖垮他对生活的信念，世道的不平也不影响他在文化艺术道路上的执着前行。他落拓不群，愤世嫉俗，自叹"抱赤心而鲜鉴，遇白眼其无辜"，整日忙

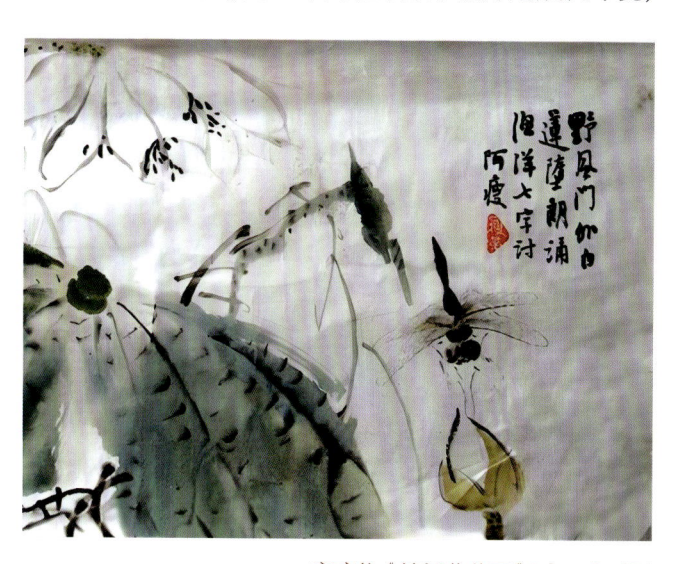

宣瘦梅《蜻蜓荷花图》（李玉生／摄）

于搜求秘籍,流连于碑帖典籍之中。他曾为自己画过一幅像,一个身背装满书画的布袋、手持竹竿的乞丐,自名"金石书画丐"。并调侃自己,作《金石书画丐之序》,"弹铗吹箫,嗟来就食;餐风咽露,归去无家;生趣既无,古嗜犹存"。

宣瘦梅何时来的草堰场已不见具体记载,但可以确定的是,自太平军攻下天长后,宣瘦梅流浪的第一站是高邮,之后便来到大丰。在大丰的时间跨度,大概是同治五年(1866年)至同治九年(1870年)之间。这期间他仍在进行文言小说《夜雨秋灯录》的素材收集,生活在西团(草堰场署已迁址西团),"发绣佛"便不再是道听途说了。

这天,宣瘦梅早早来到西团晾网寺,他是为了亲眼看看寺中的一件宝物——"发绣佛"而来。

晾网寺(原称浪港寺)为西团历史上的一座名刹,坐落于场署之东2000米处。寺门高大雄伟,两侧红墙上各有四个斗方大字,东为"晾照千秋",西为"网罗万国",门楣上方有寺名的石刻横匾。寺中有一棵大白果树,不知栽于何年何月,高数丈,枝繁叶茂,整个院落更显深幽。大殿脊梁有巨木托方,上有黑底金字,说明了建寺的历史:本寺初建于唐高宗咸亨二年(671年),明嘉靖年间御史左鼐修造,清末地方绅民又集资重修。其时,西团尚在海水之下。所谓建寺,可能是海中局部高出的沙冈上建有龙王庙。后人追溯建寺历史,作如此记录。不过,晾网寺确是一座有故事的古寺。

住持为宣瘦梅讲述了"发绣佛"的来历。

明嘉靖年间,御史叶大镛为官清正,生性耿直,为奸相严嵩所妒恨。严嵩向皇帝进谗言,将叶御史打入监牢。其女叶苹香逃离京城,辗转来到黄海边上的晾网寺避难。为替父申冤,

国家级非物质文化遗产——大丰瓷刻(李玉生/摄)

叶苹香最终想到一个办法,因嘉靖皇帝笃信佛教,她打算凭自幼随母学得的刺绣手艺,绣一帧佛像敬献皇上,好当面为父鸣冤雪恨。于是,她将随身带来的一幅红绫作底,没有丝线,就将自己的青丝拔下,用金刀一剖为四,每天从黎明绣到黄昏,无论寒暑雨雪,整整用了1年零8个月的时间,终于大功告成。但此时叶苹香由于眼神耗尽,已双目失明。她并不后悔,她想象着有了这帧举世无双的佛像,一定会得到皇帝的召见,父亲昭雪的一天就在眼前。可是就在叶苹香满怀希望准备登程之际,从京城传来噩耗,说叶御史已含冤而终。叶苹香经不住这绝望的打击,她捧着佛像欲哭无泪,悲痛之下,气咽身亡。

故事也到此结束。

叶苹香的愿望最终未能实现,但发绣佛作为发绣绝品成了镇寺之宝,历经300余年被珍藏了下来。佛像故事背后缠绕的血泪与冤屈,让人唏嘘不已。

为了纪念孝女叶苹香,应西团人的呼声,在浴佛节这天,寺院总会把"发绣佛"像悬挂在晾网寺正殿,供祭拜瞻仰,寄托哀思,数百年不易。

《夜雨秋灯录》中,宣瘦梅对"发绣佛"有惟妙惟肖的描写:

"东海掠网寺,藏有绣佛一帧,绫本,长二丈四尺,横八尺。佛像科头披发,面如满月。胸前缨络,垂如蛛网。左手当胸,宛抚卍字,右手秉羽扇,下垂水纹。袈裟袒右臂,赤双跌,危立龙头龟背上,若鼍龙伏。鼍半身在海涛中,四足摆簸,举头张吻,吐白毫,升空成楼阁台榭,日月山河。其下则飞蛇飞鱼,璅蛣水母,争来朝拜,怪怪奇奇。佛目微睨,慈悲苦恼,意甚垂怜。其上则《金经》全卷,蝇头小楷,粲如列眉。末注'嘉靖某甲子,优婆夷女弟子叶苹香盥沐发绣帧'。左空隙为伊威丁尚书草隶,序绣佛颠末。文甚长,不复记忆。"

接着,宣瘦梅按他的创作意图,对流传的佛像故事进行了改编,特别是用浪漫的手法给故事续写了一个美丽的结局。他叙述的故事梗概是这样的:

浙江人叶公,在翰林院任职,经常在皇帝身边当差。他性情耿直,不畏权贵,时常能看见他上奏章批评现实乱象。此举让当朝权贵们十分不快,于是权贵们悄悄找机会赠送字画珍宝拉拢他,都被他严词拒绝。之后,他弹劾贪官污吏的力度有增无减。不久,权贵们利用机会诬陷他行贿受贿。最后叶公被革职,在朝堂上差点儿被打死,下到刑部大狱,等待秋后问斩。

叶公有两个儿子,都是知名人士,面对父亲的冤案皆束手无策。倒是女儿叶苹香,性情温婉,十分孝顺,听说自己的父亲被冤枉判了死罪,心急如焚。她日夜祈祷神灵,希望能得到冥冥之中的感应和护佑。

苹香时年仅有14岁,擅长刺绣,于是她去市场买回巨幅绫缎,摘下自己的头发,用像稻芒一样的金刀一剖为四,作为刺绣所需的线,整整花费两年时间,绣成了佛像与《金刚经》。就在功德圆满的那天,奇迹发生了:天恩降临,皇帝免了他父亲的死罪,从狱中释放,回家养老。其父从此退居山林,不问朝政。

因为日夜忙于绣佛,叶苹香双目失明,二十五岁了还一直没有人家娶她。叶公六十岁病逝,弥留之际他嘱咐自己的两个儿子,一定要善待失明的妹妹。两个儿子谨遵父亲的遗命,但是他们的两个妻子却十分刻薄,四处谣传她家的小姑懒惰,败坏小姑的名声。叶苹香气得整日以泪洗面,久而久之,他的两个哥哥也对她不耐烦了。

忽然有一天,一个梳着丫髻、穿着绿裤子的昆仑女来到叶苹香家,对叶苹香说:"姑姑,你现在看不见东西不是因为患病,是因为绣佛绣得久了,耗费心神所致。我可以偷来天上银河里的水，让姑姑重见光明。痊愈后，你会怎么报答我呀？"叶苹香回答："如果我真的能重见光明，你让我做什么都可以。"昆仑女说："你善于刺绣，我想让你帮我绣两只凤凰，一红一白，作为送给天孙做嫁妆的礼物，不过你不要为凤凰点上眼睛，要不然它们会飞走的。"叶苹香答应了。

只见昆仑女从袖中拿出一把金梳子，轻轻地刮了刮叶苹香的眼睛，叶苹香就止不住地流下眼泪来。然后昆仑女又从袖中拿出一个小玉瓶，里面有甘露，似人的乳汁，倒出几滴滴到叶苹香的双眼上，并让她闭眼休息片刻。过了一会儿，叶苹香再睁眼时，真的能看见外面的世界了，而且看得更清，望得更远。昆仑女又拿出神奇的药叫叶苹香服下，叶苹香顿感胸中郁闷消失，心情十分舒畅。

第二天，叶苹香遵守承诺，买来一块超大的绫缎绣双凤。昆仑女每天都来观看刺绣并按心中的意图指点，叶苹香也是拿出全部技艺，花样翻新。等到绣成的那一天，昆仑女亲自为凤凰绣上眼睛。就在那一刻，只见凤凰突然活了，飞落到庭院之中，待两个人分别在一只凤凰背上坐好后，乘着云霞飞走了。

家人看到这样的场景，抬头连忙呼喊"苹香姑姑"，但是并没有得到叶苹香的回应。

昆仑女拨开了云雾低头对叶苹香的家人说："你们这些凡人不需要感到惊讶，叶苹香的孝顺感动了七仙女，仙女派我来迎接她，让她做天上的针神，从此离开你们，也不用再麻烦嫂嫂们照顾她了。"

全城的妇女人等，都看到叶苹香飘飘仙去，像游走在画中的人物。大家立即烧香祈祷，喊着叶苹香的名字，声音就像打雷一样。兄弟俩看到这样的场面，羞愧得无地自容，而叶苹香的嫂子们却恬不知耻，仍不以为然。

从上述介绍中不难看出，宣瘦梅对原故事在主题

《夜雨秋灯录》封面（李玉生/摄）

和情节上都做了很大的改动，其中心思想也由原来对孝女的赞颂，转移到侧重对旧时代妇女命运的关注，并且鞭挞了失败的姑嫂关系，意在引起世人的警醒。作者最后巧妙地介绍了他家乡的一种鸟，其鸣声为"嫂亏姑"，传此鸟为古时被嫂嫂虐待致死之姑的精魂所化。而"发绣佛"故事中的叶苹香，因至孝感动了天仙，有了一个美好的人生归宿，真可谓用心良苦。

《夜雨秋灯录》是一部现实主义的作品，深刻反映了普通老百姓的命运和清末动荡不安的社会状态，或抨击封建礼教和婚姻制度，或揭露黑暗吏治、讽刺时弊，或歌颂豪侠，皆振聋发聩。有人说"展卷则佳境处处，目不暇接；掩卷则余音袅袅，神犹在兹"；又有人谓之"书奇事则可愕可惊，志畸行则如泣如诉，论民故则若嘲若讽，摹艳情则不即不离"。鲁迅在《中国小说史略》中曾言："其笔致纯为《聊斋》者流，一时传布颇广远。然所记载，则已狐鬼渐稀，而烟花粉黛之事盛。"《夜雨秋灯录》被鲁迅先生誉为清代文言小说的压卷之作。

1931年前后，《夜雨秋灯录》在上海有翻印本，于是发绣佛一事被迅速传播开来。其时，有扬州古董商曾携重金求购，住持能悟矢口否认其事，而知情者传称已由能悟先期盗卖。西团绅董大兴问罪之师，能悟巧舌如簧，以"情理"（钱、礼）解决，不了了之。后由学董陈永钊书写"修佛遗徽"匾悬于西殿以表纪念。

有人说，发绣佛后来流落到了日本……

初雪梅花湾（周左人/摄）

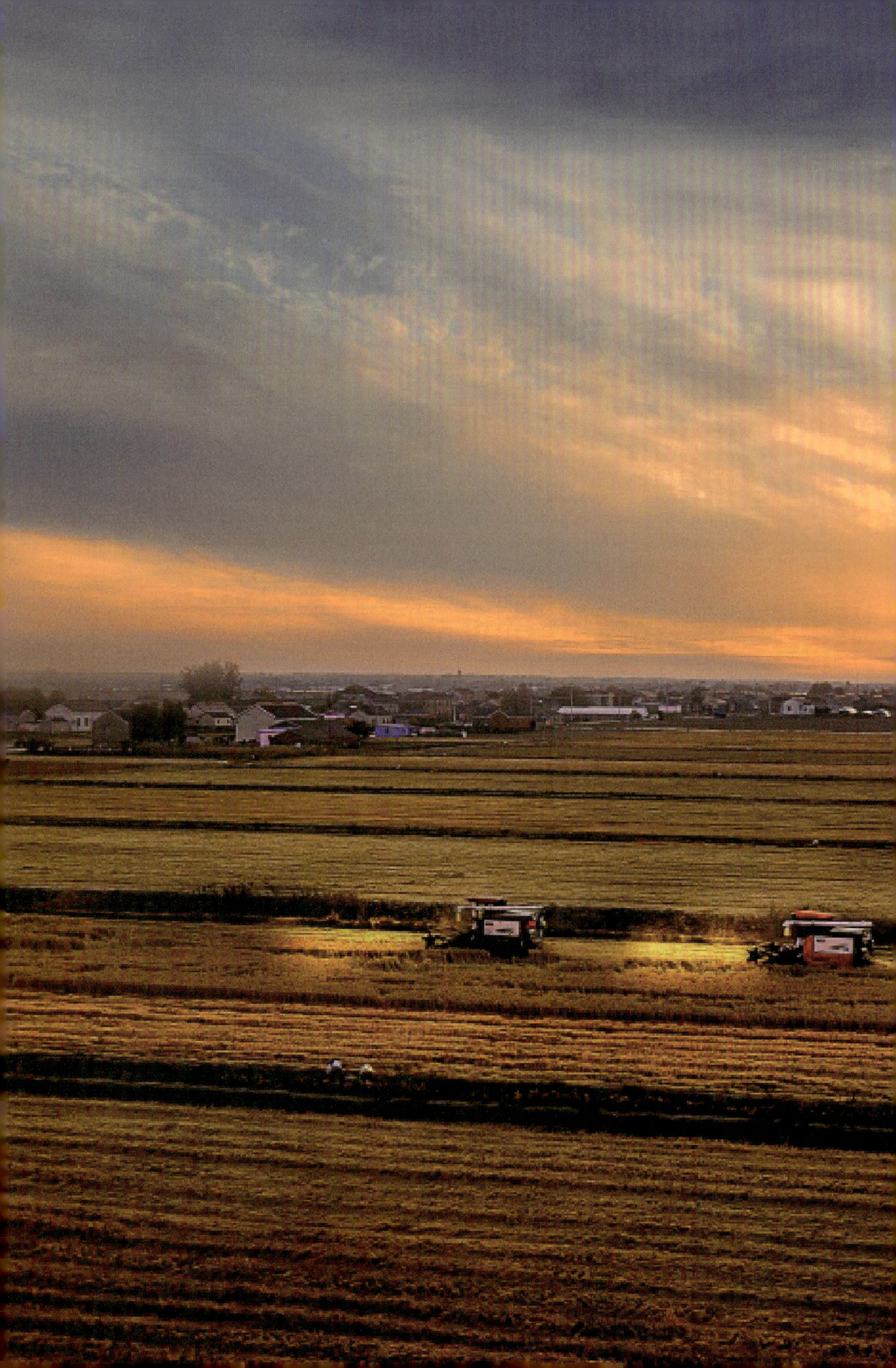

第五章　张謇与大丰

想了解张謇对于中国近代史的意义，
大丰，正是一个走近张謇的机会。

洋务运动催生了张謇的"棉铁主义"主张,"实业救国"改变了苏北沿海盐碱地的命运。100多年前,在大盐商周扶九、刘梯青的邀请下,张謇来大丰放垦。1918年底,"淮南草堰场大丰盐垦股份有限公司"成立,标志着"废灶兴垦"进入操作阶段,大丰由此跨入了一个新的时代。随之而来的,是野蛮生长的滩涂和废弃盐场,在荷兰青年水利专家特莱克的手中被规划成相同几何图形的条田;启东、海门、南通等地移民的涌入,带来了新技术、新思想、新风尚;荒野上一座座集镇拔地而起……

从"废灶兴垦"到治理王港河,张謇的晚年在大丰留下了太多的时光。

第一节 从"棉铁主义"到放垦大丰

毛泽东同志曾说过,讲到中国的重工业不能忘记张之洞,讲到轻工业不能忘记张謇。亦官亦商亦才子的张謇,最终以"实业救国"的理想和民族实业家的身份被写进历史,也被写在大丰的土地上。

张謇,字季直,号啬庵,南通人,1853年生于海门直隶厅长乐镇。祖籍常熟,与帝师翁同龢同乡。16岁中秀才,之后连续5次乡试不举,做过幕僚,随淮军"庆字营"统领吴长庆督师赴朝鲜平定过叛乱。与朱铭盘、周彦升等并称"江苏五才子"。33岁顺天乡试得中"南元",其后4次会试又都名落孙山,但名动公卿,主会试者皆欲得此人为门生。光绪二十年(1894年)慈禧60寿辰,特设恩科会试,张謇难违父命第5次进京应试,被取中第60名贡士。殿试时终于中一甲第一名状元,成为翁同龢的门生,授六品翰林院修撰。然而他并没有按体制的设计把官一路做下去,正如余秋雨先生所言:"作为一个纯正的文人,他毕竟看到了世纪的暖风在远处吹拂,新时代的文明五光十色,强胜弱灭。"(《狼山脚下》)张謇成了近代实业救国论的主要倡导人和身体力行者。

张謇青年时代就是一个有独立思想的人。为吴长庆起草《条陈朝鲜事宜书》,撰写

《壬午事略》《善后六策》等政论文章时，崭露头角，被"清流"南派首领潘祖荫、翁同龢赏识；北洋大臣李鸿章、两广总督张之洞争相礼聘入幕，张謇一概拒绝。

鉴于甲午战后民族危机的进一步加深，作为一个改良派，张謇认识到兴国必兴实业。兴实业从何处下手？他做过一番调查，发现海关进口的大宗货物是棉纺织品和钢铁产品，前者每年耗银2亿多两，后者也有8000多万两，这两者正是造成中国贸易逆差的主要因素。究其原因，棉铁产品与国计民生关系最为密切，而这两项正是夷人之所长，国人之所短。继而他又研究了世界资本主义发展的历程，证实了棉铁业是欧美资本主义的两个主要产业部门。于是，他得出结论：一个国家只有拥有强大的棉铁工业，才能成为一个真正的强国。这就是张謇实业救国论中的棉铁主义主张。

张謇塑像（李玉生/摄）

张謇又进一步将棉铁进行了比较。棉纺业投资少，周转快，利润率高，因此在振兴实业的初期应该棉尤宜先。为了印证他的观点，实现实业救国的理想，1899年在两江总督张之洞的支持下，他创办了南通大生纱厂；1901年集资创办通海垦牧公司，广植棉花，为纱厂开拓原料来源。这一举措，客观上也为后来淮南盐区废灶兴垦、成立盐垦公司树立了标杆。

随着实业的兴起，张謇强调教育的重要，他主张"教育救国"与"实业救国"同样不可偏废。于是，1902年创办通州师范学校，1905年创建南通博物苑。此后，他还陆续兴办了一批公司、工厂和学校，最后发展到20多家企业和370多所学校，使南通成为我国早期的民族资本主义工业基地之一，成为长江下游的重要商埠兼苏北的经济、文化与政治中心。

张謇其实并未拒绝过开明的政治。民国元年（1912年），他起草清帝退位诏书。南京国民政府成立后，任实业总长；同年改任北洋政府农商总长兼全国水利总长。1915年，因袁世凯接受日本提出的"二十一条"部分要求，张謇愤然辞职，全力投入家乡的建设事业。

就在此时，张謇收到邀请。这个邀请来自300里外的大丰，邀请人是淮南草堰场大垣商周扶九。

民国初期的大丰正在酝酿一场经济变革。由于海水东迁，大丰的西部地区离海日远，由昔日的盐区逐渐向贫卤区转变，弃灶兴垦已呈必然之势。其实，这一趋势从明朝中期就已开始，当时私垦之风盛行。万历年间，草堰场私垦面积达全场额荡的四成以上；至天启年间，小海场私垦已达十分之八。尽管官府有私垦的禁令，但盐场贫卤的现实无法扭转，只得睁只眼闭只眼。

到了清末民初，作为淮南盐的重要产区，大丰的盐业已呈衰落之势。在沈灶、小海、西团、新团直至车滩口一线以西，基本成为以种植粮食为主的老农区。这一线以东的灶区，也因海势东迁，潮汐不至而卤气日薄。加上常遭水灾，亭场被毁，盐产量大幅滑坡。此时整个淮南的盐产与淮北相比，已由清初的5∶1下降到1∶6左右，以致从道光以后，常常出现借买淮北盐接济淮南食岸（清代法定淮南盐行销湘、鄂、赣、皖等"扬子四岸"及外江内河，销售地也称"食岸"）的情形。更为严峻的是，淮北的自然条件决定其是日晒盐，海水、日光取之不尽，成本低，处于竞争的绝对优势地位。而淮南的煎盐，灰料、燃料包括作为生产工具的牛的饲料都来源于草，资源消耗大，成本高昂，工艺落后。煎盐已走过了漫长的历史，正像一位迟暮的老者，在苦熬着时光。

就在盐业经济举步维艰之际，大多数垣商对正在酝酿的变革形势漠不关心，安享其成，不思进取。此刻，草堰场大垣商周扶九却审时度势，顺势而为，最先做出了一个富有挑战性的大胆抉择——废灶兴垦。其内容即将荡地和贫卤的盐场开垦为农田，放弃种植传统的五谷杂粮，而种植棉花，跟上中国纺织工业兴起的步伐。于是，他与同场的刘梯青等其他盐商商量，打算邀请张謇前来大丰组建盐垦公司，通过股份制的方式运作农业项目。

这一次，在大丰产业变动的关口，周扶九先人一步抓住了机遇，争得了主动。事实证明，人们的思想容易被习惯势力所束缚，特别是在历史转折

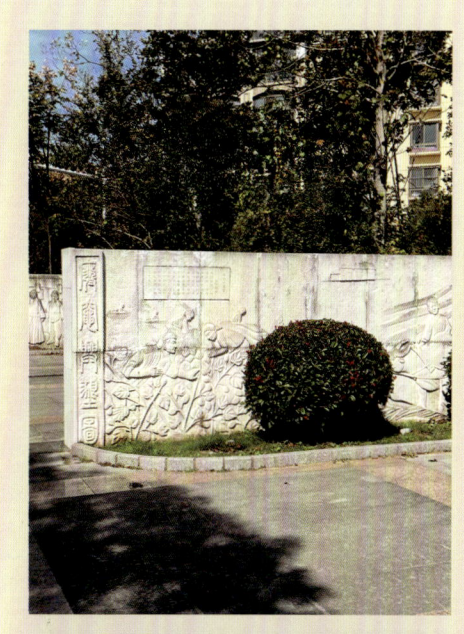

大丰张謇公园内的废灶兴垦与拓荒先贤浮雕墙（李玉生/摄）

的关头不容易认清方向,正因如此,才更觉先行者的可贵。

周扶九的选择与张謇一拍即合。张謇是一个具有大视野和全局眼光的人。作为中国棉纺织领域早期的开拓者、实业家,他对淮南盐场的现状和过去早有关注。任北京市政府农工商部总长期间,他与时俱进,促成民国政府一反历代王朝淮南禁垦的规定,在1914年颁布了《国有荒地承垦条例》及《实施细则》,在政策上大开绿灯,并设置淮南垦务局,鼓励开垦,奖励植棉。从现实情况看,南通大生纱厂不断扩产,需要大量纺纱原料;而淮南各场近在咫尺,开发成原料基地,将会有利于增强苏北棉纺业在苏南及东北市场上的竞争优势。从国际环境说,其时正值第一次世界大战,列强无暇东顾,中国的民族资本面临自由发展的绝好机会。天时地利人和,所有这些,都成了张謇目光向外的理由。

大丰之于张謇,更有着不同于其他地区的巨大吸引力。大丰办垦的土地资源丰富,从何垛场东部向北,经丁溪场、小海场、草堰场直到伍佑场的东南部,南北长约60千米,东西宽约15千米的土地上,尽是草地和荒滩。虽有若干煎灶,但星星点点。特别是大片的沙荡(新淤的土地),地势平坦,是未开垦的处女地。其中草堰场土地规模最大,草荡约90万亩,滩涂约20万亩。而且产权集中,37家垣商控制着1015座煎灶,其中裕厚长(周氏)、仁丰益(刘氏)等垣主就占400余座灶,周扶九一人就有147座,便于收购。因此,张謇和三哥张詧愉快地踏上了黄海之滨的这片贫卤之地。

张謇比周扶九小22岁,两人其实早有交集,周扶九还是大生纱厂的股东之一。共同的追求和对事业的执着,使他们的行为和作风相近、相通。1917年5月,张詧、张謇兄弟与周扶九、刘梯青等13人于南通召开了发起人会议,商讨公司筹建事宜。由于二张以及周扶九的身份影响,筹备工作出奇顺利。股本原计划160万元,后来扩充到200万元,很快招足。包括北京市政府的高级官员、两淮盐运使及其各总场官吏,都纷纷要求入股。

1918年12月24日,首次股东大会胜利召开,79名股东到会,宣告公司成立,"淮南草堰场大丰盐垦股份有限公司"正式挂牌运营。公司总部和盐部设于草堰场署驻地西团的"裕丰厚"盐号内,垦部设在西团"仁丰益"盐号内。张詧为总经理,周扶九一人投资53万元,占四分之一强,为大股东。公司收并垣产及滩涂荒地112万亩,划为35个管理区,规划筑圩养垦81万余亩。1919年,公司开始垦荒植棉6万亩。

此时,在大丰公司的示范之下,加之张家兄弟的推波助澜,淮南沿海各场刮起了一股改变传统产业结构、废灶兴垦种植棉花的旋风,时称"办垦狂潮"。其炽热程度,不亚于今日之办开发区。十几年时间,在南起长江边的吕四廖角嘴,北至云台山北鸡心滩350多千米的海岸带上,相继出现了大小102个盐垦公司。其中,大丰公司资金之雄厚、土地之丰沛、进展之快捷、声誉之鹊起,无愧淮南各场盐垦公司之翘楚。

第二节 周扶九其人

周扶九是一个传奇，一个近代工商界的枭雄，也是一个对大丰经济转型发展有着深远影响的领袖级人物。正所谓"你不在江湖多年，江湖上还有你的传说"。

周扶九是江西吉安人，1831年出身于一个贫寒家庭，少年丧父，不得已只身到长沙的一家绸布兼钱庄的大商号当学徒。由于悟性好，精明能干，他很快被升为"同事"，任"出水"（外勤）。三年学徒期满，便当上了先生，22岁时又被店主派往广州当庄客。这个商号，成了周扶九掌握直至精通理财之道、最终走向成功的基础平台。

有一次，周扶九奉东家之命到扬州的一家木行催收账款，木行老板因资金一时无法周转请求缓期归还。但周扶九坚称东家不同意，木行老板只得用25张盐票来折价抵账。回长沙后，哪知东家只要现洋，不认盐票。无奈之下，周扶九只得向人借债还款，自己留下那批盐票。盐票由政府发放，一张票可运销食盐400至1000公斤，盐票就是财富。但由于太平天国起义，盐票大跌，当时每张盐票只值20两银子，最后竟成废纸。因为盐票，周扶九薪不抵债，只得回老家摆摊维持生计。

也该周扶九时来运转，几年后太平天国失败，盐票又大涨，每张盐票竟高达大洋500两。他从老婆的针线篓里找到了失而复得的盐票，喜出望外，立即全部抛出，一夜暴富，成了名副其实的"万银户"。

败也扬州，成也扬州。有了第一桶金，周扶九便举家来到扬州发展，办起了盐号和钱庄。几年后，周扶九成了草堰场的大垣商，钱庄生意冠盖扬州城。如今扬州广陵路青莲巷

张謇与大丰 | 133

内仍有两栋中西合璧的红色洋楼，便是周扶九当年的豪宅。扬州曾流行的一句话"萧家的盐，周家的钱"，说的就是江西吉安的两个巨富，周扶九和萧云甫。萧云甫被称为扬州盐业最后的大佬。

辛亥革命时，苏北动荡不安，周扶九移家上海，做起了黄金买卖和地皮生意。其时正逢第一次世界大战爆发，北洋政府对德宣战，上海黄金暴跌，很多商人大抛黄金，倾家荡产。周扶九却反向操作，调集资金大量收购。谁知大战结束后黄金价格上涨了三四倍，周扶九赚得盆满钵满。接着，周扶九又在虹庙一带买下大量地皮，南京路成为商业中心后寸土寸金，土地价格翻了几番。周扶九因此与英籍犹太人哈同、安徽茶商程霖生等一道，被称为上海地产界的三位大佬。

扬州周扶九住宅内的周扶九塑像（小草随风/摄）

财源滚滚而来，挡都挡不住，周扶九的资产累积到5000万两白银，成了上海滩的黄金巨子、地产大王，当然也是民国初期的中国首富。

此时，周扶九的商业帝国得到快速扩张，他在南昌、九江、吉安、长沙、武汉等许多地方都有地产和钱庄。他还与张勋合作创办了江西首家纱厂，后改名为"久兴纱厂"。到了暮年，他仍雄心勃勃，与民国初期的江西省省长陶家瑶合股投资兴建南昌至九江的南浔铁路。他创造了做生意终身不败的神话。

然而，尽管他理财有方、腰缠万贯，但生活却介于俭朴和吝啬之间。他衣着简朴，从不穿绫罗绸缎，每天吃菜仅买一个铜板的盐豆。据说，他将扬州全城小店的盐豆都买过，一颗一颗地数，结果发现有一家分量最多，从此以后就专去这家店买盐豆。周扶九虽然每餐有"鱼"，但那是用木头雕刻的，为了图个好彩头。后来身居上海闹市，出门也多是徒步，舍不得花车马费，还自我调侃道："这么好的马路，不走太可惜了。"晚上走路他也舍不得点灯笼。传说有一天晚上他摸黑回家，恰好前面有人坐轿子，轿子两边有灯，他就跟着轿子一路借光。不料这轿子一直抬到他家门口，发现乘轿的竟是他儿子，他差点被气个半死。

他家教很严,每天早上要对儿孙点卯(点名),夜晚规定时间关灯就寝,严禁赌、嫖、毒。

他同情革命,孙中山"二次革命"时,他捐赠大洋15万两。

他讲仁义,重乡情,凡老家人有困难找他,从不怠慢。

遗憾的是周扶九最后遭人暗算,致病身亡。那一年,他90岁。

他一辈子管住了自己的衣食住行,却管不住子女,更管不了死后的事。为了一点哀荣,他的丧事被大操大办,规模仅次于光绪、慈禧,轰动了整个上海滩。灵堂设有三进,布置肃穆典雅。请来和尚、道士、尼姑,开吊七七四十九天,还专门请来西藏喇嘛做法事。出殡抬棺用的龙头杠架及龙凤罩套,是专门从北京租来的原皇宫用品,据说是抬过光绪皇帝和慈禧太后的原物。抬棺扛夫124名,统一穿戴清宫原物服装。出殡队伍经过南京路,这一天南京路上所有商铺一律关门,行人车马一律禁止通行。当天所有营业损失,均由周家无条件赔付。前来送葬的亲朋好友、同行故旧、孝子贤孙等不下万人,整条南京路人山人海,水泄不通。

这场丧事花去纹银40万两。他看得比命还要重的巨额财产只得任由后人摆布。

盐官与盐商(李玉生/摄)

第三节 特莱克的蓝图

特莱克像
（图片转引自《大丰日报》）

张謇说过，一个人办一县事，要有一省的眼光；办一省事，要有一国的眼光；办一国事，要有世界的眼光。眼光决定格局。大丰的废灶兴垦，一开始就具有了世界之眼光和奠定未来百年根基之大格局。

大丰公司面对的是黄海滩涂、茫茫的草荡和制盐留下的盐碱地。种植棉花，快速爽碱、改良土壤是首要问题，何况要处理的是上百万亩的盐碱地。当务之急当然是需要技术人才，要找到既懂土地规划又熟悉盐土改良的水利专家，拿出最佳的开垦规划。不过，这些都难不倒张謇，他早已胸有成竹。作为曾经的国家水利总长、两淮盐政使，他知道西欧同处海边的荷兰王国，是当时世界上围海造田改良盐土技术最先进、经验最丰富的国家。他有一位荷兰朋友，即上海浚浦局首任总工程师奈格。奈格的儿子亨利克·特莱克刚从荷兰水利工程专科学校毕业，来到南通在其身边工作。特莱克是最为合适的人选。张謇说出了想法，果然，年轻的特莱克不负众望，他愿意尽己之能为盐垦事业服务。

其实，特莱克对黄海之滨的这片土地并不陌生。他父亲在上海浚浦局工作期间，曾多次应张謇邀请来南通及启东、海门、如东一带参与水利调研和防洪治理。少年的特莱克，一有机会总跟随父亲左右。他立志要像父亲那样献身中国的水利事业。父亲去世后，他回荷兰攻读水利工程，毕业后就来到南通，任南通保坍会驻会工程师已经两年。特莱克兴趣广泛，好学上进，十分推崇中国古代的治水经验。工作之余，他和中国同事、水利专家宋希尚一起，利用两年时间把中国明代的《河防一览》译成英文，向世界介绍。两年中，他的足迹走遍南通、启东、海门和如东。他把西方先进的水利技术应用到工作实践中，创造性地在启东的海堤上构筑钢筋水泥的防海潮挡浪墙，有效地阻挡了海潮的冲击。不长的时间里，他先后完成了10条水槐、3座大小水闸、1座桥的工程建设。

接受任务后，特莱克组建了一支精干的测绘队伍。面对茫茫荒滩，测绘工作非常艰苦，夏有烈日蚊虫，冬有雨雪风暴，10多人住的是临时搭建的工棚，喝的是储存起来的浑浊雨水。日常生活必需品全靠张謇先生从海门、南通派送，每次相隔十天半个月。但测绘者们不畏艰难困苦，决心当好张謇盐垦事业最初的拓荒者。特莱克与助手们经过近1年的辛苦工作，进行了认真的实地调查和测绘，最终为大丰公司绘制了科学合理的垦区规划蓝图。这个规划，把土、水、人和管理、服务、流通等诸多要素进行了有机组合，采取了近似现代科技"模块化"和体系化处理的方式，设计科学合理，内容十分精彩。

首先，构建具有统属关系的"条田"体系，也称条田化。治土如治兵，特莱克抛开原始的地形地貌，提出了"条田"的概念。当时大丰一带的农田，受制于自然地貌（沟、河）的影响，大小不一，形状各异，高低有差，经常因排水、人行道、耕作等问题引发纠纷，不便于耕作和管理，特别不适合大规模、集约化耕种和管理。特莱克的规划别开生面，突出"条田"的地位和作用，把条田当作土壤改良、耕种管理的基本单元。条田就像现代部队的基本建制单位"班"一样。

条田的标准为带子形，统一成南北走向，便于条播的农作物采光。每条田南北长250米，东西宽66.7米，合25亩（含沟河、民宅面积）。凡垦区内农田，像在白纸上用直尺画线条一样，一律按此标准划分为条田，并且削高就低，裁弯取直。

有了条田，便在此基础上进一步确立条田与条田之间的统属关系。条田从属于"排田"。即每相邻的20个条田排起来，南北仍然长250米，东西长度为1334米，称为排田。每个排田500亩。这就像部队里的排级单位。排田又从属于匡田。南北5—7个排田连起来，组成一个相对独立的板块，称为"匡田"，呈正方形或长方形。5个排田组成的匡为100个条田，2500亩；6个排田组成的匡合计120个条田，3000亩，余类推。匡田东西的宽度等于排田东西的长度。"匡"是"连"级单位，从属于"区"，"区"是"营"级建制了。9个相邻的匡田呈"井"字形排列，即东南匡、中南匡、西南匡、东中匡、中中匡、西中匡、东北匡、中北匡、西北匡，构成一个区，面积一般在24000—30000亩。条田、排田、匡田都可以编号，便于辨识。整个公司土地划分为35个区，每个区都有自己的名称，也是分公司的所在。

条、排、匡、区，组成了垦区农田规划的平面架构。

其次，构建依附于条、排、匡、区的排灌体系，亦称河网化。沟、河随条、排、匡、区的农田布置。每个条田两旁有与条田同向的条沟，便于爽碱排涝。条沟也是条田与条田的分界沟。每个排田南北头各有排沟，比条沟略宽略深，承接条沟的排水。排沟是排田的分界沟，东、西两头连接本匡的匡河。匡河又宽、深于排沟。匡河直通更宽更深的区河。每两区之间开挖的分界河称为区河，东西向的区河名为卯酉河，由南向北排列共5条卯酉河；南北方向的区河称子午河，东、中、西排列共3条子午河。区河通向入海的干河。从条沟到排沟到匡河，再到区河、干河，降水依次经过5个等级的排放，最后入海。

为了西防河塘水（洪水）东防海潮倒灌，规划配套设计了圩堰、桥梁和涵、闸。这样，整个垦区内的每一条河流、每一个涵洞、每一处圩堰、每一座河闸，都是整个水利系统的有机组成部分。河网、圩闸，形成了一个闭环的单向排灌体系，可以人为控制内河水位并调节入海流量。

内河之"锁"——闸（李玉生/摄）

从土壤改良方面说，这种根据水文状况，充分利用海边雨量充沛的特点，选择条田化套搭河网化进行自然脱盐脱碱的方式，可以收到事半功倍之效。当然，改良土壤是一项长期、艰苦的系统工程，不可能毕其功于一役。特莱克设计的大丰土壤改良规划，是既具科学眼光又切合实际的一次成功探索。尽管需要投入大量的人力和资金，也需要消耗一定的时间，但在生产力比较落后的民国初期，一位外国青年工程师能拿出这样的治水改土方略，实属难能可贵，很值得称赞。

在整个条田、河网和路道建设中，公司实际共开挖大河（宽20米，深2.66米，大水可行驶汽轮）160千米，小河（宽3.33—10米，深1.33—2米）1100千米，建桥梁690座、涵闸35

座；修大路（宽4—8.33米，可通汽车到各区）450余千米，修小道（宽1.66米）860千米，筑圩堰321千米。工程浩大，全部工程耗资达120万元（胡焕庸《两淮水利盐垦实录》）。匡河、区河可以行小船、驳船，干河可行轮船。大丰公司生产的棉花、粮食可以通过区河、干河，由斗龙港、五十里河直接到达东台、南通、上海等地。水运畅通，这也是大丰公司规划的一大特色。

条田化的垦区农田（李玉生/摄）

最后，民居、交通与小城镇建设的时代色彩。每条田均为25亩，在条田之间又分为前条和后条，前条为16亩，后条为9亩，中间划出1亩为农民住宅基地及人行横路。民宅形成农庄线，便于生产者就近劳作。横路两端有跨匡河的木桥。匡河与匡河之间修筑马路（也是防洪圩堤），马路连接通向集镇的大马路。马路两旁栽种树木，为绿化带。这种集公司化管理和家庭式生产于一体的设计，即便在今天也找不出更好的方案来代替。

公司在阜丰区西南角（二卯酉河旁，现大中街道所在地）划出200亩地，建设小集镇，地名就叫卯酉河（后改称大中集）。向北7.5千米有小港镇（今新丰镇），向东7.5千米有裕华镇，卯酉河旁有南阳集。各区之间有电话联系，集镇之间有班车来往。此外，公司还在泰丰区建造了飞机场，进行空中运输。办起了轧花厂、榨油坊、医疗所、中小学校和其他加工服务实业。特莱克描绘了一幅新式农村的图景，一个先进的农、工、商、服协调发展的小社会；大丰公司则创造了一个企业办社会的奇迹。

条田化、河网化、民居及社会发展时代化，构成了特莱克规划蓝图的全部内容。

特莱克也许会知道，自蓝图实施的那一刻起，他的名字就会永久地被书写在大丰美丽的土地上。

特莱克是一位热爱生活、热爱祖国的好青年，是他把郁金香的种子从西欧的海边带到大丰的滩涂上。这份不经意间的赠予，成就了百年后大丰荷兰花海的美景。这是他当初没有料到的，他已然成为荷兰与大丰之间传递美的使者。可惜的是他壮志未酬，英年早逝。1919年8月，他在南通指导港闸施工的过程中染上霍乱，溘然长辞。那年他才29岁。

第四节 大丰盐垦股份有限公司实录

淮南草堰场大丰盐垦股份有限公司位于草堰场盐灶区范围内，南以小洋河、东洋河与小海场为界，北至斗龙港下游与伍佑场分界，西以斗龙港与刘庄场为界，东迄黄海之滨（今斗龙港以东及以南的大中、新丰、海丰大部地区），全部面积包括滩涂（新生土地）约700平方千米。

公司采用股份有限公司的组织形式，以股额确定股权，产生代表出席股东会。表决权亦按股权划分，股权多者表决权数也相应增多。股东代表会选举产生董事会，董事会是股东会委派的权力机构，即驻沪和驻通的常设机构。董事会由董事长、董事和监察组成。董事中又分总务董事和常务董事，总务董事常驻沪、通办事处，常务董事则驻总公司，根据董事会决议进行管理。公司办事机构及职员由董事会决定并任命。公司设总经理一人，下设垦部经理和盐部经理，各垦区（分公司）设区主任一人。

公司业务有两块，一块仍然是盐，另一块是垦，以盐济垦。公司把五圩西河北（后称丰余区）划为新的产盐区，迁移灶民前往办煎，保证收入。

民国七年（1918年）公司创立时总部驻守在西团，开垦时工程办事处移驻裕丰区之小港镇（今新丰镇）。1924年公司在裕丰区中匡（原新丰镇裕中村）建造办公、生活设施，用地100亩。四周环绕濠河，门口有瞭望台、枪楼，有自卫队数十人驻守，防止土匪。房舍前后共有4排：第1排为自卫队办公室及队员宿舍；第2排为经理室、董事室、账房文牍职员办公室；中间庭院布置花圃水池，种植各种树木花草；第3排为单身职员宿舍；第4排为仓库及阁楼，堆放佃农缴租棉花及杂粮，阁楼存放公司档案及文具用品。左厢房为眷属宿舍，右厢房为厨房饭厅及茶房长工宿舍。1931年大水后，总公司亦迁来裕丰办公。

分公司的办公场所占地30亩，挖有壕沟，中央有1排办公室，后方有2排仓库，右侧为厨房饭厅及茶房宿舍。35个分公司中只有万丰、鼎丰、德丰、福丰、祥丰等14家分公司建有办公场所，其余分公司则借用邻近分公司房舍或租借其他房屋办公、生活。

分公司各有10余名职员、2名厨子、3名茶房及车夫。大门口有门楼，驻有三四名自卫队员。职员们多系农垦训练班结业，对于棉花选种、栽培和管理均有专门知识和技能。他们经常为农民提供免费咨询服务。每年夏末秋初"议租"时，是公司职员们最忙碌的时刻。接着棉花收储，佃农按例缴租棉，每天数百担棉花粮食过秤进仓，一直忙到农历腊月初。

分公司除区主任外，账房先生（财务主管）权力最大，负责公司财务调度。当年，能够在大丰公司谋一份差事，等于找到了金饭碗，生活无忧。

大丰公司工作人员月薪俸规定如下（单位：银圆）所示。

董事车马费	30—40	
经理	80—100	另有特支费50—60
分公司主任	50—60	另有特支费30—40
账房、管垦	40—45	
职员	20—30	
学生（农垦班）	4—6	
长工、保安队员	4	
茶房、厨子	2—5	

公司、分公司管理人员伙食待遇优厚，每日午、晚餐三荤三素一汤，早餐点心稀饭，茶房站立两旁侍候，盛饭递热毛巾。下午还有茶食点心。早晨洗脸水、晚上洗脚水均由茶房侍候，出门有独轮车、二轮车（脚踏车）接送。

公司最初划分为35个区，除祥附外，每个区都以"丰"字命名。这里既有股东的背景因素，也有美好的祈愿。包括裕丰、万丰、鼎丰、阜丰、成丰、仁丰、同丰、益丰、晋丰、元丰、恒丰、泰丰、福丰、和丰、乐丰、庆丰、时丰、德丰、吉丰、安丰、广丰、厚丰、永丰、定丰、顺丰、正丰、余丰、利丰、盛丰、隆丰、兆丰、久丰、祥丰、祥附、年丰。以上35区为分公司（也称大小栈房）。

各区土地面积统计如下：

区别	亩数	区别	亩数
祥丰	34966.40	鼎丰	30000.00
裕丰	30000.00	恒丰	22850.40
祥附	8150.00	永丰	30000.00

区别	亩　数	区别	亩　数
成丰	27000.00	余丰	13000.00
顺丰	30000.00	年丰	30000.00
广丰	27000.00	德丰	19350.00
利丰	30000.00	时丰	30000.00
吉丰	12000.00	阜丰	27000.00
益丰	15925.00	安丰	30000.00
和丰	12877.80	万丰	27000.00
仁丰	24000.00	久丰	30000.00
泰丰	24000.00	厚丰	27000.00
乐丰	24000.00	兆丰	30000.00
福丰	24000.00	定丰	27000.00
庆丰	24000.00	北段（含丰余）	115000.00
晋丰	24000.00	正丰	27000.00
隆丰	24000.00	东北滩涂	150000.00
元丰	24000.00	同丰	12688.02
盛丰	24000.00	合计	1121807.62

公司原有农地90余万亩，1922年卖给裕华垦植公司27万亩，尚有60余万亩。

公司最初计划在垦区大量种植牧草放养牛羊，先期取得牧业收益，并利用牧场饲养牛羊所产生的排泄物，作为改良荒地土质的肥料，实为一举数得的经营良策。后来考虑到垦牧周期太长等因素，故采取一次性规划，同时把农田建设、水利、防洪防潮等统筹做到位的方案。

垦区土壤含有大量磷、碱、盐质，农民为了改良土质，使用各种传统办法，全凭智慧和汗水将盐碱地变成了良田。

蓄淡是其中一种。所谓蓄淡就是将靠近海堤内的地块围起来，蓄淡水拔淡盐分。逢天降大雨，堤内贮水一两尺深，浸泡两三个月后，将堤岸开挖缺口使咸水流掉。

覆草。在农田上覆盖茅草、芦苇，使土中盐质卤气逐渐下降。公司农田规划后长茅草的地方少了，只有条沟及排沟长满茅草及芦苇，数量有限，不够盖草，还得花钱购买（1块银圆可买20石草）。盖草周期2—3年，厚度为3—5厘米，1亩农田盖草150公斤左右。

种绿肥、铺生泥（把沟底富含有机质的泥土铺到田里）、施饼肥（将黄豆饼、菜籽饼、棉籽饼腐烂发酵，变成天然的有机肥料），都是改良土壤的有效方法。

民国八年（1919年），公司在裕丰、同丰、仁丰、益丰等区开始试种棉花，平均每亩产量

梦幻湿地（周左人/摄）

仅两三公斤。民国九年（1920年），公司在恒丰、祥丰、和丰区正式播种棉花。民国三十年（1941年）平均每亩产棉可达15—25公斤。

公司农田管理有3种模式：

① 私田。有经济实力的个人直接向大丰盐垦公司购买，成为私人财产，称为"私田"。约占整个公司全部农田的20%。当年1条田25亩，未开垦的荒地价格就涨到100块银圆，稍经改良的每亩价格20至40块银圆，1条田售价在500至1000块银圆。视农田的肥沃程度而定。一般田主拥有10条至20条，最多的如乐丰区有位朱孔修先生拥有私田100条，瓦屋数十间，那是超级富豪。

私田所有者先雇工将沟河开好，田土盖上茅草爽碱，两三年后农田土质已经得到改良，自家又种不了那么多田，可以出租给有劳动力的农民。承租者每条田每年要付给田主20—30元租金。拥有私田的田主家中雇用长工2—3名，专门负责农田的耕种管理。田主自己管账指挥。

公司优惠职员先生们，每人可以低价向公司承购2条田，价款在薪俸中分期抵扣。先生们大都不愿自己耕种，也是放租给农民收取租金。

② 出租田。公司除了已卖出的私田及少数保留自垦田外，其余农田招租收取顶首（押金），由佃农自己耕种。承租者大部分都是海门、启东、南通、东台各地农民，每年按三七分成或四六分成缴租棉给公司（承租人三四成、公司六七成）。

公司农田放租给佃农，其中关键点是"议租"。议租是确定分摊的总盘子，也就是估产。因为分成比例确定之后，产量的认定是影响收益的关键因素。当棉株蕾苞初放时即开始议租,这项工作由五六人组成1排,其中1人为排长(20至40条田划分1排),组成人员一半是有声望的佃农代表,另一半由公司指派职员担任,并从其他分公司调来1人作为公证人,称为"参议"。公司指定1人为"主议"。议租时各路人马齐集农田勘察,估计棉花收成,佃农在旁不得参加。议租成员将估计收成写在纸条上,彼此不可互通信息,然后将纸条汇总起来,由"主议"者选取其中一个最合理的数据作为"定议",一经定议即不可更改。然后填写议租两联单,其中一联交佃农作为缴租凭证,存根留公司。

  有时佃农对于"定议"数目有意见,可请公司派人"复议"。有的则采用"示弱"手段,让妻子、小孩向公司议租先生求情,希望减少租金,这种方法也能产生一定效果。

  "议租"是项吃力不讨好的工作,容易引起误会,甚至得罪人,议租先生与佃农经常因为缴租多寡而产生矛盾和纠纷。

  出租田并非都在公司附近,有的距离公司10余里,议租先生必须使用车辆代步。当年只有两种车辆可资利用,一是独轮车,又称"鸡公车",本场人习惯称小车子;另一种是自行车。独轮车采用木材制造,构造简单,全靠一个木轮支撑车身,车架两侧各有座杆,再用棉絮做成坐垫,两侧各坐1人,或1人单边而坐,由推车苦力握住推把使劲向前推行;有时为要加快速度,车前另增一名苦力拖着引绳,一拉一推,倒也健步如飞。

  自行车并非议租先生们自己骑,而是在车子后座加装软垫,脚下还有一块踏板,议租先生们坐在脚踏车后座,人们称之为"二轮车",由苦力骑自行车既快捷又方便。每次议租先生们集体出发,那种阵势在农村看来确实很壮观。

  议租时公司规定职员们不准接受佃农的招待,即便是佃农们自己种的芦稷、菜瓜也不准享用。上午10时左右公司送来脆饼、桃酥等点心茶水,下午4时公司派小车子或二轮车将议租先生接回公司,大师傅早已准备好丰盛的晚餐。

  议租完毕约半个月之后,各分公司张贴布告,规定农历九月十五日以后开始征收租花。佃农们争先恐后前来缴租,因为公司规定在10天以内缴租者可以享受九折优惠。收租的检验先生要有十足经验,要注意棉花干湿程度及棉花颜色是否洁白,泛黄或含有枯叶沙土的污脏棉(棉花经风吹雨淋、下霜变成黄色或含泥沙),一律拒绝收仓。有些佃农偷偷在棉花底层放几块砖头增加重量,收租的检验先生必须眼疾手快,伸手到棉花袋检查,若有缺失,则由收租的检验先生负责赔偿。

  ③ 自垦田。公司及各区分公司都留有几条自垦田,就在分公司办事处附近。保留自垦田是为了培养在职人员,也是为了便于进行棉花育种、土质改良等实验工作。

  垦区人的生活堪称天上地下两个世界。地主和公司上层过着衣食无忧的生活。有的染上各种不良习气,诸如抽鸦片、逛花船、赌博等。逛花船与逛窑子相似,每到秋末冬初田事完成之后,装潢精致漂亮的花船载着花枝招展的青楼女子,从水路来到大丰集镇,做起皮肉生意,美其名曰"打茶园"。

早年来垦荒种田的农民生活十分贫苦。一家数口先要凑足"顶首"费,每亩3块银圆,承租1条草田就需要75块大洋(承租结束可退)。另外每条田还要向账房付田契书写礼金7.50元,这笔钱是不退的。公司可预借开垦费50元,分3年摊还。承租佃农取得租田后,先用老牛铁犁将全部田地翻耕一遍,再用小锹将茅草根茎全部挖清,不让茅草再度蔓延生长;盐碱地必须先要脱碱,再经过两三年的土质改良,才能开始种植棉花,穿插种大麦、小麦、元麦、黄豆、玉米、高粱、黄穄等粮食作物。

每条田分界处,公司统一规定为农民住宅基地,各佃农可在宅基地旁挖掘壕沟,挖出泥土堆高成土墩,以便建造农舍。壕沟内积水可供饮用、洗刷、淘米、养鱼。住宅后方留有空地种植蔬菜瓜果。

启海垦荒者刚来大丰时,经济条件稍好些的,或将老家房屋拆下运来重建,或就地买些毛竹、茅草建简易茅屋,四面编芦笆作墙。与本场人的"丁头府"不同,是前檐高后檐低当阳的排房,后檐低以防冬天的北风。屋面上用茅草苫盖,结绳网加固,防止夏季台风。无能力建房的,只在承租地上打一个工棚,时称"滚龙厅";或暂住亲戚家中,采取春来冬回的办法。这些垦民,来回都是步行,全部家当包括劳动工具,凑不满一辆独轮车。他们推着车子,几百里地,餐风露宿,一年来回几趟,就是为了寻找心中那点梦想。有的棉农,先后转了通泰几个盐垦公司,最后选择落脚在大丰。

来大丰公司种田的佃农,都养成了勤劳节俭的习惯。他们一年365天除了过年休息几天,其余每天都在忙活。即便寒冬棉花已经收完了,他们还要晒麦子、晒豆子、晒棉花,没有一天空闲。这些佃农平时吃三顿元麦或玉米饭,有时掺和少许白米,后园子自己种的各种蔬菜瓜果勉强自给,困难时以南瓜、野菜、盐蒿种子充饥。他们平时舍不得吃猪肉或鸡鸭,除非逢年过节烧经祭祖,才打一次牙祭。壕沟内养的鱼,鸡鸭下的蛋还要被其拿去集市卖钱,偶尔有客人来了才加点菜。

海门启东来的佃农不但吃苦耐劳,而且算盘打得特别精。男的做完了自家田地还帮别人打零工,半天赚得30个铜板(1块银圆兑300个铜板),可换2升玉米粒子。妻子无零工做时,拿自家种的棉花用纺纱车纺成纱线再织成粗布。孩子们到近海沙滩拾泥螺、钩螃蜞,一天也可卖一两百个铜板。一家人讲究的就是计划和勤快,"丢了扫把拿钉钯,放下钉钯就纺纱"。

当时农民受雇于公司做长、短工,工资收入是很低的。一般长工每月工资只有4元,后来增至8—10元。短工(临时工)男工每天只有2角5分左右,女工只有1角8分左右,童工只有1角2分上下(1角钱等于30个铜板,1个烧饼2个铜板,1个肉包子5个铜板)。临时工的工作时间从早晨7点左右做到中午11点多,下午1点做到晚上6点左右。当时农村尚无时钟和手表,上放工时间完全由长工决定,天晴时看太阳的影子,阴天就全靠长工的判断力了。临时工上放工全以升降蓝布旗为信号,降旗表示放工,由田主人每人发1张上工纸条子,临时工聚集了10余张才向田主兑换现金。

大丰盐垦公司创办之初,原始股金200万元,收购垣产、荡地花去160万元,剩下40万元根本无法进行水利工程施工和其他基础设施建设,只得借款运转,借款开垦。加上公司管理不善、人浮于事,跑冒滴漏严重,运营成本居高不下,不久即负债300万银圆,每年支出利息数十万银圆。分公司主任生活糜烂,花天酒地,疏于管理垦务;主管官员贪污行贿,"招待"烟土,这些支出对公司而言,犹如釜底抽薪。长此以往,岂能不垮?最后只得割地分给各股东。大丰盐垦公司本身仅剩少数自垦田,虽然大中集、新丰镇有房市租金收入,但金额有限,不够公司日常开销。当时垦经理朱警辞有计划大加整顿,无奈一人很难撕开公司复杂的人事网络,加上恶势力的阻挠,最后无力回天,落得挂冠而去。

大丰盐垦公司亏损越来越大,资金周转益显困难,不得已利用大生纱厂关系向上海银行借款应急。不久,因为借款到期无力偿还,即以裕华垦植公司退还的4万多亩好地给上海银行抵债,该地后来由上海银行开发成立商记垦团。

大丰盐垦公司鉴于资本金不足的现状,1926年股东会决议增加股本200万元,合计400万元。然而由于亏空太大,仍然需要举债经营,再售地还债。最后只得分地给股东自管或由公司代管。公司变成了代股东分地、收租的机构,晚景凄凉。

公司遭遇如此重大挫折,早已元气大伤,加之连年水灾、旱灾、虫灾,更有日寇扫荡,注定了大丰盐垦公司失败的命运。

民国三十四年(1945年)抗日战争胜利,中国共产党解放整个大丰地区,继而实行土地改革。公司所属各分公司将全部田产分配给广大农民,原已一蹶不振的大丰盐垦公司宣布破产。

大丰盐垦公司自1917年张謇先生创办开始至结束,其间28年,共9次更换垦部经理人员。他们依次为王巳劲(1917年)、赵权生(1921年)、龚应生(1923年)、袁仲直(1928年)、朱警辞(1932年)、李仲权(1940年)、林华民(1944年)。

1942年5月,东台县政区调整,台北行署由东台县析出,改置台北县。1951年因与台湾省台北县同名,故而选择最负盛名的大丰盐垦公司之名,改台北县为大丰县,使得"大丰"二字得以存于史册。

第五节 "废灶兴垦"划亮了大丰的天空

大丰盐垦股份有限公司创建后,大丰境内其他各场自1919年起也陆续创办大大小小的盐垦公司,其中具有一定影响和规模的有5家。

泰和盐垦股份有限公司 1919年由岑春煊、朱庆澜、周孝怀、张佩年等发起,在西潮河以南的伍佑场地区(今三龙镇东部)创办泰和盐垦公司。1922年开始办垦,计划集资150万元,购置土地60万亩,实收121万元,实购土地20万亩。泰和公司灶区分布在护龙河西,垦区在护龙河以东。垦区共分13里(区),"里"的名称由"泰和"两字分别与"平安宜实业"和"均益厚民生"组合,构成泰平、泰安、泰宜、泰实、泰业、和均、和益、和厚、和民、和生10个正方形的里,以及邻丰、泰顺、和济3个不规则的里,共13个里。里内分村,村内分条,每条田60亩。共招佃户1400户,每条田顶首240大洋(每亩4元)。公司设有医药局,免费为佃农治疗疾病。和均里办完小一所,泰顺里办初小一所,方便农户小孩读书。垦区河堤、路桥规划亦有特色,特别是河道旁遍植树木,满目葱茏,成为泰和一景。

通遂盐垦股份有限公司 1919年由张謇创办。实收资本34万元,收购土地11.4万亩,最后垦地1.46万亩,垦区范围在小海场境内王港河下游两岸,包括今万盈、南阳(原通商)和草庙的部分村。围垦成绩平平,仍以盐业为主。总公司设在小海镇。

通济盐垦股份有限公司 1919年10月由张謇创办,陈伯华任经理。公司位于何垛场,总公司设在潘家镢,实收资本23.8万元,拥有土地12.3万亩(在今上海市川东农场境,有部分土地在东台市境内)。办垦成绩甚微,仅垦荒地3855亩。后与东台境内的华泰公司合并为中孚公司，再后又恢复原名。

遂济盐垦股份有限公司 1919年8月张謇来丁溪场创办，董涤清、孙子邃管事。公司范围在今草庙镇境内，总公司设在原川港大墩子（今草庙镇新场村）。实收股金15万元，购土地3.8万亩，另有2.2万亩垣产。未招佃户垦植，只试垦1000亩，业绩乏陈。

裕华垦植股份有限公司 1922年由陈仪创办，其兄陈威主管。实收股金125万元，向大丰公司购一卯酉河北、三卯酉河南、中子午河以东荡地27万亩，包括永丰、顺丰、利丰、厚丰、定丰、正丰、晋丰、广丰、元丰、余丰、吉丰11个区，范围在今裕华镇、南阳镇境内。后因无力交全大丰公司地款，于1930年退还元丰、余丰、吉丰3个区，实际拥有8个区，22.7万亩。总公司设在天福村，后迁至东坝头。公司将全境划为天华、地华、元华、黄华4个乡，乡内设村。公司只办垦不烧盐，注重机械和科技投入，气象观测、土壤化验都有仪器，建200马力扬水厂1座，引水灌溉。公司在用人上不惜重金招聘，一批国内有影响力的专家学者，如管理专家邵铭之、湖南农学院院长杨景辉等都先后在公司供职。

以上6家公司中，办垦业绩突出的首数大丰盐垦公司，裕华、泰和次之，其他3家公司由于土地等问题未能很好解决，除通遂小有动作外，其余2家基本上有名无实。即便如此，大丰在整个淮南的垦务中仍是龙头老大。至1937年统计，大丰6家公司总投资为1051万元，超过淮南所有公司投资总额2087万元的一半。其中大丰盐垦公司一家投资总额为572万元，约占四分之一。6家公司购地总面积125万多亩，约占整个淮南各公司总面积362万亩的三分之一。6家公司已垦面积达到48万亩，也约占淮南垦区已垦土地144万亩的三分之一。其中大丰盐垦公司为28万亩。6家公司垦区共有垦民21606户129543人。其中大丰盐垦公司有垦户15696户94174人。当年淮南各公司产籽棉合计67.99万担，大丰23.55万担，超过三分之一。其中，大丰盐垦公司年产籽棉19.5万担。当时大丰境内生产的棉花纤维长、光泽好，可与美国的"米特林"相媲美，在上海市场被誉为"大丰花"，成为抢手货。

然而，好景不长，各盐垦公司并没有顺利地发展下去。客观上，帝国主义列强的经济侵略限制了民族资本主义的发展，帝国主义的在华势力绝不允许中国民族资本主义的顺利成长；而中国的棉纺织业又缺乏一个独立、统一、民主的国家政权的保护，缺乏自由生长的环境。因此，棉纺织业在一度繁荣之后，经不住洋货的冲击，棉花价格下跌，压缩了植棉企业的生存空间，影响了股东继续投入和扩大再生产的积极性。

遂济盐垦公司股票（小草随风/摄）

各公司投入不足，负债过大，缺乏金融政策的有效扶持，也是客观原因之一。原始股金大部分用于购地，土地开发和水利建设投入不足，不能抵御较大的水旱灾害。张謇有个测算，如果按照南通垦牧公司每亩开发建设的投入资金计算，淮南各公司的总投资额应该在8000万元上下，而实际仅有四分之一。流动资金严重不足，公司运转只得依赖银行和钱庄。农业企业缺乏国家金融的优惠扶持，银行和钱庄利息高、贷期短，高额的财务费用成了压垮公司的沉重包袱。大丰盐垦公司曾因无法还本付息，在垦区划出4.3万亩地给上海银行抵债，另成立商记垦团。

公司内部管理混乱，监督不力，贪污挥霍成风，非生产性开支居高不下，成为制约公司良性发展的内部消极因素。就大丰盐垦公司而言，首任办垦经理王巳劲贪污挪用公司19万元巨款，继任经理中亦不乏贪污舞弊之徒；公司管理层包括多数高级职员在内都发了财，迎来送往挥霍浪费，致使直接用于生产的资金只有10%左右。其他公司程度不等，亦存在类似现象。

资本私人所有与劳动者的对立生产关系，亦阻滞了公司的发展。生产者交完租花后所剩无几，丰年勉强生活，灾年衣食不周。无力也无兴趣进行生产投入，土地越种越少。

农业机械在垦区（图片转引自《大丰日报》）

除了以上内外部因素外，抗日战争时期，日伪军为掠夺棉花资源搞军事屯垦，虽然遭到了我军民的英勇反抗，但经过多次扫荡，各公司更是雪上加霜。账面亏损累累，难以为继，亟待破产。1946年，抗日民主政府实行土地改革，将各公司财产和土地分配给农民，6家公司宣告结束。

这场在大丰历史上存在了28年的废灶兴垦浪潮，同张謇的实业救国理想和"棉铁主义"方案一样，最终免不了归于失败。但其历史贡献不可抹杀。南通张謇研究院院长张庭西先生指出：盐垦公司采用"日本的公司模式，美国的棉花种子，德国的农业机械，荷兰的水利技术，站在世界农业文明的前沿"。因此，废灶兴垦像一颗流星，它曾经划亮了大丰的天空，并为大丰未来的发展带来了不可忽略的影响。它是大丰历史上利在当时功在长远的一个伟大事件。

废灶兴垦为大丰的农业发展撇开了弯路，推升了起跑线。盐碱荒地要变为农田，开发资金是第一要素。大丰盐垦公司通过股份公司的方式，募集盐商和外来社会资本，收购土地，把分散的地权集中起来，打破了封建主义大大小小的盐商和灶民额荡地的界限，使纵横几十千米上百万亩的土地，能够统一进行高标准规划，开河筑堤，围垦植棉，提前"唤醒"了大丰海滨的一片处女地。这在大丰自身是远远不能办到的。特别是大丰、裕华、泰和等公司的农田条田化、河网化建设，留下的区、匡、排、条的农田格局和河网路道，永远被定格在这片年轻的土地上，成了大丰农田规划和农业基础设施建设的样板，为集约化经营和机械化操作提

供了方便。这一创造,赫赫巍巍,对未来农业发展产生了很大的影响。

废灶兴垦为大丰选择了一个振兴经济的好产业。从此,大丰与棉花结下了不解之缘,有了大面积植棉的技术积累和人才准备,大丰的经济结构得到了优化调整。

历史资料显示,棉花公元前就从印度输入,国内西昌(今新疆吐鲁番)等地产棉;到了南北朝时期,南洋诸国输入棉布,当时人把棉布叫作"吉贝""白叠";宋时我国南方的福建、广东的一些地区开始种植棉花,琼州成为手工纺织业中心,黎族妇女以吉贝织为衣衾。元朝从西域输入棉花种子,试种植于陕西,在江西、湖广、两浙地区亦提倡种植。明代以后,棉花已经有了全国规模的普遍种植,纺织技术也有了提高。尽管如此,直到清末,大丰人对种棉花仍然比较生疏。清代中期成书的《小海场新志》,未见有种植棉花的记载。大丰各代虽有私垦,主要是播种杂粮,解决吃饭问题。清末伍佑场开始有了少量棉花种植,然而未成风景。1919年大丰盐垦公司首次植棉6万亩,产量虽不高,但获得了成功,一举改写了大丰的种植史,也为培育日后闻名全国的百万担优质棉(皮棉)基地奠定了基础。

废灶兴垦之初,张謇对黄海之滨的盐碱土和气象条件是否适宜种棉花有过一番调研论证。大丰为长江、淮河、黄河入海泥沙长期冲积淤涨形成的滨海平原,土壤属于滨海盐土。经当时的南通大学农学院取土化验,证明随着土地的开发利用和自然植被的生长,土壤含盐量会逐步降低,可以适应棉花的生长。大丰为亚热带海洋季风气候,温暖湿润,四

航拍大中街道(李东明/摄)

季分明。查东台县的气象历史记录,年平均气温14.3℃,月平均气温最高在7月至8月,为27℃,最低在1月,为1.1℃。年降雨量904.3毫米,60%集中在6月至9月。初霜期一般在11月上旬,终霜期在3月中旬至4月上旬。无霜期在210—220天,常年日照2200小时左右。阳光总辐射量118千卡/cm^2≥0℃,有效积温5165℃。这些气象条件,十分有利于棉花的生长。

大丰纺织园区内的先进设备(李玉生/摄)

不利因素是梅雨和台风,特别是夏秋之交的台风,对棉花生长有一定的威胁。但这只是不利影响,年变化率很大,并不构成决定性阻碍。因此,大丰的兴垦植棉并非一时冲动,而是有科学数据支撑的。

从大丰产业的发展来看,废灶兴垦植棉是一种顺势而为的选择,是一次广泛深入的实验,是一场卓有成效的预演。中华人民共和国成立后的计划经济年代,种植棉花成为农民增收致富的一项重要经济来源,大丰也成为享誉全国的年产百万石皮棉的大县,凭此巨大贡献,"金大丰"的美誉实至名归。改革开放以后,由于棉花的拉动,大丰形成了轧花—纺纱—织布—后整理(印染)—床上用品、玩具、服装等完整的产业链,诞生了一大批各个环节(领域)的企业家,出现了大中小企业400多家和80多个优秀产品品牌。大丰的棉纺织品,在国内的市场上抢眼,并且漂洋过海,走向世界。棉纺织业成为大丰重要的支柱产业之一,棉花之于大丰人的就业、致富奔小康以及对财政的贡献和GDP的占比,都可谓厥功至伟。大丰人过去、现在及未来,都会充分享受棉花产业带来的改变与快乐。

废灶兴垦规划了大丰的农村居民点和小城镇,城乡布局在很大范围内从此形成。条田化对居民点农庄线的安排,成为中华人民共和国成立后一个时期农村居民点建设的先进典型被外县市学习借鉴。盐滩上崛起的十字河(新丰镇)、卯酉河(大中集)、南阳集、通商镇、裕华镇、龙王庙(三龙镇)等小镇,一个个成为现代中心集镇。大中集由于位置适中,20世纪30年代初就已成为棉花集散中心和经济文化中心。有上千部轧花机在日夜轰鸣,市面店铺林立、车水马龙,19家外地商号来此开设机构,镇上有汽车29辆,轮船公司机构4家,当时人称"小上海"。如今,大丰市区(原大中集)已发展成为长三角一体化产业发展基地中最有发展潜力和活力的地区。

废灶兴垦为大丰带来了当时的新科技和新的文化景象。从此,在茫茫的海滩上出现了带封建痕迹的民族资本主义农业,它新的运作方式、新的生产关系和新的耕作、栽培技术，促进了生产力的发展，创造了民族工业发展急需的社会物质财富。因此，早在100年前，大丰人就有了新式学校，有了西医，有了电灯、电话、电报、汽车、轮船和飞机场，也有了邮政局、机器扬水厂和气象台，大丰的科技和文化史揭开了新的一页。

废灶兴垦也是一次新的移民运动，大丰的人口构成有了新的变化。从此，大丰有了操着不同口音来自不同文化环境的新大丰人——海门、启东、南通、如东人。据江苏垦殖设计委员会1936年统计，大丰境内各盐垦公司先后从海门、启东等地招来棉农9812户46209人。这些人自愿迁移到灶区兴垦植棉。他们具有吃苦耐劳的开拓和奉献精神，带来了先进的生产工具和植棉技术，成为盐碱地上种出棉花的拓荒者和生力军。没有他们的参与，废灶兴垦将成为一句空话。他们和本场人一起，在大丰发展史上写下了辉煌的篇章。大丰古老的盐业文明又掺进了新的血液，大丰的人文素质得到了整体提升。

废灶兴垦给大丰带来的改变是广泛而深远的，值得我们去认真梳理并发掘其沉甸甸的文化内涵。

今天，废灶兴垦已经成了大丰一段远去的历史。我们站在新时代的制高点上，仍然需要回望与思索：我们为什么不能忘记张謇？我们为什么要感恩张謇？因为张謇不仅引领大丰跨进了一个新的时代，而且会永远激励世世代代的大丰人，不断去探索与领略什么叫时代创新精神！

张謇公园的人口文化墙和"移民遗址"浮雕墙（李玉生/摄）

第六节　写在王港河上的诗行

张謇在大丰的最后一次重要公务活动，是以江苏省运河局督办的身份，参加王港河治理工程的开工典礼。

1921年11月16日，那是一个寒风飒飒、细雨绵绵的早晨。小海镇街道的东西两侧聚集着成百上千的男女老少，他们敲锣打鼓，手舞彩旗，自发地以最高的礼遇、最隆重的仪式，迎接张謇先生的到来。

王港河，亦称王家港，明时称小海灶河，是小海人的母亲河。此河原系天然港道。据《嘉靖两淮盐法志》记载，此河"发于弯河（即串场河），潴于盐澳，东流于北胜团港，由北胜团折而东南流于大庆团港，达于钩蛏港而入于海"。历史上王港河是"输赋于仓，载薪于团"的重要河道，但因流域区域土质松散，河流含沙量较大，河道经常淤塞。明嘉靖、天启、清乾隆、嘉庆、同治、光绪年间曾多次疏浚，然而都只能稍解燃眉之急。及至民国初年，河底已略与海平面相等，小海东骆云庆处还高于海平面。

民国十年（1921年）江苏大水，当时60个县，受灾达55个县。范围之大，灾情之重，百年罕见。其受灾盖因上游豫皖久阴积潦，大水倾注，而洪泽、高邮、宝应湖底淤垫，水无回旋停潴之区，加上淮、沂、泗分泄入海之路浅淤不畅，致全流十之八九入江，江又并涨顶托。凡此种种，乃成巨灾。受淹面积达千百万亩，农民生计濒绝，盐城、兴化、东台、泰州、高邮、宝应、江都七县尤甚。当时救灾之法，焦点在江都昭关。上游各县要求在昭关开坝分洪，下游各县要求保住昭关，以减轻灾情，一时争执不下。

张謇熟悉水情，独辟蹊径，决计先治求急之标，继固纾解之本。其标中之标，莫若先治王港河。于是，张謇随即发出先治王港河的商榷函近百封，分别寄给北洋政府大总统徐世昌、国务总理梁士诒、外交部总长颜惠庆、全国水利局总裁李国珍、副总裁孟锡珏、江苏省省长王瑚、江苏省财政厅厅长严家炽、江苏省督军齐燮元、江苏省运河局会办韩国钧、淮南垦务局总办吕道象及华洋义赈会，甚至寄给了各有关县市及其地方士绅。或阐明治港理由，或筹措工款，或商讨方略。最终，张謇先治理王港河的计划得到了各方的支持。

年近七旬的古稀老人，到处奔走呼号，皆为治理王港河而呕心沥血。而今张謇先生前来小海参加治理王港河开工大典，东、泰、兴等七县民众怎能不感激涕零？

上午10时许，张謇到达小海，舍舟登岸。只见他身材魁伟，步履矫健，一绺银须飘拂胸前，一手拄文明杖，一手频频向欢迎群众招手致意。炯炯的目光中透露出他那刚毅的性格和坚忍不拔的自信。

乡民们知道，张謇是晚清"恩科状元"，他不愿为官，回乡兴办实业。光绪三十年（1904年），清廷加赏他三品官衔，作为商部头等顾问。宣统元年（1909年）任江苏省谘议局议长，接着三次组织十六省代表到北京请愿，要求清廷召开国会。辛亥革命后，出任袁世凯内阁的实业总长、农商总长，在任内颁布了《国有荒地承垦条例》，这是鼓励兴垦、奖励植棉的法令，对海滨的植棉兴垦事业，起到了决定性的推进作用。不久，袁世凯签订丧权辱国的"二十一条"，张謇义愤填膺，挂冠回乡，在苏北沿海大力兴办盐垦公司，包括在大丰领办了"大丰"和"通遂"两家盐垦公司，实施他实业救国的雄伟抱负。是年大水，应东台、兴化、泰州三县所请，于8月25日来东台会商开挖出海水道王港河。会后，张謇不负众望，雷厉风行，时隔一天，就派出测量队，查勘王港河线。又经过两个半月的辛苦奔波，筹措工款，定于今天举行治理王港河开工典礼。

激动人心的时刻终于到来。下午3时，开工典礼在九段工程处骆云庆地举行。各地方官员、士绅、民夫近200人参加。九段，居傍港，即大庆团港（小海）附近。谓其地曰"骆云庆"，因海边荒滩，别无可记，便以煎丁户骆云庆的名字标记地名。

民国大总统徐世昌颁"仁寿之征"寿匾（蒋玉萍/摄）

张謇在开工典礼上即席演说，慷慨激昂。他说，疏浚王港河，"以广归海之路"，"愿我淮南北20余县人民发自救之心，奋自助之力，成自治之事，举向来一切希望他救他助之念，一刀两断，能与否一语而已"。偕张謇同船到达的江苏省运河局会办韩国钧、东台县县长金衔海亦相继讲话，勉励民工，同心同德，不误工期。否则"今岁麦不能种，明年稻亦难期，泰州、东台、兴化等七县百万民众衣食无着"云云。

是时，连日阴雨，寒风呼啸，张謇并没有即刻离开小海。他每天由小海乘坐牛车去海边工地视察，了解民情水情，鼓舞士气。几天之内民工由2000人猛增至5000人。海边空旷，居所难择，张謇亲自到各工段查询民工安置情况。他曾于深夜1点顶风冒雨，乘牛车赶到洋丫港，敦促其段早日开工，并指导开挖支流，以备宣泄上中段来水之用等。

张謇先生在小海视察王港工地前后计8天。其间，适逢小海镇康春荣老人百岁诞辰，大总统徐世昌派人送来了"仁寿之征"的寿匾和银质纪念章。张謇便偕韩国钧、金衔海前往祝寿。康家有田产兼业熟食，生活安逸。康翁耳微聋、背稍佝偻，目尚清明，步履亦健。康家早有有心之人拿来六尺朱底对联轴一副,并备好了笔砚,请状元公书法家赐墨宝。张謇先生略作思索,提笔为其作寿联一副:"九如欲使川方至,百岁还看日正中。"就在大家拍手称颂之际,张謇稍嫌不足,旋即成诗一首:

突兀今年大水凶,咨皈海上得康翁。
九如欲使川方至,百岁还看日正中。
识分有田能自保,摄生无药可居功。
惟闻晨扫昏犹浴,支柱聪明一枝红。

张謇先生凭借先治王港河的卓越见识与崇高威望,赢得了各方面的拥戴,特别是东台、兴化、泰州三县积极筹款响应。王港河所治者长计35千米,裁弯取直,捞淤拓深,分3段进行。工费每段8万银圆,共需24万银圆。原计划在下段筹建9孔大闸,还需资金二十四五万银圆,后因资金短缺而放弃。整个工程,广大民工不畏严寒风霜、艰苦奋斗,开挖土方近百万方。至1922年初夏,"王港工程,粗可蒇事"。

张謇书法条屏(蒋玉萍/摄)

张公在整个治河前后及过程中殚精竭虑,废寝忘食,"从未受乡里一分雇钱,而多次被无知小儿侮慢"。张謇这种无私奉献,为老百姓办实事的高尚品德是留给大丰的宝贵精神财富。

他的功德是写在王港河上永久的诗行。

平静的王港河流过古今(李玉生/摄)

张謇与大丰 | **157**

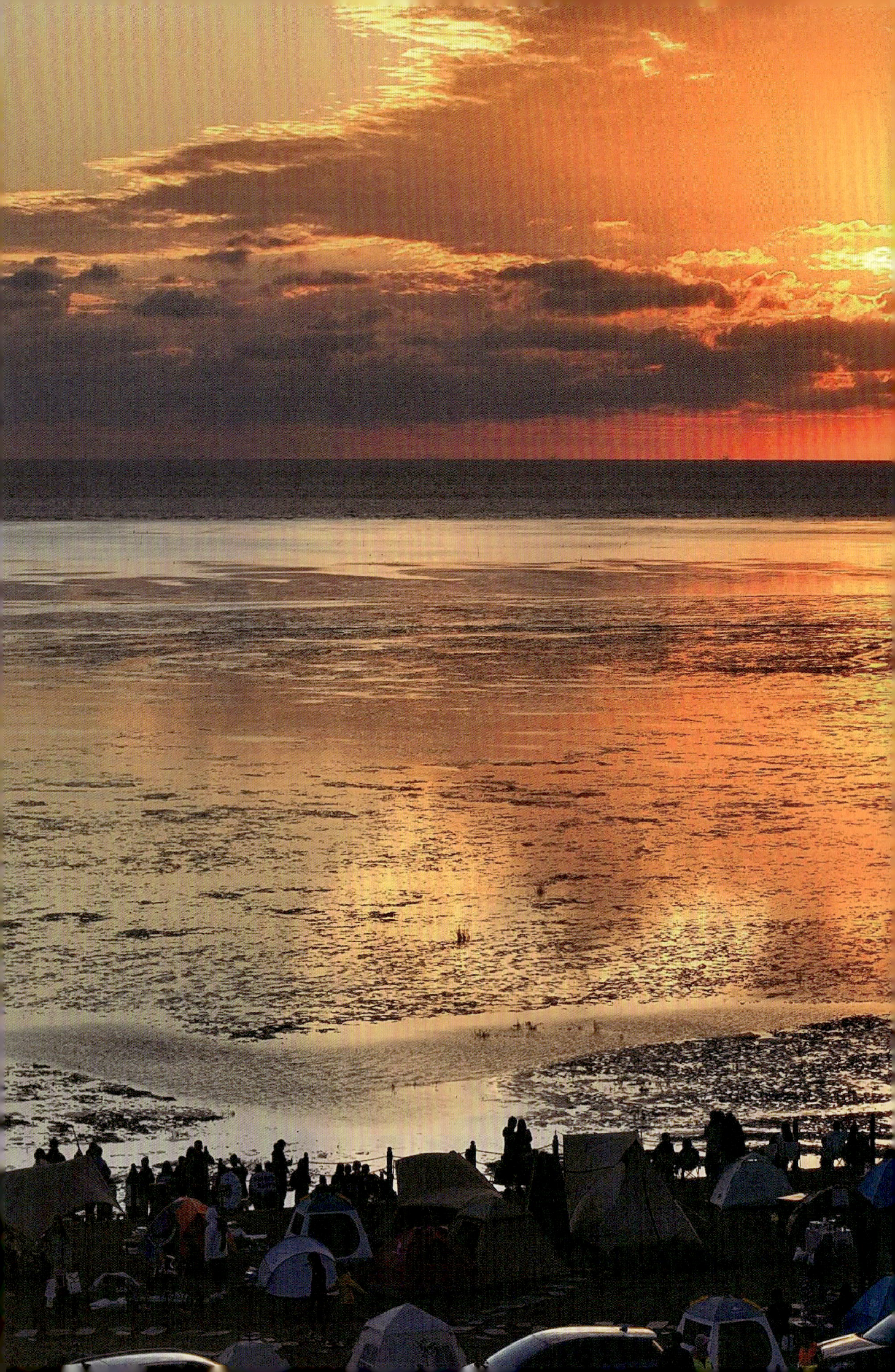

第六章　名胜古迹

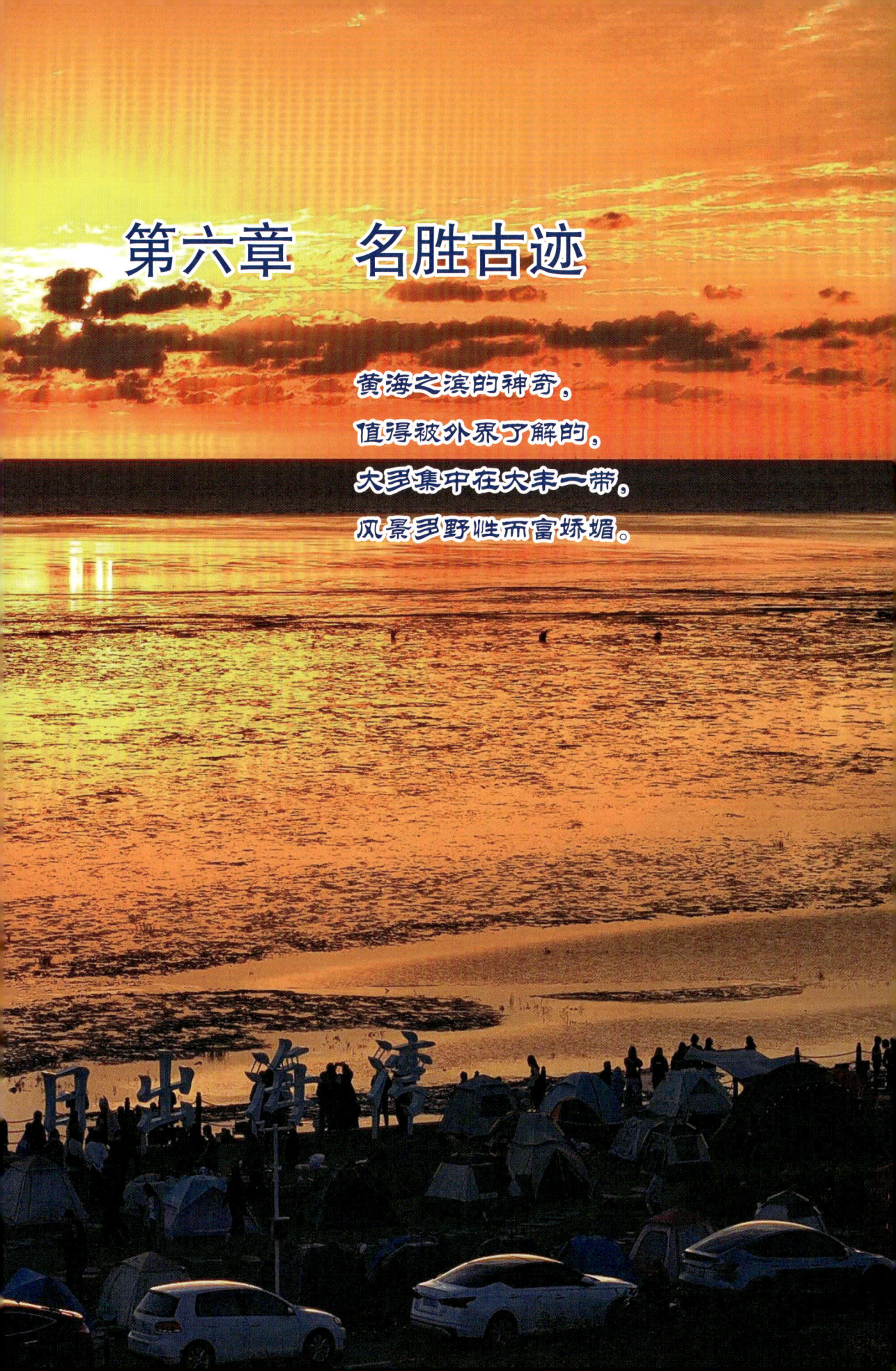

黄海之滨的神奇，
值得被外界了解的，
大多集中在大丰一带。
风景多野性而富娇媚。

有道是"山色湖光步步随,古今难画亦难诗"。这是宋代诗人汤仲友夸西湖的两句诗,用来形容今天的大丰亦不为过。这里的滩涂,是一个大海与陆地相吻而绵延100多千米的神奇画廊;一片与张家界、九寨沟同享大自然鬼斧神工又独具个性的湿地风光。麋鹿保护区、野鹿荡、大丰港成了其中的点缀,与闻名遐迩的荷兰花海、梅花湾、恒北村、施耐庵纪念馆等众多人文景观及古迹一道,构成遍布城乡的多彩胜景图,是旅行觅胜者赏心悦目的洞天福地。

第一节 滩涂风光

充满野性的滩涂湿地走廊

滩涂湿地是大自然赐给大丰的特殊地貌，是无法复制的特殊财富。大丰拥有太平洋西海岸最大的湿地，有2600多平方千米。

2019年7月5日，在阿塞拜疆首都巴库举行的第43届世界遗产大会上，委员会成员一致通过了关于江苏盐城"中国黄（渤）海候鸟栖息地（第一期）"项目修正案。盐城黄海湿地为23种具有国际重要性的鸟类提供栖息地，支撑了17种世界自然保护联盟濒危物种红色名录物种的生存，包括1种极危物种、5种濒危物种和5种易危物种。此地是濒危物种最多、受威胁程度最高的东亚—澳大利西亚候鸟迁徙路线上的关键枢纽，也是全球千百万迁徙候鸟的停歇地、换羽地和越冬地。联合国教科文组织世界遗产委员会根据自然标准，将盐城黄海湿地列入《世界遗产公约》。盐城黄海湿地南北长约200千米，东西宽约140千米，其中大丰的滩涂湿地走廊南北长112千米，正处于盐城黄海湿地世界自然遗产地的核心区域。

滩涂是湿地，但与湿地并不是一回事。根据《国际湿地公约》对湿地的定义：天然或人工、长久或暂时的沼泽地、湿原、泥炭地或水域地带，带有或静止或流动的淡水、半咸水或咸

芦苇丛里的"䴘䴘"（李玉生/摄）

水水体者，包括低潮时水深不超过6米的水域。湿地具有巨大的水文和元素循环功能，是生命的水源，被誉为"地球之肾"。所以，滩涂只能是湿地的极小部分。

在大丰人的认知中，滩和涂是有区别的。每天潮起潮落，潮水经过的地方称为滩或沙滩，也叫潮间带。每天两次，涨潮了，它在潮水之下，不见踪影；退潮了，它恢复原貌。由于泥沙的进一步淤积，海水到不了的沙滩，有的开始长出茅草、芦苇，这些地方就叫涂，也叫草滩，是潮上带。不过，现在一般人并不做区分，统称滩涂。至于滩涂的宽度，20世纪以来，大丰由于几次围垦，海岸相对变陡，涂滩已大大变窄，一般仍在5千米—10千米。所以，人们更愿意把滩涂称为陆地家园的一片滨海走廊。

滩涂走廊受着特别的保护，有两处被冠以"大丰麋鹿保护区"和"野鹿荡暗夜星空保护地"，所以，它基本保留着原始的神奇与野性。这里四季分明，光照充足，气候湿润，资源丰富。人们已知地球上有100多万种动物、30多万种植物和10多万种微生物，这些动物、植物和微生物的代表种类在这里都可以找到踪迹。这里仿佛就是一个天然的野生动植物乐园，是一处海陆交接的自然博物馆。

滩涂的色彩是丰富的，随着季节的变换，它改变着自己的基色调。对于生长在海滨的人来说，多彩的滩涂是他们的整个世界。

春天的脚步刚到，最初闲不住的是几个男人，他们被春节的炮竹声吵得心动，便早早来到滩上，开始了新一年的"小取"。工具很简单，一把小锹、一个编织袋，他们的目标是尚在洞中冬眠的小螃蜞，这是餐桌上的佳肴。慢慢地，天气暖和多了，菜花也黄了，姑娘们一群一群地来到滩上踩（闹）"唤子"（四角蛤）、钩蛏。"唤子"躲在浅浅的沙土下面，一经摇晃，它们便会随沙土中的海水慢慢浮上滩面。踩"唤子"是一件有趣的力气活，踩的时候大家不约而同地发出一种吆喝声，"嗬吆、嗬吆"，所以当地人把四角蛤称为"唤子"。菜花时节的"唤子"最肥，味道也最鲜美，喊作"菜花唤子"。也差不多这个时候，孩子们三五成群地来到草地上和沟河旁拔"茅针"（獐茅草的花骨朵）。那鲜嫩甜润的"茅针"胜过现在的水果，不仅口感好，而且绝对是上等的有机食品，男女老少都喜欢剥上几把。如遇到雨天或雾后，又是拾"圈子"（草地里的野蘑菇）和"胜菜"（地衣）的绝好时机。"圈子"鲜美赛山珍，又是抗癌保健食品。会过日子的女人，往往把多余的"圈子"晒干了藏起来，有了重要客人或立夏过节的时候,"圈子涨鸡蛋",是本场人的一道传统美食。接着,茅草都已开花了,漫天遍野一片雪白,胜过梨花的白。微风中仿佛飘扬着一首二胡独奏曲。茅草是大丰滩涂上生命力最强、覆盖面最广的植物,所以,滩涂之春的标志色不是绿色,而是茅草一年一度绽放的白色。

茅草开花的时间不长,大地很快又是一片绿装,草是绿的,树是绿的,水也是绿的。夏天到了,河边的水草丛成了蝌蚪们的乐园。夏天的滩涂,早已见不着野黄牛了,20世纪50年代初,在草庙一带的草滩上还有它们的身影。不久它们便被勇敢的外地人捉住,赶向南方去了。但獐子还在草丛里时隐时现,青草蛇在追逐着田鼠和青蛙。这个季节,有很多人在沙滩上拾泥螺,还有一些男人们早已扬帆去了大海,那是他们的天地,捕鱼、抓虾、捞海蜇,续写着一代又一代人的追求。

海滨人自称海里人,从小练就了一身赶海的好功夫,捕鱼、抓虾、钩蛏、踩"唤子"样样在行。其中有一项最能考验男人综合能力的是"打涨"和"打落"。这些都在滩上进行。打涨的人带上圈网、背上虾箩(置鱼的竹背箩),先要步行10多千米,在涨潮之前来到滩上。潮水上涨的时候,鲻鱼、鲈鱼、米鱼等顺潮头而上,打涨的人就要调转方向,追着潮头把网撒下去又立即收回来,并把网里的鱼虾捡放到虾箩里去。这一串连贯的动作都要在快速奔跑中完成。因为跑慢了不仅追不上鱼群,而且潮水深了会有危险。有经验的打涨人,一般把潮水控制在膝盖以下。这就叫"打涨"。反过来,潮水不涨了,有短暂的平潮间隙,马上就要落潮。打涨的人又要调转头,向着大海的方向撒网,这就是"打落"。打落时也是追着鱼群跑,但一旦发现鱼群不见了,必须立即止步,否则一步之差就会坠入面前深不可测的港汊。打涨的人总是结伴而行,但由于鱼群的牵引很容易走散。茫茫大海,天昏地暗,很容易产生幻觉,迷失方向,发生危险。还有"吃人"的"沙罐子",踩进去会越陷越深,没有人相助是很难爬出来的。迷信的人说是碰到了"田九子"(野鬼),那当然是无稽之谈。

滩捕(朱瑾/摄)

滩涂的秋色是红的，红色来自盐蒿。盐蒿是植物王国在沙滩上最早的"移民"。它们吸收了海水送来的养分，积聚了太阳整个夏天赐予的能量，从晚夏开始，底层叶片已开始发红。到了秋天，一棵棵盐蒿仿佛都披上了紫红的外衣，更像红透了的灯笼，而整个滩涂，也就被抹上了一片片深红色的"油彩"，给人以强烈的震撼。盐蒿的嫩枝叶是很好的保健食材，种子是过去饥荒时的奢侈品，炒成焦面，香味异常，远远胜过小麦面粉。这时的大海鱼虾肥美，归港的渔船满载鲻鱼、马鲛和海虾，令人目不暇接。

冬天，滩涂又恢复了黄海的本色，上上下下一片淡黄，连风也是黄色的。草枯了，滩瘦了，海潮也特别温驯，一切复归平静，只有活跃的野兔和獐子偶尔在草浪（被剐草刀推成的草垄子）边穿过，颜色自然也是草黄，没有一定的眼力是辨别不出它们的。

白、绿、红、黄，构成滩涂四季的流行色。多彩的滩涂，是一首充满野性且富有激情的诗。

大丰人十分珍惜这天赐的滩涂宝库，保护的同时，开始科学规划，和谐发展。先后围起了大丰港港区、东川、海北、四卯酉和港南五大垦区，围滩造田140多平方千米。滩涂上已经形成林业、对虾养殖、特种水产养殖、淡水养殖、贝类增养殖、贝类苗种繁养、水体海水育苗、紫菜养殖加工、新能源等十大基地，其中对虾生态养殖和海水蔬菜等项目被列入国家"863"计划。大丰作为全国科技兴海产业化示范基地，已顺利通过省级验收。小龙虾、文蛤、沙蚕、斑点叉尾鲴鱼、紫菜和海水蔬菜等一批滩涂特产畅销欧美、日本等国家和地区，黄泥螺更是驰名国内外。同时，从中华麋鹿园到林场、观海廊道、野鹿荡，再到大丰港、海边度假村、农业观光园以及斗龙渔港，一条纵深100多千米、以湿地保护和开发为宗旨的生态旅游观光带已经形成。

现代文明与滩涂走廊野性的碰撞，描绘出大丰一幅幅共生双赢的美丽画卷。

中华麋鹿园（大丰麋鹿国家级自然保护区）

中华麋鹿园是全国唯一以麋鹿为主题的国家AAAAA级旅游景区，位于大丰林场南侧之鸭儿荡，距离大丰市区55千米。

麋鹿的故事很久远，充满从神话到现实的交错；麋鹿的故事很现代，凝聚着乡愁。

有一种奇兽叫麋鹿

《封神演义》中元始天尊有一匹坐骑，一天，白鹤童子从桃园中牵出坐骑，但见"麟头豸尾体如龙，足踏祥光至九重。四海九州随意遍，三山五岳霎时逢"。这匹神力无比的坐骑不是龙不是虎，而是"四不像"。为了帮助姜子牙降魔，元始天尊割爱，将"四不像"与打神鞭和杏黄旗两件宝物一并交与姜尚，最终使姜尚完成了斩将封神的任务。

这里的"四不像"就是麋鹿。这种动物外形奇特：角像鹿、面像马、蹄像牛、尾像驴，一身兼有其他四种动物的外形特征。从部分说，它应该是"四像"；而整体来看，它似鹿非鹿、似马非马、似牛非牛、似驴非驴，又是"四不像"。这在哺乳动物中算得上独一无二。正因为如此，古人赋予它非凡的灵性和超自然的力量，把它看成吉祥之物，即神兽。"四不像"是人们对它的通俗称呼。

有人怀疑"四不像"与鹿、马、牛、驴是否有血缘关系，其实这是一种误解。麋鹿就是麋鹿，它是一个独立的种群，自成类属。在动物分类学上，麋鹿属动物界、脊椎动物门、哺乳纲、偶蹄目、鹿科、麋鹿属、麋鹿亚种。在漫长的生命演化过程中，"四不像"的外形是它的自然选择。根据科学考证，麋鹿在自然界的生命史已近300万年，与人类几乎称得上同龄。麋鹿是中国的特产，历史上主要生活在我国黄河流域和长江中下游地区。在古代，直至两三千年

中华麋鹿园（周古凯/摄）

前，麋鹿家族依然兴旺发达，种群庞大，并且与先民们关系密切，所以在一些典籍如《左传》《山海经》《孟子》《庄子》《楚辞》等书中都有关于麋鹿的文字记录，麋鹿、麋暌、麋蚁、麋沸等成了常用的词汇。

麋鹿是如此奇特，然而数千年来它们的命运却又很坎坷。

麋鹿并不与人为敌，相反，还帮助人们"垦荒"。它们"千百为群，掘食草根，其处成泥，名曰麋暌。民人随此种稻，不耕而获，其收百倍"（西晋张华《博物志》）。可人们并不因此而对它们有哪怕一点点的感恩和保护，古人猎麋、杀麋、食麋、驯麋成风，直到清初，康熙在木兰围场还曾有猎获14头麋鹿的记载。麋鹿种群经不住人类的折腾，自晋以后日益减少，到清末，野生麋鹿已不多见，最后只剩下可怜的两三百头，被圈养在北京南郊皇家猎苑中。南苑几乎成了这个物种最后的领地。当然，当时麋鹿的踪迹应该还有一些。20世纪20年代，人们在丁溪场的草洼子里割草，就见到过一种长着树枝丫角的"野黄牛"，那不是麋鹿又能是什么呢？

麋鹿与古人相处了成千上万年，国人对其若即若离，乾隆还曾有过"岁月与日深，麋鹿相为友"的题词，却没有识变从宜、庇护爱怜。当然，至于国际生物学界对其更是一无所知。直到1865年的一天，一个外国传教士在皇家猎苑旁若有所思地转悠，当他的目光忽然定定地落在了麋鹿的身上时，这才从生物学上发现了麋鹿，从此，麋鹿也面临着新的命运。

漂泊海外

那是一个秋高气爽的日子，法国传教士阿芒·大卫在南海子皇家猎苑发现了麋鹿，一种强烈的探索冲动使大卫久久不愿离去。但限于皇家禁律，大卫无法接近它，更难以得到它。当然，办法最终还是有了。次年初，大卫设法买通有关守苑军士，以20两纹银为代价，在一个月黑风高的夜晚，于一个破墙洞旁"买"走了一副麋鹿头骨和两张麋鹿皮。此后不久，经法国博物学家爱德华兹鉴定，确认为一个新的物种，并被命名为"大卫鹿"。就这样，大卫发现新物种的论文轰动了欧洲和整个生物学界，麋鹿也以"大卫鹿"的洋名字在海外出现，这比国宝大熊猫的闻名于世足足早了半个多世纪。从这点说，大卫的发现是有意义的。

麋鹿的扬名引起了欧洲各国的极大兴趣。在兴趣的牵引下，他们明敲暗诈，先后从南苑弄走了上百头麋鹿，这些弥足珍贵的新鹿种，成了国外一些著名动物园的座上宾。这还算幸运。不幸的是到了1900年秋，八国联军攻入北京，南苑麋鹿被西方列强劫杀一空，中国特有的珍奇物种从此在中国绝迹。麋鹿的悲哀交织着民族的悲哀。

问题的糟糕程度还远不止于此，此前那些落难外国的麋鹿由于生态环境的变化或恶化而纷纷死去，到19世纪末，只剩下最后的18头。如果不采取有效措施，这18头真的会成为最后的麋鹿，它们300万年的生命史也许就此走到尽头。科学告诉我们，一个物种的演化需要成百上千万年的时间。麋鹿一旦灭绝，就会像恐龙一样永久地消失了。

但就在这时，英国一位叫贝福特的十一世公爵，做出了一个对延续麋鹿种群有重大意义的决定。他出重金将饲养在各国动物园的麋鹿悉数买下,散放到伦敦北郊庞大的乌邦寺庄园内。从此,乌邦寺庄园成了奄奄一息的中国麋鹿起死回生的地方,这18头麋鹿也就成了当今世界上所有麋鹿的祖先。这是贝福特的贡献。

乌邦寺庄园的生态环境对麋鹿较为有利,不久便形成了自己的麋鹿种群,而且麋鹿数量也有了快速增长。1914年,经过十多年的繁衍,麋鹿总数已达88头。其后发生的第一次世界大战对麋鹿生存虽然带来不良影响,但总算渡过了难关,到1925年,麋鹿总数仍有64头。第二次世界大战时,乌邦寺庄园也面临着战火的威胁,十二世公爵又采取了一条明智的措施,他将部分麋鹿疏散到北美和欧洲的其他一些地方,分散了风险,这不仅保存了种群,而且促进了麋鹿家族的平稳发展。

有资料表明:到1945年,乌邦寺庄园的麋鹿总数已达250头;自1944年到1977年,共有266头麋鹿被送往世界各地;至1983年,全世界麋鹿数量已达1320头,遍及亚、欧、非、北美等各洲。遗憾的是,麋鹿唯独没有回到它们的故里。

此时,开放的中国已在东方崛起,综合国力的增强引起了全世界的关注,麋鹿回归故里只待时日了。1985年,经过中、英两国政府的共同努力,20头麋鹿从英国回到了阔别一个

望乡(李玉生/摄)

多世纪的故土——南海子原皇家猎苑。第二年,又有39头麋鹿乘飞机返回故乡,被放养在江苏大丰麋鹿自然保护区。多难的麋鹿从此走向新生。

化石的期待

世界上的许多事,在结果到来之前往往会出现一些征兆。大丰麋鹿角化石的出土,正好成了十年后建麋鹿自然保护区的一个征兆。这似乎是冥冥之中的一种神奇安排。

宣成凤是重要的见证者之一,他在《故事里的麋鹿角》中对麋鹿角化石发现的经过有详细的记录:

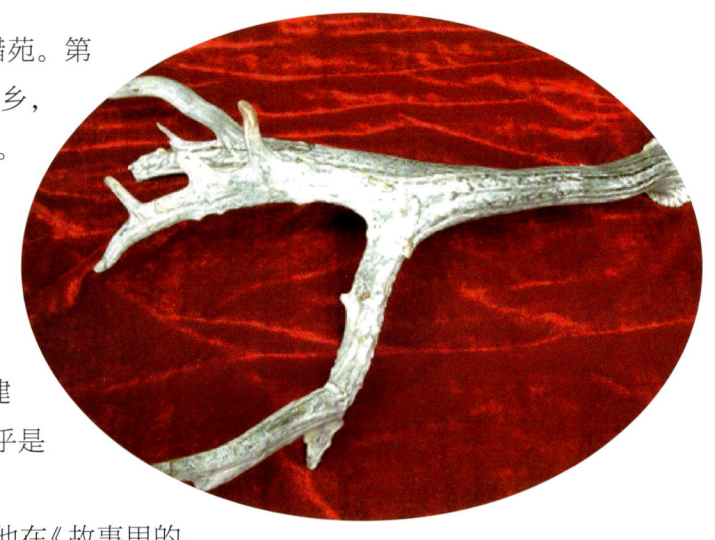

麋鹿角化石(蒋玉萍/摄)

"那是1976年冬季,我跟随公社领导带河工参加县里的牛湾河(今西团境内)疏浚工程。一天中午,好几个民工到营部反映,说工地上挖到龙角了!真的有龙吗?龙角长什么样?我十分好奇,随即放下碗筷,来到工地上的工棚。

"果真不假,一连几个工棚都有'龙角'。仔细一看,只见那些'龙角'像坚硬的树枝一样,长一米左右不等,质地坚硬,主枝上有两处分枝,分枝上又有分叉,真有点像动画片中看到的'龙角'。

"真的是'龙角'吗?我想到了我的老领导时任县委办公室主任施云泽同志,他学识渊博,素有'博士'之美称。我立即带上一只'龙角'去县城向他请教。他反复揣摩,也说没见过,于是便向省市有关部门进行了汇报。

"大约是第三天,省市来了专家到实地进行考察。几天后,省里专家有了答复:'不是龙角,是麋鹿的角,已经形成亚化石。时间距今20000—6000年。'并推断因未发现麋鹿的其他骨骼,应属自然脱落。"

此后不久,三圩公社(现属刘庄镇)境内发现了麋鹿头盖化石,以后又在草堰等多处发现麋鹿化石,其中还有几十具完整的骨架。

这一连串的发现,揭示了一个远古的动物世界:大丰或其附近曾经应该是麋鹿活跃的天堂。这也佐证了专家们关于7000年前江苏沿海大陆再一次在海中升起的论断。即使大丰在这次抬升中搭不上边,6000年前还是黄海的组成部分,并未成陆,不可能成为麋鹿的栖息地,那么这些麋鹿也有可能来自附近的古海陵(今泰州及其下游一带)。古海陵滨江临海,应是麋鹿的乐土。事实正是如此。我们在张华的《博物志》中看到,"海陵抚江接海,多麋兽,千百为群"。

然而，古海陵的麋鹿怎么又会跑到大丰来成为"化石"呢？我们可以推测一下：在一次大洪水暴发的时候，成群成群的麋鹿无处可逃，被卷入激流，最终葬身大海，其中一部分在大丰这一"海底"埋了下来，经过成千上万年，成为今天偶尔发现的亚化石。我们从这些化石所处的位置看，一般都在海平面以下1—3米，而且都聚集在大丰的西部地带，证明这样的推测是有历史依据的。

大丰麋鹿亚化石的发现预示着什么呢？大丰人当时一无所知，但又似有所待。不久，首先迎来的是几位中外专家。原来几乎就在大丰发现化石的同时，远在天边的世界野生动物基金会和联合国国际自然保护协会联合发出了恢复麋鹿的野生种群、让麋鹿回归故里的倡议。就这样，哈特·贾杰尤斯、曹克清、王玉玺等专家学者受我国林业部委托，从辽宁到广西沿海进行实地考察，为建麋鹿自然保护区选址。

大丰美丽的生态环境让专家们激动不已。在丰期间，专家们调阅了大量数据资料，进行了纵横比较和筛选，最终认定位于黄海之滨的大丰滩涂，生态环境与麋鹿的古生境极为相似，是建保护区的最佳选地。其中，麋鹿化石的作用自不用说。

接着，人们又等来了建区的红头文件，等来了上级的划拨资金，直到1986年8月，最终迎来了39头麋鹿。

走近麋鹿

保护区是一片年轻的土地，典型的黄海淤积平原沼泽地，土壤为盐渍冲击沙土，成陆不足200年。受大陆性和海洋性双重气候的影响，气候属亚热带与暖温带的过渡地段，无霜期长，年平均气温14.1℃，最高气温39℃，最低气温-12.3℃；年降水量1068毫米，平均风速3.9米/秒，雨水充沛，四季分明。区内生境多异，弯曲的港汊蜿蜒交错，盐土沼泽星罗棋布，光裸地、草地、芦苇滩、浦荡、刺槐林、灌木丛等，一切皆成原始组合，自生自灭。这里是天然的生物圈，有植物499种，昆虫599种，兽类10多种，两栖爬行类30多种，鸟类315种，其中震旦鸦雀、白尾海雕等7种动物被列入世界自然资源保护联盟濒危物种红皮书，30多种动植物是国家一、二类保护对象。这里的自然环境，正好迎合了麋鹿喜盐碱、喜沼泽、喜温暖湿润气候的生活习性。保护区创建37年，麋鹿从开始的39头发展到现在的7000多头，增长了近200倍，成为世界上最大的麋鹿种群。

麋鹿的生活适应季节的韵律。在花红草青的春季，它们需要换毛，改着轻盈的春装，雄麋鹿还要换角，长出新的如血的鹿茸，渐渐地，生命的能量在如丝的春雨中得到恢复和增强。初夏，雨水灌满了沟壑沼泽，这时电闪雷鸣，风呼云疾，正是麋鹿释放激情的时候，麋鹿王承担着种群延续的重任。秋风送爽，天高云淡，滩涂上开满了狼尾巴花，麋鹿们忙着催肥，为过冬积聚足够的脂肪。最悠闲的是冬天，麋鹿群在向阳的沟坎和避风的沙滩上晒太阳。雨雪天，它们依偎在一起，抵御严寒，有时整天不吃不喝，等待着春天的到来。

麋鹿的孕期长达9个半月以上，一年一胎，一胎一仔。麋仔在第二年春天降生，出生后即可站立、行走，表现出适应野生环境的顽强生命力。6个月后，它们独自谋生，随麋鹿群往来，再不依恋其母。

据《封神演义》所记，麋鹿与仙鹤总是形影不离。其实今天人们才发现，与麋鹿同行的应该是白鹭。在保护区，只要看到有白鹭盘旋，下面一定有麋鹿，因为麋鹿身上的一种寄生虫，总是吸引着馋嘴的白鹭，所以白鹭骑麋鹿应是从古至今不变的画面。

五月底的大丰滩涂，处处生机盎然，绿茵一片，雌麋鹿们开始进入发情期。这时，它们释放出一种特殊的气味，弥漫在距地面5米之内的空气中，吸引雄麋鹿们。但按照麋鹿王国的规矩，求偶权不是每一头雄麋鹿都有的，只有通过严格的竞争和一对一的实力较量之后产生的新麋鹿王才能获得。这样，一场残酷的、充满血腥的战斗不可避免。

雄麋鹿们开始武装自己，浑身涂满泥巴，头角顶上青草，俨然戴盔披甲的武士。当然，这也是发出挑战的信号。赛场不需选择，随地进行；对手无须编排，两两一组，自由组合，实行单循环淘汰。雌麋鹿和未成年的小鹿们组成啦啦队，是观众也是裁判。接下去数天，雄麋鹿们使出浑身解数，胜者和胜者过招。麋鹿群有大小，其中雄麋鹿数量也有多有少，但不管多少，竞争的战斗同样激烈、公正，直到最后。它们格斗的武器是硕大多枝的双角，尖锐又坚

争雄（李玉生/摄）

硬。交战中，有的脖子和腹部被刺破，鲜血淋漓仍不下"火线"；有的角枝被撞断，落荒而逃，场面十分激烈和壮观。最后，赛场上只剩下两头雄麋鹿，这是争夺王位的最后一战。

其实，这两名选手无论从体形、外貌、实力以及技巧等诸多方面看，应该说都是优秀的，但不能不战，因为王位只有一个。用不着谁发号口令，两头健硕威武的雄麋鹿已开始战斗。它们一会儿两角相撞，清脆的"咯咯"声传得很远，看谁的武器好；一会儿两角相抵，忽然前进几十步又后退几十步，比谁的爆发力强；一会儿又两角相持，两个庞大的身躯仿佛雕塑一般，纹丝不动，比谁的耐力和心理素质棒。它们就这样变换着招式和节奏，十几个回合竟不分胜负。紧张激烈的战斗有时需要延续到第二天凌晨，直到新一代麋鹿王的诞生。

景点鸟瞰

江苏大丰麋鹿国家级自然保护区总面积78000公顷，其中核心区2668公顷，缓冲区2220公顷，实验区73112公顷，是世界占地面积最大的麋鹿自然保护区，拥有世界最大的野生麋鹿种群，建立了世界最大的麋鹿基因库。麋鹿园内可以划舟游览，可以登塔远眺，也可以乘电瓶车与麋鹿近距离接触。

封神台（塔） 根据姜子牙筑台封神的传说修建。元始天尊命姜子牙下山辅助周武王，兴周灭纣。姜子牙骑着"四不像"四处游说，并在东海之滨筑台封神，使得六神归位、百战百

名胜古迹

封神台（塔）(唐颖涛/摄)

胜。这座封神台（塔）高39米，暗合当年回归的39头麋鹿之数。台（塔）的特别之处，是第五层没有门。因为保护区建立之初，水资源供应严重不足，想建座水塔。可是这样做在和谐自然的生态景观中显得不伦不类，于是把第五层作为储水库，既解决了供水问题，又便于游客观光赏景。

观鹿台（李玉生/摄）

观鹿台 这是仿北京南郊的观鹿台建设的。这个观鹿台，是为了给游客看鹿方便。观鹿台的台阶是39层，并被分成三个组成部分，象征了保护区发展的三个阶段：引种扩群、行为再塑、野生放养。在此，游客们可以享受到皇家的待遇，看到自然状态下的麋鹿。

听嗷坡 这是为麋鹿而建的纪念碑，这里安息着1986年回归的39头麋鹿。它们完成了祖先回家的夙愿，在黄海滩涂上扎根、繁衍，使麋鹿家族香火兴旺。如今保护区内的数千头麋鹿都是他们的后代。当初它们当中年龄最小的2岁，最大的7岁，麋鹿的理论寿命是25年，实际只有17—18年。当年39头麋鹿就是在这儿走下储运柜，呦呦几声，奔向一望无际的黄海滩涂。因此，这儿又有一个好听的名字叫听嗷坡。

《麋鹿本纪》书法石刻 世界上最长的以麋鹿文化为题材的石刻书法长廊。全长42米，高3.9米，39块黑色大理石镶嵌在古朴的长廊上。寓意39头麋鹿的后代家族旺盛、繁衍绵长。《麋鹿本纪》全文由知名麋鹿文化研究学者马连义先生撰稿，书法家张重光先生草书。它以《史记》中记载皇家历史的体例"本纪"的形式，用文言文记述了麋鹿（兽类的王）的起源、与先民共存、惨遭猎杀、深居园囿、飘零异乡、绝处逢生、回归故土、种群复兴的坎坷历史。它集书法、石刻、美文、历史于一体，具有一定的文化欣赏价值。

生物大观园 热带雨林的奇异风貌、世界各种地貌的沧桑变化、蝴蝶谷的神秘悠远以及"地球之肾"的奇特容颜……这里汇集了海、陆、空中各种珍稀动物的标本以及相关知识，是对中小学生进行科普教育的上佳去处。

野鹿荡（世界暗夜星空保护地）

大丰滩涂湿地走廊的偏南端，麋鹿保护区北侧相距8千米之处，有一片被特别保护的草滩。因为这里正常有放归大自然的麋鹿出没，又因为麋鹿保护区核心区名叫鸭儿荡，创办者给取了一个很接地气的名字——野鹿荡。野鹿荡，突出了这片土地的主角，保护了滩涂原始生态的最后一点尊严。

野鹿荡区位独特，处于盐城世界自然遗产地中心、古长江北入海口和古黄（淮）河南入海口交汇之处，地理标注为"中国陆地从这里走向海洋"。因此，野鹿荡可以与青藏高原三江源头尾呼应，成为中国大河文明的归属地之一。这种独具特色的区域文化符号，已经被列为中国科学院战略性先导科技专项课题，并进行了"长江三角洲北区冰后期古环境"研究的先期发掘勘探。专家团队取出1万年以来各个时期的土质芯片，其中有235件岩心微体化石，包括有孔虫、介形虫、古代孢子花粉等微体化石。这项研究，对揭示长江三角洲北区地质演化历史具有重要意义。

野鹿荡是一片天然的草场，范围虽不足200公顷，但沟壑纵横，草木连天。野兔随地走，鹿鸣蛙不惊；天高有飞鸟，地旷无人烟。这里是只有太阳和月亮映照，没有人造光源干扰的世界。到了夜晚，浩瀚的星空可以没有丝毫遮拦地尽显神奇之美。世界自然保护联盟（IUCN）最新版本《世界暗夜保护地名录》，新收录了4家中国暗夜星空保护地为新成员，江苏盐城黄海湿地大丰野鹿荡名列其中。从此，野鹿荡多了一层被外界关注的理由。

野鹿荡（李玉生/摄）

野鹿荡的地理标志（李玉生/摄）

夜晚的星空充满神奇和未知。数千年来人类一直仰望星空，诞生了天文科学以及许多神话传说。但近百年来，由于城市化提速以及过度使用照明导致光污染蔓延，全球大约有三分之二的城市已看不到银河和主要星座，人与生物圈的夜间环境受到破坏和侵蚀，天文科学观测受到干扰，人类共同的星空资源和遗产正在缺失。野鹿荡位于人口稠密、经济相对发达的长三角地区。在城市和集镇，夜晚的星空已经普遍成为稀缺资源，而这里，26平方千米的范围内没有光污染，值得倍加珍惜。因此，在这里设立"暗夜星空保护地"，为子孙后代保留原生态的夜环境，有着十分重要的社会环保和科普教育意义。

野鹿荡区域平均全年可观察星空的时间达238天，这里设立的国家自动气象观察台是仰望星空的最佳位置。夏夜银河、冬季猎户星座清晰可见。这个地方可以直接看到6级的星等，同时一个重要的指标就是能看到星团。比如，可以清晰地看到M31，也就是仙女座星团。有专家说，野鹿荡比太行山区空气质量还要好。进入8月后，如果天气晴好，人们一入夜就能在头顶看到由3颗亮闪闪的星星组成的一个大直角三角形,这就是鼎鼎有名的"夏季大三角"。而组成大三角的3位"明星"分别是天琴座的织女星、天鹰座的牛郎星和天鹅座的天津四。每年如遇重大的天文气象,比如流星雨,会吸引很多"天文迷"来这里观赏。

南京师范大学生科院戴亦军教授这样评价野鹿荡:"位于世界自然遗产盐城黄海湿地上的野鹿荡,建成世界级别的暗夜星空保护地,说明当地生态保护措施得力,通过控制光污染有效保护了畏光生物与人类健康,促进了星空资源的探索研究,也向世界展示了黄海湿地独特的迷人风情和原生态文化。"

大丰人懂得,暗夜星空是人类共同的、普遍的自然与文化资源和遗产,是生态环境不可分割的组成部分。应该重视应对日益严重的光污染,使各类动植物赖以生存的夜间环境得以维系,使人类世世代代能够观测和享受到清朗的星空。

野鹿荡还是江苏省沿海野草种子基因库。通过田野调查,发现485种野草,其中包括原生野大豆、野草莓、水中野菱等濒临灭绝的物种。

除生物多样性保护外,野鹿荡亦可称为富含乡村风土味的人文科普乐园。本场人文博物馆就坐落在这里。国家文物局信息显示,这里有相关藏品495件。大丰学者把本场人作为一个亚民族族群来研究,这在全国绝无仅有。

星空在这里没有遮拦(佚名/摄)

大丰港景区

从地图上看,大丰的地理形状像只喇叭,又像只装金盛银的簸箕,口就对着黄海。直到20世纪80年代末,人们才读懂它的含义,原来这儿有个深水大港。

黄海有一层羞涩的面纱,等待人们去掀开。经过河海大学、南京大学和交通部第三航务工程勘察设计院的实地勘察,认定大丰境内的西洋水域有建深港的条件。这片深水带被定名为"西洋深槽"。西洋深槽主槽沿岸走向由北偏西至南偏东,与海岸大体平行,潮滩宽10千米—13千米,-15米等深线长55千米,宽3千米—4千米,与外海深入贯通;-20米等深线深槽宽1.5千米,长5千米以上,水域面积7—8平方千米,最深处-30米以上,距岸16千米。如此水域条件,符合兴建3万吨—5万吨乃至20万吨级的大型深水泊位的要求。而且潮差大,潮流强,实测平均潮差达3.67米,最大可达7.5米,大潮涨落时最大流速2.55米/秒。在如此强潮汐的长期冲刷下,主槽得以保持相对稳定的水深和平面形态,对建港十分有利。还有一点,由于受港外小阴沙、亮月沙、东沙等巨大辐射沙洲的掩护,西洋水域风浪小,可谓有风不起浪或狂风无大浪,平均浪高只有0.7米,而大海中十几米的狂浪是常见的。

"杨家有女初长成,养在深闺人未识。"西洋深槽宛如一位亭亭玉立的少女,从"深闺"中走出,专家们也感叹不已:"淤泥质海岸有如此良港,太神奇了!"

夕阳下的港湾(李玉生/摄)

大丰人通向世界的海上之路,已由憧憬走向现实。

1991年,大丰人正式起步规划大丰港。1998年,经过8年科学严谨的论证,大丰港正式开工建设。2005年,历经条条沟坎,克服重重困难,终于建成了大丰港一期码头。2006年6月,国务院批准大丰港为国家一类对外开放口岸。这是继连云港后江苏省第二个沿海一类开放口岸。2009年,大丰港5万吨—10万吨级码头建成通航,首次在江苏沿海中部开辟了一条连接苏中、苏北平原乃至淮河流域新的进出世界市场的大通道。如今,大丰人正抢抓"一带一路"、江苏沿海开发、长三角一体化、中韩自贸区建设等重大机遇,以惊人的速度崛起,向世界展示这片土地的巨大活力,演绎着惊天动地的传奇与壮举。因为大丰港,沉寂千年的大丰沿海,从闭塞的"角落"一步踏入对外开放的前沿。在这条黄金海岸线上,一个个码头崭露头角,一座座地标性建筑拔地而起,一批批新兴产业项目蜂拥而至。占尽天时、地利、人和的"大丰号"巨轮,正在逐梦深蓝,破浪前行。

西洋深槽为大丰带来了一座港口新城,也带来了一片美丽的风景。

大丰港海洋世界

大丰港海洋世界是国家AAAA级景区,融合了港区、港口、港城风景,开发建设以海洋风光为主题的观光休闲与科普互动的黄海特色旅游,致力打造中国东部沿海知名旅游景点。

景区由海洋科技馆、海洋水族馆、海洋植物馆、明月湖、海洋剧场、海洋儿童乐园、海洋时尚美食坊、海滨驿站、游客中心等部分组成。这里是唯一可以与"美人鱼"近距离接触的地方。

大丰港海洋世界(周古凯/摄)

海洋科技馆占地面积1.8万平方米,分为三层。一层由大厅、海洋迪士尼和海洋好莱坞三部分组成。大厅中央是长30米、宽4米的LED显示大屏,循环播放有关海洋与生命的宣传片。上方悬挂的是两条世界最大哺乳动物蓝鲸的模型。

海洋迪士尼是国内首个集互动、科普、观光于一体,以海洋为主题的情景剧式互动体验馆。该馆通过知识性、趣味性、实用性极强的现代科技演示,向游客展示海洋的无穷魅力。其中包含海的蕴育、极地世界、海底万象、神秘海底屋、逃离百慕大等形式多样的小游戏,让游客在游戏中学习海洋知识。

大厅北侧的海洋好莱坞内有沉浸式4D动感影院,根据影片的情景精心设计出烟雾、雨、光电、气泡等效果,使观众身临其境地感受到震动、坠落、吹风、喷水等场景。

大丰港动物园

大丰港动物园位于大丰港经济开发区青岛港路东侧,依日月湖傍水而建,占地面积约33万平方米,由丹顶鹤珍禽园扩建而成。

动物园主要分3个区域:北区为麋鹿苑,主要有麋鹿等食草动物;中区为珍禽园,以各种珍稀鸟类为主要看点;南区有大熊猫乐园、虎狮熊豹猛兽馆、动物表演场和亲子动物区等景点。园内共有各种珍稀鸟类300余种6000多只,有麋鹿、丹顶鹤、东北虎等10多种国家一类保护动物,更有法国黑天鹅、南美金刚鹦鹉等10多种世界珍稀野生动物。

动物园里的熊猫有不一样的玩法(周古凯/摄)

大丰港动物园动物展区是根据动物习性建造的,营造了各有特色的室内、室外和不同季节的良好生活环境,满足动物的不同生活要求。如大熊猫乐园里栽植了20万株的竹林,"花果山"则布设了多座假山,适应熊猫、猕猴的生活习性。

兽王馆位于动物园西南角,面积约3000平方米,分为6个圈舍,分别住着东北虎、狮子、白虎、黑熊、棕熊、豹子。与兽王馆隔路相望的就是动物奥林匹克大舞台,整个表演区占地约500平方米,可同时容纳200余人观看演出。

日月湖慢城

这是一处整合了约1.2平方千米日月湖水面生态资源而形成的景区,集生态观光、休闲度假及健身活动于一体的综合性设施,其慢行系统总里程约30千米。沿着日月湖生态岸线、半岛温泉酒店、儿童主题乐园、星湖公园、莎士比亚小镇、大丰港国际商务中心、日月湖广场等

日月湖夕照(任嵘/摄)

景点,漫步徐行,美景尽收眼底,健身乐在其中,令人心旷神怡。

东沙岛

与滩涂走廊相对,隔着一片海水,那便是神奇的东沙岛。此东沙岛非南海的东沙岛,南海的东沙岛大小仅1.8平方千米,而此东沙岛面积超过1200平方千米,是国内最大的一座泥沙岛屿,被人们称作"东方第一沙洲"。

东沙岛的横空出世,据专家说是由从南向北的东海前进波夹带的长江泥沙,与由北向南的黄海近海左旋转波夹带的黄河泥沙,汇聚于此沉积而成。可见,此岛是典型的江河孕育的产儿。东沙岛距离大丰的川东港海岸最近,只有12千米。从王港闸登舟逐浪东去,用不了

东沙岛风光(周古凯/摄)

2个小时（离海岸25千米），就可看到它绰约的身姿，仿佛一个漂浮在大海之上的橄榄球。因为它处于海岸的东方，又是由泥沙构成，故名东沙。但人们并不知它形成于何时，也说不清它会如何演变，只看到它随潮沉浮，每天两次出现在苍茫大海中，风雨无阻，雷打不动。低潮时，它会露出六七百平方千米的沙滩，高潮时有可能不见它的一点身影。

东沙并非印象中常见的淤泥型地表，其地异常坚硬。退潮后的东沙是一片生机勃勃的存在，更是海鸟的天堂。鸟儿们在大海上飞累了，在此有了落脚表演的舞台。它们浅飞低唱，抓住机会或觅食饮水，或清洗着羽毛，或相互嬉戏逗趣。还有的一会儿从海水中升腾而上，激发出无限的冲力；一会儿又从淤泥里翻滚着跃起，操练起超低空搏击的技巧。多少年来，东沙的海鸟一直这样，以滩为家，与涛为伴，携浪共舞，与美好的大自然和谐共生，展示着顽强的生命力。裸露的沙滩上，各种鱼虾贝类，肆无忌惮地摆弄着自己的身姿，自由自在的样子，显示它们才是东沙岛的主人。这一海域还是海中"软黄金"中华鳗的主产区和"水中大熊猫"中华鲟的保护区。资料显示，就在这块沙滩上，生存着1000多种海洋生物，其中珍稀种类高达10%，曾被国际上认定绝迹的黑嘴鸥和扁嘴海雀，在这里竟也能奇迹般地出现。

东沙是一片巨大的"海上牧场"。每年春季，上百种鱼、虾、蟹、贝都相约来此，在沙洲的涛声浪窝里产卵育雏。接着，东沙的海面上就会出现一层层、一片片、一群群新的小生灵，争相依偎在"鱼娘娘""蟹妈妈""虾婆婆"的身旁，那纵情撒欢的情景让人惊叹不已。东沙的渔汛从每年3月就可开始。3月是虾汛。那时海面上布满了捕虾船，一张张大网正对着迎面而来的虾群。清明过后，东沙海域的渔汛接二连三，继3月的红虾汛之后，依次会迎来4月梅头、凤尾汛；5月鳓鱼、马鲛汛；6月鲳鱼、黄蛄汛；7月美鱼、梭子蟹汛；8月海蜇汛；9月梭子鱼汛；10月秋板鱼汛。就在10月，如果你来得够巧，还可遇见一场"推浪鱼汛"，那将是一场激情澎湃的视觉盛宴。海面上万千条推浪鱼逆流而上，它们顶着潮头，口吐气泡，整个海面都沸腾起来，那是它们积蓄了半年乃至一年的力量。不过，现在有很长一段时间的休渔期，黄海都是禁捕的。东沙的捕捞季，相对集中在8月以后。

在东沙，生命的色彩似乎都是以灰黄的色调出现的。而旺盛的生命群体中，灰褐色的紫菜应该是这片土地上的一个另类。在东沙靠近大丰方向的海域，广袤的滩涂上有一片总面积超过130平方千米的紫菜基地。紫菜生长在专门搭制的网架上，以一种坚韧的姿态向大海延伸，就像一个坚毅的汉子沉默地坚守在大海深处。涨潮时，它们将身体深埋进大海，接收海水的润泽；落潮时，则走上地面，享受太阳的照耀或者月光的抚摸。紫菜的种植工艺比较简单，除了种植时必须为网绳和支架喷洒几次必要的除虫防腐剂，平时则基本上无人看管。东沙紫菜9月育苗，10月出苗，出苗后上岸冷冻处理绿藻，11月重新下海生长，待到12月下旬开始收割。紫菜的收割就跟韭菜差不多，割完1次等15天左右再割，一

紫菜养殖（周古凯/摄）

年可以割五六次。4月20日之前，紫菜收割全部结束。

紫菜收割时，种植户会驾驶着巨大的木船，开着拖拉机，将成熟的紫菜连同紫菜架一起采摘下来，运上船，再拖上岸。在滩涂上收获紫菜并不是轻松的活，紫菜生长的区域遍地淤泥，刚刚落去潮水的新鲜紫菜挂满水滴。面对130多平方千米的紫菜，人们往往要收割整整一个星期，如遇到阴雨，时间则会更长。这时，拖拉机的阵阵轰鸣声会打破东沙往日的平静，但寂寞和单调仍会伴随劳作者左右。所以，在滩涂上开拖拉机的人，会突然将油门踩得很足，速度开得飞快，有时候，师傅还会故意将线路开偏，放松一下心情，感受一马平川的风景。粗大的车轮在滩涂上碾出一排排印迹，顷刻间又被渗出的水渍覆盖，很快恢复原样。为了驱赶寂寞，他们有时会尽情吆喝、歌唱，因为没有外人会听到，更没有人会与你计较。

东沙岛也是一个危机四伏的所在，曾经发生过的一次次海难令人心悚。仅仅1990年以来的30多年里，在东沙一带遭遇海难的就有200多人。最严重的一次是20世纪末的一场台风，大潮突至，海上的紫菜种植户和拣拾泥螺的渔民措手不及，100多人瞬间就被大潮裹走。大自然在给人们恩惠的同时，也不时会露出凶残的獠牙。

顺应规律，敬畏自然，乃是人类向大自然索取的题中应有之义。

名胜古迹 | 181

第二节　乡村园林

　　大丰已逐渐褪去千年的"盐味"和"土味",一个重要标志便是被认定为国家全域旅游示范区。这种旅游品质除了原生态的滩涂湿地之外,是乡村的美化和园林化。在先是产盐、后来出产五谷杂粮与棉花的同一片土地上,现在开满了桃花、梨花、百合花,还有那金灿灿的郁金香和紫色的薰衣草。大丰正像一位少女,开始注重装扮自己。她用欣赏的目光看世界,追寻着时尚与典丽,把最美好的一面呈现出来。

荷兰花海

　　荷兰花海是国家AAAA级旅游景区,位于大丰城北,紧邻徐大高速、盐洛高速大丰北出口。

荷兰花海是21世纪初大丰产业转型升级的一部力作，一个奇迹。其出现正像当年的废灶兴垦一样，具有标志性意义。决策者以超前胜算的眼光和非凡的气魄，把一片美丽写在2平方千米的荒滩上。

谈到花海的发起创建，绕不开一个人，他就是荷兰水利专家亨利克·特莱克（Hendrik de Rijke，1890—1919）。特莱克是大丰废灶兴垦中农田建设的规划师。在大丰工作的时间不长，但他的智慧和业绩，至今仍留给大丰人太多的感动与怀念。因为他，大丰人不仅知道了荷兰，而且知道了与众不同的郁金香。

郁金香是欧洲一种名贵的植物，是荷兰的国花，被称为"夜皇后""花中女王"。从外形看，它生来就带着高贵。花朵高高在上，远离根茎，花柄又直又长，花朵聚拢在花柄顶端，花形硕大，形态优美，仿佛一位亭亭玉立的少女，是一种观赏性极强的花卉。

郁金香的故事性也比较强。相传在17世纪的奥斯曼帝国，城邦大帝为了显示出贵族的高贵特质，特意命人在后花园中培育了这种花，只供贵族欣赏。后来，随着培育技术的发展，郁金香的种类和颜色也繁多起来，有黄色、红色、粉红色、白色、紫色，还有比较珍贵的黑色、双色和羽毛色。

又传说，有一位国王的女儿同时受到三位骑士的爱慕，其中第一位送给了她一把剑，第二位送给她金子，第三位送给她一顶王冠。小公主不知该如何抉择，就请求花神帮忙。花神觉得三位骑士都很优秀，就把三位骑士赠送的王冠、宝剑、黄金分别变化成郁金香的花蕾、叶子和球根。这样，郁金香就成了爱神之花，成了爱的象征和爱情的化身。

郁金香因为颜色不同，表达爱的内涵不尽相同。白色的郁金香给人清爽、干净的感觉，寓意纯洁、典雅，表达纯洁的爱恋；红色的郁金香代表热情、热烈的爱，如一团火焰，花语是表白，一般送给亲密的恋人；黄色的郁金香给人高贵的感觉，象征友谊的珍贵，表示对方在你心里分量特别重；粉红色的郁金香是娇媚、浪漫的象征，代表着爱情的永恒；黑色的郁金香表达的是忧郁的爱情，往往象征着爱而不得；还有一种比较特殊的紫色郁金香，象征着忠诚与高贵，传递着爱的忠贞。

花之春（李玉生/摄）

郁金香现在世界各地都有种植，郁金香文化已经被全世界广泛接受。大丰荷兰花海的横空出世不负众望，她成了大众眼中的童话小镇，更是一片爱的绿洲，成为"爱"文化传播与教育的殿堂。

走进花海，走进春夏。春天是郁金香尽显浪漫的季节，荷兰花海盛开有300多个品种3000多万株郁金香。其中由荷兰花卉专家尼可培育的早花品种"大丰"和中花品种"红美人"更具风情。"大丰"初花时为红色，盛花时为橙色；而"红美人"花色纯红，颜色亮丽，花朵硕大，尤其养眼。这期间的花海，浓墨重彩，红一片、紫一片、白一片、黄一片，片片相连，斑斓交错，宛如天上瑰丽的云彩。置身花海，与郁金香对话，与爱的"天使"相拥，天地间所有的美丽集于眼前，世上所有的幸福凝于瞬间，犹如进入"起舞弄清影，何似在人间"的诗词境界。

夏天的花海热烈而不失安详。玫瑰花墙与绵延的薰衣草搭起花海的骨架，绣球花、蔷薇花、紫薇花随意开放；紫红色的马鞭草、蓝紫色的鼠尾草、橙黄的波斯菊、粉白相间的醉蝶花争妍斗艳，共同织成关于夏的七彩仙境。有着闲情逸致的游人，喜欢在花荫下看池塘里嬉戏的黑天鹅，享受这人、鹅共处的和谐时光。

走进花海，走进秋天。你方唱罢我登场，秋天郁金香的花期已过，百合花成了花海的主场。园区有150多个百合品种，白雪片片，香气袭人，花期长达月余。百合花是吉祥的花，顾名思义，有百事合心之意，其鳞、茎、瓣紧抱，象征团结友好。民间常用百合花作喜庆吉日的馈赠礼品。婚礼上赠送百合，寓意新人百年好合，婚姻幸福美满，子孙满堂。花海里随处可见拍摄婚纱照的新人，他们将签下新的约定，要让百合花成为自己与心上人共度一生的象征与见证。

荷兰花海四季花开，各有风韵。

走进花海，走进七彩风车。赤橙黄绿青蓝紫的风车，既是风景，也是袖珍型的风车客栈。客栈有上、下两层，下层为休闲区，上层为客房，温馨似爱的小巢。俯视车窗外，花海、秋千、小桥、草坪、白色老爷车、热气球尽收眼底，还有低头吃草的仿真斑点奶牛、花式长廊以及远方的教堂，身临其境，思绪在梦幻和现实中交错，感觉置身于欧洲的异域他乡。

走进花海，走进4D影院。戴上VR眼镜，来一场惊悚刺激的视觉大旅行。《小辛历险记》

花海近景（李玉生/摄）

《海龟之旅》《古墓迷窟》《灾难警示录》和《四季》等循环播放。在一番惊心动魄的体验之余，人们感叹的不单是科技如此神奇，还有对花海的满足与留恋。

走进花海，走进婚庆中心。园区里空气是甜的，有属于恋人的情调。"I LOVE YOU"的标记不仅点缀在花丛中，也装饰着每处建筑和每个角落。爱的旋律飘扬在蓝天下，白色的花艺长廊镶嵌在舞台边，纤柔的白纱幔随风起舞。荷兰风情街人头攒动，哥特式的圣劳伦斯教堂钟声回荡。这里不时会举办一场场隆重的婚礼，恋人们爱的小舟从此远航。

走进花海，走进《戏剧幻城》。《只有爱·戏剧幻城》是王潮歌"只有"系列的第二部作品，也是她为荷兰花海量身打造的唯爱不败沉浸式实景互动剧作。王潮歌坦言，是荷兰花海的3000多万株鲜花、每年到此的12000对新人以及在此许下终身的5000对青年，给了自己最丰沛的创作灵感。

"只有爱·戏剧幻城"探索文旅融合新模式，成为盐城新地标、网红打卡地，获得央视点赞。该剧从"戏剧+"的总体构架出发，将爱情与花海巧妙融合，观众在观赏戏

"只有爱·戏剧幻城"（李玉生/摄）

名胜古迹 | **185**

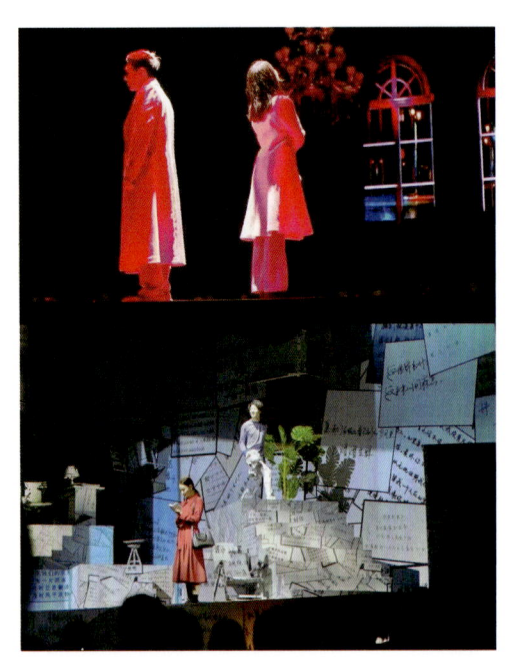

《爱情的拷问》（李玉生/摄）

特莱克塑像（周古凯/摄）

剧的同时，也不自觉地成为戏剧的一部分。在这里，王潮歌突破了以往创作的边界，首次推出如月、如心、如花、如歌、如故、如意六大主题剧场，每天有"50+"戏剧同时上演。对于"一次无法完全看完，每进入一个剧场时，观众都要在众多的戏剧中做出选择"的情形，王潮歌表示，这种有选择也有错过的观剧方式，不仅吸引观众多次观看，而且暗喻爱情中充满了选择，也难免要面对错过。

"只有爱·戏剧幻城"是集中讨论男女爱情的地方。有了它，短暂的几十分钟不仅给人以情感的震撼，而且让观众收获了思考的答案：人世间爱是千年不朽的，爱是非此即彼的，爱是关乎生死的，爱是没有对错的！

徜徉花海，徜徉在爱的海洋。

因为爱，只有爱，所以爱。2016年4月9日，国际著名雕塑大师吴为山先生来到荷兰花海，与荷兰驻华大使凯罗一起，为他创作的特莱克青铜塑像揭幕。特莱克塑像高2.3米，身着西装，左手紧握一卷设计图纸，眼光注视着前方一片宽阔的水域，身后是圣劳伦斯教堂。微风中，塑像更显神态坚毅，风度翩翩。

荷兰花海是一条国际文化友谊的纽带。人们不会忘记，100年前的特莱克正是这条纽带最初的编织者。

西郊梅园（梅花湾）

西郊梅园（梅花湾）位于城区西郊，是国家AAAA级旅游景区，它是以梅花为主题的湖上园林。

提起园林，人们首先会想起江南，想起苏州

和扬州。苏州在春秋时代就开始建造园林,如姑苏台、虎丘、馆娃宫、鹿苑、梧桐园等,至今为人们知晓。苏州园林的特色是移步换景,咫尺之内再造乾坤。因为园林占地面积比较小,在有限的空间内点缀假山、树木,安排亭台楼阁、池塘小桥,给人以小中见大的艺术效果。扬州园林则借鉴了苏州园林的造园手法,因文人荟萃,在园中安排了如"琴室""吹箫亭""木樨书屋"等实景,所以又多了些文人的书卷气。

如果说江南园林以高雅的品质见长,那么西郊梅园则在高雅之上又尽显大气与旷达。就规模而言,西郊梅园占地2平方千米,抵得上一个半瘦西湖。它依托老斗龙港裁弯的河道及周围的港汊湖泊,利用生态修复开挖的余土堆山,清淤为池,借助原有的生态水景和自然风光,栽植梅花、香樟、桂花、广玉兰、樱花、海棠等名贵树木花草,配以假山、桥梁、建筑以及林荫大道,成为大众观光旅游、休闲健身的生态园林。

园林以梅花为主题,精心打造了约13万平方米梅苑。梅苑中植有梅树近2万株,有骨红、朱砂、绿萼、美人梅、宫粉梅、江梅、垂枝梅等200多个品种。其中有生长了500年的"梅王""梅后",还有植于宋代至今800多年的老桩梅,使整个园林充满了岁月感。此外,岁寒三友"松、竹、梅"和"梅、兰、竹、菊"四君子点缀其间,气韵飘动,情趣盎然。

按照江南园林的造园理念,欣赏园林要从山石、水系、建筑和花木等方面着眼。如果把园林视作一位美人,山石是她的骨骼,水系是她的血脉,建筑是她的五官,而花木则是她的毛

大气之作梅花湾(李玉生/摄)

梅园（李玉生/摄）

发。从这些要素出发，我们看到的不单是园林的形，还有园林的神。

西郊梅园的湖水是来自斗龙港的活水，上接江湖，下达于海。整个湖面呈桃形分布，河面清漪，水波不兴。有鸟儿不时飞过，在湖面上留下一行行清晰的倒影。莲舟弄波，游人呼唤，梅湖倒也不失生机和情趣。自从苏东坡写下"欲把西湖比西子，淡妆浓抹总相宜"的诗句以后，似乎所有的湖泊与女人都有了联系。西郊梅园的梅湖也不例外，她就像一名少女静静地守候在梅花园中，楚楚动人，我见犹怜。

西郊梅园的建筑呈块状分布，突出实用及装饰功能。从整体审美来说，起到了画龙点睛的作用。

喜欢怀古的人，面对满园梅花，会情不自禁地发一通思古之幽情，也就自然会联想起当年范仲淹在西溪工作的一些逸事。

范仲淹在西溪做盐官时，他的两位前任是吕夷简和晏殊，后来都做了宰相。据说，吕夷简在西溪时觉得自己当盐官是大材小用，便以种花赏梅自娱。曾手植牡丹，护以朱栏，精心养护。每年春天，花开数百朵，成为海滨奇观。他有《西溪看牡丹》诗述怀："异香秾艳厌群葩，何事栽培近海涯。开向东风应有恨，凭谁移入五侯家。"

怀才不遇是一时的情绪，但自此几任盐官都爱花倒成了一道风景。晏殊养花咏花，在西溪留下的名句是"无可奈何花落去，似曾相识燕归来"。范仲淹喜欢梅花，他的《梅花》诗写道："萧条腊后复春前，雪压霜欺未放妍。昨日倚栏枝上看，似留春意入新年。"

梅花的傲霜品格和报春迎新的勇气洋溢在字里行间。这未尝不是范仲淹人格的自我写照。

北宋开宝二年（969年），泰州盐仓监增设西溪盐仓，管辖何垛、丁溪、竹溪、南八游、北八游、紫庄等盐场。范仲淹来当盐官，友人说西溪盐官职小，又处海隅僻地，劝他另谋高就。他不以为然，毅然赴任，并写下《至西溪感赋》回答朋友兼勉励自己："谁道西溪小，西溪出大才。参知两丞相，曾向此间来。"

范仲淹在西溪，勤政爱民，成绩卓著。他目睹海潮肆虐，力主修复常丰堰。在江淮制置发运副使张纶和两淮都转运使胡令仪支持下，范仲淹出任兴化县令，主持修堤事宜，历经4年艰辛，终于筑成90千米的大海堤，人们不忘他筑堤功绩，称这条堤为"范公堤"。

范公的品格似梅花一样坚韧和芬芳，千百年来，人们以各种各样的方式纪念他。置身西郊梅园，令人有一种新的体验，那就是有一种怀念，叫情趣相投。

梅园遇《梅花三弄》（李玉生/摄）

有首歌叫《梅花泪》，歌词写得很好，最能表达游人此时的心境："那日君一别啊，今又雪花飞，思念你的歌，醉了那枝梅……待到漫山枫叶红，共吟花前，不枉此生梦一回。"

恒北村

20世纪80年代初，浙江绍兴沈园内一个取井水的人在墙壁上无意发现了一些斑驳的文字，清理之后原来是陆游的一首词《钗头凤·红酥手》。

这首词的重见天日，揭开了尘封800多年的陆游与唐婉的凄美爱情往事，让人叹息不已。

据说陆游与唐婉从小青梅竹马，19岁左右结婚，但不到三年，被母亲棒打鸳鸯，无奈休妻。几年过去了，陆游一次游览沈园时偶遇唐婉及其后来的丈夫赵士程。唐婉在征得丈夫同意后，以黄酒相待。陆游见人感怀，离开时遂乘兴在园壁上写下了这首《钗头凤·红酥手》，表达了因爱情遭到破坏而产生的痛苦、怨愤和无可奈何的感情。又隔了一年，唐婉再次游园看到了这首词，知道互相都放不下，便也和了一首《钗头凤·世情薄》，题写于旁。自此，唐婉郁郁寡欢，28岁就去世了。

故事还没有结束，唐婉去世那年陆游33岁左右。晚年的陆游至少三次来到沈园，每一次都为怀念唐婉和那次相遇而写诗,还经常在梦里回到沈园。"梦断香消四十年,沈园柳老不吹绵",唐婉去世40年了,世间还有一位痴情男子把她记在心里。

陆游的这首词写出了封建礼教下的一出爱情悲剧,具有巨大的心灵力量,其文化价值特殊。因为这首词,颓废衰败、仅存一角的沈园被修复,现在成为国家AAAAA级旅游景区、网红打卡地。

这是一首词缔造了一座园林的故事。

恒北村大门(李玉生/摄)

在大丰,我们还看到一棵梨树繁荣了一个村庄。

大中街道恒北村,从引进栽植早酥梨树开始,由一个普通村庄,发展成为全国文明村、国家级生态村、全国"一村一品"示范村、江苏省五星级乡村旅游区。恒北村入选首批"全国乡村旅游重点村"和"中国美丽休闲乡村"名单,并被国家林业和草原局评价认定为国家森

春到梨园(周左人/摄)

林乡村。当然，也是全国最大的早酥梨商品生产基地。

村里有个土专家杨进宝，对果树栽培有些研究，自己摸索了多年，有些心得，然而一直未成气候。教训是明摆着的，附近的县果园场种了几十年果树，由于土质关系，水果的品质越来越退化，以至于面临撤销转产。有专家得出结论：大丰不适宜种植果树。但杨进宝不这样认为，他觉得是品种驯化度不够。因此，为了找寻到适合当地碱性土壤生长的优良品种，他学着苏联科学家米丘林的样，跑遍了大江南北，最后在中国农业科学院果树研究所发现了早酥梨。

早酥梨是一个梨树新品种，刚杂交定型不久，特点是适应范围广，苏北沿海地区完全可以栽培；而且丰产、果形大、果心小、肉细味甜、酥脆多汁，品质上乘。早酥梨成熟期在七月下旬，抗黑星病，是很有发展前景的优良早熟品种。

杨进宝如获至宝，高价买回几株在自家地里试栽，隔年开始挂果。果然，正像名字叫的那样，早酥梨成熟早，果皮黄绿色，有蜡质光泽，外形略呈心状，十分漂亮。果肉雪白，微甜，脆嫩无渣，风味极佳。单果重达200—300克。这样的梨子人们从未见过，在市场上独领风骚，被一抢而空。接下来的几年时间，在杨进宝的示范和帮助下，村民们纷纷栽上了早酥梨树。如今全村耕地面积约2.8平方千米，其中梨树面积约2.5平方千米，约占89%。

有了规模，村里便组建起早酥梨生产合作社，为果农提供"五统一服务"，即统一施肥、统一病虫害防治、统一采收、统一包装、统一销售。采取合同收购，实行保护价收购和二次返利。合作社成功申报了"麋鹿"牌商标。接着，荣誉不期而至。"麋鹿"牌早酥梨连续两届荣获中国国际农业博览会名牌产品称号，产品很快又获得了国家有机食品认证，出口欧盟。"麋鹿"牌早酥梨获欧盟颁发的有机食品转换证书，合作社成为盐城市重点农民专业合作社，省级"四有"示范农民专业合作经济组织。

合作社的成功运作，产生了巨大的"蝴蝶效应"，辐射带动了周边6个乡镇及2个农场的早酥梨栽培，早酥梨协会便应运而生。现在该协会拥有会员3369个，其中团体会员17个，果树面积约22.7平方千米，成为全国大型早酥梨生产基地之一。

恒北村建筑面积76000平方米，有别墅、跃层式住宅300套。村党群服务中心占地5000平方米，建有展示厅、便民服务中心、图书阅览室、人口文化室、健身活动

修剪梨树（周左人/摄）

恒北之夜（周左人/摄）

室、多功能党员活动室等，为村民提供功能完善的多方位服务。总长18千米的村主干道，全部实施了道路硬化。新建桥梁26座，涵闸11座。全村绿化面积达95%，农民楼房居住率达36%。集中居住小区实现了城乡供水一体化，垃圾统一清运，生活污水统一处理。

恒北村已经实现产业特色明显、村容整洁、村风文明、村民富裕、管理民主，是苏北一流的"绿色、生态、宜居"新社区。

2012年12月29日，国家主席胡锦涛来恒北村视察，对新农村建设作了重要指示，央视新闻作了专题报道。2013年7月13日，中央政治局常委、全国人大常委会委员长张德江在恒北村视察调研，对恒北村的建设很满意，并指示要发展好乡村生态旅游。

领导的亲切关怀和谆谆教诲言犹在耳。恒北村办起了农家乐、民宿，开设了梨园赏花、农家采摘、果品展示、科普加工、垂钓、乡村大舞台等旅游项目，建起了恒北原乡温泉度假村。度假村集温泉民宿、农耕体验、户外拓展、休闲餐饮为一体，推动"春有花、夏有绿、秋有果、冬有泉"的乡村特色旅游更上一层楼。

梦幻迷宫

大丰区草堰镇三元村，原野之中深藏着一处国家AAAA级旅游景区，可由沈海高速白驹出口向西2000米到达。它就是给人带来童话般体验的梦幻迷宫。景区面积约2.5平方千米，是集休闲旅游、餐饮住宿、教学培训等为一体的综合性景区。

梦幻的精髓在迷宫。这是由生长着的、整齐划一的侧柏等树木构成的弯弯曲曲的道路网格体系。主体部分以麋鹿为主题，4万多株红叶石楠组成一幅巨大的麋鹿图案。穿行其中，树木之间并无空隙，似墙壁，又似篱笆，阻隔了外面的世界。走几步就会迷失方向，前后都是漫无尽头的小径，找不到出口，在迷茫与慌乱中让你体会"梦幻"与"迷宫"的真正要义。

梦幻迷宫广场（李玉生/摄）

梦幻迷宫因此获得"世界最大的永久性树篱迷宫"和"最大的永久性树篱迷宫路径网"两项吉尼斯世界纪录。

梦幻迷宫很适合家庭亲子游。这里有室内休闲运动馆，内设蹦床馆、射箭馆、VR体验馆、淘气堡·拓展馆、DIY手作馆等；室外运动场地包括幻影卡丁车赛场、雷霆CS对抗基地，都是为儿童和青少年专门打造的体验、娱乐场地。

小朋友们在梦幻迷宫举办夏令营活动（李玉生/摄）

七彩花田是又一处重要景观，占地8万平方米，是一座融观光、休闲、娱乐等功能为一体的花卉主题公园。园内常年长有色彩斑斓的各种花草，四季飘香。

梦幻迷宫总有要去的理由，那里还是名扬省内外的国防教育基地。南京军区原司令员朱文泉上将曾为基地题名。

第三节 纪念场馆

水浒街·中华水浒园

国家AAA级旅游景区。

204国道由北向南穿白驹镇而过。就在小镇的中心,一条与国道垂直的街道由东向西延伸。街的尽头,是通向中华水浒园的水泊桥。这条街,就是名闻遐迩的水浒街。对于来大丰的观光客,特别是寻找施耐庵世界的人而言,水浒街和中华水浒园是必到的打卡地。

一座古镇,总有一条街巷最能代表其曾经的面貌与性格。水浒街演绎的正是白驹一段辉煌的历史。徽式建筑风格的牌坊式街门飞檐翘角,给人一种时空的距离感。街道干净平

水浒街（李玉生/摄）

直，街旁并无高楼大厦，放在苏北任何一个小镇中，都是一条中规中矩、守往记忆的街巷，少现代而多沧桑。街的一端，曾经是古白驹场的盐运老码头。所以，自古以来，这条街就是店铺林立、商旅络绎不绝，聚集了白驹的兴盛与繁华。秋去秋又来，行走在这条普通的小街上，历史的场景铺洒在开满瓦花斑驳的老屋顶上，镌刻在青石板勾画的路的宽窄之间。巷子深处，街坊们不紧不慢地说东道西，也讲述着时代的变迁与小镇的过往。这样的画面，成为小镇最富历史感的模样。现代都市的浪漫在这里似乎擦肩而过，整条街上没有KTV和闪烁的霓虹灯，小镇特有的朴实与安逸，带给游人不一样的生活体验。

水浒街景象（李玉生/摄）

名 胜 古 迹 | 195

水泊桥（李玉生/摄）

皎皎书苑是街面上一道特别的风景。这里的主人为了让小镇"留住记忆"和"存养读书之心"，先后投资建成园林式的书苑。首期2000册图书已上架，老人们的口述历史《唤我皎皎白驹》等丛书也已出版。白驹民间的千年文脉在这里赓续。

老字号店"水浒街茶庄"经营苏、浙、皖名茶，掌门人王平才却是位篆刻大师。其父王龙山为海派刻字传人，曾在上海献艺。他13岁随父学习书法、刀刻，至今从事篆刻技艺已有57年。"秦印篆分关内外，汉碑派别陕东西"，这是他挂在工作室里的一副木刻对联，也是他研习篆刻技艺的座右铭。作为在施耐庵故里土生土长的艺人，王平才对水浒文化有着浓浓乡情。他先后用500枚青田、寿山和巴林石料，篆刻成四套设计精美、风格不同的水浒人物印谱，其中三套分别被施耐庵纪念馆、施耐庵公园和水浒文化博物馆收藏。这些作品以及由他创作篆刻的"白驹八景"组印等一系列大型篆刻作品，因构思精妙，刀工奇崛，曾引起篆刻界的极大关注。江苏卫视、安徽卫视对其艺术成就先后做过专题报道。

时钟在这里走得很慢。徜徉水浒街，一物一景还是会把我们的思绪带到水浒故事之中。街边有固定的农贸市场，周围河荡港汊里捞出的野生活鱼大虾，让人不禁想起石碣村阮氏三兄弟的渔民营生。"好汉烧饼店"出炉的也许就是当年武大郎的那款炊饼。镇关西因何改了营生，开起了"旅游商品专营店"？也有骑着三轮车沿街叫卖自家五谷杂粮的老汉，当他们开口说话，眉宇间扬起一股豪气，威武逼人之时，见到他麻利的手脚，才想起白驹多豪杰的传说，才嗅到一点不经意之间散发出的梁山气息。

踏上水泊桥，来到中华水浒园。这里原来是一座无人小岛，历史上可能有花氏族人居住，故名花家垛。传施耐庵当年曾在岛上生活过，20世纪末就此建成施耐庵纪念馆。2016年4月，以施耐庵纪念馆为中心，占地约14万平方米、总投资达3亿元的国家AAA级旅游景区——"施耐庵故里·中华水浒园"景区正式对游人开放。主要景点由施耐庵书院、施耐庵宗祠、施耐庵碑林区、环岛休闲带、水泊风情游览观光区等组成。

"施耐庵纪念馆"大门匾额由著名书法家启功先生书写。广场上施耐庵大理石雕像高3.8米，施公手握书卷，神情凝重，形态栩栩如生，为雕塑家叶宗镐先生所作。馆内布局厅堂三进，分别为门厅、瞻仰厅和文物厅。左右侧厅为碑廊，陈列着臧克家、峻青、马蹄疾、赵绪成、傅二石等当代书画名家为纪念馆创作的书画作品。后院两侧有半亭环绕，显得对称严谨。

施耐庵雕像(李玉生/摄)

瞻仰厅是全馆的中心,高大的厅堂肃穆庄重。最醒目的是女书法家萧娴题写的"乡国之光"和尉天池题写的"民族菁华"两块巨匾。旁门柱上写有一副对联,由著名书法家臧科手书,诗人童斌撰文:

韬光养晦,一代英才居胜境;
激浊扬清,千秋峻笔著奇书。

厅里陈设国画家绘制的施耐庵著书及其行踪的图像,有绢制施耐庵生平的连环画48幅。镇江书法家李宗海先生撰联曰:

有舍己为人侠骨义肠,却从鲁达、武松、李逵身上画出;
具掀天揭地深谋远略,乃自晁盖、宋江、吴用胸中写来。

名胜古迹 | 197

文物厅上方悬挂着书法大师武中奇题写的"文心独运"匾额,两旁门柱上的对联由著名书法家陈大羽书写,诗人童斌撰文:

百回《水浒》,秉春秋,褒贬忠奸,千古人间消块垒;

一曲《秋江》,承风骚,思忧治乱,五洲文苑仰宗师。

厅内陈列施耐庵文物、史料,分家世、生平、著书轶闻和社会影响四个部分。《施氏长门谱》、出土的施耐庵独生子《故处士施公让墓志》和《施让地照》、曾孙《施廷佐墓志铭》等数以百计的文物和史料,为人们解开了持续数百年之久的"施耐庵之谜"。在这里,人们可看到许多不同版本的《水浒传》。据不完全统计,自明嘉靖以来,迄今《水浒传》在国内的各种版本有53种。在国外流传也很广,朝鲜、印度尼西亚、泰国、马来西亚、新加坡、越南、意大利、法国、俄罗斯、匈牙利、捷克、罗马尼亚等国都有《水浒传》的译本。美国的译本有《水浒传》《水浒传选集》《中国古典小说·水浒传》《水浒传词汇》《野猪林》等。日本的译本多达20多种。

观光区的"聚义桥"(李玉生/摄)

展厅里还陈列有《水浒传》研究的最新动态和成果。

出纪念馆,是一片茂林修竹。头上一线天,脚下鹅卵径,身在其中,唯见"新竹高于旧竹枝,全凭老干为扶持。明年再有新生者,十丈龙孙绕凤池"。郑板桥仿佛来过这里,恰巧写下了这首诗。

经碑林,过"聚义桥",疑为梁山深处。港汊纵横,绿草茵茵,近处是山林,远处有城堡。结庐在人境,而无车马喧,是游览休闲的绝佳去处,有大丰小巴马之称。当地人说,施公赐给我们一片洞天福地,我们应该与海内外分享。

八路军新四军白驹狮子口会师纪念地

1940年10月10日是一个注定要写入史册的日子。这一天,南下的八路军和北上的新四军在白驹狮子口胜利会师,标志着我党为完成开辟苏北发展华中的战略任务迈出了关键一步。为纪念这次会师,1986年中共大丰县委和县人民政府在会师旧址上敬立了纪念碑。碑文为张爱萍将军题写——"八路军新四军白驹狮子口会师纪念",笔力遒劲,字体飘逸。

碑旁后来又建起了会师纪念馆，馆内栩栩如生的雕塑和气势恢宏的图片资料，再现了那段历史中的许多英雄形象以及经典画面。2019年，会师旧址入选第八批江苏省文物保护单位，成为红色旅游经典景区。

80多年前的战火硝烟已变得遥远，一张张鲜活的面容也纷纷离我们远去，但会师纪念碑上永远铭刻着两军在苏北大地上的那段辉煌。

当时，抗日战争进入相持阶段，国民党由共同抗日转为消极抗日、积极反共，将摩擦中心由华北转向华中。针对时局变化，我党及时确立了"巩固华北、发展华中"的战略方针。发展华中，关键是要开辟苏北。苏北地处津浦路以东、黄海以西、陇海路以南、长江以北，是创建华中抗日根据地的战略要区。控制了它，便可控制全国主要的交通枢纽，并控制长江下游，威胁日伪心脏地区（沪宁地区）；控制了它，便可把华北八路军和长江中下游新四军沟通起来，进退自如，互相支援，立于不败之地。这一地区如此重要，但被日、伪、顽军所盘踞。为把苏北建成我抗日根据地，中央决定华北八路军向陇海路以南发展，苏南新四军向苏北发展，津浦路西新四军向东发展，共同完成开辟苏北发展华中的任务。这样，两军会师只待时日了。

1939年11月，陈毅、粟裕领导的新四军江南指挥部方才成立，就派先头部队过江，控制了过江桥头堡和苏皖之间一块狭长的游击根据地，并组建了挺进纵队和苏皖支队。这样，苏北就有四种军事力量。从数量上看，国民党反共顽固派韩德勤占第一，日军占第二，李明扬、李长江中立派居第三，新四军只有几千人，是名副其实的老四。面对错综复杂的局势，陈毅同志提出"击敌、联李、孤韩"的策略，并3次到泰州同二李谈判，达成互相谅解共同抗日的协议。此时国民党江苏省主席兼苏皖战区副总司令韩德勤，自恃兵多势众，妄图趁新四军立脚未稳，把我军"赶到长江里喝水"。于是在1940年6月底，挑拨二李对在郭村休整的新四军挺进纵队发起进攻。其时我军只有一个团另一个营，二李有13个

两军会师纪念地（李玉生/摄）

名胜古迹 | **199**

团,形势十分危急。我军在管文蔚和叶飞的指挥下,浴血奋战5昼夜,最终化险为夷。7月,江南指挥部主力渡江与挺进纵队和苏皖支队会合,在塘头整编,改称苏北指挥部,部队编为3个纵队9个团。接着,陈毅乘势率部东进黄桥,全歼保安四旅,建立起以黄桥为中心的苏北抗日根据地。与此同时,八路军第5纵队在黄克诚率领下打败了日伪军的多次进犯,开辟了淮海区抗日根据地。

一着不成,又来一着,韩德勤只得亲自出马。与韩德勤交手势在必行。正像粟裕后来分析的那样:"我军自从北渡以来,经过4次战斗,连克黄桥、姜堰,控制了东西100公里,南北数十公里的较大地区。但从夺取苏北全局来说,还只是初步的胜利。因为,虽然我们已给顽军以一定的打击,但是同韩德勤的主力还没有交锋;虽然我们已经控制了一些地方,但苏北抗日民主政权还没有确立;虽然我江南主力已经过江,但与八路军的联系还没有打通,所以还没有在苏北站稳脚跟。在这几个迫切需要解决的问题中,第一个问题是核心,只有同韩德勤的主力作了决定性的较量,其他的问题才能迎刃而解。"老百姓也说"天上有颗扫帚星,地上有个韩德勤"。因此,只有与韩德勤交手,打败这个"扫帚星",苏北的局势才能被我党掌控。这也是即将来临的黄桥决战之所以被称为"决战"的根本理由。

韩德勤号称拥兵10万,在军事上占绝对优势。他决定实施"先南后北"之策,企图先消灭黄桥新四军,再回头消灭南下的八路军。10月1日,韩德勤调集主力26个团3.5万人,分3路向黄桥扑来。当时我苏北指挥部只有7000人,与韩德勤主力人数比是1:5。黄克诚部正在兼程南下之中,只能做战略上的配合,又是众寡悬殊!但韩德勤出师不利,连遭暴雨,直至3日才真正发起攻击。我军在陈毅、粟裕的英明指挥下,依靠广大人民群众的全力支持(老百姓赶做烧饼充军粮,组织担架队等),频出奇兵,浴血3昼夜,全歼韩德勤主力89军117师和独立6旅1.1万多人,中将军长李守维逃跑时淹死于黄桥以北的挖尺沟中,中将旅长翁达战败自杀,其余不堪一击,我军大获全胜!传唱至今的《黄桥烧饼歌》就诞生在这个时候。此时韩德勤只得拖着残兵败将千余人逃向兴化。

这次决战出现了一个奇观,就是两方作战,三方观战:日军在泰兴派出小部队出城观战,二李集中了万余人在大伦庄一线观战,还有一个税警团2000余人在通扬运河线上观战。为何会出现这样的奇观?这是我党把握统一战线政策,妥善处理党内外、敌我友、军事与政治等一系列复杂关系,用大智大勇创下的奇迹。

黄桥决战还未收兵,陈毅、粟裕已命令二纵乘胜向北追击,六团担任前卫,7日到达海安,8日已至东台,9日进驻白驹,迎接南下的八路军。

10月4日,八路军第5纵队东渡盐河,突破了韩德勤在盐河、废黄河的防线。6日,一支队一团胡炳云部拿下洲门,7日打东沟、益林,8日进入湖垛,9日先头部队三营直插刘庄,就地待命。

10月10日是个晴朗的日子，艳阳高照，白驹街头彩旗飘舞，锣鼓喧天，到处洋溢着喜庆的气氛。三营一早派出一个连，由营领导带队来到白驹，受到六团长池义标等新四军全体官兵的热烈欢迎。两军将士以各自战场的胜利作为见面礼，互致问候，拥抱在一起，欢笑在一起。联欢会、互赠战利品、会餐，白驹人民还组织了秧歌表演。这一天，白驹胜过了过大年。第二天六团也派一个连到刘庄开了联欢会。

11月7日，刘少奇、黄克诚等首长来到海安，陈毅率苏北指挥部及地方党政领导举行了隆重的欢迎大会，盼望已久的大会师终于画上完美的句号。当日，陈毅赋诗一首，表达了两军将士会师的喜悦与豪迈激情：

十年征战几人回，又见同侪并马归。

江淮河汉今谁属？红旗十月满天飞。

1941年1月，国民党顽固派在第二次反共高潮中制造了震惊中外的皖南事变，企图扼杀新四军。然而，我新四军在盐城重建军部，陈毅为代理军长，刘少奇为政治委员。将活动于陇海线以南的新四军八路军部队统一整编为7个师和1个独立旅，粟裕任第一师师长，黄克诚任第三师师长兼政治委员。至年底，正规军发展至9万余人，还有4万人的地方部队和50万民兵，抗日根据地总面积扩大到18万平方千米，人口1500万。两军会师为保存和发展新四军创造了条件，为"开辟苏北、发展华中"战略任务的完成奠定了基础。

大丰的历史由此也翻开了崭新的一页。

纪念馆内两军会师群雕（李玉生/摄）

知青农场·知青纪念馆

新中国成立后，又有一批外来者参与了大丰的开发。但与历史上的移民不同，他们划疆而治，自成系统，语言和习俗不与乡民同化，成为一道别样的风景。这就是现在被称为上海飞地上的大丰，也被唤作"北上海"。

蒋峰的小说《翻案》中有一个桥段，说的正是"北上海"。主人公在大丰办完事情后欲返回上海，在长途车站，他询问调度亭内的一位老人去上海的车几点走。老人反问道：

"去哪儿？"

"上海。"

"这里就是上海啊！"

知青农场·知青纪念馆（李玉生/摄）

"不是，我说我要去上海。"

老人把收音机关掉，从钱袋找出身份证说："小伙子，你看我身份证啊，是上海户口啊。"

小伙子接过来，是310开头，地址是上海大丰农场。小伙子恍然大悟，在这里问去上海，难道不是与在夏威夷或阿拉斯加，打听怎么去美国一样可笑吗？当然老人是在跟他抬杠，老人知道小伙子说的上海是浦东和浦西，但老人却说"这里就是上海"，并以自己的上海身份证来证明。

大丰距离上海数百千米，怎么会是上海呢？实际上，这位老人并没有说错。大丰虽然地处苏北，但其境内的上海、川东、海丰3个农场却隶属上海管辖，也就是所谓的"飞地"。3个农场合计307平方千米，占据了大丰十分之一的面积，也是上海最大的一块"飞地"，被人们习惯称为"北上海"。这块"飞地"已经"飞"了70多年，见证了大丰与上海的深情拥抱。

一切开始于陈毅市长的一个决定。新中国成立之初，上海面积仅600多平方千米，人口却达500多万，发展空间极其有限。当时，上海的各个监狱和看守所的关押场地非常拥挤，民政部门还收容了数千名无业流浪人员。1950年2月6日，已败退台湾的国民党当局对上海进行轰炸，造成全市工厂大停产，并新增灾民约5万人。为了确保社会稳定，适当疏散特殊人员，寻找新的发展空间成为一时之急。于是，时任上海市市长的陈毅便想到了盐城。这是他曾带领新四军战斗过的地方。他知道这里人烟稀少，有广阔的滩涂和盐碱地，不会"与民争地"。需要疏散的人员在这里可以得到安置，而且通过开垦土地发展生产，还能解决上海的"米袋子"和"菜篮子"问题。经与苏北行署协商并报中央批准，最终选择了大丰。

上海在很短的时间内组织了一支200多人的干部队伍，并将7597名无业流浪人员及在押犯人送往大丰垦区。1950年6月，上海市垦区劳动生产管理局（简称"垦管局"）成立，3个农场中的上海农场也在同年率先成立，标志着"北上海"的正式诞生。

"北上海"最初是作为收容改造场所而存在的，实施严格的封闭管理，与外部社会绝少发生联系。到1956年初，上海农场的在押犯人已达约1.1万人。1957年12月，还成立了劳动教养队，接受劳教任务。因此，"北上海"在20世纪五六十年代并不为外界知晓，包括几乎所有的上海人。

北上海历史展陈馆（李玉生/摄）

"北上海"叫响于1968年。这一年，随着知识青年上山下乡运动的大规模兴起，第一批上海知青来到农场。次年，这里已接收了约7000名知青。1973年时，已有约8.4万名知青从上海或新疆石河子等地来到大丰。但这时的上海农场还是刑满释放人员的就业场所，无法满足长期安置知青的要求。于是，在这一年组建了专门的"海丰知青农场"。接着，围垦滩涂约113平方千米。知青的到来"拆除"了农场与外界隔绝的"围墙"，使大丰与上海产生了紧密的联系。当地人与上海知青之间也开始有了更多的交往，大丰话和上海话成了彼此交流的"普通话"。从此，这块上海飞地不再神秘，"北上海"真正走进了大众视野。

此时，这块飞地的职能也开始蜕变。知青返城后，上海农场逐渐不再收押犯人，并在1981年完全转为劳动教养机关。1983年1月1日，上海农场川东分场单独组建为川东农场。1995年，上海农场与川东农场划归上海市劳教局管辖，对内称上海第一、第二劳教所。2009年，分别成立具有法人资格的上海农场与川东农场，划归上海光明食品集团管理。2014年，上海、川东、海丰农场合并成立新的上海农场，隶属光明食品（集团）有限公司。与此同时，这块飞地在项目、生态、水利及民众生产、生活、风俗习惯、思想文化等方面与当地相融，上海人的精致不知不觉地进入大丰人的世界，而大丰人的大气、包容也在许多层面影响着

上海知青纪念馆实景之铁匠铺（李玉生/摄）

名胜古迹 | 203

上海知青纪念馆实景之照相馆（李玉生/摄）

上海人的思维。脚踩同一方水土，头顶同一片蓝天，这就是大丰人与飞地上的上海人。

如今，大丰与上海的这段缘分仍在不断加深，并成为苏沪之间合作的纽带。这种合作的成果首先体现在上海人的餐桌上。上海这个国际大都会，每天约15%的鲜奶、12%的优质大米、8%的生猪和3%的淡水产品来自大丰。这里还诞生了诸如海丰大米、爱森猪肉、三添小磨麻油等许多上海人耳熟能详的品牌。随着大丰进入全国高铁网以及"荷兰花海""中华麋鹿园"等一批生态旅游知名品牌的横空出世，两地人的交往也注入了新的内容，增加了驱动力。不少上海人开始像走亲戚一样来大丰旅游观光，有的便在大丰置业购房，享受休闲时光。上海人与当地人通婚已习以为常。当地人只要在集团谋一份工作，他可能就此成了上海人，与浦东、浦西的居民享有同等的资格和权益。有人说，大丰现在准确的定义，应该叫作上海的"后花园"。

为了留住记忆，收藏8万知青曾经参与开发和建设大丰的这段特殊历史，同时深化大丰、上海两地的情感联系，大丰上海知青纪念馆便应运而生。知青纪念馆建在原海丰农场元华分场场部旧址之上，旧址1952年由苏联专家设计建成。2008年11月正式对外开放。该馆收藏有知青生活、生产的有关实物4万余件，其中有农具、床铺、桌子、木柜及各种生活用品；有上山下乡通知书、光荣证、结婚证、知青花名册、奖状、日记本等纸质物品；还有原汁原味的"茅草屋""老虎灶"、浴室、伙食房、池塘、卫生室、集体宿舍、铁匠铺等生产生活设施；充满时代气息的宣传标语和伟大领袖的头像随处可见。这里的空间和时间都凝固在那个知青时代，似乎他们只是暂时离开，永远是这里的主人。

纪念馆由中国知青主题馆、北上海历史展陈馆、大丰上海知青纪念馆、海丰少年馆、中国知青图书文献馆五大特色展馆组成，同时配有素质拓展训练、餐饮、住宿、娱乐等项目设施，现为国家AAAA级旅游景区、长三角"岁月余味"知名景点、江苏省社科普及示范基

上海知青纪念馆实景之理发店（李玉生/摄）

基地承接拍摄的《两个女人的战争》宣传画（李玉生/摄）

地、江苏省未成年人社会实践基地、江苏省旅游行业诚信示范单位。

2012年6月，当江传荣导演带领《北上海1950》（播出名《硝烟散尽》）剧组来到这里拍下了第一个镜头，知青纪念馆便有了一个新的身份——影视拍摄基地。

《北上海1950》是为大丰量身定做的3部电视连续剧之一。电视剧以8万上海知青为原型，真实反映上海知青在大丰工作、生活、锻炼的非凡经历。该剧曾被列为上海市委宣传部党的十八大献礼片，成为上海市2012年1号文艺作品。其中绝大多数镜头是在大丰拍摄的，这对于宣传大丰、提高大丰知名度具有不同寻常的意义。

影视基地内有创作基地、文化创意园、拍摄基地。拍摄基地涵盖3区54处拍摄点，依托知青文化资源，可以满足知青、湿地、三农等多类题材的影视拍摄要求。目前已经接待了《终结杉计划》《两个女人的战争》等多个剧组。基地自身也从事电影、电视剧、微电影的创作拍摄，已成功跻身省级影视基地的位置。

第四节　文物、遗址

大丰的历史从刘、白、草开端。范公堤旁的刘庄、白驹、草堰三镇以及西团、小海，仿佛一部厚厚的历史书，打开它，可以欣赏到大丰文明陈迹的五光十色。

郢爰

2007年4月，"郢爰"出土于刘庄镇友谊村一鱼塘内，为国家一级文物，共21枚。金币图案文字清晰，为方形篆体阴文"郢爰"戳记，大小不等而厚度相同，总重175.1克，现藏于大丰区博物馆。

郢爰，又称印子金、龟币，为战国时期楚国的黄金货币，也是我国目前发现最早的原始黄金铸币。"郢"为楚国都城（今湖北荆州）名，"爰"为货币重量单位，一爰为楚制一斤，约为现在的250克。郢爰只流通于上层社会，用于国与国之间礼聘、国王赠赏及大宗交易等环节，含金量一般在90%以上，有的甚至高达99%。郢爰距今已有2500年的历史。

友谊村出土的郢爰（蒋玉萍/摄）

郢爰在湖北省荆州市、河南省淮阳、安徽省寿县（以上三地相继为原楚国都城）以及江苏省盱眙等地都有发现。这组郢爰在大丰范公堤东1000米处出土实属意外。因为直到宋

代范仲淹修筑捍海堰时，堤东还是海水涨落的地方。由此引发了一场考古活动。考古人员在这里挖掘到东周、战国时期的陶釜、陶罐、陶钵和红陶纺轮，汉代陶罐、陶片，六朝时期青瓷残片等，还发现了淋卤池和淋卤槽。这些发现，对大丰成陆时期的判断和文明起点的确认意义重大。传统观点认为东冈于秦汉时出水，而友谊村这次出土的郢爰及考古发现，表明早在2500多年前东冈上已经有先民在从事盐业生产经营活动，东冈的出水成陆应该更早。

宋代义井

宋代义井（李玉生/摄）

草堰镇街区内现存唐、宋、元、明、清古井54口，其中唐代钱家古井、关岳庙宋代井、宋代义井、明代真际庵井和西方庵井等绝大多数还在正常使用。

宋代义井，开挖于宋代，原为玉真观院内道士用井，后为方便周围街坊邻居饮用，辟该井为公用义井。文学家李汝珍在草堰居住期间，用此井水磨墨写成《镜花缘》一书。据说玉真观义井的水质是淮南地区最好的，当地人取水以糯米发酵制成"浆酒"。这是一种低度甜酒，当年曾给李汝珍留下深刻印象。《镜花缘》96回中所列的55种名酒，其中就有草堰浆酒。宋代义井因此声名大噪。

古庆丰桥

位于草堰镇丁溪村的古庆丰桥，始建于南宋淳熙年间，明崇祯年间杨大成募款修缮，清乾隆年间冯印重修，道光九年（1829年）再次维修，是盐阜地区保存最古老、最完整的一座宋代单拱石桥。石桥东西朝向，横跨丁溪夹河，连通东西小街。拱石无铰，体现了宋桥的特点。桥长31.8米，坡底宽5米，桥中宽4.1米，桥面到天盘石3.3米，金门6.3

古庆丰桥（李玉生/摄）

名胜古迹 | **207**

米。桥面正中位置有一块方形麻黄巨石,雕刻着精美的花纹图案。桥的两则各有4个石刻龙头从拱门上方伸出,八龙治水,消旱去涝。整座桥仿佛一件精致的工艺品。

古庆丰桥上的石刻对联对仗工整、文采飞扬。拱门朝南的石刻为阴文对联:丁像水形,玉带千寻环海甸;溪涌虹影,金鳌百尺驾云衢。上联写水,下联写桥,把丁溪一名巧妙嵌入联首。拱门朝北的为阳文对联:路接东亭,砥柱双擎临凤井;水通北堰,文澜一曲赴龙门。上联写路,下联写水,并把东台(东亭)、草堰(北堰)嵌入其中。"凤井""龙门"皆双关语,既实指当地的"便民泉""通圣泉"两井和草堰夹河南的"龙门口",又寓意文风昌盛,学子金榜题名。

草堰石闸

草堰石闸位于草堰镇草堰村南端,即小海正闸和小海越闸,又称鸳鸯闸。始建于明万历十一年(1583年),清雍正七年(1729年)和清乾隆十二年(1747年)两度改建。两闸相距20米,形体结构相同,用青石砌成,均为二孔一机心。每闸长14.8米,机心宽4.2米,金门宽5.3米,高4.8米,闸门为东向西,

草堰石闸(李玉生/摄)

每孔两侧有四槽,备有两闸板相对启闭。设计精巧,充满古人的治水智慧。明代,为有效地东御海潮、西泄兴化等上游之地来的洪水,在范公堤上建有13座闸。草堰石闸是其中保存完好的一座,至今仍在发挥作用。1990年,草堰石闸被列为市级文物保护单位;1995年,升格为省级文物保护单位。

烟墩(烽火墩)、潮墩

历史上沿海筑烟墩,是出于抵御倭寇的军事需要。筑潮墩是为了方便灶民逃生。

据《康熙淮南中十场志》记载,从明初至清康熙十二年(1673年),大丰境内的烟墩有13处之多。

明朝历史上的外患主要有两个:一个是来自北方游牧民族的威胁,还有一个就是东南沿海倭寇的侵扰,并称"南倭北虏"。虽然一个活动于草原,一个活动于海上,但他们之间却

有共同的特点，那就是流动性很强。蒙古不断在长城沿线和明朝作战，而倭寇也经常侵扰明朝漫长的海岸线。从元朝到明朝后期，倭寇在中国沿海肆掠了300多年，给中国沿海经济造成了严重的破坏。元朝时期，为了防御倭寇，在宁波设置都元帅府，在东南一带建设海防线。随着元朝走向灭亡，这些海防体系也随之崩溃。

明嘉靖三十二年（1553年），抗倭名将戚继光率军驻扎盐城时，在范公堤外，发动军民兴建烟墩73座。其中大丰境内有刘庄寨和白驹寨的烟墩，有草堰场、小海场和丁溪场的茆花墩、龙须墩、南烟墩、麻墩等6个烟墩。烟墩一般高3.5丈至4丈，周长25丈至30丈。每墩驻兵5名，负责瞭望并传烽报警。一旦发现倭情，立即在墩上举火报警，各墩见一墩起烟，皆相继举火，内地官兵见后即急驰救援，合力阻击。

明朝时期，倭寇入侵盐城、白驹、草堰等地有10多次，其中以嘉靖后期的一次规模为最。《明史·刘显传》载："三沙倭复劫江北，被围于刘家庄。显以锐卒数千至，巡抚李遂令尽护江北军。显率所部直入，诸营继之，自辰迄酉，贼巢破，逐北至白驹场、茆花墩，斩首六百有奇，贼尽殄。"

这里叙述的是抗倭史上"淮扬大捷"的最后一战：刘（庄）白（驹）之战。明嘉靖三十八年（1559年），倭寇3800多人从三沙（今崇明、启东）又到江北劫掠，海防副使刘景韶率军还击，连战皆捷，最后将倭寇围困于刘庄。副总兵刘显奉总督胡宗宪之命，率数千精兵前来增援，右都御史李遂通令江北各军归刘显指挥。刘显率领本部士兵攻打贼巢，其他各部蜂拥跟进，四乡民众，箪食壶浆，呐喊助威，从清晨到傍晚，战事激烈，终于攻破了倭寇巢穴。倭寇残部节节败退，刘显所率将士马不停蹄，奋勇追杀，直追击到白驹场，又追到茆花墩。这时乡民越聚越多，士气愈来愈旺，锣鼓齐鸣，杀声震天。经过激战，全歼倭寇600多名。

清顺治十六年（1659年），因防倭需要，在大丰各场继续筑烟墩。何垛场有镇海墩、定海墩、塌港岸墩；丁溪场有殷家坎墩、彭下洼墩；草堰场有富盈墩、茅花墩。雍正六年（1728年）移建万盈墩至万盈团东10里，今万盈镇境内。

为了抵御海潮，在海边除了筑捍海堰外，人们又筑起了潮墩，作为捍海堰的补充。因为捍海堰只对堰西有保护作用，对堰东却毫无保障可言。然而，煎盐必须近海而居，远离大海则无法引潮制盐。所以大部分盐场都分布在堰东。这就有了便于灶民、渔民登高避潮的潮墩。自明嘉靖十七年（1538年）大潮灾之后，御史吴梯、运史郑璋始创避潮墩，至清光绪九年（1883年）的300多年中，大丰沿海四次大规模建筑潮墩上百座。每座潮墩标准高度3丈，底径9丈，顶径5丈。此外，各盐场灶民还自发筑起了许多"救命墩""济民墩""望潮墩"等，比潮墩略小，方便就近躲避小一点的潮汐。

历史的烟云已经散尽，今天大丰境内的烟墩、潮墩皆早已化作平地，仅富盈墩（当地人称"皇墩"）和万盈墩遗址或可指认。地名中保留"墩"的，有金墩、万盈墩、麻墩和姚家墩子等几个地方，留给后来人一串散落的标记。

名胜古迹 | **209**

兆丰古槐（李玉生/摄）

兆丰古槐

　　这棵孤独地生长在万盈镇兆丰村一个土墩上的槐树，当地人说栽于明末，距今已有近400年的历史，是大丰绿色生命中的天花板。

　　万物皆有灵。在植物世界，古树名木与人类有着不解之缘。历经千百年风霜的古树，撷取天地精华，阅尽人间万象，成为一方地标，承载着深厚的人文情结和浓浓的乡愁。轩辕柏已生长了5000年，其历史长度几乎等同于一部中华文明史。章台古梅距今2500年，"香凝白雪争千载，影瘦江南剩一枝"，依然枝盛叶茂，花香袭人。

　　而槐树更有着深厚的人文情结。山西洪洞大槐树是根祖文化的标志，"三槐堂"的槐树是王姓家族兴家耀祖的象征。由于树木的灵性和生命力，大丰民间过去有一种寄树名的习俗，到土地庙为"惯宝儿"取名，大多指认一棵槐树，名字用红纸包好就藏在那棵树上，祈求自家宝贝无病无灾长命百岁。万盈兆丰村的这棵老槐树，多少年来理所当然一直享受着人间香火的礼拜。

　　在大丰，本槐是一种难于生长的树木。俗语说"九楝三桑一棵槐"，意指同样粗细的一棵树，如果是楝树1年可以长成，那么桑树需要3年，而槐树则需要9年。

　　《万盈镇志》记载，黄海潮涨潮落，几百年前把槐树生长的地方推成高墩，出海捕捞的渔民在此栽下一片槐树，作为上岸休息的标志和落脚点。树长大成材后，当地人出于生产生活需要，先后将槐树砍伐他用，唯此株树干大部分已形成空洞，无人问津，故生长于今。据专业人士实地勘探研究，此树种植于明末清初基本是可信的。

古槐无言。但它经历了朝代的更迭，见证了当地沧海变滩涂、滩涂变良田的历史，它是一棵名副其实的"历史树"。神奇的是，1956年，老槐树无缘无故停止生长变成枯树，而在第二年春天又重新长出茂盛的枝叶，郁郁葱葱，年复一年。

郑板桥书寿序条屏

郑板桥书朱子功寿序条屏，宣纸6尺对开，每幅长145厘米、宽42厘米，计12幅，由右及左竖写36行604字。第12幅左下方有"板桥""郑燮"及"克柔"3枚印章，均为篆书阴文。为朱子功先生82岁时，郑板桥专程来小海拜谒世伯并亲笔撰文手书的寿序条屏。其为国家二级文物，由大丰博物馆收藏。

该文物来自民间征集。1986年，小海镇朱光熙老人将传家宝12幅条屏捐献给政府，完成了他多年的心愿。寿序屏在朱家经历了11代人253年，一直被精心呵护秘密珍藏。平时绝不示人，只在家祭时与祖宗神像并悬，祭毕又束之高阁。朱家视条屏为宗族荣耀，借此缅怀先人厚德，以振家声。子孙皆以"家可倾、产可荡，条屏不可失"为家训，谨慎恪守。中间遇到过多次天灾人祸，特别是抗日战争期间，为了躲灾，其他什么都不顾，总是先把12幅条屏背在身上。可以说，此文物安然无恙，是朱家十一代人用生命保护下来的。

寿序条屏具有丰富的内涵和重要的史料价值。关于郑板桥，大丰的民间传说很多。有人说郑板桥曾在白驹北宝寺坐过馆，欠店铺酒钱，后来账结了，店主却有意留下欠条做收藏。有人说郑板桥年青时落魄小海，在亲戚康家住过多时，留下许多逸事。还有人说，郑板桥父亲在西团教书，与西团陈家有亲，郑板桥小时就生活在西团。这些传说流传广泛，但都缺乏

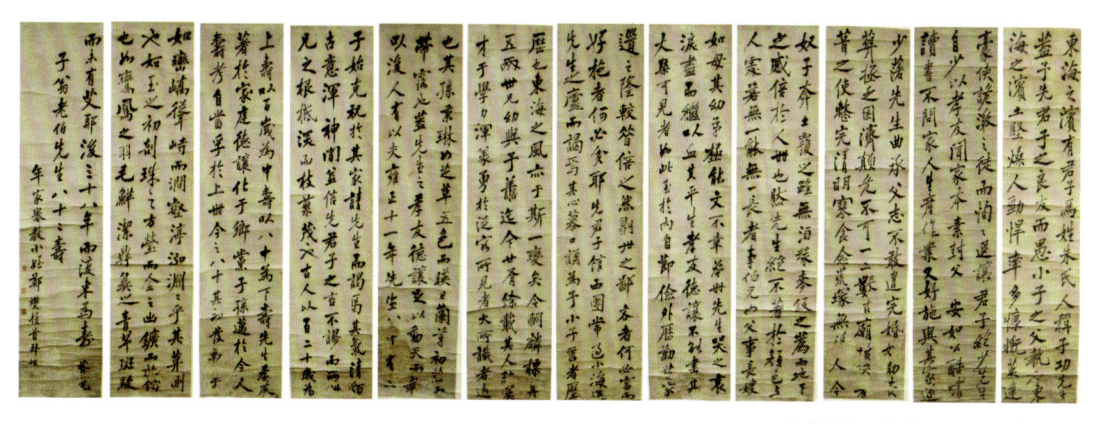

郑板桥12幅条屏（蒋玉萍/摄）

实证。寿序的出现，弥补了这一缺憾。寿序开宗明义，首先叙述了两家的亲密关系，子功先生"盖予先君之良友，而愚小子之父执也"。子功先生与板桥的父亲同年进学，加之姻娅之亲，故相交甚密。此时郑父已作古10年，板桥也考中举人，家庭变故较大，所以板桥对子功先生称执父子之礼。在赞颂了子功先生的美德之后，又回忆了两家的交往和情谊。"先君子馆西团，常过小海造先生之庐而谒焉，其心慕口诵，为予小子言者历历也。""令嗣麟标、丹五两世兄，幼与予善，迄今廿有余者。"由此观之，板桥少年随父读书的地方就是西团。两家是世交，板桥父亲在西团坐馆之余，经常来小海走动，过从甚密；板桥与子功先生的两个儿子麟标和丹五从小就是好朋友，相处已经20多年。因此，民间关于郑板桥在大丰的一些传说并非虚构。

六匡桥出土的盘铁残件（蒋玉萍/摄）

寿序书体风格兼具欧、黄韵致，笔法峭拔，是郑板桥书风处于转变期的代表之作。据说当时板桥还请同是"扬州八怪"之一的好友李鱓，画了12幅花鸟屏风图一并馈赠朱家，不知何原因花鸟屏后来散佚了。但仅就寿序12幅条屏来看，也可称为鸿篇巨制，需要很大的空间才能悬挂得下。

板桥存世的书画作品2000帧左右，大都中小篇幅，像寿序这样的实属罕见。

盘 铁

这两块"怪"铁称为盘铁，300多公斤，呈不规则四边形，1987年在六匡桥（西团镇境内）出土。

盘铁是烧盐的器具，汉代称为牢盆，是一个整体。唐宋以后改为盘铁，由五六角甚至七八角组成。中间的叫主铁，旁边的叫月铁，其他的叫群铁。主铁和旁边的两块月铁用于支撑。每一灶户掌握1块，使用时合并起来才能成为一个完整的铁盘。这样便于互相监督，防止私烧。尽管宋代就出现了方便的盐镢，但盘铁一直在使用，直到清代，泰州分司还在铸新盘铁分发各场。

六匡桥出土的盘铁块厚约10厘米，一边有弧度，应为明清时的月铁。这个物件对于大丰人来说本不稀奇，但由于盐业的淘汰，盐民的后代对祖宗的遗物已很陌生。发现者把它当成废铁卖到了废品收购站，被文物工作者幸运收回。

万寿桥

万寿桥为单拱石桥，建于光绪三十三年（1907年），因为实用功能而躲过了战火，成了紫云山唯一完整的遗存与见证者。

万寿桥，当地人称"山桥"，是一件凝聚传统思想文化与佛教义旨的精美艺术品。它像一道彩虹飞跨碧波之上，气势不凡。三十六个栏杆分列左右，栏壁上有二十四孝图的精美石刻，桥首刻有大象、凤凰、祥云等图案以及赞助者姓名，深刀细凿，线条流畅，至今清晰可见。桥的东、西两侧各有一对石雕龙头从桥身拱门两旁伸出，口含玉珠，吞云吐雾。四个龙头下有两副石刻对联。东边的对联是"万福来朝天台有路；胞舆为怀众生普度"，西边的对联是"山寺云停傍三元而赐福；水流月涌证万象之皆空"，彰明佛教精髓，要言不烦。整座桥结构对称、动静结合、厚重沉稳、形态优美。"山桥卧波"为刘庄一景。

当年，万寿桥一端是世俗，另一端是佛界。香客们来回经过此桥之际，一定会驻足流连。他们心中此刻的虔诚与感慨想必是尘世与净土的距离：丈量一下，其实很短很短。

万寿桥（任嵘/摄）

第五节 寺庙殿宇

荡漾王者气息的庙宇——草堰北极殿

草堰北极殿为道教庙宇,历史悠久,建造年代不详,其知名度在草堰曾经存在的39座寺庙中首屈一指。此殿规模宏大,四周有砖砌围墙。山门前为飞檐琉璃瓦照壁,山门上嵌有白玉石横额,上镌"北极天枢"四个镏金大字。一条青石板甬道通向前殿,甬道两旁有一双石鼓,可插旗杆。前殿内供四大护法元帅塑像。穿过天井是正殿,中间供奉北极真武大帝,东厢供雷祖,西厢为僧房,殿后为上、下两层砖木结构的藏经楼。

北极殿是吴王张士诚的首义地,因此,它的一砖一瓦都刻下了盐民英雄那段可歌可泣的历史记忆。

当年,张士诚率众弟兄杀了白驹场的盐官和弓兵后来到草堰,北极殿成了他们最初的指挥部和大本营。在这里,张士诚接纳了小海场、草堰场和丁溪场大量的盐民兄弟,拉起了起义队伍,举起了反元的革命大旗,从而使一个偶然的势单力薄的暴动,正式升格为一场声势浩大的盐民起义。也是在这里,起义军初步确立了建立割据政权的政治纲领和向西发展的军事斗争方针。有人解释这一时期的起义洪流,说"张(獐)在草中",顺势而为,自然势不可挡。

北极殿与起义军、张士诚结下了不解的情结。张士诚父亲去世后被葬在草堰场东"九龙口",其"收殓"、安葬仪式皆在北极殿进行;张士诚称王后,北极殿又成了他祭父的享堂。北极殿因此而终年香火兴旺,盛极一时。

北极殿（李玉生/摄）

明朝建立后，人们并没有忘记张士诚，每年七月三十日总会在北极殿点"歪歪（文蛤壳）灯"，焚纸烧香，名曰纪念地藏王（地藏王的出道日），实为"祭张王"。因为这天是张士诚的生日。

北极殿毁于抗日战火，21世纪初在多方努力下得以重建。岁月悠悠，浩气长存，北极殿以它所承载的元末盐民反抗精神和英雄气概，彪炳史册，名扬海内外。

富含沧桑感的庙宇——义阡禅寺

历史上的义阡禅寺，始建于公元7世纪末。元朝至正年间重建。古义阡禅寺不仅规模宏伟，而且藏有草堰镇最古老、最著名、最有价值的文物。

现在的义阡禅寺，是世界佛教僧伽会副会长、美国佛教会会长浩霖法师1999年出资修复的。

浩霖法师俗姓黄，法名圆证，安徽合肥人。14岁于义阡禅寺披剃，礼厚宽和尚为师。1945年春，于南京宝华山受具足戒。先后毕业于镇江竹林佛学院、常州天宁佛学院。至台湾后，曾住汐止弥勒内院，亲依慈航法师多年。

名胜古迹 | 215

义阡禅寺山门殿（李玉生/摄）

  古义阡禅寺的精彩在于佛像。寺院大殿供有三尊高大的全身贴金佛像。佛像上方塑有海岛，中间顶上塑有大鹏金翅鸟。两旁佛柜供奉唐代彩塑十八罗汉。传说当时全国佛教圣地这样的彩塑罗汉只有三堂半，草堰就占有全堂。这些彩塑神态各异，栩栩如生，可与苏州西园罗汉媲美。他们有的慈眉善目，喜笑颜开；有的怒目圆睁，咬牙切齿，疾恶如仇；有的愁眉不展，哀怜不幸。托塔天王塑像手托宝塔置身其间。大殿东边正中壁柱上，一条青龙张牙舞爪，腾云凌空；降龙罗汉手捧宝珠，正对龙口。大殿西边有威风凛凛的伏虎罗汉，脚踏一只猛虎。大殿正中大梁上刻有"武则天敕建"字样。绕到三座大佛像背后，会看到朝北的佛龛，供着数不清的小佛，还有十殿阎君。这些佛像有木刻的、泥塑的，还有的是用黄铜浇铸的。

  义阡禅寺涌现过许多高僧。现代著名的焦山竹林寺方丈厚宽，又称大宇大师，即出自此寺。厚宽擅长书法，笔法雄浑遒劲，享誉书法界。当代书法家黄飞霞先生，曾拜于厚宽门下研习书法。抗日战争初期，厚宽避兵乱从焦山回义阡禅寺住持。当时，浩霖法师是厚宽的高徒。

  古义阡禅寺毁于战火。改革开放的春风吹遍中华大地，党的宗教政策得到落实，义阡禅寺终于再现昔日风采。

华美气派的庙宇——太平禅寺

"山不在高,有仙则名。"太平禅寺之华美首先在于高僧辈出。太平禅寺原名太平庵、月过庙,位于原沈灶镇殷家坎,始建于清朝乾隆年间。先后有灿烂法师、增辉法师、海德法师、仰观法师、普润法师、普照法师等住持于此。现任苏州市金庭观音寺住持贯澈大和尚,1943年亦是于此依普润法师出家。太平庵因此声名远播。

贯澈长老,俗名王殿才,1929年2月1日出生,江苏大丰人,为临济正宗第48代传人。现为苏州市佛教协会名誉会长,江苏省佛教协会理事、大丰太平禅寺筹委会主任。

贯澈长老工于诗词书画。他的书法颇有柳公神韵,兼具颜公风采而自成一格,具有极高的艺术价值和收藏价值,被誉为"沙门铁笔"。其作品被中外许多文博馆所、书画爱好者收藏。许多寺庙的殿堂匾额、抱柱楹联,均出自他的妙笔。

太平禅寺之豪华还在于它移址后的规模和建筑。太平禅寺现移址丰华街道朝荣村,占地面积53524平方米。一期建有大雄宝殿、藏经楼、药师坛城;二期将建成山门、天王殿、钟楼、鼓楼、观音殿、地藏殿、文殊殿、普贤殿、罗汉堂、念佛堂、居士楼、僧寮房、方丈楼和法会功能房,以及法务流通一条街、绿化、景观。建成后的太平禅寺,观世音佛像净高9.9米,寺内建筑巍峨壮丽、气势恢宏。

太平禅寺一期已竣工。药师坛城位于寺庙北区,占地5000平方米,整体采用天圆地方的设计理念。坛城内供奉东方三圣,彰显佛法的庄严。地下层为佛教的"曼陀罗"道场,存放四众弟子骨灰。这样既可以满足人们追求灵魂归宿乐土的愿望,尊重入土为安的习俗,又能够解决逝者与生者"争抢"土地之矛盾,到达"上顺十方三世诸佛菩萨之悲愿,下合一切六道众生离苦得乐之期盼"的和谐境界。

太平禅寺一期主体建筑侧影(李玉生/摄)

镇海寺内景（李玉生/摄）

充满"血性"的庙宇——镇海禅寺

镇海禅寺，位于小海镇镇海村三组境内，与小海温泉近邻，是大丰区旅游景点之一。

镇海禅寺从一创建似乎就是一个不畏强暴、不惧灾难、祈求平安的存在。

据《嘉庆两淮盐法志》载，明朝嘉靖中期，为防倭寇入侵，在大庆团（小海古地名）东5千米王港口（古小海运盐河）建烟墩，起名万盈墩，以备举烟报警。入海渔民和附近灶丁也赖此墩避潮。一日海水泛涨至烟墩，随潮飘来一尊木雕公侯像。潮退后众人见木像，以为神灵保佑，于是筹资在烟墩上建立一座庙，名为公侯庙，并推举地方高僧高圊和尚住持庙务。自此香火不断。清乾隆四十九年（1784年），东台三昧寺住持脱颖和尚退院回来住持，重新改建，庙貌焕然一新。是时，苦难深重的海滨百姓，憧憬于不受潮灾的太平生活，立意更庙名为"镇海禅寺"，以示海不扬波。清嘉庆元年（1796年）住持志仁和尚，续建左右厢房和客寮、祖祠，清修道场，以至规模恢宏，俨然释家圣地，佛事倍加兴旺。

其后寺院几度颓圮又几度重修，反映了小海人民镇海求太平的决心和信心。

1942年11月，著名爱国民主人士邹韬奋先生，在中共早期组织的掩护下，从沦陷的香港辗转来到"孤岛"上海，又进入苏北抗日根据地。由于日伪即将发动对盐阜区的第二次大

218 | 大丰叙事

"扫荡"，粟裕师长派人护送邹先生去阜宁。途经台北县（今大丰区）小海时，邹先生在镇海禅寺向各界人士发表了慷慨激昂的抗日救国演讲，深刻地揭露了国民党反动统治的黑暗，以及国民党权贵们嘴里喊"抗日"，实际上搞"内战"的虚伪伎俩。邹先生的演讲在各界人士中引起了强烈反响，鼓舞了人们的斗志。今天，镇海寺门前立有一黑色大理石碑，上面刻着"邹韬奋先生发表抗日救国演说纪念地"，它见证了镇海禅寺一段抗争的历史。

曾在镇海禅寺出家的万盈墩和尚张龙淦，法号莲舟，抗日战争中远赴香港弘扬佛法。获悉家乡寺庙毁于战乱，遂于原址投资重建镇海禅寺。其后，莲舟法师传人（侄孙）法亮法师自筹资金，征地约1.3万平方米，对原寺庙进行扩建。目前已投资900多万元，建有大雄宝殿、山门殿、僧舍等，镇海禅寺迎来了新生。

女众道场——刘庄净土院

刘庄净土院亦称贞节院，是国家AA级旅游景区，位于刘庄镇紫林路南首西侧。

净土院由新中国第一届佛教理事高鹤年居士捐赠自家房产和约10666平方米土地，在各方名士资助下建设而成。现在看到的寺院为改革开放后重建，总面积11000平方米，分为

刘庄净土院山门（李玉生/摄）

山门殿、天王殿、玉佛殿、大雄宝殿、念佛堂、斋堂、寮房、高鹤年纪念馆（待建）等八大区域。该院已成为全国著名的女众净土道场，香火旺盛，正常对外开放。

据刘庄人回忆，原贞节院环境清幽，四周濠河环绕，沿河植满桑、柳、桃、杏等各种果树名木。隔河有大菜圃，东南角有九莲桥与外界相通。整个建筑规模宏大，有殿宇寮房160余间，错落有致。面南有三门，中为妇女净土安老院，东为莲花世界，西为水月道场。三门所统，内部分为三轴，南北又有三进。中轴是主体部分，设有清心堂、讲堂和正殿。讲堂内供奉四大菩萨，左右经柜供经本，附设纺织用具；正殿中供西方三圣像。另有库房、斋堂、内客堂、账房等分布两厢，四周游廊相连。东轴线上主要为生活用房，西轴线有如意寮、涅槃堂、天井花坛、碓磨坊等。院内功能齐全，组织有序，初始有百余众，后来常住五六十人。

妇女净土安老院其实就是高居士在100年前创设的慈善养老机构。高居士放心不下的是虽尽散家财救济贫苦乡亲，但只是救一时之急，还不能解决许多贫苦孥妇老有所养、终有所归的问题。贞节院正是为此而设。但与现在流行的养老院不同，贞节院一是接收的对象仅限于贞女节妇，无依无靠者。正像《章程》规定的那样，来此住者必须是"贞女节妇，长斋念佛，决志往生，性情柔和，无诸乖戾，不事妆饰，不茹荤酒，断绝俗亲，不妄游行"的人。二是养老模式不同。贞节院除每天必修佛事功课外，还组织力所能及的生产劳动，种庄稼、纺织等，自给有余部分都用做慈善捐赠。此外，院内没有剥削和压迫，没有唯利是图，没有私有财产，是一个按佛教教义引导的慈爱的大家庭。

今天的净土院，慈爱的宗旨仍然一脉相承。

颇负盛名的庙宇——紫云山（紫云禅林）

紫云山古时俗称"鹅角鬓"，后因紫云仙子的传说及山上常年云蒸霞蔚、紫云缭绕而改为现名。

紫云山是一座很有灵性的土山，它的出现与唐代开挖串场河修筑捍海堰直接关联。多少年来，穿镇而过的夹沟与串场河从它的两旁悄悄流过。当地人笃信风水，认为这是"一山戏二流，代代出诸侯"的宝地，予以更多的虔诚和关注。

有山就有寺。史料表明，明万历二十五年（1597年），紫云山首建道观三官殿。清乾隆年间改为佛寺，称紫云禅林，亦称紫云山，自此香火繁盛。时任兴化县令颜崇槩有《赋紫云山寺》诗描写其景云："鸣鸠声送片帆闲，蟹簖渔村罨画间。一夜雨晴春水活，菜花黄遍紫云山。"县令造访赋诗，可见紫云山影响之大。但菜花遍地，亦见山寺规模有限。后来寺庙屡有增扩，由两部分组成，主体为东侧的紫云禅寺，西侧是水月庵——尼姑的道场。清光绪年

1935年拍摄的紫云山照片（翟恒谷珍藏）

间,住持云峰法师又在庵前建了听秋阁,增加了些许文人的书卷气。后来,高鹤年居士游访了云台山,见其《山志》自称北鼎,而称紫云山为南鼎,于是不满足建筑的系统和规模,以重修山寺为己任,跋山涉水,踏破芒鞋,多方劝募,用化来的钱进行了彻底的改造增建。扩建后的紫云山,山门牌坊,用汉白玉石砌成,横眉镌有"紫云禅林"四个斗大金字,巍峨庄严。有山门殿、天王殿、大雄宝殿、藏经阁、阅经室、千华台等殿宇150余间,新塑佛像百余尊。从此,紫云山声名远扬,成为善男信女礼佛的圣地,与连云港云台山名副其实地鼎立南北。

紫云山四面环水,临水建寺,建筑活泼灵动,构成曲折幽深的空间,实际是佛教建筑形态的花园化、园林化。世俗格调逐渐代替了宗教神秘色彩。寺内殿宇高低错落,自得天趣,梵音暮鼓,回荡人心。寺外河水涟漪,碧波荡漾,殿宇楼阁倒映水中,缀以蓝天白云、嘉木葱茏,渔歌唱晚,熏风习习,是一个绝妙的人间仙境。清末进士朱彭寿站在紫云山上举目四望,夕阳山色留给他深深的记忆,曾留下"紫云山寺依晴空,小市人烟一望中。好是夕阳西下候,亭台楼阁半山红"的赞叹。

紫云山的佛像塑造完整有序,仿佛一部立体化的佛经;佛经里大众熟悉的菩萨世界,都按层次在主殿里一一呈现。

山门殿 有哼、哈二将,这是佛教世界中的金刚力士,左称密执金刚,右称那罗延金刚,担当守门之责。

天王殿 四大天王(俗称"四大金刚")分列天王殿东、西两厢,分别为东方持国天王、南方增长天王、西方广目天王、北方多闻天王。金刚是金中最刚之义，用以比喻牢固、锐利、能摧毁一切。四大天王手中执持的法宝琵琶、宝剑、羁索、雨伞，象征风调雨顺他们是跟随四大比丘传播佛法的卫士。比丘是佛教中的和尚。据《弥勒下生经》说，佛祖去世时，指派大迦叶比丘、君屠钵叹比丘、头卢比丘、罗云比丘传播佛法，每人各负责一方，各人携一勇士相随，即带了四大金刚。塑造这四尊佛像，往往注重阴柔阳刚对比：东方、北方的天王塑造得面容慈和，南方、西方的则威严凶猛。同是慈颜，东方显得懒散而无拘束，北方则忠厚而淳朴；同是凶相，南方的倔强而富有力量，西方的威武而勇猛过人。一殿之中，对比如此强烈，但又如此和谐，给人以敬畏与美感同在的享受。

天王殿中间面北的是弥勒和韦陀二佛。弥勒是大乘菩萨之一。《弥勒下生经》说，他原住兜率宫，下生人世后在龙华树下继承释迦牟尼而成佛。韦陀是佛教守护神之一，亦称韦天将军，佛教传说他处于四天王之下，是南方增长天王手下的八将之一，但他又居四天王32将之首。其像一般穿古将士服，执金刚杵，立于天王殿弥勒像之后，正对释迦牟尼。此两像注重崇高和滑稽的对比，弥勒祖胸露乳，大腹便便，方头大耳，细眉弯眼，嬉笑而无顾忌，满足又绝无忧愁，完全是忠厚长者的形象。而他背后的韦陀，严肃而不苟言笑，戎装整肃，手执法杵，精明强干，表明自己护持佛法眼中难容沙子，惩恶除奸从不姑息。塑像者对弥勒采取了夸张变形和戏剧化的表现手法，体现他慈颜常笑，大肚能容的特征；而对韦陀则采用写实手法，显得正直威严。这种严肃的崇高感情和滑稽的乐观神态交错并存，使人不得不佩服塑像艺术的精湛绝伦。

大雄宝殿 该殿中多层次的佛像集于一室。正中三尊面南而坐，中为佛教创始人婆娑世界教祖释迦牟尼佛，即如来佛。"如"谓"如实"，"如来"即从如实之道而来，"佛"即开示真理的人，大彻大悟的人。如来佛姓乔答摩，名悉达多，是释迦族人，古印度北部迦毗罗卫国净饭王的儿子。"牟尼"即"圣人"。因地位最尊，居大殿正中。东坐"药师琉璃广如来"，也称药师佛，是东方琉璃世界教主；西坐"阿弥陀佛"，是西方极乐世界的教主。诸佛很多，为何阿弥陀佛能坐到佛祖旁边，这与唐太宗时流行"净土宗"有关。净土宗认为人成佛很容易，只要口念一声"阿弥陀佛"，慢则七天，快则一天，灵魂即可升入"净土"（西方极乐世界），成为8级（共分10级）以上的菩萨。因成佛方法最为简捷，易为广大信众接受，所以他的地位陡升。佛祖近旁两尊塑像，年轻的是阿难，体现多见广闻；年老的是大迦叶，体现年高德劭，是如来十大弟子的代表。三尊大佛躯体高大，面容庄严典雅，表情温和亲切，很接地气，似乎极愿普度众生。

罗汉是阿罗汉的简称，原指小乘佛教所达到的最高成就。普度是大乘，自度是小乘。据说小乘佛教徒修行，可以达到高低不同的四种成就，每一种成就叫一个果位。初果，名为预流果，轮回转生时不会堕入恶趣；二果，名为一来果，轮回时只转生一次；三果，名为不达果，不再回"欲界"受苦，而能超生天界；四果，名为阿罗汉果，诸漏已尽，万行圆成，所作已作，应办已办，永远不会再投胎转世而遭受"生死轮回"之苦，得此果位的人叫罗汉。

大雄宝殿中分列两旁的十八罗汉，衣裙褶纹飘飘欲动，栩栩如生。有的闭目枯坐，似乎早已入化；有的亢眉瞪目，分明还要与尘俗一比高低；有的袒胸裸背，浑身肌肉强健有力；有的老态龙钟，脸皮松驰，似乎要垂挂下来；有的头部微扬，眼望空际，分明有看透尘俗之意；有的则凝神沉思，手执经文，在妙言偈语中寻找解脱之法。或陋且怪，或丰且清，其线条流畅，技法精湛，实为佛像之上乘。

观音菩萨，地位仅次于佛，所以安排在佛祖的后面。

禅宗六祖，初祖达摩，曾在少林寺面壁学习9年，衣钵传至六祖慧能不再下传，所以禅宗只有六祖。"禅"是静坐之意，即提倡安心静虑的修行方法。因禅宗祖师生活朴素，大多是"锄头下讨活计"，且强调"孝悌"是成佛的根本，这种外来的佛教更能适合中国封建统治者的口味。所以武则天信奉禅宗，并让禅宗六祖也进入大雄宝殿。可惜前面已坐满，两厢也无空位，只能在殿北壁两侧各盘坐三尊。禅寺大殿内一般都可看到这六祖的形象。

经高鹤年重修扩建后的紫云山规制上乘，佛光远照。每逢庙会、斋日，尤其是春节、元宵，山东、河南的香客都不远千里，日夜兼程前来拜佛，香火极一时之盛。

紫云山自明万历年间兴建，至1946年毁于战火，历时349年。至今紫云山遗迹尚存，在其后建起的刘庄中学校园内仍保留一席之地，赓续着一抹香火。不过琅琅书声早已替代了响逾数百年的晨钟暮鼓，礼佛不如读书，紫云山换了人间。

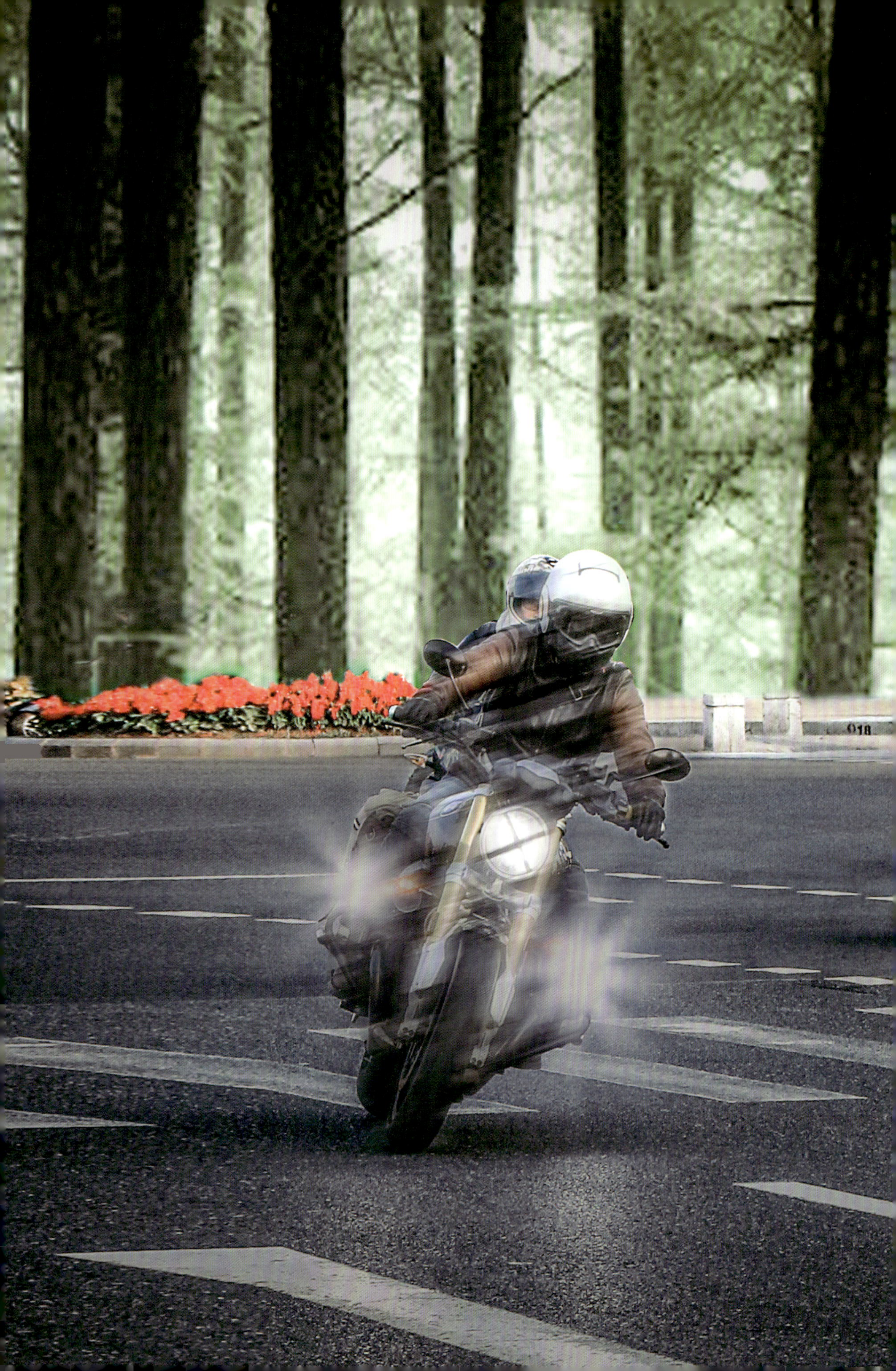

第七章 人文性格及习俗

文化地域性的标签，
内看人文性格，外看习俗风尚。

大丰是具有多元文化的社会，开放包容，形成了既有共性又富于个性表达的人文性格与习俗。

同样是尚武、崇文、忠义、孝亲，呈现的内涵却真实、深刻许多。

民风淳厚，古道热肠。

这些特质在节俗、礼俗中也有所体现。

第一节 大丰人文性格的畅想

《晏子春秋》上有则故事流传很广。

晏子一次代表齐国出使楚国。楚王不把齐国放在眼里，便想当面羞辱晏子。宴席上酒酣之际，卫兵按照楚王的"导演"，绑了一个人带到楚王面前。楚王故作惊讶地问怎么回事。卫兵说是个齐国人，偷东西的。楚王对晏子说："难道齐国人都喜欢偷盗吗？"在场的人目光一下都投向晏子，等着看晏子的笑话。

晏子不慌不忙地离开座位，回答道："大王，我听说橘树生长在淮南则为橘，生长于淮北就叫枳。尽管是同样的树种，树叶也相同，但果实的味道却两样。为什么会有如此区别呢？因为生长的水土不同啊。今天被绑的这个人生在齐国不会偷盗，到了楚国就成了盗贼，难道不也是楚国的水土造成的吗？"一席话说得楚王下不了台。

楚王只得急忙打招呼，说："对不住先生，圣贤之人是不能开玩笑的，寡人我反而自讨没趣了。"

故事中，我们避开晏子的辩论技巧不说，单就他早在2500多年前提出的一方水土塑造一方人的观点而言，是包括楚王在内的古今人士都容易接受的。水土（地理环境）可以决定人的习性，水土也可以改变人的习性。因为这样的道理，今天我们能明显地看到南方人与北方人、上海人与山东人、江苏人与广东人等因为地域不同而在人文性格上的差异。

大丰历史上人文荟萃、英雄辈出，与特殊的地理环境和海盐文明密切相关。大丰是"海滨沮洳潟卤之地"，千百年来一直作为国有盐场存在，为国家的经济命脉所系。然而整

人文性格及习俗

体资源匮乏，国家对盐民也没有起码的人格尊重和生活优待。恶劣的生存环境加上沉重的生活压力，造就了大丰人无畏敢想、拼搏进取的性格基因。

大丰东边是海，南、西、北三面无高山大川与外界相隔，是一片平坦开放的区域。即使在交通欠发达的时代，也易于与外界沟通。从文化上说，北面吹的是齐鲁儒家之风，西边刮的是荆楚遗韵，南与吴越文化若即若离。大丰又是移民之地，一代代的新"大丰人"，不断带来外部的信息与精彩。所有这些多元的文化交汇，形成了大丰人开放包容、兼收并蓄的博大胸襟。

开放的地理环境和多元的文化生境，决定了大丰总体的人文性格走向：无法形成像山区那样封闭独特的人文习俗，始终追随外部社会的主流文化形态。

多元的文化生境，在今天大丰这片土地上有很好的演绎。

大丰"十里不同俗，五里不同音"。泰州话与兴化腔、盐城腔共存，本场话、海门话与上海话相杂。不同口音在地块上有明显分野。老斗龙港河以西、五十里河以北、新斗龙港以南地区，属兴化方言体系；王港河以南、五十里河以东地区，属泰州（东台）方言体系；王港河以北、老斗龙港河以东地区，属启（东）海（门）方言体系，该地区居民大多是海门、启东移民；斗龙港河以北地区，属盐城方言体系；上海飞地，属上海方言体系。

文化生境上的多元性，并不影响大丰人的和谐相处、团结共存。在长期的融合发展中，大丰人形成了共同的文化心理倾向和社会价值追求，体现了人文性格的高度趋同性。因为有了这种趋同性，大丰的历史才有了波澜壮阔的生动画卷，也才能接连走出指点江山、激扬文字的大豪杰。

本节就历史形成的大丰人文性格特征做一些粗浅的解读：

盐土地上的尚武之风

300多年前，大丰人仍以烧盐和捕鱼为主业。孔尚任为了治水来到西团，与大丰人相处之后，对大丰人的秉性有过概括性的评价："轻生嗜斗，善逋国税。"孔尚任是外乡人，来西团时进官场不久，应该说这个评价是比较客观的。"轻生嗜斗"，是说把生命不是看得很重，为了道义上的东西，可以不惜舍身。所谓割掉头碗大的疤而已，越穷越革命。"善逋国税"，可能指的还是贩私盐，迫于生计，胆大的盐民搞一点"黑市"活动。孔尚任在《西团记》中写下的这句话，委实点出了大丰人"骨子里"尚武、无畏的盐民性格。

大丰人祖祖辈辈生活在海边，黄海的大风大浪以及作坊式的煎盐方式，决定了大丰人的尚武与北方游牧民族的大刀阔斧、金戈铁马不同，更多的是展示南方人的精干。武器也是轻便的，便于近身格斗。"男儿何不带吴钩，收取关山五十州"，"落日楼头，断鸿声里，江南游子。把吴钩看了,栏杆拍遍,无人会,登临意"。正是诗词中吴钩这样的弯刀,最能代表大丰人尚武的风格,表达的是一种反对暴政、谋求民主与自由的勇武精神和豪情。

元末白驹场张士诚等众英雄为争取生存与自由揭竿而起,割据苏南苏北,配合了各路红巾军的革命斗争,动摇了元王朝的统治,是大丰人尚武精神的一次集中喷发。张士诚起义最初的十八位弟兄,都是扛扁担的盐工;参加起义军最初的几千将士,也都是大丰盐民的子弟。他们都有着孔尚任眼中那种"轻生嗜斗"的血性。因为有了这种尚武之风,张士诚才能够很快在家乡拉起一支反元的队伍。

以后各代,尚武精神不绝如缕,仁人志士前赴后继。

明代抗倭斗争中,草堰场出现了草根英雄戴选、校秀。二人皆有臂力,胆气绝人,素相友善,互以忠义自许。嘉靖时倭寇闯入,二人勠力截杀。一日至茅花墩(今西团北),杀敌过多,校秀用铁叉刺倭寇,用刀割敌人脑袋,被另一倭寇从背后砍掉一只胳膊,他用一只手与敌人继续战斗,最终不幸牺牲。戴选寡不敌众,也为国捐躯。

近现代反侵略、反压迫的人民民主革命斗争中涌现出的英雄豪杰,更是数不胜数!

这是值得歌颂的一种具有正义品格和民族情怀的尚武精神,与那种作无谓牺牲的"愚勇"是不可同日而语的。

历史上有个"愚勇"的故事,给人印象深刻。说的是古代齐国有两个"勇士",一个居东郭,一个居西郭,一天两人在路上相遇:

东郭说:"去喝一杯怎么样?"

西郭问:"有肉下酒吗?"

"你身上的肉,我身上的肉,不是肉吗?"东郭勇士斜着眼看西郭,反问道。

西郭也不甘示弱,欣然应允。

于是,两人找来豆酱,拔出刀来,你割我一刀,我割你一刀,蘸着豆酱吃起来,谁也不服谁,直到最后两人都鲜血流尽倒毙在地。

这种"勇",有何意义?必须摒弃。

大丰过去流行一种"打降"的习俗,诠释的正是朴实的尚武之风。打降,就是以武力降服对方,凭拳头决出输赢。乾隆初期林正青《小海场新志》记载:"元旦普天同庆,互相拜贺,亦见揖让遗风。独丁、草、小三场以打降为雄。"老百姓认为钉子不打不硬,草不打不长。"自元旦至月终,二场集小海南闸,小海人阴左右其间,始则詈骂,继则打降,即损伤立毙,不告官,亦无悔心,甚至兄弟叔侄分居两场,即同强敌,丧心病狂,不知其非。诘之,则云:'自张士诚以来,以此兆丰年。'非大雨雪不休。"雍正、乾隆年间被官府禁止,不许聚闹。林正青任过小海场大使,记述应该是可信的。延至民国初期,打降之风时有发生。一有争执,双方聚集于八甲沟口,两边助威,如临大敌。但在平时,亦通婚姻,民间交往甚亲。

后此风渐消。

翻看资料,打降不独是过去大丰人的风习,有的把"打降"看成"打架"。清人郝懿行《证俗文》卷六记载:"俗谓手搏械斗为打降。降,下也,打之使降服也。方语不同,字音遂变。或读为打架,盖降声之转也。"林则徐《会奏英夷抗不交凶严断接济查办情形折》:"况夷人酗酒打降,习以为常。"《荡寇志》第42回:"一味使酒逞性,行凶打降,所以他的旧交,无一人不厌恶他。"

过去海里人(大丰西部地区对东部地区居民的泛称)娶亲,因为贫穷,也有通过打降来达到目的的,这其实就是抢亲。清代苏州人顾公燮喜好搜寻异闻趣谈,他在《清夏闲记摘抄·打降》中记述:"康熙年间,男子联姻,如贫不能娶者,邀同原媒,纠集打降,径入女家抢亲,其女必塆亲扶上轿,仍以鼓乐迎归成亲……今则功令森严,此风不兴矣。"看来顾公对当时大丰一带海里人的抢亲风习,可能也有所耳闻。

施耐庵公园里的石锁玩家(李玉生/摄)

大丰人的尚武,更讲究个人力量的训练,所谓项羽式的"膂力过人""力拔千斤"。大桥镇大东村张春义家一个祖传四耳石盘,重100千克以上,握手处摸得滴滴滑。此物是他祖上、清代的一个武举人操练用的器械,据传可以离地两三米双手轻松腾挪。由此可见武举人的臂力之大。

尚武之风今天在武术与体育项目上有很好发扬。大丰群众性体育运动基础扎实,田径、球类、武术等项目上高水平运动员层出不穷。世界击剑冠军骆晓娟被国家体育总局授

赛龙舟(严正东/摄)

予"国际级运动健将"称号,多次获得女子重剑国际、国内比赛个人冠军。戚玉梅成为散打王,名震世界武林。

贡献过文学泰斗的崇文传统

　　大丰的文脉,以施耐庵与《水浒传》为标志,树立了中国文学创作史上的一座高峰。这是一个值得挖掘的文化现象。

　　唐代以来,随着盐业中心的南移与两淮盐业的发展,大丰在其中的位置显得越来越举足轻重。唐初,朝廷已在大丰设置盐官,并构筑捍海堰,增设盐场。到了宋代,大丰各盐场的产量与品质,屡屡被史籍记载。而距离大丰150千米的扬州,由于盐业和漕运的推动,晚唐时已发展为名震全国的大都市,成为重要的经济文化中心。当时朝廷管理食盐转运和囤积财物的机关,有"四场""十监""十三巡院",大多设在扬州。扬州自然成为文人聚集和创作非常活跃的地区。

　　唐代著名的诗人,宋代的大词人、大散文家,到过扬州和在扬州出生的数以百计。这种文化现状,必然会辐射到大丰。宋代从西溪盐仓走出的三位宰相——吕夷简、晏殊、范仲淹,都在大丰的盐场留下过足迹。特别是范仲淹领导修筑捍海堰,在大丰人民心中刻下了永世不灭的历史丰碑。所有这一切,必然会对大丰文风的培育与兴盛产生积极且深远的影响。

　　施耐庵之前,有关大丰的史籍,并未提供过哪怕一点本土文人活动以及文化建设的具体信息。但随着集镇的兴起并逐步繁荣,各盐场官员、小镇的商人和社会上层人物等为子女读书而办学兴教应在情理之中。大丰的士子进学求功名的也应大有人在。那些麇集于扬州的文人雅士中,也许就不乏大丰人的身影。遗憾的是历史的烟尘已经模糊了后来者的目光,一切真相也只能凭逻辑去猜测。

　　施耐庵生活在元代。元代知识分子身份低微,在全部十个职业等级中,知识分子仅排第九,介于第八等娼妓和第十等乞丐之间。然而,一个矛盾的现象是,元朝统治者的治国又离不开汉族知识分子。近代有研究指出,元代有相当多的汉族人在各级官府担任高级职务,其中不少是正职。在《元史》《新元史》和《蒙兀儿史记》所作传的864名三品以上的官员中,汉人占了409位,即约占总数的47%。如此看来,认为"元朝各级官府的高级官吏,必须由蒙古人或色目人担任,汉人最多只能做到副职"的说法并不准确。

　　施耐庵中进士后在元朝也做过几任小官,后参加张士诚起义。因张士诚未采纳施耐庵的意见并且降元,施耐庵离开起义军后回到家乡白驹,一边教书,一边总结起义得失,创作《水浒传》。施耐庵之后,大丰的崇文之风越刮越盛。

　　明代开始,大丰有了社学。社学是科举教育的初等教学组织。社学有社田、社产,或

人文性格及习俗 | **231**

读（周左人/摄）

为公拨，或为地方各界捐赠，属官办民助性质。明弘治二年（1489年），在泰州分司运判徐鹏举的倡导下，丁溪场、草堰场、小海场、白驹场都办起了社学。次年，刘庄场大使也受徐鹏举委托，在官厅旧址办起社学。徐鹏举是四川泸州人，明弘治二年（1489年）以进士身份来两淮都转运盐使司任运判（正六品）。上任伊始，便于其管属的盐场"立社学，延择明师，以教灶民子弟。自立学训词示之，俾知所问"（《大丰盐政志》）。

盐场之外，社会与个人也有捐资办学的。清代的西团社学、南团社学、楚皋社学（设于沈灶）等就是由商人、地方人士捐出房屋、田产兴办的。可见明、清两代大丰的办学已蔚然成风。

这些社学后来屡有增建，大都转变成书院。如草堰社学改为文庙，后又改为正心书院；白驹社学改为诚意书院；西团社学改为明性书院。书院的兴起，使社学的基础教育又上了一个台阶。

与社会办学相得益彰的，是耕读传家的理念已成为许多有识之士代代赓续的家风。《小海场新志》记载当时大丰的习尚为"其地邃密，肥瘦半之。故民间惟事耕读，性多朴醇"。追求知识、追求书艺、追求功名理想的"读书兴家"之风，成为历代青年人的精神动力。

据统计，大丰境内各盐场明、清两代会试金榜题名者有23人，中举人者达32人之多。大丰出才子是历史的标配。

明代丁溪场走出的冯谅、高谷、杨果等"省阁名公"，都是读书做官的楷模。而草堰场盐民哲学家朱恕，能成为倡导"百姓日用即道"的泰州学派中有影响的人物之一，走的则是另外一条路线。朱恕家境十分贫寒，从小靠捡拾树枝芦柴维持生计，奉养老母。但他刻苦求学，多才多艺，不走科举之路，研究哲学之外，研习绘画。他之所以被历史记住，原因正在于此。他创作的指画《麻姑》，开创了中国画的一个新门类。比后代画界称为指画鼻祖的高其佩早了100多年。

近现代的白驹，人才井喷。从这里走出的喻兆琦（1898—1941），留学法、德，是北京师范大学生物系教授，也是我国现代著名的动物分类学家。李春芬（1912—1996），曾受教于地理学家G.泰勒（G. Taylor）教授。1943年获加拿大第一个地理学博士学位，同年赴美国哈佛大学从事博士后研究。1944年进美国内政部地名局工作。1952年回国出任华东师范大学地理系首任系主任，并在此后的26年时间里，将华东师范大学地理系建成了国内一流、国际领先的地理系科，他也成为我国近代区域地理学的主要奠基人。

当代的大丰，在教育、文学创作、书法、绘画、摄影、工艺美术以及经济学研究等领域都涌现出一批享誉省内外的名人大家，他们的文艺作品不少被各大名馆收藏。当前活跃在书坛、画坛的国家一级美术师有7人之多；中国摄影家协会会员多达两位数。大丰瓷刻艺术和大丰麦秆画等分别成为国家级、省级非物质文化遗产保护项目。麋鹿、丹顶鹤、滩涂、荷兰花海、梅花湾等大丰独特的风景名胜及人文景观，借助他们的作品，走向屏幕、报刊，走向世界，成为大丰特有的地域文化符号。

李春芬（刘迪/摄）

融化在骨子里的忠义精神

《水浒传》亦名《忠义水浒传》，"忠义"二字贯穿始终。施耐庵笔下的林冲更是像关羽一样，长相威武、武艺高强，成为忠诚、正直、义气的代表性人物。他们的形象深受后人尊崇与喜爱。

大丰历史上有很多关帝庙，供奉着"武圣"关公，以及他的义子关平等。不少人家佛龛里供的也是关云长。过去直至今天的很多人心中，关公一直是神一样的存在。为什么会有这样一种关公热？这正是古今大丰人崇尚忠义的象征。

关公与"文圣"孔子地位相等，是忠义精神的化身，成为"贫贱不能移、威武不能屈、富贵不能淫"的道德标杆。关公身上所体现的"忠、义、勇"精神，对中华民族的文明和进步，起到了垂范千秋的重大作用。"忠义"是什么？儒家说"义者，事之宜也"，"义，人之正路也"。简言之，"忠义"就是在"利与害""得与失""成与败""荣与辱""生于死"等人生、事业的重要抉择关头，为维护崇高信念和正义事业，而毅然做出的超乎功利的选择。

《庄子·盗跖》里讲了一个故事，说有个叫尾生的人，一日与某女子相约在一座桥下见面。尾生如约而至，可不知道什么原因，女子迟迟未来。这时暴雨倾盆，水越来越大了。尾生为了坚守信约，并没有选择离开，而是抱着桥柱子直到被大水淹死。尾生为了守住信义以至于被淹死，固然有刻板和夸大之嫌，但故事背后张扬的忠义精神是应该值得肯定的。

大丰人尊崇关公,建庙祀享的仪式感是一个方面,更重要的是身体力行。《大丰盐政志》上记载了这样一件事,与尾生的故事有些异曲同工:

赵长者是丁溪场人,名礼,字信夫,生而宽厚。十多岁时家里为他定了一门亲事。女方是同场的老孟家。孟姑娘生得如花似玉,芳龄十四。由于老孟家前几个孩子都夭折了,此为晚来得女,被视为掌上明珠。但令人唏嘘的是孟姑娘刚过15岁,因眼疾双目失明。老孟痛苦之余担心这门婚事,便主动找赵长者的父亲,想解除婚约。

赵父将此事告诉儿子。赵长者说,这事不能这样做。我们订婚时小孟姑娘眼睛好好的,今天遭此不幸而解约,远近的人都知道她是个盲人,还有谁娶她?况且她父母都一把年纪了,将来老了病了依靠谁呢?父母听了十分赞赏并支持儿子的选择。

结婚以后,夫妻俩相敬如宾,育有11个子女,个个出众。特别是儿子赵玉,勤奋苦读,孝亲尊礼,官至水军都万户。赵长者家道兴旺,把岳父母接至家中供养,直到善终。

"忠义"是一种精神的自我约束和提醒,是属于"骨子里"的东西。大丰人面对"义"的抉择,是心念向善、主动修为,只做好事、莫问前程。

20世纪二三十年代,在上海拉黄包车、打工谋生的苏北大丰人不在少数,陈先生是其中之一。他在闸北区有个小厂,由于销路不畅,捣鼓了几年,只得倒闭止损。眼下别无着落,他想暂回苏北老家调整心情。这天,他买好了船票,来到了十六铺码头,一看时间尚早,便就近找了个冷僻的小茶馆打发时光。他要了杯糖水和一些点心,走到临街的窗下。刚落座,发现旁边凳子上摆放着一只棕色皮手袋,周围并无一人。他估摸是哪位顾客忘记了,就边喝茶边等待。哪知等了个把钟头,一直无人问津。他拿起包,沉得很,打开一看,竟吃了一惊,原来满满的都是码好的白花花的大洋,5卷有余。陈先生是一个亟须要钱的人,这么多钱在他手上能办多少事啊!陈先生责怪这个失主太荒唐,但又一想,失主大意少了这么多钱,酿出什么人命关天的大事来也并非不可能。交给店主,也不放心。厂虽然没办好,但他诚实守信,处处与人为善,口碑不差,昧良心的事从未做过,一张船票又算什么呢?既然遇上了,就好事成全到底吧。于是,陈先生抱定不遇失主不罢休的决心,干脆在茶馆就这样坐下去。

再说失主张茂全是钱庄蔡老板的账房,一早到浦东去收几笔烂账,还算顺利,拿到530个大洋就急匆匆往回赶。过了黄浦江,早已饥肠辘辘的他,就来到这个不起眼的小店吃点东西。由于牵挂儿子的婚事,心不在焉,走时竟忘记了放在凳子上的手袋。到钱庄交差,才发觉丢了大洋,吓得魂不附体。蔡老板以为他做了手脚,特派一名管事陪张先生一路找回。这时已近傍晚,陈先生从窗口看到两人慌慌张张走来,就收起了手袋。张先生一进屋,眼光就扫向陈先生旁边的凳子,并径直向陈先生走来,急切地用手比画着,问有没有看到一个手袋。陈先生又问了些情况,确认张先生就是失主。于是便拿出手袋,并说明因等待认领自己误了回苏北的船。张先生见到失而复得的手袋,立即跪下给陈先生磕头,感谢救命之恩。说如果找不到,自己只有以死谢过了。张先生拿出30大洋以表酬谢,被陈先生拒绝。最后约定第二天早上在淮海路同德楼,请陈先生用早茶。

张先生回到钱庄把情况向蔡老板一五一十说了,蔡老板十分感动,佩服陈先生的义举,并决定由他出面答谢陈先生,也想会会这位大善人。

第二天早上,蔡老板和张先生一行早早在包厢等候,不久,陈先生也如约而至。一见面,张先生又要下跪,被陈先生抢先扶起,陈先生反倒先跪下了,说感谢张先生让他逃过一劫。大家有些莫名其妙,问其缘由。原来陈先生得到消息,昨天下午回苏北的帮船在吴淞口外遇险,乘客无一生还。事情竟如此神奇,二人相拥而泣。蔡老板看陈先生长得端正,谈吐大方得体,虽然年轻,但知道是见过世面的人。又问了些家庭情况和个人经历,蔡老板心中暗喜,打算把陈先生留在钱庄做事。陈先生正好求之不得,便爽快地答应了。

两年后,陈先生成了蔡老板的乘龙快婿。再后来,蔡老板干脆把钱庄交给陈先生打理,自己游山玩水去了。

大丰人就是这样重义,淳朴好处,讲道理,识大体,有底线思维。外地人评价:遇上大丰人,胜过家里人。

当然,一家人相互算计的也不奇怪。《红楼梦》第七十五回写到,贾探春因大观园被抄,感到败象突显,抱怨说"咱们倒是一家子亲骨肉呢,一个个不像乌眼鸡似的,恨不得你吃了我,我吃了你"。《红楼梦》里"一家子"人尚且如此钩心斗角,但大丰人很少"乌眼鸡"式的人物,不善"窝里斗"。在任何群体中,大丰人总是以忠厚义气出名,己所不欲,勿

美髯公(朱瑾/摄)

施于人,不会因为一己私利而揪住不放。

不过,"忠义"也应该有个边界,越过边界就会铸成大错。关公华容道放了曹操,念的是曹操当年待他的"上马金、下马银",结果毁了三国统一大业。张士诚义待"弟兄",把术士李行素任用为丞相,因为他是"哥儿们"李伯升的父亲;张士信为丞相,因为是老弟。甚至对朱元璋都是仁义有余,权谋不足,其结果也是大丰人不愿意看到的。

百善孝为先的品德情操

"孝"是中华传统美德的核心内容,千百年来一直被作为伦理道德之本、行为规范之首而备受推崇。孔子的"孝悌也者,其为仁之本与",孟子的"仁之实,事亲是也"等,都把孝视为仁义的根本。古人把"孝"解释为"善事父母为孝",顺父母为孝。今天,传统孝德仍然是现代文明人的基本操守。在家庭中强调"孝"的美德,在全社会提倡养亲、尊亲、敬老的社会风气,对于稳定社会秩序和人伦关系、形成良好的社会道德风尚,乃至提高全民族的道德素养等都具有重要意义。

大丰是个出孝子孝女的地方,孝亲尊老是永远不败的风景。

《康熙淮南中十场志·人物》记载了大丰孝子的故事:

元末,张毅为躲兵灾带着双亲来到山西大同。入明后在大同做了官。不久,母亲去世。他一片孝心,扶棺南归。到了河北,父亲又在途中离世。因路途遥远,行走不便,他便背着双亲的遗骸,几千里跋涉,艰难回到丁溪安葬,让父母叶落归根,入土为安。

朱果,字守正,草堰场人,性至孝。父母如果生病了,他总是衣不解带,在父母床边伺候。父母年老了,经常大小便失禁,拉在身上,他从不嫌弃,自己帮父母洗干净。朱果的孝心换来了父母的高寿,父亲活到了96岁,母亲98岁才去世。这时他也是快80岁的人了,仍坚持守墓尽孝。

《小海场新志》中也载有明代大丰(小海场)人孝顺的事迹:

吕府的母亲生病在床,突遇家中失火。火势猛烈,人不能近。危急之际,吕府不顾一切冲进大火之中,把母亲抢救出来,母亲平安无大碍。结果吕府自己被严重烧伤,"须发悉焚,肌肉尽焦"。令人称奇的是过了不长时间,吕府的伤自然痊愈。

母与女(朱瑾/摄)

刘应文,"笃于孝友,寒暑必尽温清之礼。母张病笃,汤药亲尝,衣不解带。病愈迫,每夜祷于神,请以身代。一日潜割肱肉疗之愈,官司屡旌"。为了治好母亲的病,刘应文偷偷割下自己臂膀上的肉做药引。母亲因此康复,刘应文也多次受到官府的表彰。

单乾祉,"祖母病,目已瞽矣。用舌舔之得复明"。

宗允恭七岁失去了父亲,他独自服侍母亲。母亲患病卧床十余年,宗允恭亲伺汤药,每次都预先尝一下冷暖。夜里为了方便照应,就睡在母亲旁边,无论寒暑都不离开。他的女儿也以他为榜样,恪守孝道。女儿十三岁的时候,宗允恭得了个怪病,"女祷天,剜股以进,获延二十五年,人咸以孝女称之"。为了延缓父亲的生命,造就了又一个"剜股"为药的孝女。

古今至孝,其德可风。孝德的养成,教育是根本。而教育是要从孩子开始的。

大丰人常说"棒打出孝子,惯养忤逆儿"。事实上棒打未必一定出孝子,但惯养忤逆儿倒是不乏其例,这是家长们应该特别警惕的。

有一个惯养的故事,在大丰东南片地区可谓家喻户晓。

过去丁溪河边上有一户沈姓人家,有弟兄两人,老大是个"绝子",无儿无女,老二老来得子,十分溺爱。老二只要有应酬,总是把宝贝儿子带上"吃捣腰"(小孩想吃什么,就捣一下大人的腰,所以带小孩赴宴称为"吃捣腰"),十多年来习惯了。这一天,老二又有应酬,因儿子在外玩,加上已经十三岁了,带着"吃捣腰"也有些不便,就跟老伴说,"今天不喊他了,你们吃过夜饭早点睡。"老伴也不以为怪,说"放心去吧,少喝点酒,早点回来"。

老二走了不久,儿子回来了,没有看到父亲,就问妈妈。妈妈说了实话,儿子不信,又屋里屋外找了一遍,确认父亲赴宴未带他去,这下"火山喷发"了!又哭又闹,先是摔东西,接着扬言要把老父亲杀了。母亲哄了一通,勉强把火头压住。晚饭后儿子也不睡觉,说要等父亲回来。

约莫到了一更天光景,门外有了脚步声,儿子知道是父亲回来了,就悄悄拿了薄刀躲到门后,打算在父亲进门时动手。事有凑巧,沈老二没有直接进屋,他看到场上晒咸瓜子的帘子没有卷起来,就整理了一下帘子;又看到扁担隈在墙上,就把扁担收进来。刚推门,门吱的一声已经开了,儿子窜出就是一刀,刚好砸在扁担上,"哐当"一声,刀掉到地上。沈老二吓了一跳,回过神来,儿子一穿枪,"嗖"的一声已消失在黑暗中。夫妻俩找了一夜,没有找回儿子。接着几天跑遍了亲戚、朋友家,竟杳无音信。夫妻俩不知流了多少眼泪,但眼泪换不回儿子,无奈也无法,就丢下暂时不提了。

一晃时间过去了三年,有人打听到镇海寺里有个小和尚像沈老二的儿子。沈老二恋子心切,急急忙忙赶了几十里路来到镇海寺,看到有个年轻和尚在扫地。心想这个和尚真有几分像,就问道:"小师傅,丁溪河边有个沈应存沈木匠家你认识吧?"

"阿弥陀佛,贫僧不认识!"和尚一脸不屑,敷衍道。

木匠只得开门见山说:"我有个儿子几年前离家,听说就在这个庙里,我老两口都老了,多病多痛的,想他回家看一看,跟他母亲说几句话就满足了。"

"阿弥陀佛!"和尚说,"庙后有棵桑树,你能把它扳直了,你儿子就回去了!"说着头也不回,进庙里去了。

沈木匠无奈,来到庙后一看,果然有棵大桑树,盆口粗细,树干上有个大勺弯。沈木匠明白了:今生做错的一件大事,就是没有从小给儿子一个良好的教育,溺爱变成了伤害。有钱买不到后悔药,"桑树要从小拐啊"!

沈木匠从小教子不严的教训,在大丰像警钟一样世代敲响。

喜饮酒,且为人真诚大方

现代人饮酒数东北人最能,但大丰人饮酒的风气、频率似乎也不输东北人。大事小事、有事没事,无论城乡也无论男女,中、晚总要来几盅,甚至不惧一个人独饮。

从历史和地缘上追溯,大丰人的饮酒之风应该是古代楚国人喜酒风气的传承。楚国在两三千年前就盛行饮酒,祭祀和一些重大活动更是离不开酒。楚国最具特色的酒叫香茅酒,进贡周天子和祭祀神灵都用此酒。看来今天喝酒看牌子,并非什么新创造了。

大丰人论酒,摆酒是一种礼数、一种尊重、一种文化。这与传统文化中酒本"礼"之魂,酒礼是最严格的礼节的观点是一脉相承的。孔子曾说过"百礼之会,非酒不成""饮酒者,乃学问之事,非饮食之事也"。孔子认为饮酒不只是吃喝这么简单,而是关系到以德治国、人民安居乐业的大事情。所以酒文化也是儒家思想的重要组成部分。

独饮图(李玉生/摄)

大丰人喝酒讲氛围,懂情调。要求陪客者会聊天、会沟通、会社交、会看人;要懂政治、懂心理、懂娱乐、懂节奏;要上知天文下知地理。当然,最根本的是懂尊重,待客以诚。如果不是这样,一个酒场一定会搞得非常无趣且沉闷。营造气氛,酒桌上的主陪是关键。有人说主陪靠威望,副陪靠酒量,意思是说主陪必须能够镇得住场,要么和主宾地位相当,要么高于主宾,主陪的主要任务不是喝酒,而是说话,是掌握全"桌"并调节氛围。副陪的主要任务一定是喝酒,也是来宾喝酒的"发动机",气氛的烘托者。你看,酒场仿佛一场舞台演出，酒场的魅力可能就在这里。

喝酒是重要的社交活动，酒品见人品。与高雅的人共饮，高谈阔论；与豪侠、直率的人共饮，酣畅淋漓；与志同道合者共饮，倾诉衷肠；与故交、知心朋友共饮，那就是酒不醉人人自醉，酒逢知己千杯少了。会喝酒的人不但通过酒局办成事儿，还能通过酒局结交新朋友。有一种朋友关系就叫"一起喝过酒"。别管熟不熟，一起喝过酒就比没一起喝过酒显得靠近，至少之间有共同的朋友。

我们读历史，往往看到酒总是和文人绑在一起。文人喝酒是一件雅事，以酒会友是最高的礼仪。正因为如此，诗词歌赋当中处处可见酒的影子。文人雅士也无不好酒，孔子可以饮酒"百觚"，李白可以痛饮"三千杯"，曹雪芹更是"举家食粥酒常赊"。

文人喝酒讲究仪式感。对饮酒礼仪研究最透的要数明代的画家吴彬。他对与什么人一起喝酒、选择什么地方和时间饮酒、怎样喝酒才更有乐趣、喝酒时不能做什么以及酒后要做什么都一一做了总结，把喝酒这样的事变得愉快而又风雅。

在大丰，饮酒还是一种待客之道，阐释的内涵是大方。大丰人最推崇的一句话是"为人要大方，宁可穷自己，不可穷朋友"。这与上海人大相径庭。"上海人不喜欢大请客，酒海肉山；不喜欢'侃大山'，神聊通宵；不喜欢连续几天陪伴着一位外地朋友，以示自己对友情的忠诚。"（余秋雨先生语）这里的"不喜欢"，到了大丰就变成了"都喜欢"。尽管大丰境内也生活着几万上海人，之间友好相处了70多年，但大丰人始终恪守自己的待客之道。他们愿意陪客人，不仅全程，如有必要还可以接送。他们愿意把最美好的东西示人，哪怕是在最困难的年代，好酒好菜总是为客人准备，自己享用的甚少。

有了客人，不上酒水，不请几个有身份的相陪，就等于没有接待或没有正式接待。有了酒水之后，不把客人放倒或自己不倒，心里也不踏实。总担心客人会觉得自己真诚不到家或舍不得酒水。

诚然，这种以逼酒为恭敬，以醉酒为真诚和荣耀的做派是有违传统酒德的。此种现象古人有过批评，"以逼为恭敬，以虐为慷慨，以大醉为快乐……必无礼无义不读书者"（清朝阮葵生《茶余客话》）。

更有甚者，有人把"以礼待人"变为"以利待人"，把酒场变为功利场，希望通过"酒桌"来谋取不应获得的利益，这恰恰丢失了中国传统酒文化的魂。这种现象的背后，凸显的是人们彼此之间的关系已经沦为利益和交换。

因此，我们应当对酒充满敬畏之情，因为它是上天对人类的恩赐。我们需要的是把充满书卷之气、在中国存在了几千年的一项高雅的社交娱乐活动，与现代人的叙事语境结合起来，这样或许能创造出饮酒不一样的仪式感。

大丰人的酒文化，交织着豪情与真诚，是大方、抒情和重礼仪的一首协奏曲。

凤凰崇拜

中国人皇权一统的思想在动物界也有所体现，借助想象创造的凤凰就是一个典型的例证。人们以为鸟类也应该有一个统一的秩序，有一个首领，这个首领是谁呢？现实中并不存在的凤凰就诞生了，凤凰成了百鸟之王。

大丰人崇拜凤凰。尽管没有人能说出凤凰长啥样，更没人见到过凤凰，但并不影响人们对凤凰的追求。过去大丰人为小孩取名，无论男孩女孩，往往离不开一个"凤"字。叫凤喜、凤珠、凤英、凤莲、凤成，或者叫成凤、金凤、银凤、巧凤、兰凤，等等。崇拜的观念中寄托着希望，自己积累了几十年的理想，都落实在为孩子取名上，希望子女长大后能成为人中凤凰。

凤凰到底长什么样呢？古人在《尔雅·释鸟》中有过描述："鸡头、蛇颈、燕颔、龟背、鱼尾、五彩色，高六尺许。"原来凤凰具有5种动物的局部特征，样子十分怪异。

《山海经》从另一个角度对凤凰进行了描写："有鸟焉，其状如鸡，五采而文，名曰凤皇。首文曰德，翼文曰义，背文曰礼，膺文曰仁，腹文曰信。是鸟也，饮食自然，自歌自舞，见则天下安宁。"这里是说，凤凰是一种像鸡那样具有美丽花纹的鸟，它的头部、翼部、背部、胸部、腹部分别代表了德、义、礼、仁、信这五种不同的社会道德范畴，所以凤凰一出现，就表明天下太平。这里的凤凰显然已不是自然界的鸟，而是儒家思想道德的化身，成了社会祥瑞的符号。

崇拜凤凰属于古时楚国人的文化习俗。在楚人眼中，凤、龙、虎、熊、狮、豹等所有动物中，凤的地位最高。我国最早的国画是战国时楚国的《人物龙凤图》，其中凤比龙的位置更高，图形也大了许多，就足以证明这一点。

楚人认为凤凰是九个头，也称九头凤，具有极高的智慧和旺盛的生命力，可以通天。人的灵魂如果得到它的引导，就能飞登九天，遨游八极。所以，当年楚国宫廷里曾有过一段精彩对话，今天仍作为成语经常被我们挂在嘴边。

因为楚庄王长期不理朝政，一天有位大夫求见，请庄王猜一个谜。大夫问："有一种鸟，连续三年既不飞也不鸣，这是什么鸟呢？"庄王答："三年不飞，但一飞肯定冲天而起；三年不鸣，一鸣必然惊人"。"一飞冲天"和"一鸣惊人"的成语即由此而来。故事里劝谏者以鸟提醒庄王，庄王也借鸟表达自己不鸣则已、一鸣惊人的壮志。这鸟，就是楚人心中至善至美的凤。果然，以凤自喻的庄王，后来整顿吏治，安内攘外，"并国二十六，开地三千里"，成为春秋五霸之一。

大丰人的凤凰崇拜，反映了楚风习俗的遗存。直到今天，大丰人的凤凰观念仍根深蒂固：出了人才就说成飞出了"金凤凰"；扎风筝以凤凰的形状为最优；室内装潢也要给凤凰图案留下位置。过去连买自行车、缝纫机也要首选"凤凰"牌的。

大丰民风淳朴尚德，人文性格鲜明突出，明显区别于周边各市、县（区），值得深入研究。

第二节 大丰习俗掠影(一)
——节俗

节俗是整个习俗文化的构成主体,是民俗文化的精髓。

我国传统节日大多源于农事、时令、祭祀以及神话传说。古代劳动人民在长期的生产活动中,根据太阳在黄道上的位置和气候变化,把全年等分为24个段落,这就是农历中的24个节气,平均每月有两个。其中春、夏、秋、冬四时和立春、立夏、立秋、立冬、春分、夏至、秋分、冬至八节,以及由于月亮朔望圆缺的变化与人们生产生活、信仰活动安排在一起而形成的元旦、元宵、端午、七夕、中元、中秋、重阳、岁除等节日,逐渐构成了城乡人民所共度的传统民俗节日。

这些民俗传统节日,在大丰都有留存。而且在传承及发展过程中,已经滋生出属于自己的一些风格和特色。有一首流行于大丰老农区的童谣,由两个小孩面对面交替着边拍巴掌边说唱的《打巴掌》,说的就是本场人全年主要的岁时风俗:

　　一抹金,二抹银,三抹四抹打手心。
　　巴掌打到正月正,家家人家玩龙灯。
　　巴掌打到二月二,家家人家接女儿。
　　巴掌打到三月三,荠菜花开赛牡丹。
　　巴掌打到四月四,皂角叶子赛茉莉。
　　巴掌打到五月五,家家裹粽过端午。

巴掌打到六月六,吃口焦屑(焦面)养口肉。

巴掌打到七月七,牛郎织女会七夕。

巴掌打到八月八,八个癞子摞宝塔。

巴掌打到九月九,家家都喝重阳酒。

巴掌打到十月十,收拾棉衣过冬日。

巴掌打到冬月冬,包个汤圆过大冬。

巴掌打到腊月腊,青菜萝卜煮腊八。

一年中12个月,《打巴掌》每月概括一个节令风俗活动,朗朗上口,易诵易记,在儿童的心里留下了节俗的印记。

传统节日有一个特点,即单一性质内容的节日较少,综合性质内容的节日较多。换言之,一个节日往往包含多个活动主题。而每个节日又都有一套相应的节日传说、节日饮食、节日娱乐、节日礼仪以及节日禁忌,构成了一个个繁复的节日习俗系统,使得节日事象既丰富多彩又神秘诱人。

大丰的节日习俗,至今仍以本场风俗文化为主。以下分别介绍本场人的14个传统节日的习俗,其中有的习俗现在已经演变甚至逐渐消亡了。

春节习俗的五大特征

农历正月初一,古人称"元旦",现代改称为"春节",是我国最重要的传统节日。元月的春节至元宵,甚至到二月二,在大丰构成了一个具有连续性的节庆系列。

大丰春节活动具有丰富的内容特征。

一是营造普天同庆的节日气氛,激发愉悦欢乐的大众情感。

敲锣打鼓、放爆竹、焚香烛　春节期间大丰到处锣鼓喧天,家家户户放爆竹、屋内外焚香点蜡烛。此起彼伏的锣鼓声、鞭炮声送来欢庆的气息,弥漫在空气中久聚不散的硫黄味和香烛味,提醒人们这是有别于平常的神圣的节日时刻。

春联、福字等构成的红色炫耀　城镇和乡村到处贴有大红对联、福字和恭贺新年的红纸,挂红灯笼,渲染了喜庆气氛。红色点缀了时光,也点沸了人们的心情。

挂灯笼、点长明灯　过去大丰人家门前挂两个灯笼(成双),其中晒场边挂一个,称为"天灯";点上拜照(小蜡烛),晚上挂出去,早上收进来。灯笼要从除夕挂到初五,有的挂到元宵,还有挂到正月底的。长明灯安放在家神柜上,为蜡烛或香油灯,从除夕点到正月初二。

人新、景新　大丰习俗,人人必须穿新鞋新衣、戴新帽。儿童穿红着绿,妇女打扮入时。街市商店门面都美化装饰,处处收拾整洁,到处焕然一新。

春节贴春联、挂灯笼（李玉生/摄）

以上区别于平常的习俗装饰与布置，从声音、气味、色彩、灯光等方面给人的感官以特别的刺激，心情自然激动快乐。

二是敬神拜佛、祓除辟邪，祈求风调雨顺、幸福安康。

敬神　《小海场新志》记载，"元日昧旦，祀神于家"，可见大丰人春节敬神是要抢早的。人们相信，越早菩萨越灵，愿望越能实现。因此，各家主初一特别早起，盥洗完毕后在屋内屋外点烛焚香，在安全地方放爆竹，祀天地，并向历书所指定之喜神方位行拜，叫"兜喜神"，亦称"迎年"。室内灶阁头、家神柜点香、烛，供上年糕、甜食等供品，敬灶神和家神菩萨。有条件的人家则摆上有档次的香炉、烛台、花瓶、果盒，表示虔诚和特别的敬意。初一到初五，每天早晚各敬一次天地神灵和各路菩萨。

到土地庙或佛寺敬香　大丰各地的土地庙、寺庙，特别是紫云山，春节期间香火盛极一时。善男信女们许愿还愿，祈求好运。

燃放爆竹　新年燃放爆竹主要是为了恭贺新禧，但它的本意却是驱鬼辟邪。传说有一种叫"年"的怪兽，怕红颜色、火光和响声，放鞭炮可以驱赶它。《荆楚岁时记》也载有"正月一日是三元之日……鸡鸣而起，先与庭前爆竹，以辟山臊恶鬼"。大丰人一直保持这样的习俗，初一起床后即在屋里放一串小鞭炮，称"开门炮"，祛除邪气，开门大吉。接着到门外放鞭炮，然后才开始其他各项活动。

舞龙灯　从初一舞到元宵，甚至二月二，祈求龙王爷保佑风调雨顺、五谷丰稔。

送穷神　大丰有正月初六"送穷神"的习俗。在沟河旁或离家远一些的路边，焚香烧纸祀穷神，并弃以破衣或者扫些尘土倒入沟河与路旁，表示穷神已经离开，家里从此开始富裕幸福。

人文性格及习俗 | **243**

三是拜年贺岁、访亲会友,强化孝友美德。

团圆 大丰春节团圆的习俗由来已久,《小海场新志》已有记载。在外的人,"不管有钱没钱,总要回家过年"。春节和团圆,在大丰人的心中就像一枚硬币的正面与反面。这是血缘的力量,是家的无穷的凝聚力。大丰人春节和初五的早上都要吃糯米圆子,象征团团圆圆。300年前的大丰人是春节晚上吃圆子,不知何时以及为什么要改为早晨。那时的圆子被场大使林正青称为"粉丸"。

拜年 先是晚辈向长辈磕头拜年,晚辈要献上祝词和拜年礼品,长辈给儿童"包喜"(红包)。接着到亲友家拜年,互致祝福。接待拜年的客人,过去大多是泡馃子茶、红枣茶或烫圆子、烫糕茶。后来除招待茶烟外,还有果盘。主人每递上一样食品,都要看对象身份说点吉利话。抓花生说"长生不老",抓糖块说"甜甜蜜蜜",抓枣子说"早早发财"或"早生贵子",拿橘子说"大吉大利"。按照礼节,客人不能推辞,必须用手拿起一点来,多少要尝一点,还要回赠一些吉利话。如身体健康、万事如意、工作顺利、恭喜发财等。如果有亲友的未婚子女来拜年时,主人习惯上要给"包喜"。

春节为什么要拜年?传说"年"每年除夕出来吞噬人畜。初一开始拜年贺岁,就是庆贺没有被"年"吃掉。这当然是一个理由。但拜年真正的原因,应该是借春节之庆修固人伦关系。中国农业文明源远流长,人伦关系在其中占有极其重要的地位。尊老孝亲、兄弟友悌、睦邻友好等,具有悠久的历史传统。春节拜年,正是传承美德的一次普遍的教育和演示。

福娃拜年(小草随风/摄)

请春至酒 春节饮酒一直是古人的习俗。古人饮椒柏酒、屠苏酒,从年幼、辈小的开始,最后由年岁最高的家族长辈饮酒,意义在于防疫祛病、延年益寿。大丰人互请春至酒的习俗,则是为了邻里和朋友间的交流沟通、加深感情,弘扬孝友的美德。"亲知行相庆礼,各以宴会相酬答。元旦普天同庆,互相拜贺,亦见揖让遗风。"(《小海场新志》)由此观之,大丰人300年前就存在请"春至酒"的习俗了。

四是美食、娱乐,彰显对个体人格和生命的尊重。

菜肴须丰盛 春节习俗除敬神明外,对人的尊重被摆在重要位置。无论贫富,家家户户过年总要根据自身能力,准备丰盛的菜肴供家人享用。这既是对过去一年中历经酸甜苦辣的犒劳,也是在新年伊始时做出的尊重生命个体的自我承诺。春节不要干活劳作,尽情吃喝玩乐,尽享生命的尊贵与快乐。

民俗娱乐多姿多彩　大丰以往的民俗娱乐活动有划花船(旱船)、挑花担、打花鼓、打连厢、唱道情、舞龙灯等。这些活动会登门拜年表演,在热闹欢乐的气氛中让主人和观众更深地感受到做人的尊严和乐趣。

普遍尊重　春节里每个人既注意尊重别人,又能够接受别人的尊重,而且自己也会提升对自己的尊重。因此,春节大人不能打骂小孩,夫妻不许拌嘴,与外人有纠纷也尽量放一放,不能吵架。陌生人相遇,互相都要客客气气。所有这一切,都体现了人们之间普遍的尊重。

五是恪守俗规与禁忌,祈求吉利。

用语要喜庆吉祥　大年初一用语要喜庆吉祥,凡不吉利、不顺当的话或词汇不能说。看到狗屎不能叫狗屎(死),要叫狗粪;人死了,叫人老了或叫翘辫子了;锅里没有了,不能说没得了,要说锅里"满"了。

习俗规矩　大年初一不扫地、不倒垃圾、不往外倒废水;不洗、晒衣服;不做针线活,不能动剪刀。更不能打碎餐具、器物,否则叫"破运",如果不小心打坏了,要赶紧念"岁岁平安"以期补救。

年初二晚上要早早入睡,当夜会听不到老鼠的叫声。传说当天是老鼠成亲的日子,不打扰老鼠的新婚之夜,老鼠也会减少危害。

以气象看运势。正月一日为鸡,二日为狗,三日为羊,四日为猪,五日为牛,六日为马,七日为人。从初一到初七,每天有一个主宰,这一天的天气状况,预示着该主宰全年的运势。大丰人相信此说,有经验的老者会做出提前应对的安排。

禁忌　大年初一忌哭泣、诅咒、吵架,忌以汤泡饭,忌倒凳于地,忌拜年于床前,忌遇出殡,忌杀生,等等。

农历正月往往会遇上立春。围绕立春,大丰旧时盐运分司的盐官们会提前下到各场,教化倡导民众"荐辛盘、啖春饼"。并于立春前一日,到各场署的郊外举行迎春仪式。郊外有预先搭好的舞台,演员们敲锣打鼓,仪式结束后表演杂剧等精彩节目,十分热闹。届时"老幼男妇竞出聚观,罢市一日"。立春日中还要"于(盐运)分司署行鞭春礼"(《康熙淮南中十场志》)。这些习俗现已淡化消失。

元宵节花灯、"舞火龙"及"送子"系列

正月十五为元宵节,古人称"上元灯火",可见元宵节是离不开灯的。大丰习俗除了吃圆子、耍花灯、舞龙灯、灯谜会外,尚有"拾元宝"(扛笆斗)、"舞火龙"及"放烧火"等活动。

吃元宵　早上例食圆子,仍然象征万事圆满,合家团圆。所谓元宵应该由此得名。《康熙淮南中十场志》中提到大丰人"宵,秫米为丸,食之曰团圆"。原来那时元宵节与元旦一样,仍是晚上吃圆子,但圆子不是糯米的而是黏高粱做的。这应该另有一番滋味吧?

耍花灯　大丰正月初五一过,各小镇上的能工巧匠就纷纷展示拿手绝活,各式彩灯应市而生。彩灯的式样繁多,有儿童提在手上玩的西瓜灯、藕灯、球灯、荷花灯、蛤蟆灯、兔子灯等;有体积较大,制作工艺比较精细,挂于门市的鱼灯、虾灯、蟹灯;模仿飞禽的孔雀灯、仙鹤灯等各式鸟灯;有人物造型的,如西游记人物孙悟空、猪八戒、唐僧、沙僧和八仙人物;有各式宫灯、走马灯以及供人们舞弄玩耍的狮子灯、麒麟灯、龙灯等。一般彩灯架多用竹篾扎成,糊以各式纸张,并加上彩笔点画,形状惟妙惟肖。现在的彩灯已多半用五色透明的玻璃纸糊扎,装有电子光源,更为玲珑别透。

舞龙灯　元宵风俗重在灯,重在娱乐,十五日夜是灯节的高潮。大丰元宵舞龙灯的习俗由来已久,民清时已有记载:"其市井不逞之徒,作为龙灯霄行街衢。"(《康熙淮南中十场志》)今日的龙灯,龙体有黄、白、青、黑等多种色彩,长短不一,大多是11节或13节,也有更长的。舞龙灯者都是身强力壮、技艺娴熟的汉子,尤其是舞彩球的,龙头要随着他转。舞到好处,龙身形成几道光圈,天旋地转,其疾如风。有的龙还嘴喷烟火,宛如一条活火龙在大地上腾飞。加上紧锣密鼓的配合,实在紧张刺激。另外,荡画船的、虾兵蟹将、蚌壳精等也加入灯展队伍之中,仿佛走进一片神话世界,让人顿生穿越之感。

精彩的舞龙表演(周左人/摄)

灯谜会 明清时期盐场与盐商都有组织灯谜会的传统。《康熙淮南中十场志》载,"元夕十三夜试灯,至十八日止"。灯会将持续6个夜晚。集镇上大家小户门口都张灯结彩,要道口扎起五光十色的牌楼,悬灯谜供游人猜测为乐。20世纪末期,大丰连续多年在县城推出大型元宵灯会,装饰满几条大街,彩灯品种繁多,造型宏大生动,并配以声光电乐,规模及影响冠盖苏北。那时许多人不远千里来到大丰,竟为一睹灯会盛况。大丰几乎全民出动,万人空巷,猜谜观灯,蔚为胜景。

"拾元宝"（扛笆斗） 农村元宵节的习俗。"拾元宝"或称"扛笆斗",是在房屋周围的小路上,用蒲袋装上干石灰粉,像盖章那样戳上一个个"元宝"。距离可大可小,一般以脚步幅度为限。由远而近,像一串白色的大铜钱直排到家门口。小孩跟在后面踩着石灰印子,名曰"拾元宝"。寓意路遇财气,财源滚滚流家来。门口场地上则画几个圆圈,表示粮仓。一般正月十六日下午至晚饭前进行。

"舞火龙""放烧火" 白天用芦柴里面包上茅草（稻草）捆成草龙,有几米或十几米长的。夜晚由一人或几人搭起草龙,点燃后在自家田埂上挥舞前进。此名"舞火龙"。还有人在草龙里面预埋了小鞭炮的,此时舞起来既有火光又有噼啪声响,在田野上传得很远很远。"舞火龙"由成人操作,小孩们跟在后面喊叫造势凑热闹,曰"炸麻花"。草龙燃尽前的剩余部分,丢到河边空草地上,让草地燃烧起来,故又称作"放烧火"。

"舞火龙""放烧火"象征灭虫祛灾,期望庄稼有个好收成。这也可能是古代烧荒的遗俗。

清明节祭扫、插柳、放断线风筝

清明节又称踏青节、三月节、祭祖节,节期在仲春与暮春之交,是以祭拜祖先、感恩已故亲人、爱惜身边亲人和教人珍爱生命为礼俗主题的传统节日。

"细雨才将霁,斜风又作颠。先茔代事毕,归去片帆悬。"这是明代高谷晚年从兴化来丁溪场祭扫祖茔后写下的诗句。由此可见,大丰清明扫墓的习俗存续久远。

清明时节是春回大地草青水绿的时节,经过历史的沉淀,大丰又有清明节踏青插柳和放断线风筝的习俗。清明节因此也就有了人文纪念与明媚春光中放飞自我的双重含义。

添土、换坟头 大丰清明祭祖自有一套仪规。过去坟都是泥土堆成的,经过一年的风吹雨打,墓土多少都有些坍塌。故在大寒季节,要添上新土,保持坟墓的原有形状。同时更换新坟头。

祭扫 祭扫活动可以灵活地安排在清明前3天或后3天中,一般都是靠前进行。古人祭扫都要"具酒食扫先茔,标纸钱墓上",后来除3年的新坟与特殊的纪念活动外,逐渐简化成烧纸钱磕头了。

现时的清明,除各家祭祖外,政府和各单位都组织祭扫烈士墓,缅怀为革命和建设献身的烈士,进行爱国主义和革命传统教育。

踏青插柳　清明时节,大地春动、柳丝飘拂,人们心情舒畅,郊游踏春的娱乐活动应景而来。杨柳枝条是清明节的绿色符号,大丰人自古有戴柳、插柳的习俗。因此,过去家家户户门上插柳,妇女、小孩也簪柳于发髻。还有的采集柳芽拌在饭里吃,或用柳叶和茶叶混合制成"消灾延寿茶",用以防黄肿病和筋骨疼痛。这些反映了节日所包含的驱禳疾病的痕迹。

放断线风筝　在清明节的诸多活动中,放风筝是儿童和成人都喜欢的一种娱乐活动。相传韩信与刘邦曾里应外合,"故作纸鸢放之,以量未央宫远近"。看来,放风筝原为军事上的需要,后来渐渐地演变为民间的游艺体育活动。清明风和日丽,最宜放风筝。据史料记载,大丰人早在明清时期就把放风筝和清明节联系在一起。

断线风筝(李玉生/摄)

清明以后的风势逐渐不适宜放风筝了,因而清明这一天不仅要放,而且有意无意地将线弄断,使风筝随风飘荡,叫作"放断线风筝"。大丰的先人描写这一情景为"放纸鸢,其高无际……缥缈入云"。据说断线风筝可以带走放风筝人的晦气。

和清明节连在一起的是寒食节。寒食节在清明前三日,为禁火忌日。这是为了纪念春秋时期晋文公流亡时期的从臣介子推,他为了拒受赏赐,宁愿被山火烧死。他把节义看得比生命重要,是一个不易被人理解又被历史记住的英雄。大丰旧时亦有寒食节不举火只吃干粮的习俗,现已不存。

立夏尝新、吃鸡蛋、秤人

尝新　立夏农历属四月初。春去夏来,天气日渐暖和,万物欣欣向荣。"四月南风大麦黄,枣花未落桐叶长",早春的青黄不接已经过去,三麦油菜已经成熟,樱桃、青梅、枇杷等鲜果及各种蔬菜陆续上市。经过一个冬春的苦熬,人们需要换换口味,立夏尝新便成了大丰人的最爱。

大丰人尝新的食材与外地不尽相同,称为"尝八新"。过去的"八新"有鲥鱼、樱桃、莴笋、蒜苗、麦仁、蚕豆、苋菜和杨花萝卜。

鲜嫩的莴笋、透红的樱桃、生脆的杨花萝卜、碧玉似的蚕豆、清香的蒜苗及苋菜，无不美味可口。但最为稀少金贵的是鲥鱼。

"鲥鱼三月出扬子江中，鳞烂白如银，味极肥美，然多骨而速腐。"（《至顺镇江志》）每年春夏之交，鲥鱼从沿海水域洄游上溯到江中产卵，季节性很强，故有"时"鱼之称。鲥鱼鲜美，历史上是快马进京的贡品，理应占"八新"之首。"庆誉典旁沽戴酒，樱桃市上买鲥鱼。"有人典当物件也要沽酒买鲥鱼，可见鲥鱼对人们的诱惑。

现今，鲥鱼已难见到，传统的"八新"只剩下"七新"了。

吃鸡蛋、斗蛋 立夏吃鸡蛋是大丰的传统习俗。除做成菜肴外，煮鸡蛋必不可少。这天，孩子们脖子上套只网兜，里面装满煮熟的鸡鸭鹅蛋，到处炫耀比赛，这就是"斗蛋"。斗蛋是把蛋头对蛋头或蛋尾对蛋尾相撞，直到一方撞破壳为止，最后胜出的就是"蛋王"。而败下阵来的破蛋，自然就成了腹中之物了。

立夏是进入夏季的开始，天气渐趋炎热，传染病逐渐增多。大丰人为了预防疾病，采取了一些强身健体的措施，立夏吃鸡蛋就是其一。今天看来这种习俗很有科学道理，鸡蛋是优质蛋白，吃鸡蛋可以增强免疫力。古人的智慧由此可见一斑。

大丰人立夏的其他习俗，如喝七家茶、吃李子、喝麦豆粥、禁止坐门槛等，也并非迷信，从保健的角度说多少也有些道理。

秤人 过去立夏这天，大丰有大秤的人家，会在屋内架起大木秤，秤钩上挂着凳子或竹篮，接待周围邻居和亲友，坐到上面称体重。这就是立夏"秤人"的习俗。

立夏"秤人"是一项很有仪式感的活动，其实际意义有如现在的身体检查。在医疗条件欠缺的时代，通过今年立夏与上年立夏体重的纵向对比，以及与其他亲友同伴类似身材体重的横向对比，对自身健康状况获得一个大概的了解。

立夏"秤人"有些讲究。比如司秤人打秤花只能从里往外打，不能由外往里打，即秤砣绳只能往外移，不能往里移。意为只能加重，不能减轻，往里减轻视为不吉利；司秤人通常还会一面打秤花，一面视对象不同讲些吉利话。诸如"秤花飘一飘，寿比南山高""秤杆长又长，儿孙坐满堂"，等等；"秤人"时报出的重量也未必是被称人的真实体重，往往是选一个秤花附近的吉利数字。这些都体现了人们期望通过"秤人"带来好运。

端午节送粽子、尝午、除"五毒"

五月初五即端午节，又称"端阳"，大丰人称"五月端"，是我国民间传统三大节日（春节、端午、中秋）之一。《小海场新志》记载大丰端午的习俗为："端午宴会，俱用火烧合菖蒲雄黄饮之。妇女佩符艾，儿女皆系续命丝。旬日间，以黍角相馈。""火烧"是小海场当时出产的优质烈性白酒,"火烧亦甘醇,胜于他场"。这段记载指出了大丰端午习俗的三项主要内容:赠粽子、尝午和除"五毒"。

裹粽子、送粽子　端午节裹粽子是节日的主题。粽子,传说因屈原而起。《本草纲目·谷部四》中记载,楚人哀痛屈原投江,以竹筒装米,楝叶塞筒上,束丝缠缚,为了防蛟龙窃食,然后投入水中。也有说是为了"饲蛟龙",使屈原免遭残害的。但不管是让屈原充饥,还是给蛟龙果腹,最初都是为了屈原。后来演变为芦叶裹糯米,煮成现在的粽子,变成一道美食,与屈原和蛟龙已然没有什么关系了。

大丰人裹粽子,呈现出一幅幅激情洋溢的画面。端午前,各家各户忙着购买糯米,男人到沟河边打芦柴叶,女人在家准备各种食材。农村妇女更是三五成群,相互帮忙。粽子里除糯米外,还要放上或鲜肉、或火腿、或蚕豆瓣、或赤豆、或枣子,等等。粽子的形状多种多样,斧头形、三角形、圆筒形,裹得越紧实越有滋味。端午这一天,家家食粽,户户飘香,此俗经久不衰。

大丰的端午不仅裹粽子、吃粽子,而且邻里和亲友之间还把粽子作为互相馈赠的礼物。"旬日间,以黍角相馈","黍角"就是"角黍",即粽子。明清时期,端午期间的10天里相互赠送粽子,成为大丰人的习俗。这不单是交换口味这么简单,更重要的是一种对话,一种心与心的交流。送粽子的习俗流传至今。

"尝午"　端午节重在午时三刻。根据大丰旧俗,是日午刻须饮菖蒲雄黄酒,吃桃、桑椹、樱桃等,还互相宴请。这一活动谓之"尝午"。过去没有钟表,为准确掌握时间,认真的人家会在门前摆一只水碗,碗中立一根筷子,日影正中时大人喝一小口菖蒲雄黄酒,妇女小孩用雄黄酒搽脸涂手。

午宴的菜习惯都要带红,就是用酱油烧红或自然红的菜。诸如煮黄鱼、烧猪肉、爆虾子、咸鸭蛋、炒苋菜、腌黄瓜、糖醋萝卜以及莴笋等。这可能与祭祀火神有关。按照五行学说,火神的方位在南方,火表示夏天,火为红色。

除"五毒"　农历五月天气渐热,正是病疫容易发生的时节,于是在节日活动中增添了避鬼止瘟、驱邪禳灾的内容。

传统"五毒"是指蛇、蝎、蜈蚣、壁虎和蟾蜍。为了消除"五毒",家家在室内插菖蒲、艾条,并用大红纸剪成"五毒"以及老虎,贴在屋内表示镇压。还有家神柜和房门上悬挂钟馗画像(过去道士端午前专门送钟馗像)以辟邪。其中重点防护的是儿童。婴幼儿头戴虎形帽,穿五毒衣(用印有五毒图案的布料裁制),背老虎袋,穿老虎鞋,一双手腕上绕系"续命丝"(又名"百索"的五色彩线),或佩戴雄黄符袋、香包。家长还用雄黄酒在小

香囊挂件(任嵘/摄)

儿头上画一个"王"字，表示他已成一只老虎，不怕任何邪祟侵袭了。

端午的除"五毒"除了一些具有象征意义的辟毒作法外，其他如蒲艾簪门、熏艾叶菖蒲及佩戴雄黄等中药符袋的习俗，对驱蚊灭蝇、杀菌防病确有好处。而除"五毒"对人们的警示和教化作用，则更在实际意义之上。

六月六晒曝伏、吃焦啸（音）

"六月六，晒曝伏"，这是大丰民间谚语。传说农历六月初六这天，东海龙王要出水晒鳞，因此人们也在这一天洗晒衣物，以求吉利。其实此时潮湿的黄梅天气已过，进入高温数伏的季节，万物极易霉变，在居住与物品保存条件都较差的旧时代，家家户户的衣物来一次清洗曝晒，即"曝伏"，是很有实际意义的。特别是冬天用的皮套子、毛衣之类，经过清理曝晒，可以防止生虫和返潮。读书人这一天晒书，也是防止书发霉。故大丰人将六月初六这天称作"洗晒节"。

佛教与道教把六月初六称为"天贶节"。传说宋代此日曾有天书降临。僧道要在这一天翻晒经卷，期望获得天地灵气。

大丰民间还有"六月六，吃口焦啸长块肉"的说法。"焦啸"是本场人的方言，"啸"读入声，拟声字。"焦啸"即北方人的"炒面"。用小麦或大麦面粉炒制，或把麦子炒熟再磨成粉的一种干粮，形状与大豆蛋白粉、奶粉相似，开水冲泡，即冲即食。加少许白糖、猪油，风味尤佳。焦啸充饥，操作简便，堪称开发最早的快餐食品。

六月初六，新小麦已经收获归仓。人们通过吃焦啸来享受夏收的成果与快乐，振奋精神并获取滋补身体的营养，"长块肉"正是这陶醉情绪的夸张式表达。

乞巧节看巧云、穿针乞巧

农历七月初七夜晚，相传是牛郎织女在天河相会的日子。这一天，大丰人度乞巧节，所谓"七月七日乞巧，月下穿针、相呼看巧云。率人家小儿女为之"。这个看巧云与月下穿针的习俗记载于《康熙淮南中十场志》和《小海场新志》。

看巧云 农历七月初七的云彩特别绚丽多姿又奇巧善变，是天幕上最靓丽

巧云"牛"（任嵘/摄）

的风景，大丰人呼之为巧云。雪白多彩的云堆，巧就巧在一会儿变成巍峨缥缈的宫殿楼阁，瞬间又幻化为威武的狮鹿虎豹；有时像一位仙风道骨的老者，眨眼间又呈现出仙童玉女的活泼身姿。如此变幻莫测的画面，难道是织女亲手而为？还是有一位看不见的艺术大师在随心涂抹，千变万化，让人应接不暇？

看巧云的最佳时间是在傍晚，孩子们一边观赏云彩，一边指指点点。据说能正确说出巧云的形状，全年都会有好运。因此，观云的孩子们驰骋想象，尽力辨认图形。说对了的，全都拍手称赞并送去赞赏的目光，祝福好运跟随他（她）。有的孩子不满足辨认，当起了指挥官，要求天上的云彩按照自己的意愿变化，大叫着："牛、牛、牛！马、马、马！"一旦蒙对了，那股炫耀劲，恨不得把天上那头蒙对的牛牵下来。同伴们更是为他的好运喝彩。

穿针乞巧　在大丰人的心里，织女是女红大师级的存在，是妇女心灵手巧的一个符号。农历七月初七拜织女，会得到织女的点化指导；月下穿针孔，可使自己的手和织女一样灵巧。

这天晚上，人们张灯结彩，在月光下摆好桌子，敬上瓜果供品。

少女少妇们相约斋戒一天，沐浴完毕，穿上新衣，收拾整齐，大家一起到桌前焚香礼拜，祭拜织女。礼拜完毕后，大家围坐在桌子前，用五彩丝线穿一端有七个针孔的"七巧针"。谁穿得快就表明谁已经得"巧"，慢的则要更加虔诚礼拜，感动织女，乞得灵巧。

乞巧到底有没有成功，也有检验的手段。当晚由乞巧者自己捉一只小蜘蛛放到盒子里，次日观之，如果结网圆正，即为"得巧"。

穿针乞巧仪式结束后，还有一段心理祈祷活动。少女少妇们一边嗑着瓜子、花生，一边向着织女星座的方向默默吐露自己的心愿：想长得越来越漂亮的、想找个如意郎君的、想早生贵子的、想丈夫将来有出息的等都可以默念，据说只要是织女能够办到的都会有求必应。一般到了半夜，大家会尽兴而散。

传说半夜如果躲到葡萄架或者瓜棚下，能够偷听到牛郎织女在鹊桥上相会的悄悄话。偷听到的少女将来会赢得忠贞不渝的爱情。

七月半放河灯、祭祖先

农历七月十五，俗称鬼节。对于宗教而言，这个节日的故事要丰富许多。佛教称这天为"盂兰盆节"，道教称之为"中元节"。佛教与道教对这个节日的意义各有不同的解释，道教强调孝道，佛教则侧重于为那些从阴间放出来的无主孤魂"普度"。

放河灯　为搭救孤魂野鬼，过去大丰民间这天夜晚有放河灯的习俗。这一习俗很大程度上是受佛教的影响。佛教故事说，目连为救母亲，答应了佛祖须先救天下饿鬼的要求。故在农历七月十五这天，佛教寺庙都要举行诵经法会，放焰口，以救孤魂。盂兰盆的意思是倒悬，人生的痛苦有如倒挂在树头上的蝙蝠，悬挂着苦不堪言。为了使众生免于倒悬之苦，便需要诵经，布施食物给孤魂野鬼。放河灯在傍晚进行。用纸糊成大船，放到河中烧化，并在河上点河灯（荷花灯）。放河灯据说是为了普度落水的鬼魂。

祭祖先 大丰民间平常日子对先人祭拜，一般都不动先人的牌位。到七月半祭祖时，则要把先人的牌位一一请出来，恭恭敬敬地放到专门做祭拜用的供桌上，再在每位先人的牌位前插上香，每日晨、午、昏，供三次茶饭，直到七月卅日送回为止。有先人画像的，也要请出挂起来。祭拜时，依照辈分和长幼次序，给每位先人磕头，默默祷告，以示对先人的怀念，向先人汇报情况并请先人保佑平安幸福。再后来家里不设先人牌位了，于是烧纸就成了祭奠亡故先人的普遍选择。

现在大丰的七月半更加移风易俗，只剩烧纸祭祖一项了。海门人烧经，比本场人要隆重许多。

河灯成就了一道风景（任嵘/摄）

中秋节送"冷锅饼"、祭月光菩萨

度中秋，在大丰有一种特别的味道，叫"冷锅饼"；亲友近邻之间有一种特别的互动，叫送"冷锅饼"；祭月时有一种必需的供品，还叫"冷锅饼"。"冷锅饼"是中秋的一个符号，每年现身一次，从本场人传统的认知上去定义，没有"冷锅饼"的中秋似乎就不是中秋。

大丰人迎中秋的习俗中，打"冷锅饼"最富仪式感，所以做得特别认真。"打"是本场方言，在这里除了有用铁锅"炕"的意思外，还包括准备面粉、发酵等制作的整个过程。"冷锅饼"与"冷"不搭边，其实应叫"满锅饼"，因为一锅一次只能炕一只，是满锅的一只饼。"冷"与"满"一音之转，约定俗成，喊惯了。"冷锅饼"圆圆的，形同大月亮，敬月用

本场人的冷锅饼（李玉生/摄）

人文性格及习俗 | **253**

的，也可称为月饼。但本场人心中有条线，街上买的茶杯口大小的才叫月饼，自己炕的面饼只叫"冷锅饼"。本场人对"冷锅饼"的看重程度远在市场上卖的各式月饼之上，中秋节可以没有月饼，但万万不能没有"冷锅饼"。

"冷锅饼"的制作并不复杂，关键在把握好发酵与控制火候两个环节。将发酵好的"告子"倒在沾满香油的铁锅中，用文火炕熟。饼的大小由倒入"告子"的数量以及锅底的尺寸决定。大者可如巨盆，"敬月"时很有气势。"冷锅饼"食之谷香纯正，酵味甚浓，是乡土记忆中妈妈的味道。

送"冷锅饼" "冷锅饼"一饼双意，既象征月亮的圆满，又寄托着主人祈求合家团圆、邻里及亲友和睦相处的美好愿望。"冷锅饼"承载着深厚的人文情怀，故在生活并不富裕的时代，八月半互送"冷锅饼"成为大丰的优良习俗之一。从明、清时期盐场志的记载来看，这一习俗至少存在了数百年。

祭月光菩萨 有关月亮，我们的祖先曾留下了许多美丽的神话传说，"嫦娥奔月""吴刚伐桂""玉兔捣药"以及"唐明皇游月宫"等都耳熟能详。随着神话故事的流传，人们认为月中有神，逐步产生对月亮朝拜的礼节。元朝末年民间又广泛流传八月十五吃月饼杀鞑子的故事，因此，庆祝仪式日趋隆重。

大丰拜月为祭月光菩萨。中秋之夜，一轮明月高悬，各家场院间摆设香案，案上红烛一对，鲜果几份，正中放上"冷锅饼"，阖家焚香礼拜。讲究的人家则烧斗香、点宝塔灯，甚至对瓜果等供品的挑选都有特殊要求。藕要选用生有小枝的"子孙藕"，石榴要光洁红润的大石榴，瓜要镂刻成城垛形的"狗牙瓜"，以示吉祥。还有人家把珠宝也拿出来敬月光菩萨的。正像《水浒传》第六十三回所写的那样："贪赏天上中秋月，失却盘中照殿珠。"一心赏月，供月的夜明珠丢了都不知道。拜月者多为女子，俗语说男不拜月，女不祭灶。这是因为月光菩萨为阴象，属妇女之事。

祭拜结束后一家人围坐赏月，老一辈人对着月亮，给孩子们讲些中秋节的神话故事。孩子们由此种下了关于月宫及嫦娥的记忆。

现今拜月之俗逐渐淡薄，但中秋吃月饼、合家团聚赏月等习俗仍为人们所喜爱。

重阳节吃重阳糕、迎"华佗会"、饮菊花酒

农历九月初九，称为"重九"，又称"重阳"，是个登高避灾的节日。大丰的老习俗有3项：吃重阳糕、佩香袋及饮菊花酒。

吃重阳糕 登高是重阳节的标配性活动。传说东汉的桓景重阳因登山而免去一场大难，后人每逢重阳便都要爬山登高。后来人登高，避灾一说其实已无意义，到山上游览一

番倒是不错的选择。九月秋高气爽,碧空万里,到大自然中既可饱览秋天的秀丽景色,又能够活动身心、强筋壮骨、延年益寿,何乐而不为?大丰虽地无高山峻岭,但并不缺少旖旎风光,外出走走,同样会收获好的心情。

因高、糕谐音,大丰人在重阳节形成了吃糕的习俗,总算与"高"有了关联。糕的制作很简单,用秫米或糯米粉蒸制而成,小方糕上点红点,叫作"重阳糕"。装在盒内还要插上红纸三角小旗,叫作"重阳旗"。过去孩子们以此为娱乐。考究的人家把糕做成九层,叠成小宝塔;还有的做成两只小羊,合"重阳"之说。

迎"华佗会" 旧时,刘庄、白驹、草堰一带重阳节期间有举办迎"华佗会"的习俗。初六开始,街道、商店、大家小户进行大扫除,清除污物垃圾。初九大早,人们敲锣打鼓,抬着华佗塑像游遍大街小巷和乡村。四面八方的民众赶来迎会,烧香祭拜。他们坚信:华佗是瘟疫的克星,华佗走到哪里,哪里就不会有疫病了。

佩香袋、香囊 与端午不同,香袋、香囊是用茱萸(即吴茱萸,一种植物,有浓烈的香味,可入药)作为填充物做成的,缠在手背或挂在身上,防止疫病。

还有用重阳的菊花做枕头的,据说对大脑及血管有保健的功效。清代小海场大使林正青,有诗专门咏当地人做的菊花枕:"一夜霜威振北园,谁留晚节共黄昏。金风不敢埋香骨,收拾花魂伴梦魂。"菊花易被秋风吹走,将其做成枕头可谓物尽其用。

饮菊花酒 菊花酒是用菊花与黍米等一起酿的酒,放置一段时间以后才饮用。饮菊花酒可以避邪祛灾,文人雅士更是乐此不疲。

重阳深秋,大丰的菊花素来繁茂,螃蟹也是脂满膏肥,因此,每逢重阳,持螯赏菊、饮酒成为节俗时尚。

为了应俗,小海场林正青大使曾学吕夷简的样,在场署旁亲植一个菊花园,并将菊花做成盆景,重阳时赠送友人。当时逗留扬州的全国知名画家高凤翰与林大使友好,互有往来,互相唱和,收到盆菊后赋诗叙怀,其中一首为:

重阳节近多风雨,篱落烟霜少菊枝。

衙散一尊正寥落,花来恰及举杯时。

应景应时,高凤翰诗中点出了赏菊、喝酒的习俗,同时感叹自己寥落的人生,借酒消愁,行乐自慰。

有酒就有醉。文人的醉酒与众不同,有诗为证:

沽鱼换酒碧云西,众艇垂阴万柳齐。

野鬟滩烟波细细,沧浪一曲醉如泥。

这是明代草堰场诗人袁三余笔下的"醉酒图":日落西山,卖鱼买酒,四野炊烟袅袅,柳下渔歌唱晚,桌上蟹肥肉香,今晚不醉不归。

现时,"重阳节"成为老年节,增添了新的节俗内容。敬老爱老的民族优良传统得以发扬光大。

冬至吃圆子、小冬祭祖

冬至是二十四节气之一。自此日起交冬数九,白昼时间渐长,夜晚时间渐短,所谓"过了冬长一葱"。

大丰人称冬至为"大冬",冬至前一天为小冬。谚语说"大冬大似年,小冬不值钱",可见冬至在人们心中的分量。

冬至吃圆子 "大冬圆子小冬面"。大丰习俗在小冬要吃面条,大冬早上清汤下圆子。圆子有实心的,也有包馅的,如芝麻糖的、豆沙的、红枣的,还有荠菜咸肉的等。大冬吃圆子,象征着全家团圆、家庭和谐吉祥,一切讨个吉利。

然后亲戚朋友相互贺节,称"冬至夜"。一般人家会设家宴,阖家团圆,吃冬至夜饭。

小冬祭祖 在时间顺序上,先祭祖先再过冬节,体现了对逝去亲人的尊重。大丰谚语说"早清明,晚过冬,七月半亡人等不到中"。一年中3个重要的祭祖时节,小冬祭祖仪式的进行可以晚些。小冬祭祖,一般只供米饭以及坨粉、豆腐、百页、青菜之类素菜,无荤腥,旧俗解释为不替亡人"造罪"。烧的"纸钱"上一一写下先人的名字,防止不均和遗漏。

另有谣谚说冬至的气象与过年有跷跷板效应,"干冬湿年"。说的是冬至日如是晴天,过年就会下雨或下雪,反过来亦然。

腊八节与腊八粥

农历十二月称作"腊月"。"腊"是古代的一种祭礼,人们辛勤耕作一年,春华秋实,喜获丰收,因此,在年终之际,上自朝廷,下至百姓都对老天爷一年中的风调雨顺举行答谢祭礼。

腊月初八这一天作为节日,大丰人习俗吃"腊八粥"。

大丰旧时寺院遍布,每到腊八,寺院要请善男信女们去各庙宇中吃腊八粥。街上也到处可以看到僧尼赠送给施主装满腊八粥的盒担。煮粥的大米等来自化缘与捐赠。腊八的前几日,各寺院会由方丈率领众僧,身披红袈裟,手持大钵,沿街化缘作煮粥之资。富商大贾有的也慷慨解囊。

民间则各家自煮腊八粥。腊八粥的煮法,因美食家的推波助澜,日益丰富多彩。大丰讲究的人家,会提前将红枣捶破泡汤,至腊月初八加粳米、白米、核桃仁、花生、红豆、豇豆、菱米等凑足8样煮粥。这是"细腊八"。一般百姓人家只在粥中加青菜、豆腐、黄豆、赤豆、胡萝卜、花生之类,以求吉利,这是"粗腊八"。

如今大丰民间的腊八节,尼僧募化腊八粥的景象已然消失,但煮腊八粥、食腊八粥的习俗依然存在。因为"腊八粥"毕竟是一道大众乐于烹饪和接受的美食。

送灶神、忙年

腊月十六,大丰旧俗是敬"土地神"的日子。自此,忙年的景象渐渐呈现,年味也越来越浓厚。腊月廿四,家家都要送"灶神"。

送灶神　祀灶神是古代隆重典礼之一,流传已久。灶神是谁?文献上说法不一。《太平御览》说"黄帝作灶,死为灶神",这是指黄帝。《淮南子》说"炎帝作火官,死为(神)",指的是炎帝。东汉许慎在《五经异文》说颛顼之子祝融为灶神。灶神尽管不同,但祀灶这一节日起源于对火的崇拜、对用火熟食的纪念则是十分清楚的。

后来渐渐地淹没了这一信仰崇拜的原意,演绎出灶神对人降福、保佑子孙的说法。灶神逐渐上升为一家祸福的主宰。《淮南万毕术》中关于"灶神晦日归天,白人罪"的说法,更赋予灶神向天帝言事的职责。后来,人们不便于每月祭祀,便逐步改为一年一次,形成了习俗。

大丰人腊月二十四这一天,家家在灶门贴一副"上天言好事,下界保平安"的对联,希望灶神上天多言好事。祭灶的食品,除了供设糯米团、米粉灶团、果品外,还特地准备了麦芽糖、酒糟。灶神吃了麦芽糖,甜在心里,粘住口唇,不能随便说话;吃了酒糟,沉醉不醒,不会多言多语,招惹是非。灶神上天要骑马坐轿,故送灶人家要准备竹马纸轿,一起在门外焚烧送神。还要煮一锅糯米饭,除了供灶神,全家每人都要吃上一碗。剩余的糯米饭用一只大碗装上,上插"灶饭花"(松柏枝),供放在家堂福柜上,待来年炒食。

整个送灶仪式,妇女都不参加。

忙年　送灶之后,各家各户都要彻底清扫一次,叫"刷尘"。箱笼橱柜都要翻个身,墙角、床底、房柱、屋梁,都要扫到,使整个家室干干净净,气象更新,准备过年。

旧俗"五天大年"内商店不开门,因此各家各户自进入腊月后,便开始置办年货。所购物资,一般是过年家用食料、油盐酱醋茶、鸡鸭鱼肉虾之类;家用物件锅瓢碗碟、淘箩簸箕以及待客用的水果、花生、瓜子、糖果等。进腊后要自制腌腊食品,如腊肉、风鸡、香肠。年前还要买办衣料,替大人小孩赶制新衣;置办新鞋、新帽。

农村最细最累人的准备是磨面嚯饼、舂糯米粉、搯糕。小麦要用石磨磨成粉,然后嚯成饼。本场人把蒸读成嚯(huō),蒸一种水酵馒头,叫嚯饼。蒸糕,必须先将浸泡好的糯米用石碓舂成粉,再用糕箱把米粉脱出小方块的形状,脱粉之前要在糕箱上用铜尺搯一下,便于粉和箱壁分离,所以把蒸糕叫成搯糕。这些劳作都集中在除夕前的十几天中进行。

人文性格及习俗 | **257**

蒸笼和糕箱有限,而且每家都要蒸上少则上百斤多则数百斤的饼、糕,所以必须日夜持续不断地运转,一般人家都要几天几夜不睡觉。

大丰人家年底还要炒一种"猫耳菜"。基本原料是胡萝卜丝、黄豆芽,考究的人家还放上金针、木耳、乳黄瓜、嫩生姜,用油炒时放上适量酱油,撒上青蒜花,色香味俱全,是人人喜爱的小菜。

除夕习俗六件事

农历十二月三十日(小月二十九日)称"除夕",民间俗称"三十晚上",是农历一年的最后一天。"除"的含义是辞旧迎新,因此,这一天家家忙忙碌碌,户户精心布置,呈现出新年即将降临的快乐气氛。

置办年夜饭　年夜饭,大丰的先人称之为"隔岁饭",是一年中最尊贵的一顿团圆饭。白天,各家忙于办宴席,为年夜饭准备丰盛的菜肴。同时扫庭院,贴春联,张灯结彩,把家室布置一新。

贴春联　贴春联之风俗由来已久。开始以桃木板画神荼、郁垒二神悬于门户,称"桃符",以驱鬼辟邪。五代时后蜀开始在桃符上写联语,其后改书于纸,演变为春联。桃符之俗由此分化为贴门神和贴春联两种形式。随着时代的进化,桃木板渐为纸张所代替,二神像也由神荼、郁垒改为唐初名将秦琼与尉迟敬德二人的画像了。

大丰人家过去大门贴门神,门神两旁门框上贴对联;后来"斗方"代替了门神,"斗方"两边是对联。"斗方"常用"物华天宝人杰地灵""梅开五福竹报三多""年丰时乐国泰民安"等联句,显示了时代的进步。对联常用的是"天增岁月人增寿,春满乾坤福满门""向阳门第春常在,积善人家庆有余"等。门楣上方贴"花钱"(用红纸木刻成菩萨或吉祥图案的饰品)。有的人家房门心、房门框上、厨房门上也贴有联语。后门口一般都要贴"前程远大、后路宽宏",门楣上贴有"姜太公在此百无禁忌"的横条。据神话传说,

多彩新春(周左人/摄)

姜子牙灭商大封诸神以后,自己没有位置,只好在各户门楣上做个监察之神。

门外树木以及用具贴红纸条(代替福字),称为"挂红"。

春联的写作,大丰人历来十分重视。文墨之士,都喜欢自撰春联,或切地,或切时,又或发抒襟怀,多有佳作。寻常百姓家,一过腊月二十,便开始准备春联,有文化的自己书写,不识字的请人代书。不过这些已是旧日情景。近年来,春联被大量印刷,书法名家书写的春联,联语新颖,切合时尚,笔力遒劲,光彩夺目。

大丰人家除张贴春联以外,过去还有贴年画、贴"挂落"(大的"花钱",只贴挂在屋梁上)的习俗。有苏州桃花坞木刻年画、民间风俗画、娃娃画等。最常见的是"五瑞图"。"五瑞图"包括椿树、萱草、兰草、石、竹。古人把椿树比作父亲,象征长寿,萱草象征母亲。萱草一名忘忧草,有了烦恼,向母亲诉说,烦愁自解。芝兰象征好子弟,磐石表示稳固,竹表示平安。

祭祖　除夕之夜,旧俗必不可少的礼仪之一是祭祖,家家户户都是如此。堂屋内悬挂祖先画像,比其他节日祭祖更为隆重。祭祖仪式不论简单繁缛,都反映了中国人"不忘祖"的传统心理,历代相沿。

接灶、请神　接灶神下凡一般放在除夕,仪式也较简单,只要换上新灶灯,在灶龛前燃香即可。据说"除夕"是诸神下界的时候,这一天民间还有请神的习俗。

"装陈饭"　吃年夜饭是除夕夜最重要的活动。年夜饭的菜肴经过精心制作,六碗八碟,少不了有几样色香味俱全的淮扬名菜。合家老幼,团团围坐,酒杯交错,笑语声声,共同祝愿国泰民安、人寿年丰、阖家幸福。年夜饭不仅是一次味觉盛宴,更是一顿精神大餐。

吃年夜饭时一切语言行动都要注意吉利。橘子是必不可少的,俗话说"除夕吃红柑,一年四季保平安"。芋头也要吃,"除夕吃芋头,出门遇好人"。不能用汤泡饭,否则出门遭雨。

吃完年夜饭后紧接着有一项最富仪式感的活动,便是"装陈饭"。把铁锅内多余的饭(必须多煮)盛到盆里,把盆口装成馒头状,然后中间插上柏树枝,周围插红枣、馃子、云片糕、花生等。柏枝叶上挂满咬开嘴的白果、红纸条,名曰"聚宝盆"。锅巴必须炕一下完整取出,放置在大碗上,锅巴里面放4个圆子、4块小方糕以及一片红纸,称为"大元宝",象征团圆和步步升高。"聚宝盆"和"大元宝"都供放在家神柜上,大年初五以后方可卸下。

守岁　旧俗守岁,须一家老少团聚在一起,屋里点起一对大红的守岁烛,整夜不眠,共同守岁。苏轼有诗:"欲呼阿咸来守岁,林乌枥马斗喧哗",写的就是守岁之夜。但事实上过了半夜,跨过"火堆"(门外预备的火盆),就表示守岁成功,便可休息了。

旧时大丰除夕还有许多迷信活动,现已消亡,守岁风俗,迄今保留。但社会变迁,此"守岁"已非彼"守岁"了。

第三节 大丰习俗掠影（二）——礼俗

荷包与花鞋上的情思

荷包、花鞋不仅具有实用价值，更是女孩子们含蓄地表达情思的一种形式。绣荷包与绣花鞋是针尖上的艺术，是大丰民间流传久远的女性文化遗产。

大丰民间刺绣受苏绣影响，有悠久的传统。刺绣技艺一般都是家传，女孩八九岁、十多岁就开始练习绣花。冬天漫长的夜晚，或春秋闲暇时节，母亲或祖母就成了当然的启蒙老师。从描红识图、针头线脑开始。刺绣都有"花样子"，用纸或剪或描成各种图案。讲究的人家备有专门的盒子，摆放花样、七彩丝线和绣针等材料及工具。一般人家就直接找几本线装书夹藏花样和丝线，丢在针线匾里。

大丰民间绣品题材广泛，内容丰富，造型简洁生动。有用于穿戴的装饰，如儿童的虎头鞋、衣帽花边、裙边、披肩的装饰等；有用于生活用品的装饰，如枕头花、被面、喜帐、桌围、椅子垫的装饰等。还有用于祭祀的供桌桌帏、神龛帷幔等饰有龙凤仙鹤、福禄寿喜等的绣物。其中绣荷包与绣花鞋是最具礼俗标志的代表性作品。

女孩最喜欢绣的是荷包。通过刺绣荷包，闺蜜之间进行思想和感情的交流，也编织着青春的希冀和梦想。她们会把少女的心思绣进钱包、扇袋或香包，送给自己的意中人，表达含蓄与羞涩的爱情。一个小小的荷包，成了男女青年定情的信物。男孩收到这份非同寻常的礼物会格外爱惜和珍重，无论走到天涯海角都永不离身，坚守着爱情的纯洁和宝贵。

刘庄民间刺绣底样（翟恒谷珍藏）

  香包是荷包中最普遍的一种。香包里装有香草和一些药品，包上绣着蝎子、蜈蚣、蛇、壁虎和蟾蜍，即所谓的"五毒"。原是端午节的节令物品，为了防止毒虫伤害，人们相互赠送，挂在蚊帐钩上或衣襟上。香包的形状多种多样，虎形、寿桃形、蝙蝠形、如意形、大象形的不一而足，寓意福、禄、寿、财、喜、吉祥如意等。

  荷包不单造型丰富多样，刺绣图案也十分精美别致，包括花鸟、草木、虫鱼、人物故事以及祥瑞纹样等风格各异的形象，极具欣赏价值，是理想的服饰点缀之物，常被妇女们系在衣服的大襟口上。

  荷包图案的祝福色彩十分强烈。有的直接绣出"岁岁平安""长命百岁""平安如意"等祝福文字；有的绣有葡萄、莲花、石榴等多籽果实，象征"多子多福"；有的绣着白头翁、鸳鸯、双鱼等动物，象征夫妻和睦、白头到老；有的绣上松柏、瑞鹤等，象征长寿。各种寓意美好的荷包图案，传递着真挚的祝福，寄托着对美好未来的憧憬。

旧时习俗，大丰姑娘出嫁早早就得准备绣花鞋。上轿时要穿，还要预备几双"装箱子"。绣花是细活，有的女孩用几年的时间为出嫁绣鞋，伴着日月的沉淀，将少女纯真的爱绣到鞋面上，表达对爱情的忠贞，对幸福的追求。绣花鞋的制作与刺绣水平的高低，也往往成为当地评价一个姑娘是否心灵手巧的标准。她们从自己的婚嫁喜日，到儿女的满月周岁，再到家人的华诞大寿，往往都用一双双绣花鞋记录下自己的辛劳与智慧。

绣花鞋用彩色丝线，从鞋头到鞋跟甚至鞋底和鞋垫，都绣上华丽的纹样。基本"花样子"有花鸟虫鱼、飞禽走兽、瓜蒂花果、山川风物、戏剧人物、莲生贵子、双蝶恋花、龙飞凤舞等，寓意丰富、吉祥。

荷包与花鞋承载着历史的记忆，在今天的大丰民间已难见到，成为遗憾之事。这也是传统民俗文化衰变的一个例证。

"偷杯子"中的婚俗密码

大丰的民俗文化博大精深又极富神秘色彩，婚俗中的"偷杯子"就是其中的一个缩影。

旧俗，娶亲当天，新郎要在岳父家"偷"一只茶杯带回去。所谓偷，其实是心照不宣，女方家看见了也不说，甚至还作为"内应"有意配合。这只杯子要由新郎自己悄悄地完好无损地拿回家。"偷杯子"的习俗究竟有何深意呢？在整个婚俗流程中起什么作用？这是需要探究一番的。新郎"偷杯子"其实也是一种仪式，是要求新郎被动宣誓的仪式。"偷"回的杯子要摆放在新房的显著位置，贴心保存。其寓意是新郎要像爱护"一杯子"（谐音）那样爱护新娘一辈子，不离不弃，恩恩爱爱，白头到老。

大丰的婚俗传统严谨，循规蹈矩，"六礼"完整。

一礼为提亲与请媒。提亲也称说亲，一般是男方通过亲友向对方提出结亲的意愿，如果对方父母也有此想法，则由男方聘请两位（成双）媒人说合。

二礼为"访人家"。双方家庭如果相互熟悉，只需要了解生辰八字。如不熟悉，则需要进入"访人家"的环节。相互走访周围邻居和熟悉的人，了解家庭政治背景和经济状况，是否门当户对；了解"门风"情况，包括家风和几代成员的道德品行；了解健康情况，有无家族病史；了解当事人实际年龄和相貌情况。

三礼为"送帖子"与"押帖"。如果对"访人家"结果基本满意，女方家则把女孩的"八字"（出生年、月、日、时的干支）写在红纸上交给媒人，称为"帖子"。媒人择吉日送给男方，为"送帖子（或送'八字'）"。男方请算命先生测算当事人双方"八字"是否相合，生肖是否相克。结果满意或经过算命先生的"改作"达到满意，就把结果通知女方，是为"回好"。男方家尽量满足女方家提出的聘礼要求，择吉日送衣料、首饰、食品、礼金到女方家,称为"押帖"。

四礼为定亲。双方家庭约定吉日,举行订婚仪式。女方家办酒席招待。此时男孩女孩才正式会面,男孩成为准岳父家的"毛脚女婿"。岳父家要给女婿红包,作为见面礼,并有食品回礼。第二日男方家举办酒席,邀请新亲家全家并亲朋好友登门光临,答谢媒人。给准媳妇的红包要大于女方给的红包,以后作为新亲戚可以正常走动。

五礼为"通话"。这里的"通话"不是打电话,是一道仪式。结婚前男方家要请媒人带着礼品到女方家送日子(婚期)。女方家对婚期、彩礼以及陪嫁的妆奁等进行确认。其实具体内容和操作细节,双方已经几番商量并达成一致意见,但"通话"的程序是必不可少的。

六礼为迎亲。结婚典礼周期为3天。头天为发轿日,第二天是正日,第三天散客日。过去交通不便,迎亲的队伍早早就要出发。新娘要顶红盖头或戴墨镜,避免与不祥之物直接面对。新娘由兄长或父亲背上轿,脚不能落地;途中遇桥遇坎,脚都不能落地,直到新郎家门槛前。轿子行进途中忌讳遭遇送葬的队伍,如遭遇要放鞭炮;忌讳与其他迎亲的队伍相遇,如相遇则两位新人要交换手绢;忌讳太阳落山后新娘到家。同村如有两家办喜事,忌讳落后到家。

新娘进了新房,隆重的婚宴才可以开场。婚宴结束后闹新房。男方家娶媳妇,增丁添口,欢欢喜喜,气氛热烈,闹新房成了婚礼的高潮。"新婚三日无大小",无论男女老少,也不论辈分大小,都可以到新人的房间里与新娘嬉笑玩闹。但主流习俗还是请有"流才"的人说"鸽子",大家喊"好",大家跟新娘子讨要喜糖、喜米(爆米花),晚辈要红包。3天以后恢复正常。

大丰民间婚俗仪式感很强,其中每一"礼"(步骤)都有慎重的仪式要求。而隆重仪式感的背后,是一对新人的爱情见证和承诺,是亲朋好友的美好祝福。

婚后第三天,新郎要陪新娘回娘家,称"执礼归宁"。当日或另择吉日,新郎家宴请新娘家亲戚,称"会亲"。至此,婚礼告成。

人生第一礼——"洗三"

十月怀胎,一朝分娩。大丰习俗,宝宝一出生要到外婆家"报喜"。报喜即报告平安出生的喜讯,无论外婆家远近,亦无论其知不知晓,这是必要的仪式。由宝宝父亲带上红蛋和其他礼品,第一时间到岳父岳母家汇报。

人生迎来的第一个节日是"洗三"。大丰民间在宝宝出生后第三日,举行沐浴仪式,亲友会集为宝宝祝福。据说,这样可以洗去宝宝从"前世"带来的污垢,使之今生平安吉利。同时,也有着为婴儿洁身防病的实际意义。北京雍和宫法轮殿五百罗汉山前,放着一个精

人文性格及习俗 | **263**

美的"鱼龙变化盆"。这个盆里躺过乾隆皇帝,乾隆"洗三"用的就是这个盆。可见过去无论帝王还是庶民,习俗面前还是平等的。

"洗三"之前,照例要预备好许多物品,什么升子、笆斗、秤砣、小镜子、茶叶、新梳子、胭脂粉、肥皂、新毛巾、枣子、桂圆、花生、豆子、姜片、青葱、香烛、生熟鸡蛋、棒槌等,还要熬好蒲艾水。

"洗三"之日,通常只有近亲来贺,大多送给产妇一些油馓子、烧饼、鸡蛋、红糖等食品,或者送些小孩所用的衣服、鞋、袜等礼品。主家仅用一顿糖粥来进行招待,富的人家亦不过在菜肴上丰富些。坐席时,照例让催生婆坐在正座上,当成上宾款待。仪式结束时给大家发红蛋。

生日的欢歌

人生不易。生日,是人生的一次欢歌。

大丰人的生日是按农历来定义的,所以大丰人的生日一般是指农历的出生日。生日每年遇到一次,每次生日其实就是一次家庭或家庭与亲友的聚会,所以生日可以看作一个家庭的节日。

大丰人并不是每次生日都会举办庆贺活动。大丰习俗比较重视儿童周岁、十岁和年长者的整生日,一般会邀亲友聚会,但也不介意其他的"小生日""散生日"。

儿童周岁称为"过周",大丰民间有"抓周"的习俗。据传,秦穆公的女儿一周岁生日时,秦穆公就在宫中摆放了许多珍珠宝石及玩具、食品,其女独抓美玉,故起名弄玉。这个传说不一定可靠,但《颜氏家训》的记载却十分确定。当时江南地区就盛行着庆祝孩子一周岁生日时的抓物习俗,可见过周"抓周"的仪式,已有了1500年以上的传承。

抓周是宝宝周岁生日那天重要的一项娱乐活动。家长会将准备的物品集中摆放,"男则用弓矢纸笔,女则用刀尺针缕,并加饮食之物及珍宝服玩",观察宝宝抓取的物品,根据物品的寓意,试探宝宝的智商与爱好,为宝宝占卜前途。当然,这仅是一种娱乐,并没有什么科学依据,大丰民

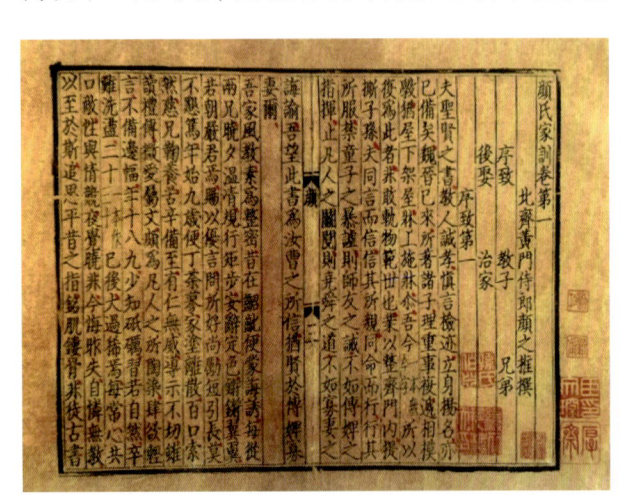

元刻本《颜氏家训》(小草随风/摄)

间却久传不衰，也许对宝宝父母有一些心理暗示作用吧。

　　大丰的抓周活动会安排在宝宝过周当日的上午。开始前要先给宝宝梳洗干净，换新衣，焚香拜祖，然后举行。

　　老人做寿，大丰习俗一般从60岁开始。60岁古称"下寿"，80岁为中寿，100岁为上寿。且70岁以后，又有"贺九不贺十"之说，79岁、89岁、99岁，皆视同整生日办理。老人做寿时，亲朋好友前来祝贺，也称"拜寿"或"祝寿"。礼物多为寿桃、寿面、寿障（布料）及带寿字的糕点。寿障均悬挂起来以向客人展示。寿障上写些吉祥语和被送者（上款）、送者（下款）姓名。

寿（任嵘/摄）

　　寿堂一般布置在堂屋，正面挂寿帘（多为老寿星画像），两旁配有对联："福如东海长流水，寿比南山不老松。"八仙桌上摆有香炉、烛台、寿烛等。条案上摆寿桃、寿面、活鱼、鲜肉等寓意长寿吉祥的食品。八仙桌正前方地上放置一块垫子，供拜寿者跪拜时用，平辈及以上者拱手即可，晚辈磕头。

　　人的生日其实是母亲的"受难日"。旧时因为医学不发达，母亲生孩子就是在过鬼门关。所以生日那天，更应该以孝敬母亲为主。

关于"家"的仪规

　　家、家庭的客观载体是房屋，是院落。它是一种集居住功能、财富形态及文化（包括审美）观念于一身的建筑存在。

　　大丰人对盖房和乔迁极为看重，认为这些不仅关系到生活和健康，还关系到生儿育女及子孙后代的兴衰。因此除自然环境（风水）、人文生态以及建筑本身的安全稳固、美观协调以外，具体的施工、搬迁环节都有一定的礼

本场人旧时住宅——"丁头府"（周古凯/摄）

人文性格及习俗 | **265**

俗仪规，以图吉祥兴旺。

盖房中讲究选址、奠基、开工，"上梁"更是一道关键程序，也是仪式感最强的环节。为了吉利，在"上梁"之前需要挑选日子和时辰。大丰人一般都会挑选农历含六（六六大顺）、九（长长久久）的日子；而"上梁"的时辰一般会选择上午接近午时。因为民间认为六、九的日子能够避开太岁等凶煞，是吉日；而快接近中午的时候，阳气正盛，阴气全无，是吉时。所以，要挑选这样的日子和时辰"上梁"。上梁仪式有几个步骤：

首先"请太公"。所谓的太公，就是历史上的姜太公。据称姜太公神通广大，能够避凶驱邪，因此，需要将姜太公"请"出来"压阵"。于是，主人家会将写有"姜太公在此"的牌子竖在建房的工地，然后祭拜一番。

接着是"挂红"。上梁之前在房梁的中间裹上一块红布，在房梁的两端贴上写有"上梁大吉"以及"青龙扶玉柱，白虎架金梁"之类吉祥话的红纸，以示吉利。

再是"祭梁"。正式上梁之前，主家还需要举行祭祀仪式，俗称"祭梁"。在"祭梁"时，需要准备供果，摆上鲜花、木工的墨斗、曲尺，然后点燃香烛、纸钱祭拜。在祭拜时，还要念念有词：今日祭梁，天地开张，财源茂盛，人强马壮。金童玉女，助力向上，圆满封顶，齐聚华堂。最后点燃鞭炮，以驱散"邪魔"。

接下来就是"上梁"。上梁也非常有讲究。需要挑选八个父母双全、八字好的青年人爬上墙头去"拉梁"；如果父母不健全或八字不好的男青年是不允许"拉梁"的。当开始"拉梁"后，木匠会高声吟诵"下有金鸡叫，上有凤凰来，大家加把劲，华堂盖起来"

的吉祥语，以助声势。每喊一声，大家就有节奏地把系梁的绳索向上拉一把，直到大梁就位。

再下一步是稳梁。房梁拉上屋脊后，需要校准位置，这个校准过程俗称"稳梁"。在"稳梁"的时候，还要考虑"左青龙、右白虎"，将左边的梁头适当垫高一些，而将右边的梁头适当降低一些。

最后是抛梁降福。所谓的"抛梁"，也就是抛撒高粱的意思。木匠师傅会将混有糖果、花生、彩纸的高粱从空中抛下，象征上梁成功大吉，福星高照。同时，盖房的工地上会鞭炮齐鸣，气氛热烈。众人在一片欢呼声中结束"上梁"的工序和仪式。

上梁以后有盖屋刹脊"合龙口"、竣工落成等节点，都有各自的仪式规矩。程序井然，繁简自便，不可或缺。

乔迁新居亦被大丰人视为重大的喜事之一，人称"乔迁之喜"。

搬入新居前，必先选定吉日良辰。乔迁之前，房门要张贴红纸对联，剪贴福字；打开新居房门时，要燃放鞭炮；家具搬进新居时，要马桶在前，表示百无禁忌。迁入新居时，要随带灯笼（或油灯）、火叉（灶下烧火用具）、秤等进屋，还要带一窝小鸡，煮一锅饭捧进新屋，表示人丁兴旺，喜气盈庭。

乔迁新居第一次生火曰"暖灶"，当天或尔后几天，众亲友乡邻皆来燃放鞭炮庆贺，主家则摆酒宴答谢。老的礼数是主人设宴，客人备礼。建屋工匠及帮工等亦在酒宴邀请之列。菜肴中有韭菜、豆腐、猪肠、猪血和米糕等，象征长长久久、红红火火、发财高升。

新农村民居（杨国美/摄）

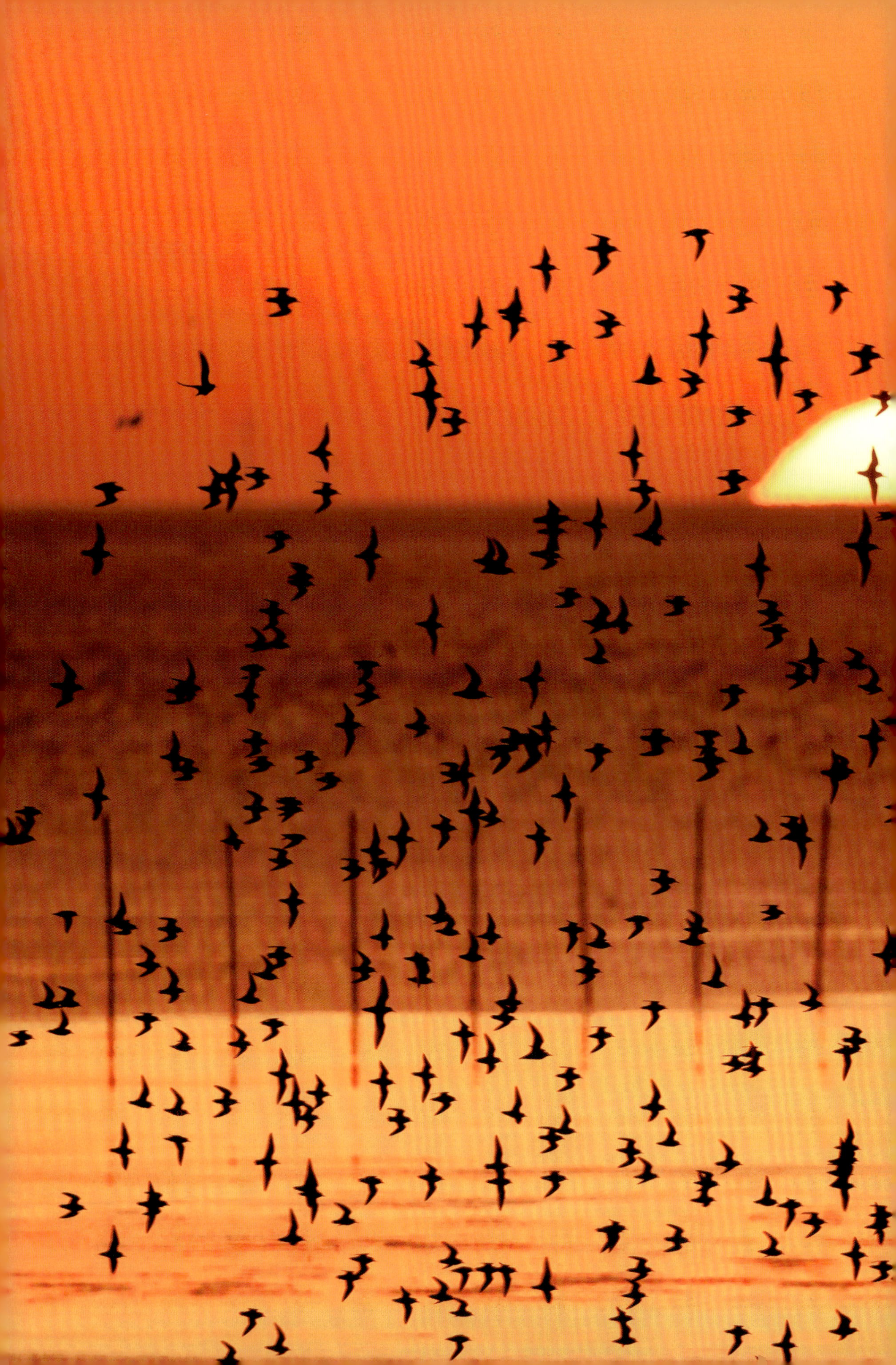

第八章　掌故、传说

民间文学是大众参与的集体创作，
唯其"土气"，
文化之树才更显枝繁叶茂

大丰民间文学丰富多彩,近现代编撰成册的就有300多万字,内容涵盖政治、经济、历史及社会生活等方方面面。

其中有关名人传说、爱情婚姻、风物人情、人生智慧等故事更是趣味盎然、发人深省,值得品读。

第一节 大丰名人

施先生的话不会错

施耐庵深通天文地理,对看天识地种庄稼很有经验,因此,白驹乡下很多人每到种庄稼的时候,都来请教施先生。

有一年清明节快到了,不少种田人来问施耐庵:"今年什么时候下稻种适宜?"施耐庵说:"还早着呢。"

过了几天,人们又来请教他,他还是说:"忙什么啊,时间还早着呢。"

又过了几天,不少人看季节已到,不能再等了,就先后浸了稻种,育下了秧。还有一位没下种,跑来问施耐庵,施耐庵说:"你不要忙嘛,等几天再说。"

这位农户又等了几天,误了节令,跑来对施耐庵说:"我听先生的话,上个月没下种,现在季节已过,天旱无雨,种什么好呢?"

施耐庵说:"那你就改种高粱吧。"这农户没法,只好回家种了高粱。

哪知这一年,种水稻的人家日夜车水也不济事,一连几个月未下过透雨,真是赤日炎炎似火烧,小河都旱干得见底了。秧苗全枯萎了,少数没枯死的秧苗,结果也没有吐得出穗来。这年种水稻的人家可算颗粒无收。而那个改种高粱的农户,这一年却丰收了,他逢人便说:"施先生的学问大哩,种庄稼听他的话是绝不会错的。"

从此,白驹场一带的庄户人,更加敬重施耐庵了。

（沈廷栋）

施耐庵赠画济贫

传说施耐庵除了著述《水浒传》外,他画的牡丹也是远近闻名。但他有个怪癖,每画好一幅,只挂在书房里让几个好友观赏,然后便付之一炬,是从不外传的。由于他画的牡丹太逼真,风格独特,因而白驹场很多盐商渔霸都想以高价购买,可都被他谢绝了。

有一年冬天,有个盐商打听得施耐庵新近又画了一幅牡丹,挂在书房里还不曾烧掉呢,便托人去说,愿出10两银子买施先生的画。施耐庵的夫人说:"这几年连年遭灾,庄稼歉收,眼下快过年了,请年货的钱还不曾有着落呢,你就破例卖一幅吧!"

施耐庵听了叹了口气说:"我并非不想让我的画传世啊,实在是怕我卖几个钱,牡丹落入世俗之手,把画糟蹋了。"

正在这时,白驹场有个挑私盐的王大,抱着孩子从门前走过,求人买下他5岁的男孩子。只见那男孩子死命抱住王大,哭个不停。

施耐庵一望,心里着实难受呢,便对王大说:"你不能想想别的办法吗?"王大说:"我因前年死了妻子,借了2两银子高利贷,连本带利3年下来已有10两银子了,债主天天催要,我是被逼得走投无路才这样做的啊!"说完就拉着孩子向施耐庵磕头,求施先生把他的孩子买下来。

施耐庵说:"这孩子你不要卖了,我这里有张画儿,你拿去卖了还债吧。这画正好值10两银子,少1两你都不要卖。"说着就叫人把画拿给了王大。

王大接过画卷,呆呆地望着施耐庵,他怎么也不相信这张画能值10两银子。施耐庵说:"你快拿去卖吧,我还骗你吗?"

王大捧着画走上大街,盐商渔霸们听说是施耐庵画的牡丹,都争着要买。一手捧银子,一手接画,王大不费事就卖得了10两银子,还了债,抱着孩子谢过施先生回了家。

（沈廷栋）

相命治病

施耐庵是个多才多艺的奇人,博古通今,天文、地理、医、卜、星、相无一不知,无一不晓。洪武初年,施耐庵隐居江阴祝塘。

祝塘古镇记忆公园（小草随风/摄）

祝塘方圆几十里人家,都纷纷把自己的孩子送来求学,学生不下三四十人。

学馆近邻,有个姓季的员外,他家有座祖坟,挡住了低洼处农田的水路,乡邻们敢怒不敢言。施先生知道这事后,想了个办法。有一天,施耐庵来到季员外家聊天,看了看主人的脸色,笑着说:"员外你病了,我给你治治吧?"

"你治得好吗?"

"试试看吧!"

季员外摇摇头,苦笑了一下说:"施先生,我这个病你是治不了的。"

施耐庵说:"季先生,请拿文房四宝来。"说着他一手捋着胡子,一手磨墨,沉吟了一下,便写下四句话来:

> 青龙白虎横西东,阴阳宅宇最为重。
> 要得贵子本不难,祖茔移动玄武中。

季员外见了四句诗,大吃一惊:"先生,你真是奇才,怎么知道我的心病哩?"

原来季员外已四十开外了,膝下还无一子,施耐庵见他每当看到人家孩子蹦蹦跳跳来上学,他就难过,所以一下就猜中了。

季员外依了施耐庵的指点,把祖茔移动到了一块傍水依丘的风水宝地上。说来也巧,据说当年年底,季员外的夫人真的生了个白白胖胖的儿子,后来还在朝廷里做了个不小的官儿哩。

所以到如今,祝塘还流传着施耐庵会相风水的故事。

（张袁祥）

天地之浴（杨国美/摄）

狮子盘绣球

相传，施耐庵当年在白驹定居，著书立说。年老时，他想给自己找块理想的墓地，便叫家人外出寻找"风水"好的地方。

一天，施家仆人在白驹向西9千米的地方找到一个四面环水的垛子，"风水"较好，仆人们立即回来告诉施先生。施先生听后决定亲自去看一下。仆人告诉他："那里有3条河，你年老体弱，可能过河不便。"施耐庵听后立即吩咐在那儿造3座桥。桥造好后，施耐庵亲自到那儿一看，啊呀，真美呀！特别是有一处芦滩高起，两条水道向高滩冲来，环绕一周后又流向远方，实在自然灵动。他望着望着，望出门道来了，说："真是块狮子盘绣球的好地方啊！"

后来，施耐庵归天后，就葬在"绣球"顶上。那3座桥因靠近他的墓地，大家就叫它"施家三桥"。

（左宏才　陈兴传　袁彩农）

张士诚穷不失志

张士诚14岁那年,父亲张同兴积劳成疾,一病倒就没有爬起来。家里弟妹都小,里里外外就靠母亲一个人。没办法,张士诚只得帮家里做做事,常常弄点私盐用裤子装着,围在腰间,到戴窑、兴化贩卖,弄点钱养家糊口。偶然有空,也打两路拳,玩几把石担子,锻炼功夫。

天渐渐冷下来,父亲的病也越来越重,家里不但没钱给父亲抓药,就连菜汤也吃不上了。母亲曹氏想让士诚到他舅舅吉流仕家去借贷。这个舅舅住在大营庄,以看风水为业,日子过得蛮好。母亲对士诚说:"九四儿,这几天河都冻了,盐船又不得出去,家中断了好几天口粮,你父亲又病成这个样子,你和九五一起去求求舅舅,借点钱和粮吧。"

草堰古盐运河——夹沟(李玉生/摄)

张士诚遵照母亲的吩咐,拿了个口袋,和张士德一起冒着刺骨的寒风来到大营庄。吉流仕正和一个朋友围着火炉喝酒谈心,见两个衣着破烂不堪的外甥从外面进来,怕在老朋友面前失体面,还没等张士诚开口,就说道:"你们来做什么的?"

兄弟俩愣在那里。

吉流仕的那个朋友问:"这两个小子是——"

"唔,是我东盐场的小伙计!"

张士诚听了这话,气得牙齿咬得咯咯响。张士德刚要开口说话,张士诚一把拽住弟弟,往外就走。

路上,张士德问道:"哥,怎么不借了?"张士诚说:"弟,他连我们人都不认了,还谈得上什么借?"

"那回家怎么办?爸爸快……"张士德哭了起来。

张士诚的眼里也含了泪珠,但没有让它掉下来。他咬了咬牙,紧了紧裤带,说:"弟,你先回去,我去找钱。"

兄弟俩分手以后,张士诚来到白驹场亭东头,见两个鞑子正押着盐民卸盐,便上前去问:"要扛包的吗?"两个家伙哼了哼说:"你?能扛几包?"

"5包。"

"5包?是5石!你是疯子?"

"你别管!扛一趟多少钱?说好了就干。"

"一趟扛5包,给你25个铜钱。"

"能不能再多一点?"

鞑子叱道:"小东西,什么多一点少一点的,不扛就给我滚!"

"扛!"

张士诚想到家中躺着的父亲,想到舅舅的面孔,想到父亲常说的"穷不失志,靠劳动吃饭,不去乞求别人"的道理,力气上来了。他把5包盐一下扛到背脊上,迈步走向高高的盐山。在场的人见了,没有不惊奇的。

他共扛了3趟,得到75个铜钱,急忙到米行买了3升多糙米,到药店买了点补气活血的药,飞也似的往家赶。

刚走上墩子,就听到屋里哭成一片。张士诚一头冲进屋里,见父亲静静地躺在地上,家里人早就哭成泪人儿了。糙米和药散落了一地,他一言不发,脸像块铁板。

到了下晚,父亲尸体该入土了,母亲叫他去请舅舅来看个地方好安葬,他坚决不去。他从床上抽下了几张芦席,将父亲的尸体裹好,往肩上一扛,叫张士德拿了把锹,说了声"你们在家,我和弟弟去葬爸爸"便出了大门。

把父亲葬到哪里去才好呢?穷人没有土地,富人家的地又不让埋,怕破了好风水。真的死无葬身之地吗?张士诚走啊走,一直向西南走去,顺着范公堤,走到草堰场。见串场河畔有块地方化了冻,他想,这是公地,大概没有人过问了,于是就把父亲放在河坎里,头向南,脚朝北,与弟弟一起跪了下来,磕了几个头,然后起身用脚在圩岸上一蹬,堤圩塌了一大片,将父亲尸体埋了进去。张士德又用锹在上面细细地扑了扑,墓不像墓,坟不像坟的,就这样葬下去了。

过了些日子,吉流仕听说姐夫死了,在舅母的劝说下叫下人送来了一担米。张士诚见了没有多话讲,只是说:"小伙计是不配吃大老板的米的!"一粒米也没要。

后来,张士诚做了吴王。草堰、白驹的老人常说:"人死了要盖万纹被,旺子孙。"就是指张士诚、张士德用芦席裹父尸这件事。

(胡永林 丁俊生)

"观音"铸钱

草堰场北极殿附近有个规模较大的西关庙,共有七八个和尚,泥、木、铜菩萨一尊挨着一尊,形神各异。其中,一尊观音菩萨铜像最惹眼,周身珠光宝气,驾云腾空的模样令人望而生畏,官吏乡绅们对其顶礼膜拜。

张士诚起义后,偏不信这个邪。他想:什么观音大慈大悲!穷人啼饥号寒,苦海无边,你观音何曾救助?富人贪赃枉法,横行霸道,你观音何曾惩治?今日看我扳倒观音,促世人醒悟。何况目下军需告紧,疏通货币迫在眉睫。若将铜像铸成铜钱,岂不解燃眉之急?于是,张士诚征求将领们同意后,便发布文告,公布七月三十日午时三刻在西关庙大门前火化观音铜像,浇铸铜钱,望黎民百姓届时到现场饱眼福。

这一天,西关庙门前人山人海。人们屏声静气,凝神注视。张士诚命人备了一大堆木炭和其他冶炼器材,并请了两名工匠。估摸时辰到了,张士诚便健步登上高台,扫视全场,慷慨陈词:"乡亲们,穷人世代受苦受难,观音看见了没有?而这些贪官恶绅奢侈无度,鱼肉百姓,观音看见了没有?看来观音是不能改变这不公平的世道的!今天,我为大家做主!"

说完,带着几名彪形大汉,登上观音宝座,轰隆一声,推倒了观音铜像,又将观音铜像分解后放进一口巨型坩埚中熔化。一刹那,火光熊熊,烈焰腾空,浓烟翻卷,弥漫了半个天空。终于,观音菩萨的铜像化成了铜水。

在场的人有的大气不敢出一口,那些躲在人堆里的乡绅更是面如死灰,偷偷地溜掉了。

铜水顺势流进了特制的浇铸铜钱的模子里,不一会儿,无数闪光的铜钱浇出来了,在场乡亲们的疑惧之心也像铜块一样熔化了。

张士诚这一壮举,一传十,十传百,震动了大江南北,人们普遍议论开了:张王要不是活观音,准不会火化观音铜像的。

(袁士安　王达银)

王姑泪

张士诚起义后,在草堰修建了一座雄伟的北极殿(此殿直至抗日战争时期被日本鬼子拆毁)。人们走在范公堤上,老远就看见北极殿北墙的两个大窗户上挂着两条青苔,一直拖到地面,很像两道泪痕。这青苔如果谁在晚上把它抹去,第二天早晨一看,又长起来了,仍然和以前一模一样。有人说,这是张士诚的妹妹张士英思念亲人流下的眼泪形成的,因此,人们把这两行青苔叫作"王姑泪"。

传说,张士诚的妹子张士英,是个聪明又漂亮的好姑娘。小时候,张士诚最喜欢这个妹妹，教了她一身好武艺，她跟哥哥一起扒过银柜。张士英的未婚夫叫刘进，她和刘进从小一起长大。刘进是哥哥的结义弟兄，又是哥哥的小舅子，也是她最中意的心上人。

张士诚草堰起义以后攻打丁溪刘子仁时，妹妹主动要求装扮成渔婆，混入刘府，里应外合，取得了战斗的胜利。就在那次战斗中，张士英的腿上被刘子仁射中了一支毒箭，虽然没有丧命，却成了个残疾人。从此，不能跟哥哥南征北战了。她天天坐在北极殿后楼窗边向外看，看着出没的日月、涨落的潮水，望着草木的枯荣、燕来雁去的景象，红颜随着愁思老，泪水伴着柔肠流，两行泪痕从来没有干过。泪珠从北极殿后楼的窗口淌下，日子长了，就形成了两行苔痕。

王姑墓（李玉生/摄）

一天，服侍她的人上楼报了个凶讯：说刘进奉命攻打镇江，不幸牺牲。张士英听了，哇的一声，昏了过去，半天才苏醒过来。泪哭干了，眼中流血，茶汤不进，不久便追随心上人去了。

张士英死后，张士诚派彦文来料理后事，将妹妹埋葬在草堰的北闸口。后来，草堰人民为了纪念她，立了一块碑，上面刻写着"王姑墓"三个大字。

王姑泪流尽了，王姑墓还在哩。

（胡永林　丁俊生）

范仲淹巧罚盐商

传说范仲淹到苏北黄海边上筑海堤的时候，因故一连筑了几次都没成功，公家的银子用得差不多了。老百姓又连年遭灾，已经穷得靠吃树皮草根过日子。筑堤的民工没得饭吃，海堤难以筑成。

有一天，范仲淹派部下把当地的盐商召集起来，请他们资助筑堤。哪知这帮地头蛇，搜刮老百姓成性，前几次朝廷派钦差来筑堤，海堤没筑成，他们却都趁机捞了一把。这次范大人来了，他们一个小钱没弄到，反要出钱，当然不肯，便一个个哭起穷来。有的说已经几个月没吃过肉了，有的说家里穷得连粥都喝不上了。范仲淹说："你们果真穷得这样，我马上设法赈济，但若说谎、不肯资助筑堤，可要办罪的！"

众盐商一听范大人要赈济他们，个个都说："小人们个个都很穷，不敢在大人面前撒谎，若有隐瞒，愿意办罪。"

范仲淹一听，当即叫手下人立下文书，让他们一个个都按上指印。这时天已过午，还没吃饭，盐商们肚子已饿得咕咕叫。范仲淹说："今儿有劳诸位挨饿了，现在我送你们回家吃饭吧！"说完便起身先走。

众盐商见范大人要送他们回家吃饭，不知他要干什么，只好一个个跟在后面跑。范仲淹很快来到一个盐商家。进门一望，只见鸡鸭鱼肉摆了一桌子，专等这盐商回来吃饭呢。这时，范仲淹脸板了下来，对着这个盐商喝道："你说谎抗拒资助筑堤，愿打还是愿罚？"这盐商一听自知理亏，"扑通"往地上一跪，不住地求饶："小人撒谎该死，求大人开恩。我吃不消打，我愿罚。"

范仲淹把手一挥，又领着人去第二个盐商家。这时盐商们才如梦初醒，再也不敢跟着范仲淹跑了，一个个吓得跪在地上，磕头如捣蒜，求范大人开恩，个个都说愿意罚银。

范仲淹严肃地问道："你们真的愿罚吗？""真的愿罚！"盐商们一条声地答应着。"那好，每人300两银子，明儿一早要送来，若送迟了，莫怪我无情。"范仲淹说完转身就走。等范仲淹离开好远，盐商们还瘫在地上不敢爬起来呢！

第二天一早，他们一个个都把银子送来了。范仲淹用这些银子，终于筑好了黄海边上的海堤。

（冯定远　沈廷栋）

外国游客学唱古装戏（周左人/摄）

第二节 爱情婚姻

千里姻缘一"燕"牵

但凡男女青年找了个远方的对象，就有人说："真是千里姻缘一线牵。"其实，这句话在大丰还有一段有趣的传说。

相传，过去有一个叫王家庄的地方，庄上有一个王员外。王员外有个独生女，小姐长得眉清目秀，聪明伶俐，王员外夫妇把她当作掌上明珠。

有一天大清早，王小姐在楼上梳妆打扮时，把一只传家宝的宝石戒指摘下来，放在梳妆台上。这时，一只燕子从窗外飞进来，"叽呢，叽呢"叫了几声，一头坠下来，一口就把宝石戒指衔走了。小姐抬头一看急煞啦！忙唤丫鬟下楼追，只见燕子衔着戒指径直往南飞，越飞越远，丫鬟哪里追得上呢！

小姐失掉了心爱的宝石戒指，整天愁眉苦脸，饭不想吃，觉不想睡。想啊想啊，想出了病。王员外夫妇吓慌了，连忙派人四处去打听，可是毫无着落。

再说这只燕子也真玄乎了，衔着戒指，一翅飞过长江，来到了杭州城上空，嘴一张，将宝石戒指掉落在一个姓李的穷秀才的书房里。

李秀才觉得很蹊跷，连忙出去看，只见一只燕子掠过蓝天向北方飞去。李秀才回来拿起戒指一看，上面清清楚楚地铸着一枚"楚王慕德"四个字的方印。于是，他把这事告诉了爹娘。他母亲说："这是燕子送财给我家的，快把它放在菩萨面前烧香磕头，谢神赐财。"

李秀才说:"人家的东西我们怎能要?"他母亲说:"看你这傻瓜,这财是天赐,把它收起来,等日后你娶亲正好作彩礼。"李秀才说:"不,我家虽穷,但人家的财我们不能要!"其父觉得儿子说得很有道理,其母也就附和了。

李秀才在爹妈的支持下,带着宝石戒指,跨过了吴水到了楚地,走了一村又一村,过了一庄又一庄,决心把戒指送还失主。可是问遍了村村庄庄,都没寻着王慕德这个人。

一天清早,他走到濠河边一个绿柳环绕的庄子前,看到一个老渔翁在撒网捕鱼。他问渔翁:"请问公公,前边叫什么庄子?"渔翁说:"王家庄。"李秀才问:"王家庄上可有个叫王慕德的人?"渔翁说:"怎么没有,他是这庄上的员外哩。"李秀才高兴不已,忙说明来意,渔翁向对岸庄上喊话,正好碰到王员外早上起来赏景,听说有客人到,忙叫家人放下吊桥,请进庄来。

莲蓬(朱瑾/摄)

王员外见来客长得眉清目秀,文质彬彬,于是一边吩咐家人沏茶、备饭,一边问相公尊姓大名,有何贵干?李秀才见王员外出言吐语非常厚道、真诚,就一五一十把在书房读书、燕子送戒指和来意说了一遍,王员外激动万分,忙说:"谢谢,谢谢!"连声夸赞世上少有这样的热心人啊!

中午席间,王员外老两口,也把姑娘如何失掉戒指的事和想出病来的情形说了一遍。李秀才深表同情。丫鬟把这桩事告诉了小姐,小姐的病陡然好了三分。她连忙吩咐丫鬟去前堂,把宝石戒指取来看个究竟。不一会儿,其母和丫鬟笑意盈盈地来了。丫鬟把戒指递给小姐,小姐从床上一骨碌坐起来,一看正是自己的宝石戒指,激动地说:"难道真有这样好心的人吗?"其母是个有心人,见女儿话里有话,就见缝插针地说:"我儿既然敬佩,何不把终身许配与他?"小姐羞羞答答,顺水推舟地说:"女儿终身大事随爹娘做主。"

晚上,王员外特地办了美酒佳肴招待李秀才。酒席上,王员外问"相公可曾有妻室?"李秀才说:"家境贫寒,未曾定亲。"员外说:"既然还未定亲,我有心成全你和我女儿的婚事,不知相公意下如何?"李秀才说:"员外既不嫌弃,卑人有何无意?"王员外见李秀才已经答应,于是,叫丫鬟上楼请小姐与李秀才相见。

丫鬟忙上楼把这事告诉了小姐。小姐一听,急忙梳洗打扮,随丫鬟下楼。她见李秀才英俊端庄,满心欢喜,忙说:"多谢公子千里送宝。"李秀才见小姐如花似玉,也十分高兴,笑着答道:"应该谢飞燕牵姻缘。"

王员外夫妇见女儿、女婿如此称心,笑着说:"真是千里姻缘一燕牵啊!"

后来这事被庄上人知道了,一传十、十传百,"千里姻缘一燕牵"的故事就传开了。传的时间长了,不知哪年哪月哪人,把"千里姻缘一燕牵"误传为"千里姻缘一线牵"了。

(周启云 方云高)

小尼姑下山的故事

小戏剧《双下山》的故事,大丰这里传说确有其人其事,而且就发生在西团这地方。

据说,20世纪30年代,西团东南两三里地的地方,有座寺庙,不远处还有座尼姑庵。寺庙就是晾网寺,尼姑庵叫作慈云庵。两庙之间有个荷花池,荷花池的北面有一处五丘大坟,附近人都叫它笔架山。笔架山上有柏树园,长得葱葱绿绿。笔架山下有个土地庙,供奉土地公公、土地娘娘。荷花塘夏日长满一池荷花,平时水清见底。晾网寺的和尚、慈云庵的尼姑,吃的都是这荷花塘里的水。

当时,晾网寺有一名叫济普的小和尚,除早晚焚香诵经外,经常到庙后池塘挑水做饭、浇花种菜;池塘西岸的慈云庵里有一个小尼姑,也经常到池边洗菜淘米、洗衣服。劳动的时候,时常隔水相望。

原来小尼姑俗家名字叫王福安,跟庵里老师太是姨侄关系,那老师太面前没有别的学徒,先前叫她到庵里伺候伺候,时间长了,就听姨娘的教导,削发做了尼姑,法名去掉俗家的姓,就叫福安。师太老了,生活上的措办,衣食上的采买,也都交给福安。她经常到西团街上买买东西,看看娘家(家中还有弟妹)。

在旧社会,和尚、尼姑上午不能上街走动,限在下午、黄昏。于是,小和尚和小尼姑时常在途中相遇,以师兄师妹相称。他俩年龄相当,小和尚白白清清,小尼姑面目俊秀,两个人都在世俗上遭人白眼,所以互相同情,心心相印。那慈云庵后面还有一条小车路,路面低洼,每逢下雨,行人就赤脚涉水,附近人都称之为小沙河。僧尼上街下塘,有时不免遭雨,两人也就顾不得"男女授受不亲",小和尚经常背小尼姑过河。日久天长,他俩产生了爱情。

佛门弟子要酒、色、财、气四大皆空,杀、盗、淫、妄、酒五戒不犯,哪能允许僧尼双方去自由相爱呢?地方绅董指示地痞流氓出面干涉,敲诈勒索,甚至三番五次使他俩出丑。他俩受尽了百般凌辱,千种痛苦,但仍然坚持相守。直到中华人民共和国成立前夕,他们终于还俗结为夫妇,白头偕老。

这个戏原是曲艺唱本,作者是西团的民间艺人,叫周兆元。他是个裁缝,爱好文艺,拉得一手好胡琴，还能自拉自唱，又能兼两个角色表演，一边演小和尚，一边演小尼姑。

之后，他把僧尼恋爱的经过，加工改造，利用扬州"小开口"，编成单调说唱。单调就是通篇行腔调门没有多大变化，在行家叫作"一把调"。剧情是：双方出得山门以后，途中相遇，相互询问生活情况。由于同情身世，互道衷曲结成同心。脚本里将小尼姑改名紫霞，小和尚改名为法华；一个是碧桃庵里落发，一个是双桃寺里出家。见面时很有礼貌，如：请问师兄（妹）上下，哪处宝山（庵）出家？俗家住在哪里？家中可有爹妈？以后就通过仿照英台十送，沿途游山玩景，借题发挥，互相表达爱情，最后以喜剧形式结束。

这出戏最终定名叫《小尼姑下山》。

（陈松涛）

对联联姻

在斗龙港边的七灶河口，有一位姓李的人家。生有一女，年过二十，还未找到合适的婆家。后来别人说媒嫁给范公堤边的大团庄上一户姓王的人家。王家乃是诗书门第，李家求之不得。李家虽有财产，但王家却不介意。通婚时王家出了一个对联要李家对，说对得上就结亲，对不上就拉倒。王家的上联是：

七灶八灶，两灶连心

上联送到李家，李家对不出。到处请先生，找遍七灶河边，请了不少老私塾先生，也没有一个对得出，全家非常着急，弄的好酒好菜也没人想吃。最后这事被一位名叫李芝生的厨师知道了。李厨师说，这有什么难的，你回他一句：

大团小团，一团和气

大家一听，个个赞不绝口。下联送到王家，王家也称赞对得工整。于是双方结成了亲家。喝喜酒那天，李家特请李厨师坐了首席。

（注："七灶""八灶""大团""小团"皆是大丰地名）

（王宣满　王苏华）

第三节 风物人情

斗龙港的传说

古代白驹场东有一户薛姓人家,勤劳善良,人缘很好,可就是几代单传。眼下儿子已二十出头,由于家境贫寒,非但没有娶上媳妇,父亲又因缺钱抓药一命呜呼。现在只剩下母子俩相依为命,苦度时日。

这天,鹅毛大雪已飘了两天两夜,母亲终因不敌饥寒又病倒在床。望着皑皑白雪,再看看床上的母亲,小伙子心里直发愣:难道就这样坐着为母亲送终吗?他忽然心里一动,何不去碰碰运气?于是他赶紧找来绳索,编了一只网袋,提根竹棍出门而去。

其实,他并未曾跟父亲具体操作过。父亲曾告诉他,在门外的草荡里,野兔在大雪天是出不来的。走在草浪子(茅草被刳后形成的条条草垄,远看像波浪,待捆成草把)里,只要看到草浪的积雪上有气孔,下面准是兔子窝,用网袋一罩,再用棍子一捣,兔子便成袋中之物了。当然,雪要很厚很厚才行。今天时机不错,小伙子踏着没膝的积雪,兴奋又艰难地寻觅着。然而不知何故,从上午一直寻到太阳西沉,偶尔也发现了几个气孔,可就是捣不出兔子来。就在快要绝望时,小伙子感到眼前不远处似乎有东西在晃动。他开始以为是眼花了,可走近一看,原来是一条野牛犊在雪地里挣扎。他知道,这一带经常有野黄牛出没,但奇怪的是这个时候哪来的小牛犊呢?周围为什么又看不到牛妈妈的足迹?惊奇归惊奇,小伙子还是如获至宝,把小牛犊一口气抱回家。

"你好生侍候它吧!"母亲知道了这事,对儿子说,"这可是个灵物,咱饿死也不能吃它。这样吧,你在它天灵盖上拔三根毛下来熬汤喝吧。"

听了母亲的吩咐,儿子照着办了。接着,更为奇怪的事又发生了,一锅子牛毛汤,母子俩足足喝了3天才喝完,而且像吃山珍海味,浑身添劲!又过了几天,母亲还是去世了,年轻人带着他的牛打发着时光。

一眨眼3年过去了,小牛犊已长成一头高大强壮的大公牛,毛色也由淡黄成了雪白。大公牛的力气也不知有多大,反正5头牛才能拉动的盐车,它一头就行。特别是那一对又尖又粗的角,更显得威风不凡。小伙子知道这牛有些特别,更加精心爱护。

这时,海里有条黑恶龙经常来这里兴风作浪,不是刮龙卷风,就是下瓢泼大雨,出海渔船多有翻沉,盐亭灰场接连被冲毁,老百姓深受其害。苦于无法治它,大家只得很不情愿地到龙王庙烧香磕头。

恶龙作恶,何时才是尽头呢?一天小伙子正在叹息,忽然大公牛对他讲话了:"主人,恶龙下次再来,我就和它拼了。"小伙子一愣,心想:牛怎么会讲话呢?"不错,主人,正是我在讲话,"牛继续说道,"请你帮我做两件事,一是打对钢刀装在我的角上,二是为我擂鼓助威。"小伙子将信将疑,不过,他还是按牛的要求去做了。他把刀磨了又磨,牢牢地缚在牛角上。

过了没几天,黑恶龙真的又来了。霎时间,满地飞沙走石,狂风夹着暴雨一起袭来。大公牛见此情景,涨红了双眼(牛格斗时眼睛发红),突然四蹄离地,腾空而去……

"咚、咚、咚""锵、锵、锵",小伙子的战鼓敲响了,来帮忙助威的乡亲们的锣鼓也敲响了。半空中,只见大公牛与黑恶龙一会儿上,一会儿下,腾挪闪跃,打斗成一团。眼看大公牛越战越勇,锣鼓敲得也更响了。又过了一会儿,黑恶龙掉到地上,满头伤痕,浑身鲜血,它见抵挡不住,只好且战且退,向东北方向逃去。由于它既要招架大公牛的进攻,又要不时地回头张望退路,所以格斗之处留下了一条弯弯曲曲的深港。据说黑恶龙回了999次头,这条深港也就有了999个弯。后来大公牛一直追斗到海边,见恶龙已无身影,于是打了一个滚,自己变成一条白龙,升天而去。黑恶龙从此再也不敢来危害百姓了。

掌故、传说 | **285**

这条港有如此来头，于是人们就叫它"斗龙港"。大公牛打滚的地方留下了一个大水塘，人们称之为"牛汪塘"，在今三龙境内。

据说打那以后，小薛也成了乡亲们心目中的英雄。有好心的姑娘主动嫁给他，为他生了5个儿子、3个女儿。白龙也来看他，特别是夏天雨后的傍晚，白龙会在云层下面露出长长的尾巴。这时会有人大喊："你看，白龙尾巴，白龙尾巴！"据说小孩只可以看，不可以用手指比画。小薛的家乡多年来一直风调雨顺，人寿年丰，据说都是因为白龙的护佑。再后来，小薛变成了老薛，传说他还得道升天了呢！

新中国成立后，斗龙港经过几次裁弯取直，又新开了龙堤至三圩的横河，成为"Y"形的河流。它南至西团，与上游的五十里河相接，成了里下河地区排涝入海的干河之一。

(春延)

斗龙港在这里入海（李玉生/摄）

双龙圩的传说

范公堤边的白驹北洼，有一条三十里长的大圩堤，自古以来就叫双龙圩。双龙圩有一段悲壮动人的传说。

很早以前，北洼有一个叫大老李的农民，生下了一对双胞胎。传说他妻子分娩时，天上出现了两条白龙。为此，那姓李的农民就给大儿子取名"大龙"，小儿子取名"小龙"。

大龙、小龙生在穷人家里，虽然吃糠咽菜，倒也长得生龙活虎。五六岁起，兄弟俩就跟着父母下地劳动。可是每当到了秋谷金黄、稻菽将要入仓之时，就洪水泛滥，南大河水猛涨，漫过河岸，淹没田园，弄得颗粒无收。大龙、小龙见此情景，发誓长大了要在南大河北岸修筑一条圩堤。

大龙、小龙到了十八岁时,生得浓眉大眼、虎背熊腰。大龙一肩能挑起六个大汉,小龙一只手能把石磙举起。远远的人都说弟兄二人是两条"真活龙"。

重阳节一过,弟兄俩就身背行李,手持工具,到南大河北岸安营扎寨。大龙从西团向西筑十五里,小龙从白驹向东筑十五里,计划三年完成。不多久,参加筑圩堤的人越来越多,他们风餐露宿,夜以继日,工程进展很快。可是到了第二年洪水来时,筑成的圩堤经不住洪水的冲击,被毁了。

大龙、小龙并不气馁,洪水一过又干了起来。冬天一到,连许多老人、小孩都上了圩堤,他们决心要在下年洪水到来之前合龙圩堤。可是,出乎意料,按常规八月才出现的洪峰,这年七月半就到了,即将合龙的工程来不及修筑了。滚滚的洪水像脱缰的野马,从龙口直往圩堤里撕咬,把龙口冲得越来越大。眼看快要筑成的圩堤将毁于一旦,千百人的辛苦就要付之东流。大龙在龙口东急得心如火焚,小龙在龙口西急得两眼冒烟,但此时无法用语言交流,只见他们对视片刻,同时纵身跃入激流中。转眼间,奇迹出现了,咆哮的急流变得温顺了,在大家的努力下,圩堤终于合龙了。人们感到圩堤在升高、加宽,但大家再也没有见到大龙和小龙的身影……

从此以后,白驹北洼再也不怕南大河洪水泛滥了。多少年来,水涨圩高,固如金汤。老人们记得,民国二十年(1931年)发生百年未遇的大洪水,四乡八镇的圩堤都被冲毁,唯独南大河北圩连一个缺口都没有。

人们为了纪念这两位筑圩英雄,在合龙处的旁边建了一座庙,即十五里庙。庙里供奉大龙和小龙的牌位,当地人不时来祭拜。南大河的北圩,被称作"双龙圩",也不知叫了几百年,至今还是这个名字。

(李元林)

奋子坟的来历

新丰镇北边有个地方叫牛车桥,牛车桥不远的西南角上,原来有6个土墩子。老年人都称这些土墩子是"奋子坟"。

提起"奋子坟",还有一段小故事呢。

从前,牛车桥东边一带,地处黄海滩上,潮水时涨时落,到处是一眼望不到边的蒿草夹着茅草的海滩。有的地方,小沟里也长有一垛一垛不成块的细长芦柴。就在这里有一条河叫卯酉河,尽头处住着十几户盐民。这些盐民是以捕鱼、烧盐为生的。牛车桥就是当地盐民卖盐歇脚打尖的地方。

官府看到从盐民身上有利可图,就在这一带驻扎盐警队,牛车桥有一个班。从那以后,盐民烧的盐要想运到外地去卖,不是缴纳很重的税,就是被强行没收。有些盐民要想外出卖

掌故、传说 | **287**

盐,只得找地方上的渔霸、盐霸担保,送上一笔买路钱,方可安全通过。

天长日久,盐民们想方设法自动组织起一支支运盐队,推出自己的领头人,经常与盐警、盐霸、渔霸做斗争。

有一年,一支运盐队路过牛车桥,领头的人名叫张大班。6个盐警一见七八十人的运盐队来了,满以为可以大捞一把,就拉着枪栓子威吓说:"停下来,哪个是为头的,快出来说话。"

为头的张大班原先和大家商量了一计:送点儿小礼,允许通过就作罢;如果碰到难缠的,请看我的手势,就叫这些奋子"吃"扁担。

听到喊声,张大班拎着礼物,从盐民队里走了出来。他走到奋子面前说:"先生,请收下这点小意思,让我们过去吧。"6个盐警奋子端着枪,你看看我,我看看你,都认为油水太少,一个个头摇得像拨浪鼓似的。张大班好说歹说,眼看通不过了,就手一挥,做了个动作。说时迟那时快,个个盐民早有准备,原来他们坐在盐担上,预先都卸下扁担绳子。这时,一个个都举起扁担,向盐警砸去。就这样,很快结果了6个盐奋子的狗命。

盐民们顺利地通过了牛车桥。官府发现此事,到处捉拿张大班。张大班只得逃往外地去了。

官府没法,只得强迫渔民、盐民挑土,做起6个大土坟,将6个盐警的尸体埋葬在里边。官府的本意是想借此威吓盐民反抗的,谁知事与愿违,奋子坟一竖,盐警们一看就失魂落魄,生怕再遭同样的下场,见到盐民少时还敢查查,盐民一多,一个个就吓得躲躲闪闪。

(施鸿俊　顾正奎)

"老爷跳"的故事

光绪年间,大丰沈灶北面七里路口的薛太港上有座简易桥,由三块木板铺成,人们都叫它"老爷跳"。

乾隆年间,丁溪场署迁入沈灶,后小海场并入丁溪场,场署仍设在沈灶。场官老爷出门可威风呢,八人大轿,鸣锣开道,神气十足。

一天,小海一个姓袁的大盐商过七十大寿。这个盐商的儿媳妇是兴化刘熹斋的女儿。刘熹斋是光绪皇帝的御前老师,也来袁家庆贺。刘熹斋动身时,关照随从,不搞排场,不惊动良民百姓。他一到袁家,便坐在书房内休息,随行人员也都散开。

不一会儿,丁溪场的盐官老爷,乘坐八人大轿,兴师动众,耀武扬威地也来到袁家,袁家上下大小人等无不肃立相迎。

那个盐官老爷发觉袁家书房内有个老人不动声色,好像没有发现他来,心里便有些不快,认为这个人没有起立迎接他太无礼。于是走上去问那老人尊姓大名。

那老人心平气和地回答:"你不要问我,问了对你不利。"

盐官老爷不自量力，自以为是小海这一带的大官，偏要问。结果那老人就回答说："我叫刘熹斋。"

盐官老爷一听这个名字，连声说："小的该死，小的该死！"急忙磕头求饶说："小人狗胆包天，竟敢冒犯御先生，万望恕罪！"

刘熹斋看到如此情景，并没有教训他。可是那个官老爷却吓得连夜逃跑了。

盐官老爷一口气跑到小海南边的薛太港河北，他不知道绕道过河奔沈灶，就痴痴呆呆坐在河边喘气。一直等到轿夫追到那里，才把他背过了河。

他回到沈灶后，即命百姓在那里架桥。百姓用三块木板搭起一座桥，人们称它"老爷跳"（本场人称临时搁在缺口或小河沟上的木板为"跳"或"跳板"）。

刘熹斋回去后，即向光绪皇帝上书，从此下级官员出差不许坐轿，不许鸣锣开道。

刘熙载书法屏（李玉生／摄）

（顾世加　侯正环）

挽　钉

大丰沿海一带有一种民俗，不管谁家死了上人，主丧者要从孝子（没有儿子的，可从侄儿、侄女中选一人替代）的头上剪一撮头发，用红纸包起来，在死者入棺后，把它钉在封棺的紫钉（用紫铜做的钉，也称子钉）上，人们称之为"挽钉"。这里面还有一段故事哩。

相传很久以前，有一位年轻人，自幼攻读，知书识礼，孝敬父母，人人敬佩。

一天，他的父亲死了，年轻人趴在父亲的尸体上哭得死去活来。到了父亲入棺的时候，他伤心得几乎发痴，不听任何人劝告，执意要与父亲陪葬，说着就往棺材里爬。抚棺的人连忙把他拖开，可是那后生还是爬进去了。大家实在没法，只好一齐动手，把他从棺材里拖出来，随即将棺盖盖紧，并钉上了紫钉。可是，人虽然被拉出来了，年轻人的头发（盘在头上的发髻）却被钉在棺材闩子里。按规矩，钉上紫钉的棺材不作兴再打开，主丧者只好用剪子把年轻人的头发剪断了。

后来，谁家死了上人，孝子就剪下一撮头发，用红纸包起来，钉在紫钉上，以表示对长辈的孝敬和怀念。

随着殡葬制度的改革，火葬取代了土葬，"挽钉"这一旧俗，已基本被破除。

（周敏　吕齐男）

掌故、传说 | **289**

千里送半桃，礼轻情意重

每当人们向自己的亲友送上一份微小的礼物时，都喜欢用"千里送鹅毛，礼轻情意重"这句话来形容。但很少有人知道，这里却有一段十分感人的故事。

儿时的味道（朱瑾/摄）

很早很早以前，大丰有一户姓丁的人家，生了一男一女，但哥哥与妹妹相差了十几岁。当哥哥成家立业时，妹妹尚未懂事。后来，父母相继去世，小妹妹就跟哥嫂生活。嫂嫂是个贤惠人，对待小妹胜似自己同胞，教她识字，教她绣花，有时还和她一起玩耍。姑嫂俩从来不曾为什么事情发生过争吵。邻居个个夸、人人赞："光是哥哥好不中用，要嫂嫂好才是真的好呢！"

有一次，妹妹在外边玩耍拾到一只桃核子带回来，嫂嫂就把它种在天井里。一日三、三日九，嫂嫂拎水姑娘浇，桃树就慢慢长大了。可是，没等桃树结桃，姑娘就嫁到千里以外的地方去了。

多少年来，这棵桃树年年春天花盛开，花落依旧不结桃。

百年难逢岁双春，这一年桃树终于结果了。可奇怪的是，一棵大桃树上只结了一个大桃子。他们天天望，日日盼，一天，桃子终于熟了。哥哥摘下来就要吃，嫂嫂忙拦住说："不！桃树是我和你妹妹一起种的，如今好不容易结了只桃子，应该和你妹妹分了吃才对。"

哥哥显得很为难，说："妹妹可在千里以外呀！"

嫂嫂说："这不要紧，我明天就启程，给妹妹送半只桃子去。"

嫂嫂不辞辛苦，日夜兼程，当她把半只桃子送到妹妹手里时，妹妹无限激动地说："千里送半桃，礼轻情意重啊！"

后来，人们就把"千里送半桃，礼轻情意重"，说成是"千里送鹅毛，礼轻情意重"。虽然说法各有不同，但其寓意是一样的。

（徐伯志　世珍　舒翔）

"麻虎子"的由来

古时候在大丰农村，每当孩子哭闹时，大人总会说："赶紧莫哭，麻虎子要来吃你了。"果然，孩子安逸得多了。那么这个可怕的"麻虎子"是谁呢？为什么孩子们闻之生畏呢？这是有段由来的。

原来，早在隋朝时，黄河泛滥，隋炀帝便命大将麻叔谋征夫治理。可是麻叔谋到了灾区后，却以根治黄河为名，大肆掠夺百姓财产，搞得灾区民不聊生。而他自己却朝鱼暮肉，口厌膏粱。麻叔谋手下的爪牙，更是狗仗人势，为了讨好麻叔谋，见他猪牛羊肉吃腻了，就偷偷地逮了个小孩，杀了给他吃。麻叔谋吃后，竟觉味道鲜美，胃口大开，便加赏了那几个爪牙。

从此以后，爪牙们便四处找寻，暗偷明抢沿河两岸的小孩，杀了给麻叔谋吃。几个月时间，吃了小儿若干。百姓们惶惶不可终日，无以为计，个个都骂麻叔谋心毒如虎，就干脆叫他"麻虎子"。每当人们看到麻叔谋的爪牙一到，喊一声"麻虎子来了"，孩子们就躲得无影无踪。

这白天倒好办，看到就躲，夜里可难了。于是老百姓就在原有的床下设置了个方柜，对外讲是放粮食的，实际上是夜里让小孩睡在里面，以防抢夺。后来人们把这方柜叫作睡柜。如果碰到夜里孩子哭闹，大人只要轻轻说："不要吵呀，麻虎子听见了要来吃你的！"孩子就吓得不敢响了。

就这样，这个可怕的"麻虎子"，一直叫了上千年，流传至今。

（陆碧波　钟山）

三十晚上吊门板

大丰过去流传着一种说法：大年三十晚上吊板门，矮个子可以长高。这个说法背后，有一段感人的故事。

据传，明朝抗倭名将戚继光转战东南沿海一带，杀得倭寇闻风而逃。一天，戚将军营扎大丰西团镇，有一个村民叫"十三拳"（"十三拳"是本地方言词汇，个子矮小的意思），前来投军。戚将军见他身材矮小，以为他还是小孩，一问方知"十三拳"年已十八，却只有三尺余高。因乡民常遭入侵倭寇凌辱，故一心来投抗倭军队的人很多。戚将军见"十三拳"入伍心切，又见他站在长矛下还没矛高，不忍心回绝他，便随口说了几句："明日已是大年三十，晚上你可双手吊住你家板门，脚悬空，口中唱道：'板门板门你别吵，我和你长得一样高。板门板门你是我的娘，我和你长得一样长。'每天晚上吊上一两个时辰，一直到来年三十晚上。到那时你一定会长高，我就收你入伍。"

第二天，"十三拳"果真按戚将军所说，开始吊板门。不管严冬酷暑，从不间断。转眼又到大年三十，巧逢戚将军又至西团，"十三拳"再次投军。戚将军看着眼前这身材魁梧的青年，真不敢相信他就是去年的三尺矮人。因此问起长高妙法，答曰："乃按将军所嘱，每天坚持吊板门。"

从此，大年三十晚上吊板门长个子的说法，就随着戚家军的足迹传播开了。

（陆碧波）

第四节　人生智慧

一双新鞋

从前，大丰农村有一个小孩，很懒，又爱说谎。一次，他的鞋破了，要妈妈做一双新的。

妈妈说："我整天忙得不得了，你也不帮助我做点事情，我哪有工夫给你做鞋？"孩子说："好，我帮你做活。"妈妈说："那你到打谷场上，把谷子晒一晒，我在家里给你做新鞋，等你把谷子晒好了，就有新鞋穿了。"孩子答应着去了。

可是到了谷场上，他没晒谷子，却和孩子们玩起来。

晚上他一回家，就问妈妈："我的鞋子做好了吗？"妈妈说："你的鞋子还没做好，明天你还要去晒谷子。"

第二天，他又去晒谷场上玩了一天，晚上回家时，又问妈妈："我的鞋子做好了吗？"妈妈说："还没有，明天你再去晒谷子。"

第三天，他还是在打谷场上玩了一天，晚上回家时，又问妈妈："这回鞋该做好了吧？"妈妈说："还没有。"

孩子着急地说："我一连晒了3天谷子，为什么鞋子还没有做好？是不是你骗我啦？"

妈妈不慌不忙地说："不是我骗你，而是你骗了我，告诉你吧，鞋早就做好了，就埋在谷堆里。因为你没晒谷子，所以也穿不上新鞋，不信咱们去瞧瞧。"

童趣（周左人/摄）

孩子到谷堆里一翻，啊，果然有双新鞋。妈妈说："只有勤劳、诚实的孩子，才有新鞋穿。"说得他低下了头。

从此，这个孩子下定决心改正缺点，后来真变成了一个勤劳、诚实的人。

（高寿龙　高荣）

测字先生赛卧龙

从前，白驹洼有个测字先生，道术高明，替人家测起凶吉祸福来条条应灵。人们都称他"赛卧龙先生"，意思是他的妙算好似当年的诸葛亮。

赛卧龙的名气大，生意也特别多，他的三间"丁头屋"里天天挤满了测字算命的，收的礼物简直没处放。但是赛卧龙的师父却不景气，上门测字问卜的寥寥无几，后来混得口都难糊了。赛卧龙不忘师父启蒙之恩，就把师父接到家里来奉养。

有一天，外面下着毛毛雨，赛卧龙忙了一天也够累的，天一黑就睡了。一会儿，一阵急促的敲门声把他惊醒。他忙点灯下床一看，门口站着一个二十多岁的青年男子，手打灯笼，面露焦急不安的神色。

赛卧龙问："你是来测字的吧？""嗯！"

"你从东北上来？""嗯！"

"你家离这儿5里多路？""嗯！"

"你姓王？""嗯！"

一阵问话，使这个青年又惊又喜，他想：怪不得人家都说这先生神机妙算，赛似诸葛孔明，果真名不虚传呀！碰上这样神明的先生，我那婆娘和未出世的孩子看来是有救星了。

赛卧龙见青年这样子，又问："你婆娘难产了，是吗？"

"是的。正是婆娘搁了一天还未生，先生你说有什么办法吗？"

"这个嘛……"赛卧龙想了想说，"你到前面小陈庄找个姓崔的就有办法了。"

"噢，噢……"那青年招呼也没打一声，就转身走了。

第二天一早，那青年拎着糯米、红蛋等礼物送上门来了。他高兴地告诉赛卧龙，昨夜他婆娘生了个大小伙。

师徒之间（任嵘/摄）

青年走后，赛卧龙煮了糯米饭，用红蛋烧了一碗好菜，端给了师父吃。

师父看了昨晚赛卧龙的测字，想了一夜都不知道他这是从哪儿学来的，便问："你这测法怎么跟祖师爷教的不同？"

赛卧龙笑笑说："师祖教的是死的，我用的是活的。"

"那你怎么知道人家从东北上来的呢？"

"外面刮的东北风，我见他前襟不湿，所以说他从东北上来的。"

"你怎么知道他家离这儿5里多路的呢？"

"外面下的毛毛雨，我看他后背上湿得那样子，估计走了5里多路。"

"你怎么知道他姓王的呢？"

"他手里打的灯笼上写着'三槐堂'，不说明他姓王嘛！"

"那你又怎么叫他上小陈庄找姓崔的呢？"

"小陈庄上的催生婆崔陈氏是出了名的好手艺，难产了，不找她找谁？"

"噢！"师父这下恍然大悟了。

（周保广　周加荣）

酸味汤

过去小海镇上有个财主叫傅凤山,终日山珍海味吃腻了,觉得吃什么都没有味儿。吃鱼嫌有腥气味,吃肉觉得有猪子气,吃到三顿就发脾气,摔盘子掷碗的。一家人也想不出个什么好吃的。

一天,傅凤山的大老婆把镇上有名的厨师张九找来,要张九做一样合傅凤山口味的菜。张九心里想:傅凤山终日非鱼即肉的吃厌了,当然什么也不好吃。于是当天晚上就悄悄地到傅凤山家的大"恶水缸"(即泔水缸)里,用勺子先撇去了浮在上面的油,然后舀了一大勺子"恶水",趁人不注意端到了厨房里。第二天,等傅凤山要吃饭时,张九把一勺子污水往热锅里一余,舀在碗里送给傅凤山吃。这时,一阵酸里夹臭的味道直扑傅凤山的鼻孔,不知怎么的,竟吊起了傅凤山的食欲,傅凤山迫不及待地啜了一口,连说:"好汤!好汤!"于是一连几口,就把一碗"恶水"汤连同杂物都喝下去了。

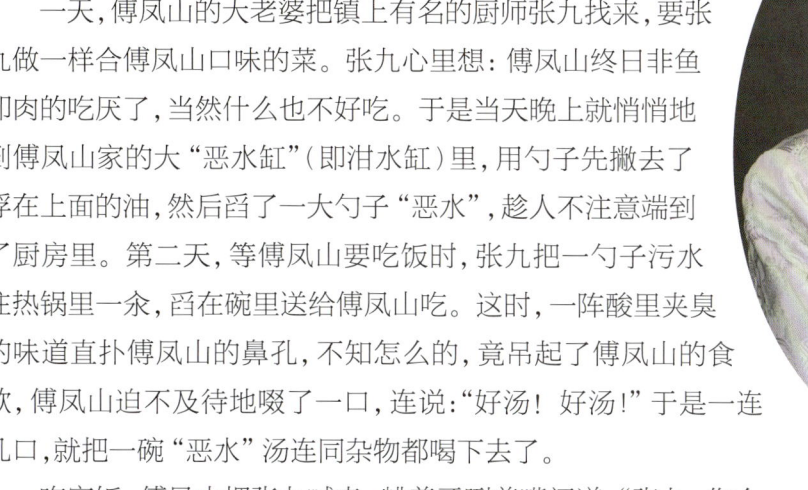

吃完饭,傅凤山把张九喊来,龇着牙咧着嘴问道:"张九,你今天给我做的什么好汤,酸溜溜,咸滋滋的?"

张九听了差点儿笑破肚皮,忙说是"酸味汤"。傅凤山说:"我就爱吃这酸味汤,你明天给我再烧一锅,也叫全家人都来尝尝。"

他这一说不费劲,把张九可急坏了,他忙了半夜,把镇上好几家准备养猪喂龟的"恶水"全都偷偷地舀去,第二天给傅凤山家专烧了一大锅"酸味汤"。

话说当年(朱瑾/摄)

(王健)

叫花子要字

从前,大丰有个焦家庄。庄上有位姓施的先生,自认为"学富五车,才高八斗",动不动就摆架子,卖弄他的"斯文"。

一天,施先生端着碗饭在门口喂狗寻乐。正巧有个叫花子走来,哀求先生给他一点吃的。先生把鼻头一皱,酸不啦唧地开了口:

"嘻!我只剩下半碗饭喂狗,告诉你,要饭没得,要字倒有。"

叫花子见先生隑(音"该",本场人读成"忾",意为像梯子倚着)在墙上,说出如此怄人的话来,心中好不生气,说:"好,我现在就跟你要字啊。"

"你说咯,有什么字我不会?"

掌故、传说 | **295**

"别的字不要,我单要你隁在墙上的那个'隁'字。"

这下子把先生难住了,先生不住地咂嘴,左想右想,到底也想不出"隁"字怎么写。叫花子在一旁冷笑,先生急出一头大汗,不服输地说:"笑什么?难道我'隁'不出来,你能'隁'出来吗?"

叫花子毫不示弱,蔑视地说道:"小犬见墙忙走开,先生投身来相爱。要问这是什么字,你有学问自会解。"

先生听了这话,羞得满脸通红,只恨地上没有洞可以钻进去。

(吴家俊 徐世珍 民丰)

箍桶匠吟古文

从前,王港河南有个箍桶匠,有一次到县官家箍桶。他心里想,我这两天正好没生意,在这做日工,起码弄个3天。于是,他一天到晚只是磨刀。

县官看见他昨天磨了一天刀,今天又磨刀了,便笑着招呼道:"你这师傅,在磨刀啊?"

锣鼓听声,说话听音,箍桶匠心里有数,县官嫌他老磨刀子,便轻声答道:"工欲善其事,必先利其器。"

这县官是很赏识文才的。他见这箍桶匠能信口贴切地引出《论语》上的话作答，十分高兴，特地在箍桶匠完工回家时，赏了十两银子。

箍桶匠的弟弟老二晓得这事后，心想：两句话就是十两银子，这多容易啊！于是他也想去捞个"外快"。

他一天到晚在县官家门口转，"箍桶啊，箍桶啊"喊个不停。一直喊了好几天，终于有一天被叫进去了。

他也仿照哥哥的做法，从早到晚只是磨刀，还不时望望县官来了没有。

第二天，县官果真走过来说话了："你这师傅，怎么老是磨刀呀？"

老二回答说："这个嘛，老爷你也晓得，这叫'工欲善其事，必先利其器'。"

县官一听，心想，上次有个箍桶的是这样说的，怎么今天这个箍桶的也这样说呢？于是便问："那么师傅啊，你晓得这话出自何处吗？"

老二一下愣住了，只得结结巴巴地说："这个么，这个是《百家姓》上的。"

混完3天，老二临走得到的"工钱"是一百板子。挨到家里，他躺下后直呻吟。哥哥问他在哪做工的，他说在县官家。问到他赏到多少钱时，他把事情一五一十全告诉了哥哥，最后说："好在我说是在《百家姓》上的，要是说了《千字文》上的，恐怕还要挨打一千板子呢！"

(李成冲　施建石)

倦"鸟"归"林"(周左人/摄)

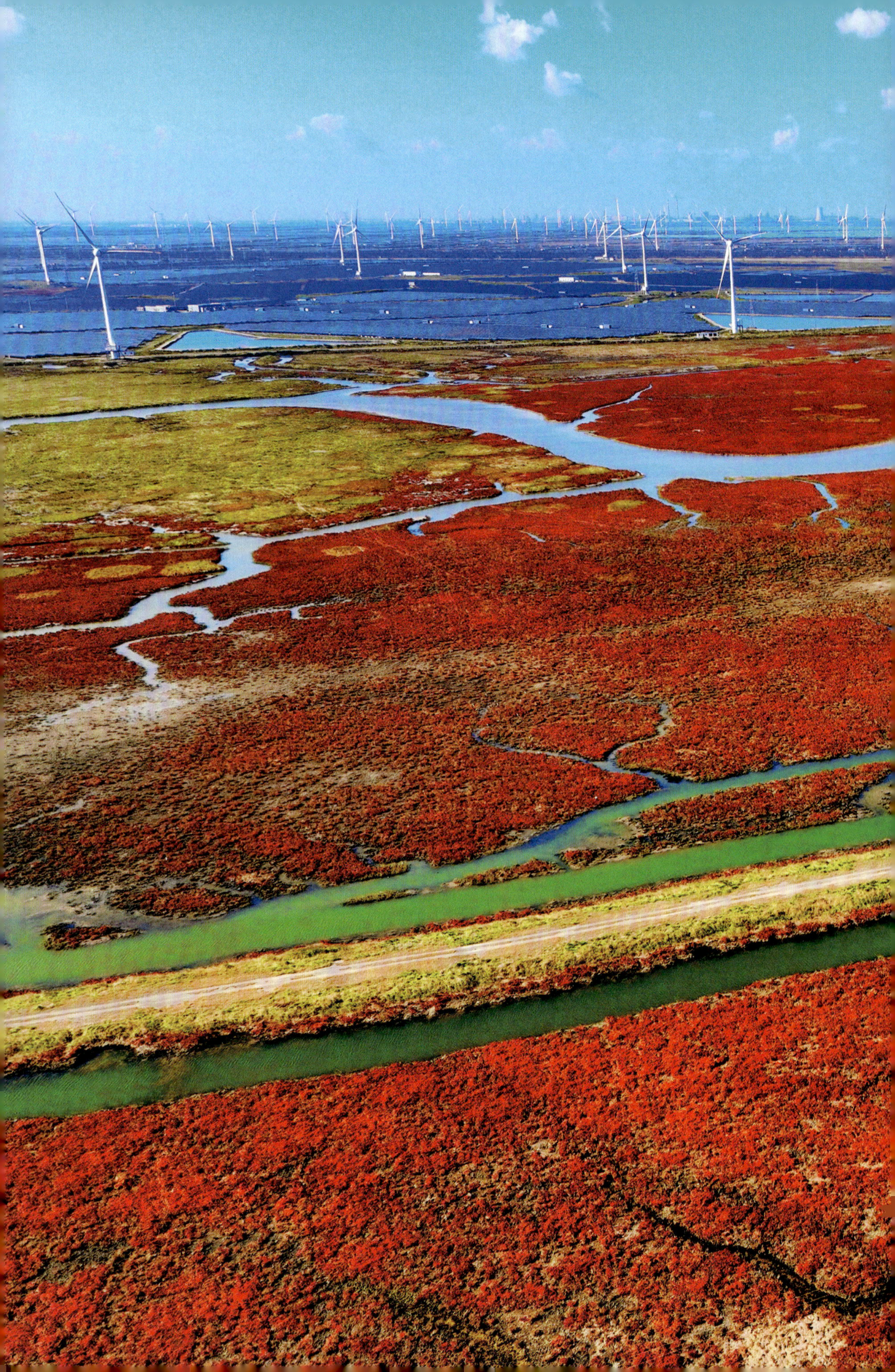

第九章　美食和土特产

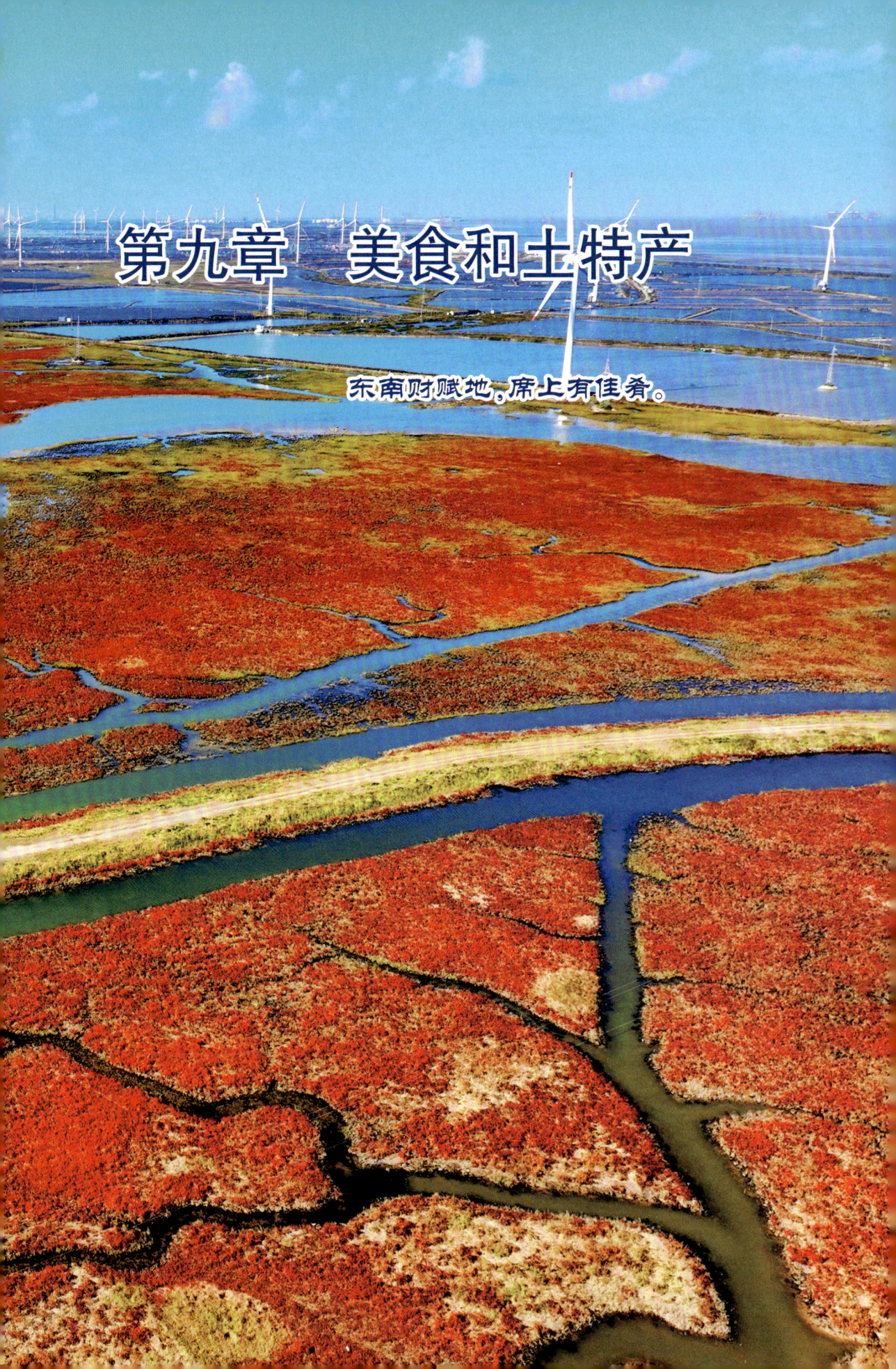

东南财赋地，席上有佳肴。

物阜民丰，大丰的饮食文化源远流长。

传统的"六大碗"和方桌宴伴随盐业文明走过了旧时代。

今天，丰富的食材资源和精到的淮扬烹饪技艺与圆桌的相遇，撑起了美食新天地。

第一节 东海的"银子"齐腰深

地曰东南,多滋多味

大丰滨海近江,方位上属于东南。东南自古就是富庶繁华之区,上有天堂下有苏杭,国家倚重,文人唱和。梳理文人对东南的描绘,北宋婉约派词人柳永著名的《望海潮》,堪称首屈一指:

东南形胜,三吴都会,钱塘自古繁华。烟柳画桥,风帘翠幕,参差十万人家。云树绕堤沙。怒涛卷霜雪,天堑无涯。市列珠玑,户盈罗绮,竞豪奢。

重湖叠巘清嘉。有三秋桂子,十里荷花。羌管弄晴,菱歌泛夜,嬉嬉钓叟莲娃。千骑拥高牙。乘醉听箫鼓,吟赏烟霞。异日图将好景,归去凤池夸。

"市列珠玑,户盈罗绮",还有比这更富的吗?"三秋桂子,十里荷花",这还不够美吗?这些令人神往的词句,据说曾引发了一场战争。这里有必要交代一段插曲。

柳永的这首词在广为流传了100多年以后，即公元1158年，统治北方的金国皇帝海陵王完颜亮在一次偶然间接触到这首词。完颜亮是一个汉语通，对中原的诗词歌赋颇有研究，读罢柳词，顿时热血沸腾。他被词中东南的富庶和美景所深深吸引，便单方面撕毁"绍兴和约"，下令调集剽悍的女真骑兵部队，亲任统帅，分路浩浩荡荡杀奔南方，希望抢占这人间天堂。这就是海陵王进攻南宋的战争。

其实，海陵王攻宋与柳永并无关系。柳永的这首词是写给当时两浙转运使孙何的，孙何驻节杭州，所以词中的东南是以杭州的面貌出现的。杭州集中了东南所有的美与富，其中也少不了对孙何的恭维。然而，恭维是一回事，该词客观上对完颜亮产生的影响又是另外一回事，这是柳永始料未及的，所以攻宋的"锅"柳永也是背不了的。

诚然，大丰既被"东南"所包含，即为富和美所囊括。大丰自然条件优越，土地肥沃，沟河众多，气候宜人，物产丰饶，被誉为"黄海之滨的鱼米之乡"。农作物以水稻、玉米、小麦、油菜籽、棉花为主，尤其水稻质地优良，有机无公害。鳊、白（条）、鲈（鳜鱼）、鲫四大野生淡水鱼类闻名遐迩，甲鱼、黄鳝、鳗鱼、螃蟹、青蟹、小龙虾、罗氏沼虾、青虾、田螺、泥鳅等，不一而足。特种水产养殖领跑苏南苏北。早酥梨出口欧盟，猕猴桃后来居上。滩涂草地广袤，獐、獾、鹿、兔时有出没。

特别要感谢大自然赐给大丰一片海。民间自古对身边的黄海有深情的赞誉和依赖，称其为"东海的银子齐腰深"。正因如此，黄海在给予人们无尽的财富中，也让大丰更加"多滋多味"。

鲻鱼（李玉生/摄） 　　小黄鱼（李玉生/摄） 　　文蛤（李玉生/摄）

青蛤（李玉生/摄） 　　四角蛤（李玉生/摄） 　　海瓜子（李玉生/摄）

黄海南部海域的海底地势平坦，又有"黄海暖流"和"沿岸流"两股洋流常年在此盘旋，这些条件让这里形成了天然的优良渔场。大丰的海水产品主要有鲻鱼、小黄鱼、大黄鱼、鲈鱼、鲨鱼、鲑鱼、鲍鱼、石斑鱼、带子鱼、海鳗鱼、鲳鱼、梭子鱼、小鲸鱼、海虾、麻虾、鲦鱼、左口鱼、梭子蟹、海蜇等几十种。滩上盛产贝类，文蛤、青蛤、四角蛤、蛏子和泥螺。滩的边缘接近草地的地方，主要有螃蜞、海癞子。

鲜黄泥螺（李玉生/摄）

大丰的沙滩是由黄河和长江入海携带的泥沙塑造而成，以细沙或沙泥质土壤为主要成分。处于长江径流和苏北沿岸流两个不同性质的海流的交汇处（渔民俗称"二夹水"），营养盐丰富，藻类生长旺盛，特别有利于文蛤等贝类的繁殖和生长。文蛤肉嫩味鲜，是贝类海鲜中的上品，含有蛋白质及人体易吸收的多种氨基酸、维生素及钙、钾、镁、磷、铁等多种人体必需的矿物质。食之清鲜味美，是大丰久负盛名的风味特产之一。社会学家费孝通先生曾来大丰考察，品尝黄海海鲜后称赞文蛤为"天下第一鲜"。

"八鲜行"与"挑鲜人"的记忆

历史上，大丰人对各种各样的食材都有数量的概括，统称为"八鲜"，代表了对美食的最佳选择与追求。因为时令与生长环境的不同，"八鲜"又有"上八鲜""下八鲜""水八鲜""春八鲜"和"海八鲜"等之分。"上八鲜"是指树上结的，"下八鲜"指地里长的，"水八鲜"指水生植物，"春八鲜"指春夏之交的新鲜食材。这些概括，有的是实指，例如"水八鲜"，包括水芹、芡实（鸡头米）、茭白、菱角、荸荠、慈姑、藕等；有的存在交叉，一身兼几鲜，如"春八鲜"有芦蒿、茭白、豌豆叶、蒜苗、春笋、蘑菇、莴苣、蚕豆，其中茭白既水中生长又属于春天的八鲜；也有的则是泛指，"海八鲜"就是这样。

与"八鲜"相对应的，是设在集镇大街小巷里经营"八鲜"的商店。规模大的称"八鲜行"，小的称为"八鲜店"，还有

大中街道城中市场的八鲜行（李玉生/摄）

美食和土特产 | **303**

肩挑车载流动经营的则叫"八鲜摊"。"八鲜行"一道在大丰的历史至少几百年，直到今天还有零零星星的存在。

八鲜行经营海鲜，可以理解为传统的生鲜超市。民间有红白喜事，操办宴席所需的食材，都会去"八鲜行"。"八鲜行"穷极黄海特产，有淡菜、文蛤、蚶子、泥螺、鳗鱼、鲨鱼、鲻鱼、鲈鱼、带鱼、对虾、开洋（海白虾干）、梭子蟹、海参、螃蜞、鱼肚、鱼皮、海带、罗皮（海蜇）等，还有各类调味品。有的为了招揽生意，兜售一些高档食材，如鱼翅、燕窝等。

过去，支撑"八鲜行"的则是一个古老的行当：挑鲜。

交通不便的岁月，连接捕捞者和销售者的，是挑鲜的人。捕捞者想把收获的产品趁新鲜兑现，全部依赖挑鲜人尽快把货接走；八鲜行每天要开张，也都依赖挑鲜人尽快把新鲜的海货送上门。渔港和八鲜行之间的距离，少则一二十里，多则三四十里，全凭挑鲜人的一双脚来回奔波。

挑鲜，这是一个令现代人畏惧的职业。他们挣的是辛苦钱，吃的是英雄饭。他们每天要估算着涨潮渔船进港的时间，赶几十里地，提前到达接货地点，可能是黄昏半夜，也可能是鸡鸣拂晓。拿到货又要立即返回，担着上百斤的鱼虾，一路连跑带蹓，赶时间送到八鲜行。不说超强的体力，单就夜里独行，没有超凡的胆量和勇气也是干不了的。在空旷荒野的滩涂上，凭着一点星光和记忆，路是同行者用脚踩出来的，坑坑洼洼，沟沟坎坎，随时有野狗等出没，这是严峻的考验。此外，他们还承担着巨大的心理压力，即对孤坟野鬼的恐惧。传说有一种"丈人鬼"，专爱挑衅挑鲜的人。"丈人鬼"有几丈高，经常尾随挑鲜者左右。有时撒烂泥，就听到呼啦啦像下雨的声音；有时发出很响的脚步声，仿佛身后有个人，但回头又不见人。想起这样的场景，都会叫人毛骨悚然。

听老人们说，"丈人鬼"并非恶鬼厉鬼，虽然可怕，但它并不会要人的命，甚至还有些仁慈心。何垛场、丁溪场曾经流传一则挑鲜人与"丈人鬼"的故事。

传说常家墩子有个挑鲜的，姓王，三十岁上下，一米八的块头，力大无比，人称王大胆。他什么都不怕，有一回夜里从乱坟岗里挖开坟墓，救出了一个假死的产妇，"王大胆"就是这么喊出来的。一次挑鲜，有个"丈人鬼"跟了他十多里，后来又跟了几回。他把这事告诉了阴阳先生，希望得到指点。阴阳先生说，"丈人鬼"是会变的，你喊高高高，他就会长高，你喊矮矮矮，他就会变矮。鬼怕猪血，你带点猪血在身边，再遇到你就把猪血洒到它身上就行了。阴阳先生还告诉他，挑鲜的人火旺高，肩头上有两把火，走夜路时回一次头就吹灭一把火，但你的扁担是辟邪的，不要离手，鬼怪是不敢近你的。

王大胆有了这些知识，胆子更大了。他做好了功课，希望在老地方能再遇"丈人鬼"。但遗憾的是连续一个多月都没有再碰到"丈人鬼"。他倒有些失落了。又隔了些日子，一天东方已露出了鱼肚白，王大胆挑着担子迷迷糊糊有些云里雾里，就听到一个声音在喊他,"善俊,善俊"。他突然一惊,四下看看无人,是谁在叫他的名字呢?就想起阴阳先生的话,连喊"高、高、高",旁边果然就出现了一个"高人",正是那个"丈人鬼"。"丈人鬼"告诉他,因为自己在阳间的母亲病了,就在离他家十多里地的潘堡河边上,这段时间自己一直在那边照应。家中其他无人,现在想托王大胆帮忙去沈家渡请沈先生来诊断一下,开些中药。说着,"丈人鬼"拿给王大胆两粒豆子,是治病和答谢的钱,说完"丈人鬼"就不见了。

回到家,王大胆把"豆子"拿出来一看,原来是两小块金驼子,太阳底下还发着黄灿灿的光呢,真是奇了怪了!

王大胆将信将疑,只得放下家中的事,去请郎中为"丈人鬼"的母亲看病。

隔了几天,王大胆又把为"丈人鬼"请郎中的事对阴阳先生说了。阴阳先生听了就打起了"丈人鬼"的主意。对大胆说:"既然你帮它办了事,它以后因为母亲还会求你,你就跟它借顶帽子来,少不了你的好处,其他你就不要问了。"

过了几天,"丈人鬼"又出现了,它感谢大胆帮忙,说母亲的病好多了。大胆就提出要借帽子。

"你要帽子什么用?""丈人鬼"不理解。

大胆只得如实说了,自己也不知什么用。

"丈人鬼"有些为难,但还是借了,条件是只借三天。它告诉大胆,让他在帽子顶上缝上一根红线,不要让阴阳先生知道,帽子也不能让女人碰。

大胆照做了,把帽子交给了阴阳先生。

原来这帽子是个法器,只要一戴到头上,整个人包括帽子就隐形不见了,它的功能就如现代高科技的隐身衣。戴帽子的人可以看见外面明处的一切,外面却看不到戴帽子的人。这一点,王大胆一无所知。

奇怪的事终于发生了,自从阴阳先生拿走了帽子,街上的店主就纷纷叫起苦来。有的说成匹的布不见了,有的说米和油少了,还有的说钱柜里几锭银子不翼而飞了,但谁也没见过小偷长什么样。消息传到王大胆这里,大胆不以为然。眼看时间快到了,他只得到阴阳先生家去取帽子。

阴阳先生不在家,他女将(大丰土话"老婆")也不知道先生去了哪里。正犹豫间,大胆看到一根熟悉的红线从门外飘了进来,用手一抓,阴阳先生现了原形,身后还背了满满一布袋东西。大胆一下明白了什么,狠揍了阴阳先生一个耳光,拿起帽子就跑……

这个"丈人鬼"的传说和挑鲜的职业早已烟消云散了,现代化的交通已无山水之阻隔。无论身在何处,只要你产生了享受黄海滋味的冲动,别人都会很轻松地帮你实现,何来路途的艰辛与恐怖?

第二节 "六大碗"托起美食文化史

八仙桌的规矩

人类自从发明了板凳桌椅以后,吃饭就离不开桌子了。在大丰人家历史上,八仙桌的地位在家庭中与"家神柜"一样,是一件不可或缺的家具,是美食文化重要的组成部分。它不仅具有实用价值与摆放在厅堂中的审美意义,还是弘扬传统文化以及社会伦理的重要载体。一张八仙桌,就是一本教科书。天圆地方,八仙桌方方正正,有棱有角,与大地的四方结构相似,是家中重要的气场和风水。八仙桌讲的是次序伦理,更适合于正式的宴请场合,与美酒佳肴一起,代表着高贵与优雅。

八仙桌一般遵循"坐北朝南""尚左尊东""门面定位"的伦理原则。由于大丰民间建筑大都是"坐北朝南",因此面向南方,正对大门口的便是上座,两边为偏座。"南"在中国人心目中是权力和地位的象征。受到儒家"孝悌"观念的影响,一般年长者或者有权势的人入上座,其他人只有在上座入座以后方能入席。在大面朝南的前提下,座次排列上,遵循左为尊、右为次、上为尊、下为次、中为尊、偏为次的顺序。同时,长幼之别以及男东女西的座次格局也是不能随意改变的。由此观之,长幼有序的尊卑观念在美食文化中也是根深蒂固的。

大丰人在厅堂或堂屋内平常使用八仙桌也是很有讲究的。八仙桌上不能放衣服,小孩子不能坐桌上,与饮食无关的用具杂物不能放桌上,不能用棍子敲桌,鸡飞上桌要立马将它赶走，不能用利器划桌，平时要尽量保持八仙桌与凳子齐全和清洁等。

喜庆节日诸如春节、端午、中秋与祭祖拜神之日，还有结婚、满月、做寿、乔迁等的喜宴，八仙桌应横摆，即桌面木板及条纹走向与后墙平行，以求挡住喜气使之停留家中；丧事桌面木板及条纹走向正对大门，便于晦气衰运直接流出，远离家门。

宴席座位安排要体现尊老敬贤的价值观，八仙桌讲究人为上，菜次之。见过因座次不对而掀桌子的，没见过菜肴不好而发脾气的。八仙桌特讲尊卑的秩序规矩，约定俗成，这是与圆桌宴大不相同的地方。

据有关资料表明，八仙桌在辽金时代就已出现。由此推算，八仙桌承载的传统家文化长达千年。

大丰味道在淮扬

大丰的美食加工属于淮扬菜系。海鲜以虾蟹贝类为主，主打的是鲜味与烹饪的结合。大丰人对于烹饪海鲜的技术加成，使黄海海鲜独尽其妙。

淮扬菜与鲁菜、川菜、粤菜被公认为中国四大菜系。美食家们赞誉淮扬菜为"东南第一佳味，天下之至美"。当年一碗平桥豆腐就能够赢得乾隆皇帝的欢心，足见淮扬菜的魅力。现在国家许多重要的宴会也以淮扬菜为主。

"淮扬"中的"淮"是淮安，"扬"是扬州，两地历史上长期处于同一行政区划中。作为一个区域地理概念，淮扬地区位于长江以北，紧挨京杭大运河，是连接南北西东的重要交通枢纽。明清以后，特别是清代康熙、乾隆年间，由于两代皇帝的频频南巡，淮菜和扬菜进一步渗透融合，并熔南北风味于一炉，从而形成了统一的菜系，淮扬菜达到了巅峰。大丰地处里下河区域，在饮食、方言、风俗等方面与淮、扬地区较为接近，美食制作上受淮扬菜系覆盖，亦在情理之中。

淮扬菜选料严谨，追求本味。经典的说法是"醉蟹不看灯、风鸡不过灯、刀鱼不过清明、鲥鱼不过端午"。意思是：做醉蟹、风鸡的原料都以正月十五前的为佳，刀鱼最好在清明节前品尝，鲥鱼最好在端午节前品尝。这种因时而异的选材标准，可以确保盘中的美食原料来自最佳状态，让人品尝到最地道的淮扬菜。

淮扬菜十分讲究刀工，菜品形态精致，造型完美；制作精细，滋味醇和。在烹饪上则善用火候，讲究火工，擅长炖、焖、煨、焐、蒸、烧、炒。原料多以水产为主，注重鲜活，口味平和，清鲜而略带甜味。

淮扬菜比较注重汤的味道，而且讲究什么样的汤就是什么样的味道。比如，肉汤就是肉味，鸡汤就是鸡味。

淮扬菜的种类特别多。其中清蒸蟹粉狮子头,肉质鲜美,吃完之后香味久久不能散去。手剥河虾仁吃起来咸淡适中,而且还有一点甜甜的味道。另外像冬瓜盅、三丁包子、淮扬烫干丝、软兜长鱼等都是淮扬菜的代表菜。

大丰"六大碗"

旧时,大丰美食文化的集中表达,就是民间传统的宴席"六大碗"。"六大碗+八碟"是八仙桌的标配。参加宴请活动,无论规模大小,统称吃"六大碗"。

"六大碗"的菜谱也是型制化的。首先要摆上准备好的八个小碟子,里面摆上松花蛋(或鸭蛋)、花生米、酱大蒜、罗皮(或海蜇头)、风鸡、牛肉、萝卜条等荤素不同的8样下酒凉菜,算是酒席的序章。也有简化成一道大拼盘的,盘的中间用烫熟的菠菜和大蒜白段垫底,上面和四周整齐地摆放各种卤味的冷菜,花色品种五花八门,牛肉、香肠、皮蛋、风鸡、萝卜、黄瓜、油炸花生米、兰花瓣等。

大丰冷盘(小草随风/摄)

308 | 大丰叙事

碟子里的菜差不多告罄之时，才开始上正菜。"六大碗"的碗是很大的，称"海碗"或"大斗碗"，菜的分量起码要基本满足8个人的需要。菜则按约定俗成的顺序一道道出场。

头道菜当是汤味极浓鲜的烩菜，一般是炸猪肉皮（土膘）。讲究的富裕人家用鱼肚，衬以小肉圆、海带、竹笋、蛋皮、虾米、菜心、咸肉等食材烩制而成。这是必选项，有道是无膘不成席，有膘才热闹。别小瞧这肉皮，可是要下功夫用鸡汤烩得熟烂得当，恰到好处。

第二道菜是卤蛋鸡。鸡片垫底，熟鸡蛋一分为二，逐一摆放周围，用大号碗一套，上蒸笼；同时制作烧卤，待火候到点浇上，酸香甜咸适中。

第三道菜是海鲜。一般是萝卜或者豆腐烧蛏干（鲜蛏也可），也有用淡菜的，用高汤烧制。然后将白萝卜切小条焯水，再用熟猪油煸炒。起锅撒小胡椒粉、青蒜花。

第四道菜是红扒猪蹄，或狮子头。

第五道菜是炒菜，或炒长鱼，或炒肝肠，或炒三鲜，或炒腰花，有很大的选择性，表示日子越炒越红火。也有用甜菜替代炒菜的，多用红枣、白果、莲子、栗子、枇杷或银耳羹，抑或酒酿圆子之类的。

第六道菜是红烧肉。压轴菜，寓意红红火火，富贵流油。经济条件好的人家，一大碗纯肉（肋条肉）；经济条件一般的人家，用冬瓜、慈菇或者芋头衬在下面。

六道菜以外鱼也是有的，一般不吃，说是鱼存，寓意年年有余。最后主食为饭，加道青菜豆腐汤，表示清清白白。讲究的酒席用猪肚肺汤。

宴席结束，宾客再用热气腾腾的湿毛巾擦一擦，在酒足饭饱之际享受满脸的轻松。

"六大碗"本着不时不食、不鲜不食和不正不食的原则，食材大多土生土长。严禁使用奇奇怪怪的东西，比如毛鱼（鳗鱼）、甲鱼、螃蟹之类无鳞、形态欠规整的食材。这些菜是不可以上正规酒席的。"六大碗"讲究菜品的文化含义，把大丰的美食文化演绎得淋漓尽致。

今天，时代在发展，美食文化在进步，各种形制的桌子层出不穷，菜肴也不断推陈出新。八仙桌、"六大碗"的使用虽不及过去广泛，但其延续的古风、承载的传统礼仪，依然启发人们对传统伦理道德的坚守和维护。

第三节 圆桌宴与美食新天地

圆桌的文化内涵

今日之大丰，圆桌普遍代替了八仙桌，几乎成为所有宴会活动的餐桌。

圆桌和方桌代表不同的文化内涵。圆形餐桌从寓意上来说，象征团团圆圆。圆还有特殊的意义，太极图就是圆的，圆形可以化解不和谐的场面，让一切和谐起来。所以圆桌遵循的是平等、和谐与吉祥圆满的文化精神。

圆桌的座次安排没有方桌那样教条与刻板，主宾的位置确定后，其他人按序落座就可以了。圆桌不仅寓意美好，其安全性也优于方桌。圆桌因为四周圆润没有边角，不容易磕碰伤。使用时人员可以灵活就座，不受8人的约束，达到集约化的目的。

这样的文化内涵及实用价值，也许正是圆桌替代方桌的理由。

圆桌的大小尺寸也有选择的空间，从十人座

圆桌的气场（李玉生/摄）

到几十人座，可以任意定制。

圆桌搭载的菜肴更是数不胜数，大丰常见的招牌菜琳琅满目，不胜枚举。

大丰招牌菜

生炝白条虾 白条虾是黄海浅海和沙滩港子里特有的大虾，特指清明前未交配产籽的虾。生炝就是把新鲜的白条虾洗净后加些白酒、酱油、生姜末等佐料稍作处理即可。这样的虾，口感赛过任何一种刺生海鲜，营养易于人体吸收，是名副其实的时令佳品。

刺生文蛤、炒文蛤 蒸、炒、煮、炖，怎么处理都是"天下第一鲜"。

盐水虾 以新鲜南美白对虾或者罗氏沼虾为主要食材，口味属于咸鲜，具有鲜红美观、鲜嫩爽口的特点，深受广大食客的欢迎。

白袍虾仁 选用剥壳虾仁，加入调味料经过腌制后，放入锅里加腰果、百合等炒熟而成。白袍虾仁颜色透亮好看，口感鲜香脆嫩，非常好吃。

臭豆腐烧昂刺鱼 以昂刺鱼、臭豆腐等为原料。昂刺鱼肉质鲜嫩，没有什么小刺，很适合小朋友吃，炖汤红烧俱佳。

烫干丝 这是一道大众化的传统小菜，从外形上看色泽十分诱人，口感软嫩无比。烫干丝多和其他菜品搭配着一起吃，作为一道小菜，既可以配茶也可以配酒，算得上是百搭美食。

香菇油菜 这是用香菇、油菜制作的特色传统名菜，口味清淡，营养丰富。

冰糖扒蹄 用带皮猪蹄膀肉，经文火蒸烂，以冰糖和其他调料制成，其色似红烧肉，吃起来油而不腻，甜中带咸。

大煮干丝 原料为豆腐干、鸡脯丝、火腿、虾仁等，佐以不同季节的时蔬，吃起来清爽鲜美，四季皆宜。

烧鳝段 菜品色泽酱红，汤汁稠浓，鳝段酥香，风味独

生炝白条虾（李志勇/摄）

虾仁（翟长庚/摄）

冰糖扒蹄（翟长庚/摄）

美食和土特产 | **311**

特，同时具备补虚养身、补阳调理等功效，深受消费者喜爱。

红烧鳗鱼 色泽鲜亮，鲜香诱人，是高蛋白食品，可谓滋补首选。

醋熘（或清蒸）鳜鱼 以鳜鱼和韭黄为主食材而制成，成品鱼味香而酥脆，卤汁甜酸适口，浇上沸卤汁时，既开胃又下饭。

蟹粉肉圆 主要原材料为猪肉搭配蟹肉，放大了鲜味。具有口感松软、肥而不腻、营养丰富的特点，红烧、清蒸皆美。

红烧鳗鱼（翟长庚/摄）

软兜长鱼 原出自扬州，是一道很有特色的传统名菜。这道菜之所以叫软兜长鱼，主要跟它的烹饪方式有关，做的时候需要把长鱼放在软兜里用开水烫熟。

松鼠鳜鱼 这道菜采用的食材是鲤鱼，在鱼肉上划出花纹，再进行腌制，糊上蛋糊，再放入油锅炸熟，最后浇上糖醋卤汁，外形看起来像松鼠，吃起来外脆里嫩，酸甜可口。

三套鸭 用当地产的活家鸭、活野鸭、活菜鸽等食材经过处理后洗净去骨，放入沸水略烫，再将鸽子放入野鸭肚子里，塞入冬菇、火腿片，最后将野鸭子塞入家鸭肚子里，加入绍酒、葱姜，用清水炖煮而成。这道菜香味浓郁，营养价值甚高。

三套鸭（李玉生/摄）

平桥豆腐 这是一道非常有名的淮扬菜。做平桥豆腐一定要选用内酯豆腐，这样做出来的口感更好。加上鸡肉、香菇、香菜、鲫鱼汤这些食材炖煮而成。

大丰鱼汤面 源于清乾隆三十三年（1768年），已有近300年历史，被第十四届中国美食节认定为"中国名点"。大丰鱼汤面的制作很特殊。选取野生鲫鱼剖鱼清洗，不留残血；猪油煸爆，起酥捞起，不能烧焦。将炸过的鱼加上鳝鱼骨头、猪骨头，用河水熬出浓汤，葱酒去腥，再用细筛过滤清汤，放入虾籽后再用文火慢熬。此汤具有高蛋白、低脂肪且富含活性钙和各种氨基酸的特点。大丰鱼汤面味道鲜美、营养丰富，食后不上火、不口干，能够润脾健胃，强身健体。

水晶肴肉 将猪蹄加上粗盐、葱结、姜片、绍酒、八角、桂皮等食材经过卤煮后捞出，放入冰箱里冷藏后，切成薄片装盘就可以食用。水晶肴肉的外观晶莹剔透，香咸可口，软嫩皮弹，非常好看又好吃。

砂锅老鸭煲　选3年以上老鸭煲汤，味道鲜美，是滋补佳品。

清蒸甲鱼　选1.5千克以上的野生（仿野生养殖）甲鱼，清蒸煨汤，极富营养价值。

老母鸡汤泡烧饼　选两年以上母土鸡炖汤，营养口感均佳，有抗感冒功效，深受大众欢迎。

鯨鱼饼　小鯨鱼为黄海近海季节性鱼类，个体偏小，肉呈蒜瓣状，少刺，肉质鲜嫩，入口即化。鯨鱼饼是将各种调料混合，放入鱼肚内，再将鱼裹上面粉鸡蛋糊，入锅煎至乳白色取出，把饼边修齐，加猪油，用火煎成两面呈金黄色。食时外脆里嫩，味鲜可口。

鱼头汤水饺　选用天目湖鲢鱼头熬汤，加荠菜馅水饺，别有风味。

裕华清炖羊肉　鲫鱼炖羊蹄膀肉，正宗的鱼羊之"鲜"。

红烧甲鱼（翟长庚/摄）

老母鸡汤（翟长庚/摄）

特色酒店

盐城天沐温泉度假酒店（荷兰花海店）　集温泉养生、健康理疗、休闲度假、商务会议、生态旅游为一体的大型商业综合体，建筑面积约8万平方米，位于荷兰花海景区内。

酒店温泉日出水量3000多吨，富含偏硅酸、偏硼酸等多种对人体有益的微量元素。

盐城天沐温泉度假酒店（荷兰花海店）（李玉生/摄）

美食和土特产 | **313**

温泉池分为灵感花泉、山顶探泉、玫瑰秘泉、露天话泉、儿童戏泉、四季花泉、跌瀑热泉、旋涡疗泉、室内乐泉等九个室内外区域，共设有50多个功能各异、大小不一的温泉池。游客在泡浴之余还可以享受专业的擦修、按摩、中医理疗以及纯正的SPA套餐服务。

酒店拥有五星级标准客房280间、泊心堡各式私密汤式套房15套、大小汤院温泉私密汤池房10套间。泊心堡内配有茶艺、影像厅、水吧、餐厅，大汤院内配有会客厅、茶室、餐厅、温泉、健身房、水吧、棋牌室、3D体验区、休闲区、影音视听房等。

酒店餐厅主营粤菜、淮扬菜、本地养生菜品，拥有1500平方米的多功能宴会厅及多间规格不等的豪华包房。

盐城大丰希尔顿欢朋酒店　位于大丰区健康西路33-1号（毗邻大丰区自来水公司）。

希尔顿欢朋（Hampton by Hilton）是希尔顿旗下中高端酒店品牌之一。1984年，希尔顿欢朋酒店在美国孟菲斯市开业，现已在全球31个国家拥有超过2700家酒店。2014年10月，希尔顿欢朋进入中国。酒店除了具有使欢朋品牌在全球大获成功的许多特色服务外，还有中国本土化的设施与服务。截至2021年9月，希尔顿欢朋酒店在华开业数超200家，项目签约数超600个。

酒店大门（李玉生/摄）

盐城大丰希尔顿欢朋酒店是一家4.0版本的高品质酒店，于2022年1月1日正式营业。运营时间不长，但已获得各界关注及好评。

大丰半岛温泉酒店　按照国际五星级酒店标准设计建造，集餐饮、客房、休闲娱乐、温泉健身为一体。酒店由大丰海港控股集团有限公司投资开发，委托江苏怡景旅游产业管理有限公司管理，于2010年10月1日投入运营。

大丰半岛温泉酒店远景（周古凯/摄）

半岛温泉酒店位于大丰港海港新城风景秀丽的日月湖畔。这里空气清新，湖水清澈，繁花似锦，野鸟翔集。这里无车马之喧闹，有田园之雅趣，有迷你高尔夫、游艇、茶园、酒窖、养生SPA服务等。

新词大酒店 是兼有商务、客房、办公、餐饮、休闲、娱乐功能的综合性四星级酒店，坐落于城区健康西路88号，主楼12层，裙楼3层，外观气势宏伟，环境幽雅。拥有各类精致客房、风格迥异的餐厅包房、大中小型多功能会议室以及西餐厅、大堂吧、购物商场、桑拿中心、棋牌、康乐球等多项设施。

大丰新词大酒店（李玉生/摄）

郁金香客栈 由江苏郁金香客栈管理有限公司投资建设，美国著名公司设计，占地7万多平方米。整体建筑欧式风格，装潢为美式情调，奢华典雅，尊贵内敛。客栈拥有宽敞舒适、华贵典雅的商务客房和套房，窗外有独立的花园阳台。以服务商务、会议为主要功能，融旅游、休闲于一体。客栈与风景如画的荷兰花海为邻，是赏景怡情的高端精品客栈。

郁金香客栈（李玉生/摄）

东苑书香酒店(李玉生/摄)

东苑书香酒店 位于城区春柳路19号,是一家临湖酒店。"闲来觅伴书为上,此生无求睡最安。"(刘墉诗句)酒店秉承书香文化的理念,精心营造园林文化和江南民居文化的氛围,体现诗情画意、恬淡舒适的起居空间,呈现天人合一、人与自然和谐共生的美好意境。书香酒店为商务、会议、度假等综合性园林酒店,委托苏州著名的书香酒店投资管理集团管理运营。

和平饭店 位于城区幸福西大街31号,以五星级标准设计建设。酒店装修豪华典雅,很好地体现了欧式风格和现代理念的融合。酒店设施齐全,拥有多个大型宴会厅、餐饮包厢及多功能厅。可同时满足大中小型会议的住宿、餐饮、会场、休闲等需求。

盐城大丰华东国际会议中心 位于大丰城区南翔西路88号,是由苏州金螳螂公司设计打造的大型豪华酒店,建筑面积超过10万平方米。格调

和平饭店一角(李玉生/摄)

时尚，风格高雅，功能齐全。经营范围覆盖会议、住宿、餐饮、健身、室内游泳、洗浴、KTV歌厅、美容美发、保健按摩、棋牌、婚庆礼仪等多个方面。可同时接待3000人住宿、3000人就餐、3000人开会。

大丰神鹿家园酒店 坐落于国家ＡＡＡＡＡ级景区大丰麋鹿国家级自然保护区内，是中型高端休闲度假酒店。占地面积3.5万平方米，皆为双层别墅型洋楼，超低容积率。按照不同功能分散布置建筑和设施于草丛、丘陵和湖岛之间。人行其间，曲径通幽，柳暗花明，可以恣意拥抱滩涂美景，尽情享受诗和远方。

大丰知名的酒店（饭店）还有很多，可以为您提供满意的选择。

大丰华东国际会议中心（李玉生/摄）　　大丰神鹿家园酒店（李玉生/摄）

伴手礼

大丰香肚 香肚是大丰名扬全国的饮食文化特色产品之一，也是市级非物质文化遗产，中央电视台《味道》栏目曾做过专门介绍。大丰香肚以小海香肚和刘庄香肚最负盛名，历史距今已有百余年之久。这两个镇的香肚略有不同，刘庄的香肚块头稍大，小海的偏小。小海的香肚里面有葱花，吃的时候就能看到，所以口味也不一样。

香肚是一种以本地产灶猪肉为主要原料，配以多种佐料，并以猪的"小肚"（膀胱）为容器的卤制品。制作香肚要先将猪小肚处理干净后，将和好的肉馅塞入猪小肚中，用棉线将封口扎紧，再用纱布包扎，浸入卤水之中灌味。成品香肚外形如铅球状，颜色深红，味道醇香厚重，买之即可食用。

小海香肚礼盒（李玉生/摄）

美食和土特产 | **317**

大丰香肚真空包装，携带方便，极具地方特色。

刘庄麻辣鸡　刘庄麻辣鸡是大丰经典的名小吃。曾先后获得盐城市名牌产品、中国农业博览会名牌产品、第二届中国国际食品博览会银奖等称号。刘庄麻辣鸡选料严格，工艺考究。成品鸡香气扑鼻，肉质细嫩，皮脆脱骨，咸淡适宜，麻辣得当，百吃不厌。凡品尝过刘庄麻辣鸡的人都会感叹：正宗不过鸡麻辣，怪异不过肉鲜香。刘庄麻辣鸡始创于20世纪50年代，创始人是刘庄的陆启荣。

刘庄麻辣鸡有真空包装，开袋即食，为馈赠佳品。

刘庄麻辣鸡（李玉生/摄）

白驹"三腊菜"　农产品地理标志产品，盐城市第四批市级非物质文化遗产代表性项目产品，白驹镇特产。白驹"三腊菜"色泽青绿，入口腊香味美，芥末穿鼻，鼻尖上沁出汗珠，顿感气息畅通，是值得信赖的绿色食品。

"三腊菜"是大丰白驹镇的传统民间小菜，以家庭传承的方式延续了千年。"三腊菜"必须在腊月"三九"进行腌制（这是一"腊"）。先将野麻菜挖起，一棵一棵用绳索吊起放在室外阴凉处风干腊化（这是二"腊"），半月左右再洗净晒到半干，切成细碎菜粒放入锅内用文火烘炒到半生不熟，加入芥末（这是三"腊"）、糖、酒、盐、味精、菜油或麻油，装玻璃瓶加盖密封即成。因为野生麻菜资源有限，"三腊菜"不可能常年大批量生产。如今"三腊菜"已成为餐桌上招待客人的特色菜肴和馈赠亲朋好友的稀有礼品。

瓶装三腊菜礼盒（周古凯/摄）

恒北早酥梨　农产品地理标志产品。早酥梨产于大丰区大中街道恒北村早酥梨生态观光园。该园核心区是全国最大的早酥梨生产基地之一，种植早酥梨约2.53平方千米，通过合作社平台注册了"麋鹿"牌商标。产品获得了无公害、绿色食品、有机食品认证，并连续两年荣获中国国际农业博览会名牌称号。早酥梨果形大，单果一般重200—250克，有的甚至达到300—400克。果皮黄绿色，有蜡质光泽，颇美观。果心小，果肉雪白，肉细味甜，酥脆多汁，无渣感，果汁含可溶性固形物12.8%，品质上等。成熟期七月下旬，早酥梨已出口欧盟。

南阳辣根　农产品地理标志产品。南阳辣根是南阳镇的特产。南阳辣根肉质根粗壮，根长30厘米—35厘米，粗3厘米—5厘米，根皮淡黄色，根肉白色、质地细密。鲜根磨末，色淡黄，口感鲜辛辣、味浓烈，具刺激感。烘干切片，呈黄白色，出口品质上乘。通过脱水加工生产的辣根产品外销美国、日本、韩国等国家。

辣根学名山榆菜，十字花科植物，原产东南亚一带。我国中医以根入药，有利尿、兴奋神经、增进食欲、抗癌和预防感冒之功效。

大丰林场草(土)鸡蛋 大丰区特产。林场草(土)鸡蛋以"低脂肪、低胆固醇、高蛋白、保鲜时间长，不含任何人工合成抗生素、激素、色素，口感香鲜、质嫩无腥味"等口碑取胜。

大丰林场(省级森林公园)地处大丰区东南部，紧临闻名遐迩的国家级麋鹿保护区。2004年被批准为江苏省省级森林公园，2007年被认定为江苏省现代农业示范区，有林地面积约24.7平方千米。

林场是一座风景优美、环境宜人，集林业观光娱乐、农家美食、养生健身、休闲度假为一体的综合性森林公园。有约13.3平方千米生态林，林下散养草(土)鸡10万羽。饲料以青草、昆虫为主，辅以五谷杂粮。这样的养殖方式符合人们回归自然和返璞归真的时尚追求，草(土)鸡及鸡蛋的口味品质也很高。"桃园牌"有机草(土)鸡蛋已获欧盟有机食品认证并进入上海麦德龙超市，"鹿林牌"草(土)鸡蛋已进入江苏各市场，享有较高的知名度和美誉度，产品供不应求。

土鸡蛋(李玉生/摄)

宝龙龙虾 龙虾取于中国第一个生态平衡市(区)大丰区斗龙港，被中国检验检疫(CIQ)认定为中国正宗龙虾原产地。宝龙集团是1998年中国第一家开发、研制龙虾深加工的专业企业，该集团一开始就瞄准美国市场和欧洲市场，产品也就有了美国风味和欧洲风味的不同，已形成全国加工出口总量第一的规模。宝龙龙虾早已通过了美国食品与药品管理局(FDA)检查和欧盟食品兽医安全委员会的检查，以其富有特色的风味、优秀的品质，多次获得国际五星金奖，被瑞典定为传统节日的专供产品。国外消费者称宝龙龙虾为"挡不住的味道"。

宝龙龙虾(李玉生/摄)

东沙紫菜 大丰东沙紫菜是中国首个海藻类地理标志产品，色泽深褐，光泽明亮，厚薄均匀，无僵斑、菊花斑、死斑，味鲜香，柔韧性好。大丰区建有亚洲最大的紫菜育苗基地，拥有国际先进水平的紫菜加工生产线，最大限度保留了东沙紫菜在独特生长环境中形成的品质。

紫菜主要有条斑紫菜和坛紫菜两种，前者口感质量远好于后者。江苏是全球条斑紫菜最大的产区。大丰条斑紫菜产量占全国的15%。紫菜富含蛋白质和碘、磷、钙等，既可以食用又可以药用。

麻虾酱 麻虾又名糠虾，是一种独产于大丰地区的海水或淡水小虾。麻虾对生长环境十分挑剔。它是世界上最小的虾，皮薄质软，比芝麻还小，单体重0.006克，体长0.9厘米。海水产的称"海麻虾"，河水产的称"河麻虾"。麻虾味道鲜美独特，将麻虾熬酱招待客人，会为整桌菜肴加分，正所谓"好菜一桌，不抵麻虾酱一唰"。

盒装麻虾酱（李玉生/摄）

麻虾酱中除含有丰富的蛋白质、钙、铁、硒、维生素A等营养元素外，还有一项更重要的营养成分——虾青素。虾青素是迄今为止最强的一种抗氧化剂，被称为超级维生素E，虾酱越红说明虾青素越多。

麻虾酱可以作为开胃菜，也是火锅、面食、米饭的美味佐料。

大丰黄泥螺 地理标志证明商标。泥螺学名吐铁，俗称黄泥螺，形状如蚕豆，壳薄易碎，吞吐含沙，沙黑如铁，在潮汐起落的滩涂泥沙中生存。

黄泥螺（周古凯/摄）

泥螺在我国沿海都有出产，其中以黄海和东海产量居多，尤以大丰海滨滩涂出产的为佳。春秋两季是采拾泥螺的最佳时节，三月泥螺称"菜花泥螺"，螺肉刚刚生长，其体内无泥且无菌，味道也特别鲜美。谷雨至小满节气时，螺肉最为丰满，肉质爽口，营养丰富，咸鲜下饭。采用独特的制作工艺生产的糟醉泥螺，酸爽开胃，微生物分解出的多肽和氨基酸，赋予这道时间沉淀出的美食难以描述的滋味。

甲鱼 大丰的野生甲鱼品种为黄河鳖。明显的特征就是背甲为黄绿色、腹甲为黄色（个别也有白色），鳖油也是黄色的，因此也叫三黄甲鱼。此外，这种鳖的抗病能力比较强，用于养殖可以减少用药量，更适合健康的养殖方式。

黄河鳖是一种珍贵的、经济价值很高的水生动物，是食疗的滋补食品。黄河鳖肉味鲜美，营养丰富，蛋白质含量高，尤以鳖之裙边更是脍炙人口的美味佳肴。据测定，100克鳖肉中蛋白质含量达16.5克。此外，还含有丰富的钙、磷、铁、硫胺素、核黄素、烟酸、维生素A等多种营养成分。

黄河鳖又是珍贵的药材，其成分含动物胶、角蛋白、维生素D及碘等。鳖甲、头、肉、血、胆等都可入药。

醉螃蜞 螃蜞是沙滩边的小型蟹类，大拇指般大小，又称磨蜞、蟛蜞，学名相手蟹。又因两只大螯似古人"拱手行礼"，故而称为礼云。雄性螯足较大，雌性螯足较小，螯足无毛。

螃蜞与蟹相比，个小肉少，一加热肉缩了就全是壳，最好的吃法是酒醉。醉螃蜞色泽自然，肉质生嫩多汁，味道鲜美。虽是生吃，但经过一两天腌制和高度酒醉后，细菌已被灭，肉也脱了生腥味，佐酒下饭两相宜。

大丰醉螃蜞包装精美，农贸市场到处有售。

海蜇 海蜇分为海蜇头和海蜇皮两种，但都是由海产水母加工泡制而成的。海蜇头是指水母的触须部位，肉质较厚，营养丰富，一般凉拌食用。海蜇皮是海蜇中的精品，口感及营养价值丰富。

开洋 这是我国南方的方言，指的是腌制晒干后的虾仁干，其他地方也有海米、金钩等叫法。开洋和虾皮也是有区别的，小而无肉的那种是虾皮，去掉皮子后腌制晒干的虾米才是开洋。开洋属于"干八鲜"的范畴，便于携带和储存。

礼盒装海蜇头（李玉生／摄）

开洋是大丰菜使用最多的海味干品，本身味道鲜美，不论与蔬菜或者肉类同煮，都能起到增鲜提味的效果。人们喜欢购买开洋，还因它烹调方法非常简单，比如开洋白菜、开洋腐竹、开洋冬瓜等。

大丰伴手礼品种类繁多，不胜枚举。大丰拥有丰富的自然资源和生态环境，当地人用自己的勤劳和智慧，创造了独具特色的美食，迎接八方游客的到来。

主要参考文献

1. 〔明〕宋应星:《天工开物》,广陵书社2005年版。
2. 〔明〕陈子龙等选辑:《明经世文编》,中华书局1962年版。
3. 〔后晋〕刘昫等:《旧唐书》,中华书局1975年版。
4. 〔元〕脱脱等:《宋史》,中华书局1985年版。
5. 李罗力等编著:《中华历史通鉴》,国际文化出版公司1997年版。
6. 大丰县编修县志委员会编:《大丰县志》,江苏人民出版社1989年版。
7. 大丰市地方志编纂委员会、大丰市盐务管理局编:《大丰盐政志》,方志出版社1999年版。
8. 葛剑雄:《悠悠我思》,广西师范大学出版社2022年版。
9. 吴必虎:《历史时期苏北平原地理系统研究》,华东师范大学出版社1996年版。
10. 政协大丰县文史资料研究委员会编:《大丰县文史资料》第一至十四辑(内部资料)。
11. 中共大丰县委党史办公室、大丰县档案馆、中共大丰县委党史工作委员会编:《大丰党史资料》第一至七辑(内部资料)。
12. 仓显:《范堤沧桑》,中国民族摄影艺术出版社2000年版。
13. 吴晗:《朱元璋传》,人民出版社1987年版。
14. 〔清〕杨大经:《淮南中十场志》,清康熙十二年(1673年)重修本。
15. 〔清〕林正青:《小海场新志》,清末手抄本。
16. 张忍顺:《江苏沿海古墩台考》,载中国地理学会历史地理专业委员会《历史地理》编委会编《历史地理》第三辑,上海人民出版社1983年版。
17. 〔明〕徐鹏举、史载德等:《弘治两淮运司志》,载〔清〕佶山监修《扬州文库》第一辑,广陵书社2015年版。
18. 〔明〕《嘉靖盐政志》,载四库全书存目丛书编纂委员会编《四库全书存目丛书》,齐鲁书社1996年版。
19. 〔明〕陈仁锡:《陈太史无梦园初集》劳集二《两淮盐政》,载《续修四库全书》编纂委员会编《续修四库全书》第1382册,上海古籍出版社2002年版。
20. 黄俶成:《施耐庵与水浒》,上海人民出版社2000年版。
21. 大丰市施耐庵研究会编:《耐庵学刊》第一至十九辑。
22. 韩国钧鉴定、支伟成编辑、任致远笔述:《吴王张士诚载纪》,上海泰东图书局民国二十一年(1932年)版。
23. 〔明〕史起蛰、张榘:《嘉靖两淮盐法志》,方志出版社2010年版。
24. 〔清〕张廷玉等:《明史》,中华书局1974年版。
25. 〔清〕钱谦益撰,韩志远、张德信点校:《国初群雄事略》,中华书局2021年版。
26. 胡焕庸:《两淮水利盐垦实录》,钟山书局1934年版。
27. 邹迎曦:《盐垦研究》,中国文化出版社2008年版。
28. 大丰市地方志编纂委员会编:《大丰市志》,方志出版社2006年版。
29. 〔晋〕张华原著、祝鸿杰译注:《博物志全译》,贵州人民出版社1992年版。
30. 吴则虞编著:《晏子春秋集释》,中华书局1962年版。
31. 许维遹撰、梁运华整理:《吕氏春秋集释》,中华书局2017年版。
32. 苏州博物馆等编:《丹午笔记·吴城日记·五石脂》,江苏古籍出版社1985年版。
33. 〔清〕阮葵生:《茶余客话》,上海古籍出版社2012年版。
34. 〔清〕王先慎:《韩非子集解》,中华书局2013年版。
35. 胡明主编:《扬州文化概观》,南京出版社1993年版。
36. 李新贵译注:《筹海图编》,中华书局2017年版。

后 记

这是一本献给大丰人以及关注大丰人文风貌的海内外朋友的书,也是我们解读黄海湿地世界自然遗产,试图为大丰立传的一本书。我俩走到一起写作,还得感谢三年前的一次邂逅。

那是一个小型茶话会,讨论大丰对外宣传的视野及多元化问题。与会者一致认为:大丰作为盐城世界遗产地核心区与"一带一路"连接东北亚的重要节点和淮河生态经济带"出海门户",其自身价值、影响力已经远远超出了所处区域的范畴。应该调整好姿势,面向全国乃至全世界,主动讲好大丰故事,宣传潮间带文化,积极做好更广泛地接纳世界目光的准备。与会者还表示,在发达的互联网与多媒体共存的今天,纸质媒介依然具有不可替代的优势。于是,编写出版"讲好大丰故事"之类的书刊,作为文化多元推介工程的一项实事,便被摆上了议事日程。这个尝试的任务,后来竟辗转落实到了我们二人的肩上。

我们商量着、想象着这本书应该具有的模样:

首先,这本书必须是大丰的一张"全身照",阅读之后,有助于读者建立起完整、立体、系统的大丰印象。故此,该书对大丰的前世今生,便有了全方位、多维度的品读。书中专门安排了"成陆"一章,把大丰文明的起点推至战国早期;概述了大丰古代直至近代的经济史,那是一部绵延了2000多年的制盐史;其他如历史名人和事件、风景名胜和文物、风尚习俗、人文性格、民间传说、美食特产等也都有涉及,构成一个相对完整的叙事体系。

其次,这本书题材的选择必须有所为有所不为。大丰可写的内容琳琅满目、数不胜数,该书只能在"大海"里舀取"一瓢水"。我们侧重从三个方面去把握:一是突出写好大丰历史上的大事件和颇具影响的历史人物,并追溯到潮间带文化。例如,白驹历史上出了两位大人物,是大丰文化现象中的珍品,值得大书特书。我们把施耐庵和张士诚合在一个章节中介绍,目的就是突出白驹作为古盐场的文明意义。施耐庵是世界级的文学家,其贡献和影响无须多言,所以评介重点放在白驹这方水土对作者及其作品的影响上,并充分地佐证施耐庵与白驹的"老乡"关系。对张士诚,不仅写了他的历史贡献,而且分析了他失败的原因;既写出了家乡人民的自豪,也表达了家乡人民的遗憾。再如"废灶兴垦",这是现代大丰转型发展的重要节点,对此也专章列出,同时表达对张謇先生的无限怀念。对于其他如范仲淹与"范公堤"、人口扩容中的"苏迁"现象等也都不惜笔墨,进行了详写。二是论人议事坚持弃今从古的原则。这一方面是因为当今的人和事传播的渠道较多,避免重复,另一方面也是出于确定性的考虑,写那些经过时间沉淀、历史有定论的内容。三是注重题材的文化属性。文化名人、民俗文化、民间文学、美食文化等都在优先选取之列。

最后,这本书必须尊重大众当下的阅读习惯和欣赏情趣。全书图文并茂,赏读兼顾。体量上不做"大部头",叙述方式上尽量做到轻松活泼。通过"拉家常"式的叙述,以增强画面感和阅读的趣味性。

景物描写突出主观感受和乡愁情愫,着眼于感染力。例如:"接着,茅草都已开花了,漫天遍野一片雪白,胜过梨花的白。微风中仿佛飘扬着一首二胡独奏曲。茅草是大丰滩涂上生命力最强、覆盖面最广的植物,所以,滩涂之春的标志色不是绿色,而是茅草一年一度绽放的白色。"茅草开花的白色,今天的人们恐怕已很难见到了,但这就是我们心中的草滩,大丰海里人缱绻的世界。

我们努力这样去做了,效果如何,有待读者评说。

诚然,这是一本小书,可我们的写作态度是认真严谨的。为积累素材,三年来我们走访了80多个单位、景点、遗址,采访了30余位文史专家、民间艺人,翻阅相关书籍、资料达100余种。评价历史人物和历史事件,除采用方家学者的主流观点外,亦有独立思考,摆出我们自己的心得体会。大凡引用的史料和数据,也都经过严格的检索与核对。比如,写大丰的古盐场,有的书上说小海场在宋代年产盐就达到了65.6万石。经过检索,我们发现宋初泰州海陵监的年产量就是这个数,其中包括了9个盐场,而小海场只是其中之一。这是《宋史·食货志》上的记载。再如,一般史料上都说卞元亨是杀了盐城巡抚后投奔张士诚的。可《元史·百官志》中根本没有巡抚一职,巡抚是明清的官位。元至元三年(1337年),合并江北州县,下县设巡检司,秩九品,置巡检一员。卞元亨所杀的可能就是这样的"巡检"。想象一下,真正盐城府的长官也不是随便就能被某个人杀掉的。"巡检""巡抚"仅一字之差,在本书中并不影响文意的表达,但我们也没有疏忽放过。

《大丰叙事》在写作过程中得到了许多领导、专家学者的关心与支持。宣传部领导多次过问写作情况,并就有关问题协调指导。文史专家马连义先生审阅了全稿,百忙中作序,给予本书以很高的文化定位。中国盐文化研究中心客座研究员邹迎曦先生审阅了全稿,提出了许多宝贵意见。中国摄影家协会会员杨国美、李玉生、周古凯、李东明等10多位摄影大师,专门为本书拍摄了大量照片。文史学者翟恒谷先生献出了宝贵的珍藏图片。凡此林林总总,我们都表示诚挚的感谢!

我们还要感谢文史专家仓显老师,感谢中国台湾学者李守纯先生,书中的部分章节参考了他们的一些文章。

囿于表达水平,书中若有疏漏之处,敬请领导、专家和读者诸君不吝指正,不胜感激!

胡春延　高新东

2023年8月